중국문학서설

中國文學序說

김학주 저

신아사

중국문학서설

서 문

이 책은 몇 년 전에 담당했던 〈중국문학서설(中國文學序說)〉이란 강좌의 강의 노트를 다시 정리한 것이다. 〈중국문학서설〉은 중국문학을 전공하지 않는 학생들에게 중국문학의 기본적인 특징이나 중요한 성격 등을 강의함으로써 중국문학을 이해하고 거기에 접근하는 데에 초보적인 길잡이를 마련하자는 것이었다. 그러나 한 학기라는 짧은 기간에 이러한 목적을 이루기 위하여 어떻게 강의의 실마리를 풀어나가야 하는가 하는 문제를 놓고서 무척 고심을 하였다. 〈문학사〉의 체계를 따른 강의는 절대 시간이 부족했다. 〈문학개론〉 식의 강의는 한문과 중국어의 실력이 부족한 학생들에게는 이해하기도 어렵고 흥미 없는 것이 될 것 같았다. 결국은 장님이 코끼리 더듬는 식으로 머리 부분부터 더듬어 내려가면서, 머리는 어떻게 생기고 귀는 어떻게 생겼다고 하는 식으로 설명해 주는 수밖에는 없을 듯했다.

그러나 수천 년의 역사와 수많은 작가와 작품을 지닌 중국문학이라는 거대한 코끼리는 장님의 손으로서는 완전한 형체가 더듬어지기 어려운 노릇이다. 손이 닿지 않은 부분도 많을 것이고, 손으로 더듬었다 하더라도 그 윤곽조차도 잘못 파악한 경우가 많을 것이다. 이 책에서는 코끼리의 거대한 몸통에 긴 코와 멋진 이빨, 큰 귀와 작은 눈, 굵은 다리와 가는 꼬리 같은 특징 있는 부분들을 빼놓지 않고 설명하려고 애썼지만, 역시 손이 닿지 않은 곳이나 손이 닿았다 하더라도 그 모양을 그릇 판단한 부분이 많을 것이다. 그 때문에 이 책을 내는 데 있어서 크게 주저하지 않을 수가 없었다.

이 책을 내기로 결심케 하는 데에는 〈중국문학서설〉 강의를 들은 학생들의 반응이 크게 작용하였다. 그 강의를 계기로 아주 중국문학을 전공하기로 결정한 학생들도 생겨났고, 계속 중국문학에 관심을 가지고 공부하는 학생들도 생겨났다.

우리 나라는 문학에 있어 중국문학의 영향을 크게 받아왔으면서도, 그 방면에 관한 관심은 매우 적은 형편이다. 거기에는 여러 가지 이유가 있겠지만, 무엇보다 중국문학에 접근하는 길잡이가 되어 줄 만한 책 한 권도 나와 있지 않다는 데에도 원인이 있을 것 같다. 학생들 뿐만 아니라 일반 독자들에게, 그러한 책이 절실히 필요한 것이라 생각하고, 엉성한 이 책을 내기로 결심한 것이다. 이 책은 엉성하지만 다른 훌륭한 학자들에 의한 더 좋은 저서들이 여기의 결함을 메워 주고 잘못을 바로잡아 줄 것을 확신한다.

중국문학은 중국 민족의 생성과 함께 시작되어 수천 년의 역사를 통하여 끊임없는 발전을 하여 왔다. 이처럼 면면히 계승 발전된 문학의 역사는 세계사상 또 다른 유례(類例)가 없는 기적이다. 중국문학은 처음부터 인류를 위하는 글로서의 방향이 뚜렷하여, 문학가들은 인류의 존재와 사회 현상을 자신들의 책임으로 자각하였다. 이것이 전통으로 굳어져 중국문학 발전의 바탕이 되어 왔기 때문에 그들은 언제고 문학 활동을 하는 의의나 목표를 두고 방황하는 일이 없었다. 중국문학이 오랜 역사를 통하여 끊임없는 계승 발전을 이룩할 수 있었던 까닭이 바로 여기에 있다. 이러한 편향(偏向)은 순수문학의 입장에서 볼 때 문제가 없는 것은 아니다. 그러나 중국인이 수천 년을 두고 끊임없이 계승 발전시킨 문학의 의의와 지혜는, 현대문학이 나갈 길을 모색하고 반성하는 데 있어서도 무엇보다 귀중한 자료가 될 줄로 믿는다.

그 때문에 이 책이 학생들뿐만 아니라 모든 문학에 관심을 둔 분들에게 중국문학에 접근하는 계기가 되어 주기를 간절히 바라는 것이다. 이러한 큰 욕심 때문에 여기에는 잘못된 점과 소홀한 곳이 적잖을 줄로 믿는다. 여러분들의 거리낌 없는 비판과 좋은 의견을 간절히 빈다.

1992년 4월

중국문학서설

차 례

I. 중국문학 발전의 배경

II. 중국 시의 공용성(功用性)

III. 기사(紀事)·입언(立言)과 능문(能文) — 중국 산문의 전통

IV. 보편적인 감정의 추구

V. 굴원(屈原)과 초사(楚辭)

VI. 음악과 중국문학

VII. 무아지경(無我之境) — 도연명과 자연을 중심으로

VIII. 중국 시의 멋과 맛 — 이백(李白)과 두보(杜甫)를 중심으로

IX. 풍유(諷諭)·한적(閒適)·감상(感傷) — 백거이(白居易)를 중심으로

X. 설리(說理)와 시 — 송시(宋詩)의 발전

XI. 소설과 오락 — 중국 소설의 특징

XII. 희곡과 민중

XIII. 비극의 부정 — 소설·희곡의 윤리

XVI. 성령(性靈)과 시 — 순수 문학 의식의 각성

XV. 문학과 현실 — 견책소설(譴責小說)을 중심으로

중국문학서설

中國文學序說

I. 중국문학 발전의 배경

1. 역사적 배경

중국문학은 세계의 다른 어떤 지역에 발달한 문학보다도 길고 끊임없는 역사를 배경으로 발전해 왔다. 중국에서 가장 오래된 문학 작품인 『시경(詩經)』에 실려 있는 시들이 노래 불리어지던 시대(지금으로부터 3000년 전 무렵)에 그리스나 이집트·헤브라이·인도 같은 나라에는 『시경』보다 앞선 문학 작품이 존재했다고 한다. 그러나 이러한 지역의 문학들은 그대로 계속 후세에까지 발전하지 못하고 그 흐름이 중간에 말라 없어지고 말았다. 그러나 『시경』이란 문학 작품은 그 내용과 형식을 막론하고 근세에까지 끊임없이 계승 발전되면서 그 때 그 시대에 적응하는 새로운 문학을 생산시켜 왔다. 중국의 경우처럼 수천 년을 두고 같은 흐름의 문학이 끊임없이 지속되어 온 것은 세계의 다른 지역에서는 그 유례를 찾아볼 수가 없는 일이다. 중국에 있어서는 그 문학사도 바로 중국 민족의 시원에까지 거슬러 올라가 중국이라는 나라의 생존 발전과 함께 끊임없는 역사를 형성하고 있는 것이다.

중국문학은 수천 년의 시간을 지나오면서도 그 문학에 사용된 문자나 문장 형태는 물론 그 문학 이념에 이르기까지도 기본적으로는 큰 변동없이 유지되어 온 것이다. 세상에 이러한 언어 현상이 존재한다는 것은 세계사에 있어서의 기적이라 할 것이다. 천 년 전에 쓰인 글을 그보다 천 년 뒤에 쓰인 글이나 거의 같은 정도의 어려움을 느끼면서 지금 우리가 중국의 고전을 읽고 있다는 것은 바로 이 기적으로 말미암은 것이다.

중국문학이 이토록 오랜 역사를 두고 내용과 형식에 있어서 거의 그대로 계승 유지될 수 있었다는 것은, 그 문학이 어느 시대이건 중국 사람들에 의하여 귀중한 인류의 기록으로 인식되어 왔기 때문일 것이다. 그것은 한편 중국문학이 특수한 개인의 처지나 감정의 표현에 그치지 않고, 오랜 역사의 지속으로 인한 형식과 내용의 단조로움을 극복하면서 거시적인 입장에서 인류를 위하여 존재하여 왔다는 뜻도 된다. 그들은 언제나 특수한 개인적인 처경이나 감정의 표현보다도 인류 전체의 보편적인 처경이나 감정의 추구를 문제삼아 왔다.

따라서 중국문학에 있어서의 문학이나 문학가에 대한 개념은 현대 문학에 있어서의 그것들에 대한 개념과는 크게 다르다. 중국에 있어 문학가란 곧 지식인이요, 군자(君子)를 뜻했다. 『논어(論語)』를 보면 공자(孔子, B.C. 551~B.C. 479)가 일찍이 이런 말을 하고 있다.

> "군자의 덕은 바람과 같고 소인의 덕은 풀과 같은 것이라, 풀 위에 바람이 불면 반드시 쏠리어지게 마련이다."
> 君子之德風, 小人之德草, 草尙之風必偃. 〈顔淵〉

여기에서 군자란 지식인이며 지배계급에 속하는 문인이기도 하며, 소인이란 반대로 지배를 받고 사는 보통 백성들을 가리킨다. 따라서 중국의 문인이란 궁극적으로는 그 시대의 정치적인 지도적 인물인 동시에 위대한 학자요, 제자들을 가르치는 위대한 스승이기도 하였다. 따라서 이들은 정도의 차이는 있지만 거의 모두 중국의 정치 사회나 문화에 대한 책임을 전제로 활동하게 된다. 여기에서 그 사회의 법도를 벗어난 개인적인 특수한 일이나 감정은 받아들여질 수가 없게 되는 것이다. 그들은 개인적인 즐거움이나 괴로움보다는 사회 전체의 모순이나 행복에 관심을 두지 않을 수가 없었다. 따라서 이들이 창작한 문학이란 사회와 인류에 대한 책임을 자각하고 있는 지식인들의 인류를 위한 발언인 것이다. 작가의 개성이나 창의는 언제나 인류와 사회에 대한 책임을 전제로 하여 발휘되고 있는 것이다.

이러한 중국문학의 역사적인 지속성과 그로 말미암은 문학 의식은 중국문학을 인류의 소중한 문화 유산으로 존재케 하고 있다. 앞으로도 중국문학은 올바른 문학 창작의 지혜나 문학의 진화 또는 심화를 위하여 무엇보다도 귀중한 연구 대상이 될 것으로 믿는다.

2. 지리적 배경

중국은 한대로부터 열대에 걸친 넓은 땅을 역사의 무대로 삼고 있어, 중국문학도 이러한 남북의 지리적 여건의 차이에서 오는 특수한 배경을 지니고 있다. 그것은 마치 유럽에 있어서의 남구(南歐)와 북구(北歐)의 지역적 차이가 있는 것과 같다. 중국에 있어서는 북방이라면 황하(黃河) 유역과 그 이북 지방을 가리키며, 남방이라면 장강(長江) 유역과 그 이남 지방을 가리킨다. 이 남방은 기후가 따스하고 초목이 무성하며 사람들의 생활에 필요한 물자가 풍부하다. 반대로 북방은 기후가 차고 매서우며 초목이 잘 자라지 않고 사람들의 생활에 필요한 물자가 풍부하지 못하다. 따라서 남방 사람들은 아름답고 쾌적한 자연 속에 안락하고 여유 있는 생활을 하는 반면, 북방 사람들은 거칠고 불리한 자연 속에 생활을 위하여 애쓰며 아귀다툼을 하지 않으면 안된다. 그래서 남방 사람들은 공상적이고 감정적이고 평화적이고 시적인 성격을 띠게 되어 그 문학은 자연히 낭만적인 경향을 지니게 된다. 북방 사람들은 현실적이고 이지적이고 투쟁적이고 산문적인 성격을 띠게 되어 그 문학은 자연히 사실적인 경향을 지니게 된다. 『중용(中庸)』을 보면 다음과 같은 공자(孔子)와 그의 제자인 자로(子路)의 대화가 실려 있다.

> "자로가 강함에 대하여 물으니, 공자께서 말씀하셨다. 남방의 강함인가, 북방의 강함인가, 그렇지 않으면 그대의 강함인가? 너그러움과 부드러움으로써 가르치고 무도함에 대하여 보복하지 않는 것은 남방의 강함인데, 군자들이 그렇게 처신한다. 무기와 갑옷을 깔고 죽는 한이 있더라도 꺼리지 않는 것은 북방의 강함인데, 강포한 자들이 그렇게 처신한다."
>
> 子路問強, 子曰 : 南方之強與, 北方之強與. 抑而強與. 寬柔以教, 不報無道, 南方之強也, 君子居之. 衽金革, 死而不厭, 北方之強也. 而強者居之.

이에 의하면 중국 사람들이 일찍부터 이러한 남북의 성격 차이를 의식하고 있었음을 알 수 있다.

이러한 남북의 차이는 중국문학에 있어 일찍이 북방에서는 『시경(詩經)』, 남방에서는 『초사(楚辭)』라는 서로 다른 성향의 작품들을 낳게 하고 있다. 북방의 『시경』은 그 문체가 중국어의 기본 리듬을 착실히 반영한 한 구절이 네 글자로 이루어지는 사언(四言)이 바탕이 되어 있고, 그 내용은 국민들의 생활을 통하여 우러나온 여러 가지 서정과 사회 실정을 착실히 노래한 것 들이다. 이에 비하여 『초사』는 한 구절이 세 글자로 이루어지는 삼언(三言)이 그 문체의 바탕을 이루고 있고, 그 내용은 작가의 이상과 환상을 낭만적으로 노래한 것들이다. 북방의 문학이 사회나 정치와의 밀접한 관계 아래 사람들의 일상생활을 바탕으로 한 현실주의적인 작품들인 것에 비하여 남방의 문학은 작가의 이상이나 꿈을 바탕으로 하여 화려한 형식으로 펼쳐지는 낭만적인 작품들이다.

이러한 남북의 차이는 『시경』과 『초사』 이후로도 중국문학 발전에 두고두고 성격상의 영향을 끼쳐 왔다. 물론 후세로 갈수록 이 남북의 서로 다른 성격은 서로 영향을 미치어 명확한 구분을 하기가 어렵게 되기는 한다. 그러나 한(漢)대의 경우 초가(楚歌)나 부(賦)가 남방의 영향 아래 발전한 것이라면 그 시대의 고시(古詩)들은 북방의 영향을 더 많이 받은 것이었다. 그리고 위(魏)나라의 문학에는 북방의 성격이 짙었으나 남북조(南北朝)로 내려가면서 남방의 성격이 더 두드러지게 된다. 그러나 중국의 전통 문학을 대표하는 시가 극성을 이룬 당(唐)대에 이르러서는 남방 문학의 정화에다가 북방 문학의 견실하고 질박한 성격을 합쳐 조화시킴으로써 시를 더욱 발전시키고 있다. 이 뒤로도 뚜렷한 구분은 힘들지만 대체로 세상이 어지러워지면 현실에 뜻을 잃고 남방적인 색채가, 세상이 올바로 다스려질 적에는 현실에의 관심이 짙어져 북방적인 색채가 엇섞이어 중국문학을 물들이면서 문학사를 전개시켜 나간다.

이러한 남북의 차이는 비단 문학에서 뿐만 아니라, 음악·미술·서도 등 중국 예술 전반에 걸쳐서도 드러나는 현상이었다. 음악에 있어서는 중국의 고대 희곡에 남곡(南曲)과 북곡(北曲)의 차별이 있었다. 남곡은 남송(南宋) 잡곡(雜曲) 계통에 속하는 것으로 원(元)대에는 침체했었으나 명(明)대에 이르러 크게 성행하였다. 그리고 남방의 음악은 지금까지도 희곡 음악으로서 노래 불리워지고 연주되고 있다. 북곡은 원대에 성행했다가 명대에 이르러 거의 없어졌으나, 중국의 북쪽 지방에는 아직도 희곡 음악으로서 북곡의 여파가 남아 있다. 남곡과 북곡은 체제와 양식이 다를 뿐 아니라 그 악곡의 정취도 서로 다르다. 북곡은 템포가 빠르고 억세면서도 절박한 맛을 느끼게 하는데 비하여, 남곡은 템포가 느리며 부드럽고 고운 느낌을 준다. 그리고 문학으로서 그 곡사를 읽어 보면 북곡은 질박하면서도 솔직한 느낌을 주는 데 반하여, 남곡은 곱고도 섬세한 느낌을 갖게 한다.

미술에 있어서는 명말(明末) 이래로 남종(南宗)과 북종(北宗)의 구별이 있었다. 북종은 당의 이사훈(李思訓)을 시조로 받들며 송대의 마원(馬遠)·하규(夏圭) 등을 거치면서 이른바 원체화풍(院體畵風)을 이루고 있다. 남종은 당의 왕유(王維)를 시조로 하고 오대(五代)의 형호(荊浩)·관동(關同), 송대의 미불(米芾)·미우인(米友仁) 등을 거치는 동안에 이른바 문인화(文人畵) 계통을 이루고 있다. 물론 이 그림의 북종과 남종의 구분은 후세에 논의된 것이지만 역시 그것은 남북의 지역적인 특성을 잘 나타내고 있다. 북종은 필법에 힘이 있고 직선적이며, 남종은 필법이 부드럽고 곡선적이다.

또 서도에는 북비(北碑)와 남첩(南帖)의 구별이 있다. 그것은 청(淸) 대 완원(阮元)이 『남북서파론(南北書派論)』에서 얘기한 것인데, 북파(北派)는 한대의 예서(隸書)와 북위(北魏)의 글자체를 내세워 북위의 비문(碑文)과 그 탁본(拓本)을 텍스트로 삼아 〈북비〉라고도 부르고, 남파(南派)는 위(魏)의 종요(鍾繇)와 진(晋)의 왕희지(王羲之)를 시조로 하고 그들의 서첩(書帖)을 가지고 공부를 했으므로 〈남첩〉이라고도 부른다. 북파는 대체로 소박하고 힘 있는 글씨체를 쓰는 데 비하여 남파는 우아하고 부드러운 서풍을 이루고 있다.

이처럼 남북의 기질적인 차이는 문학뿐만 아니라 예술 전반에 걸쳐 서로 다른 성격 형성에 이바지하고 있다. 그뿐 아니라 문학의 가장 중요한 배경을 이루는 사상에 있어서도 남북의 기질의 차이는 그대로 현저히 드러난다. 중국문학을 뒷받침해 준 가장 중요한 사상으로 유가(儒家)와 도가(道家)의 두 학파가 있는데, 유가 사상이 북방적인 기질을 대표하는 것이라면 도가 사상은 남방적인 기질을 대표하는 것이다. 다만 문학에 있어서의 사상적인 배경이란 무엇보다도 중요한 것이므로 여기에서는 항목을 따로 독립시켜 논하기로 한다.

3. 사상적 배경

공자(孔子, B.C. 551~B.C. 479)가 유교를 창시한 이후 한(漢)대로부터 근세에 이르는 2000년 동안의 중국사회는 대체로 유가 사상에 의하여 그 윤리가 지탱되어 왔다. 그것은 문학의 경우에 있어서도 마찬가지이다. 그러나 공자의 가르침은 북방의 현실주의적이고 실천주의적인 성격을 띤 사상이어서, 많은 경우 순수 문학의 입장과는 어긋나는 것으로 생각된다.

『논어』를 보면 공자는 제자들에게 이렇게 가르치고 있다.

> "행동하고 남는 힘이 있으면 그것으로써 글을 배워라."
> 行有餘力, 則以學文. 〈學而〉

공자는 말이나 글보다도 실천을 중시한 것이다. 그리고 자신이 글을 쓰는 기본태도를 다음과 같이 밝히고 있다.

> "옛것을 전술(傳述)하기는 하되 창작하지는 않으며, 믿음을 가지고 옛것을 좋아한다."
> 述而不作, 信而好古. 〈述而〉

이처럼 창작을 부정한 공자의 사상이 중국문학의 가장 중요한 바탕을 이루어 왔음에도 불구하고 『시경』이 그에 의하여 가장 중요한 유가의 경전으로 받들어지고 일찍부터 시가 존중되고 발달되었다. 그뿐 아니라 『논어』를 보면 심지어 『시경』의 중요성에 대하여 이렇게 말하고 있다.

> "사람으로서 주남과 소남(『시경』의 편명)을 배우지 않으면 그는 마치 벽을 마주 대하고 서 있는거나 같은 것이다."
> 人而不爲周南召南, 其猶正牆面而立也與. 〈陽貨〉

이처럼 실천주의적인 유가에서 시를 높이 평가했던 것은 유가에서 이상으로 받드는 덕치(德治)에 있어 시의 효용이 무척 크다고 보았기 때문이었다. 시는 백성들의 성향을 무엇보다도 잘 대표할 뿐만 아니라 한편 훌륭한 시는 백성들의 성정(性情)을 순화시켜 세상을 평화롭고 살기좋은 사회로 만들어 준다고 생각했던 것이다. 중국 시는 이러한 공용성을 바탕으로 발전하였다.

중국시의 발달에는 공용성뿐만 아니라, 실용성도 크게 작용하였다. 공자가 『논어』에서 이런 말을 하고 있다.

> "시경을 외웠다 하더라도 그에게 정치를 맡겼을 때에 통달하지 못하고 사방으로 사신으로 가서 전문적으로 응대하지 못한다면, 비록 많이 외웠다 하더라도 그것으로 무얼 하겠는가!"
>
> 誦詩三百, 授之以政, 不達 ; 使於四方, 不能專對, 雖多, 亦奚以爲. 〈子路〉

『좌전(左傳)』을 읽어보면 춘추시대(春秋時代)에는 외교 사절들이 사전에 주인과 시구를 한 줄씩 외움으로써 외교 목적을 타진하는 습관이 있었다. 따라서 『시경』에 통달하지 못하면 외교에 참여하기가 어려웠던 것이다. 그리고 한대에 와서는 『시경』 한 가지에만 통달해도 가장 영예로운 벼슬인 박사(博士)가 될 수 있었고, 당(唐)나라 이후 과거제도(科擧制度)가 확립되어서는 『시경』이나 시의 공부는 지식인들의 출세 수단 또는 지식인들의 요건으로까지 발전하였다. 이러한 공용성과 실용성은 산문의 경우에 있어서도 마찬가지였다. 이 때문에 중국문학에서는 현실과 사실이 중시되어 문학 형성의 한 가지 요건이라 할 수 있는 허구성이 배제되었다. 중국에서 소설이나 희곡의 발달이 뒤늦었던 것도 그 때문이다.

이러한 전통적인 문학 사조는 유가 사상으로 말미암은 것이다. 공자가 "믿음을 가지고 옛 것을 좋아한다."고 말했듯이, 유가들은 복고 사상이 철저했다. 사람들의 성정(性情)을 시나 음악으로 다스리는 한편, 겉모양과 행동은 예(禮)로써 다스리려 하는 예교 사상도 철저했다. 이 유가의 복고주의와 예교주의도 문학에 큰 영향을 주었다. 복고주의는 문학 창작에 있어 시대성과 개성을 띤 창작보다는 옛사람들 것, 좋게 말하면 전통의 계승을 더 중요시하도록 만들었다. 그리고 예교 사상은 전통의 계승에 있어 문학의 내용보다도 형식을 더 중시하도록 만들었다. 그 때문에 중국의 고전 문학은 문학의 형식인 문장의 율법의 계승을 바로 전통의 계승이라 생각하는 경향이 짙었다. 당대에 완성된 시율(詩律)이나 송대에 완성된 사율(詞律) 및 원대에 완성된 곡률(曲律)이 모두 청대에 이르기까지도 운문 창작의 철칙으로 지켜졌고, 중국의 산문들은 처음부터 끝까지 중국인의 일상 용어와는 다른 변문(騈文)과 고문(古文)의 율식(律式)을 벗어나지 못했던 것도 이 때문이다.

이러한 유가 사상의 영향 아래 생긴 중국문학의 공용성 내지는 실용성 및 복고주의와 형식주의는 모두 순수 문학의 존재 여지를 없앨 뿐만 아니라, 작가의 창의조차도 부정하여 문학 발전을 정체시키는 요건으로 화하게 된다. 이 때문에 중국문학사를 통하여 모의(摸擬)가 창작의 일환으로 공공연히 행해지기도 하였다. 중국문학 사상 시(詩)·사(詞)·곡(曲)을 막론하고 모두 발전의 극점에 이르렀다가는 쇠퇴해 버리는 악순환 현상을 보여주고 있는 것도 이것이 가장 큰 요인일 것이다. 옛것의 형식적인 계승에는 발전면에 한계가 없을 수가 없는 것이기 때문이다.

그렇다고 중국문학사는 꼭 악순환(惡循環)만을 되풀이한 것은 아니다. 시대에 따라 새로운 생명력을 가지고 다시 새로운 문학들이 생겨나기도 하였고, 시속과 공리를 초월하여 창작에 자신을 몰두시켰던 작가들도 나왔다. 그러면 그처럼 형식주의적이고 복고주의적인 바탕 위에 새롭고 초현실적인 바람을 불어넣어 준 것은 무엇이었을까? 그것은 현실적인 모든 가치 판단을 부정하고 무위자연(無爲自然)을 주장했던 도가 사상이었다고 보는 것이다.

도가 사상도 한대 이후로 음양오행설(陰陽五行說)이나 신선사상(神仙思想)과 결합되면서 민중 생활의 바닥 깊숙이 파고 들었다. 그래서 중국 사람들의 인식이나 가치관 속에는 형식적인 유교의 전통을 빼고 나면 도가적인 요소가 적지 않게 남게 된다. 특히 세상이 어지러워 사람들이 현실 사회에서 뜻을 얻기 어려울 때면 도가 사상은 더욱 성행하였다. 한말(漢末)이나 위진(魏晋)시대는 그 가장 좋은 본보기라 할 것이다.

도가의 무위(無爲) 사상은 유가의 현실주의를 초극하게 한다. 문학에 있어서는 유가의 공용성이나 실용성을 의식하지 않고 순수한 인간 본연의 자세로 문학을 추구할 수 있게 한다. 그리고 도가의 자연 사상은 문학의 복고주의나 형식주의 같은 인위적인 문예 의식을 극복케 한다. 도가의 상대적인 가치 평가 또는 그 절대성의 부정은 그들의 미 의식에도 똑같이 적용된다. 『노자(老子)』에는 이런 말이 보인다.

"천하에서는 아름답다고 생각되는 것을 아름다운 것으로 모두가 알고 있지만 그것은 추한 것이다. 선하다고 생각되는 것을 선한 것으로 모두가 알고 있지만 그것은 선하지 않은 것이다. 본시 유와 무는 상대적으로 생겨나고, 어려움과 쉬움은 상대적으로 이룩되고, 길고 짧은 것은 상대적인 비교에서 있게 되고, 높고 낮은 것은 상대적인 위치로서 있게 되고, 음악과 소리는 상대적인 조화에서 구별되고, 앞과 뒤는 상대적인 순서로서 생겨나는 것이다."

天下皆知美之爲美, 斯惡已. 皆知善之爲善, 斯不善已. 故有無相生, 難易相成, 長短相較, 高下相傾, 音聲相和, 前後相隨.

"다섯 가지 아름다운 빛깔은 사람들의 눈을 멀게 하고, 다섯 가지 아름다운 소리는 사람들의 귀를 먹게 하고, 말을 달리며 사냥하는 것은 사람들의 마음을 발광케 한다."

五色令人目盲, 五音令人耳聾, 馳騁畋獵, 令人心發狂.

사람들의 생각이나 판단은 모두 옳지 못한 것이라는 것이다. 따라서 도가는 모든 사람들의 기교까지도 다 부정하게 된다. 『노자』는 이런 말도 하고 있다.

"크게 교묘한 것은 졸렬한 듯이 보이고, 크게 말 잘하는 것은 말더듬이처럼 보인다."

大巧若拙, 大辯若訥.

『장자(莊子)』는 노자의 이론을 더욱 자세히 설명하고 있다.

"음악의 음정을 어지럽히고 악기들을 태워 없애고 고광(瞽曠) 같은 음악가의 귀를 막아 버려야만 세상 사람들은 비로소 귀가 밝게 될 것이다. 무늬를 없애고 다섯 가지 채색을 흩뜨리고 이주(離朱) 같은 눈 밝은 사람의 눈을 붙여 놓아야만 천하 사람들은 비로소 눈이 밝게 될 것이다. 갈고리와 먹줄을 부숴 버리고 그림쇠와 굽은 자를 내버린 다음 공수(工倕) 같은 명장(名匠)의 손가락을 비틀어 버려야만 세상 사람들은 비로소 재주가 교묘해질 것이다. 그러므로 크게 교묘한 것은 졸렬한 듯이 보인다고 했던 것이다."

擢亂六律, 鑠絕竽瑟, 塞瞽曠之耳, 而天下始人含其聰矣. 滅文章, 散五采, 膠離朱之目, 而天下始人含其明矣. 毀絕鉤繩, 而棄規矩, 攦工倕之指, 而天下始人有其巧矣. 故曰, 大巧若拙. 〈胠篋〉

"순박함을 해치지 않고서야 누가 조각된 술잔을 만들 수 있겠는가? 흰 옥을 깨뜨리지 않고서야 누가 옥그릇을 만들 수 있겠는가? 도덕이 무너지지 않았다면 어찌하여 어짊과 의로움을 주장하겠는가? 본성과 진실함에서 떠나지 않았다면 어찌 예의와 음악을 쓸 필요가 있겠는가? 다섯 가지 빛깔을 어지럽히지 않고서야 누가 무늬와 채색을 꾸미겠 는가? 다섯 가지 소리를 어지럽히지 않고서야 누가 여섯 가지 음정을 맞추겠는가?"

純樸不殘, 孰爲犧樽? 白玉不毁, 孰爲珪璋? 道德不廢, 安取仁義? 性情不離, 安用禮樂? 五色不亂, 孰爲文釆? 五聲不亂, 孰應六律? 〈馬蹄〉

이러한 기교의 부정은 결국 예술론에 있어서도 인위적인 창작보다도 자연스러운 본시 있는 그대로의 상태를 중시하게 된다. 이것은 유가의 예술관과는 크게 다른 것이다. 중국의 문학론 또는 예술론에 있어 〈졸박(拙樸)〉이니 〈고졸(古拙)〉이니 하는 개념이 도입된 것은 바로 이 도가 사상으로 말미암은 것이다. 그들은 〈졸(拙)한 것〉이 교(巧)한 것보다 좋은 것이고, 〈박(樸)한 것〉이 화려한 것보다 좋은 것이라는 것이다. 이러한 생각은 도가 사상이 크게 유행했던 위진(魏晋) 시대부터 두드러지기 시작했다. 우선 진(晋)나라 때의 전원 시인(田園詩人) 도연명(陶淵明, 365~427)은 그의 〈귀원전거(歸園田居)〉 시에서,

"졸렬함을 지키려고 전원으로 돌아왔다."
守拙歸園田.

고 하면서 〈수졸(守拙)〉을 그의 처세 철학으로 내세우고 있다. 그리고 양(梁)나라 종영(鍾嶸, ?~552)은 그의 『시품(詩品)』 상권에서,

"경박한 무리들이 있어 조식(曹植)과 유정(劉楨)을 고졸(古拙)하다고 비웃었다."
有輕薄之徒, 笑曹劉爲古拙.

고 시를 논하고 있다. 〈고졸〉이란 말도 〈박졸〉과 통하는 표현이다. 그러나 육조(六朝)로부터 당에 이르는 시대는 귀족적인 화려한 형식의 문학이 일반적으로 유행한 시대라서 〈박졸〉이나 〈고졸〉 같은 말은 그다지 훌륭한 것을 표현하는 것으로 인정되지 못했다. 보기를 들면 당대에 언원(彦遠)이 『역대명화기(歷代名畵記)』에서 이런 말

을 하고 있다.

"위감의 아우 위란은 산수와 송석의 그림을 잘 그리어 비록 이름이 알려졌었으나 고졸함은 면치 못하고 있다."
韋鑒之弟鑾, 工山水松石, 雖有其名, 未免古拙.

그러나 송대에 이르러는 그러한 생각이 크게 바뀌었다. 진사도(陳師道, 1053~1101)가 「후산시화(後山詩話)」에서, 〈졸(拙)〉·〈박(朴)〉이란 말을 다음과 같이 쓰고 있다.

"차라리 〈졸〉할지언정 〈교〉해서는 안 되며, 차라리 〈박〉할지언정 〈화〉해서는 안 된다."
寧拙毋巧, 寧朴毋華.

진사도는 〈졸박〉이 〈교화(巧華)〉보다 뛰어난 것임을 시론으로써 분명히 하고 있다. 이 뒤로 원·명·청대의 예술론에서는 〈고졸(古拙)〉 〈생졸(生拙)〉 〈졸박(拙樸)〉 따위의 말이 예술의 한 오묘한 경지를 표현하는 말로 흔히 쓰이고 있다. 물론 이러한 말들은 유가의 공용이나 실용 또는 형식주의를 떠난 순수한 예술적 경지의 추구를 의미한다. 이 때문에 중국문학이 메말라 버리지 않고 새로운 경지를 개척하면서 계속 발전할 수 있었다고 보는 것이다. 그뿐 아니라 도연명(陶淵明)의 전원(田園)이나 이백(李白)의 낭만과 정열, 소식(蘇軾)의 거시적인 면모 등, 중국의 대 시인들의 현실을 넘어선 인생의 추구에서 언제나 도가적인 기식을 느끼게 되는 것도 그 때문일 것이다.

앞에서 도가 사상은 한대에 이르러 신선 사상 또는 불로장생술(不老長生術)과 결합하여 도교(道敎)로 발전하였음을 잠깐 지적하였다. 이러한 신선이나 불로장생이 지니는 신비성과 환상은 한편으로 중국문학에 크게 결여되는 가공성 또는 허구성을 불러 들여 중국문학의 내용을 풍부하게 하였다. 그나마 한대부터 『목천자전(穆天子傳)』·『한무고사(漢武故事)』·『한무내전(漢武內傳)』 등 중국소설의 원형이라 할 만한 작품들이 존재할 수 있었던 것도, 도교의 영향 때문이다. 후세에 와서 사회 교화를 위한 〈권선징악(勸善懲惡)〉이 거의 강요되다시피 하기는 하였지만 중국의 소설과 희곡의 발달은 도교에 크게 힘 입었다 할 것이다. 그뿐 아니라, 도교의 이른바 출세주의

(出世主義)는 문학자들의 자연애의 근거가 되기도 하였다. 속세를 피해 전원 속에 묻혀 산 도연명(陶淵明)이나 당대의 자연 시인 맹호연(孟浩然)의 경우 등이 그러하다. 이렇게 보면 도가 사상은 유가 사상과는 반대로 순수 문학의 근거를 마련해 주었고, 문학이 정치나 사회를 떠나 독자적인 길을 모색할 수 있는 바탕을 마련해 주었다고 하겠다.

어떻든 중국문학을 이해하는 데 있어서 유가 사상과 도가 사상은 가장 중요한 사상적인 배경을 이루고 있는 것이다.

4. 역사적·지리적 배경이 지닌 부정적 측면

중국의 역사적·지리적 배경은 위에서 이야기한 것처럼 긍정적인 측면만을 지니는 것은 아니다. 중국이란 너무나 광활한 영토 속에는 자연이 언어와 습관이 서로 다른 여러 종족들이 살고 있게 마련이어서, 그들의 문화적인 성격 및 언어 생활을 매우 복잡하게 하고 있다. 현대 중국의 중심지역만 놓고 보더라도 베이징(北京)·샹하이(上海)·푸젠(福建)·광둥(廣東) 등지의 사람들은 표준어 교육을 받지 않은 사람이라면 외국 사람들과 만난 것만큼이나 서로 말이 통하지 않는다. 그러니 중국에는 옛날부터 서로 뜻이 통하지 않는 방언이 무척 많았음을 짐작할 수 있을 것이다. 이미 한대에 양웅(揚雄, B.C. 53 ~ A.D. 18)이 『방언(方言)』이란 사전을 편찬하고 있는 것도 그 때문이다.

한편 중국의 오랜 역사도 시대에 따른 영토의 변화와 중국 땅을 다스려온 주역들의 변화 때문에, 중국 문화의 성격을 복잡하게 만들고 있다. 중국 문화는 본시 황하(黃河) 유역의 중원을 차지하고 있던 한족에 의하여 건설되었기 때문에 보통 이를 한 문화라고도 부른다. 그러나 특히 진한(秦漢) 이후 그들의 영토가 확장되면서 이전엔 오랑캐라 여겨지던 여러 이족(異族)들이 한족 속에 융합되었다. 그뿐만이 아니라 원·청의 두 왕조가 보여주듯 어떤 때는 몽고족(蒙古族)·만주족(滿州族) 같은 이민족이 중국 땅 전체를 오랫동안 지배하기도 하였다. 흔히 한족은 문화적으로 이민족을 동화시켰다고 하지만 이러한 이민족의 침입과 지배는 중국 문화에 커다란 변혁을 안겨 주었던 것이다.

이 때문에 중국인의 언어 생활도 이들의 넓은 영토로 말미암은 지역적인 특성과, 이민족의 침입과 지배로 말미암은 시대적인 변화 때문에 다른 어떤 나라보다도 혼란이 크지 않을 수 없었다. 다만 상고시대(上古時代)부터 현대에 이르기까지 이들이 사용해 온 문자는 줄곧 한자(漢字) 한 가지였다. 그리고 백화(白話)로 쓰인 문장을 제외하면 한자로 엮어지는 문장인 문언문(文言文)은 3000년 전의 문장 구성 방법이나 3000년 후의 그것이나 원칙상 큰 차이가 없다. 지역적으로도 베이징 사람과 푸젠·광둥 사람들은 서로 말은 통하지 않았지만, 이들이 한자로 쓴 문언문은 거의 같아서 문장만을 보고는 이것이 베이징 사람 글인지 또는 푸젠 사람이나 광둥 사람 글인지 구분해 내기가 쉽지 않다. 앞에서 지적한 수천 년을 두고 같은 흐름의 문학이 끊임없이 지속되어 왔다는 중국문학의 역사적인 특징이나, 언어와 습관이 서로 다르면서도 넓은 중국 영토 안에 흩어져 살아온 여러 종족들이 다같이 〈중국인〉이라는 공동의 의식을 지녀 올 수 있던 것도 이 한자와 한자를 통하여 구성되는 한문의 힘이 가장 크게 작용했다고도 볼 수 있을 것이다. 이것은 한자가 뜻 글자인 상형문자(象形文字)였기에 가능했던 일이다.

그러나 글자란 결국 뜻뿐만이 아니라 음도 표현해야만 하는 숙명적인 의무를 지니고 있다. 그리고 뒤에는 중국어의 음에 따라 만들어진 새로운 글자도 무수히 생겨났다. 그러므로 시대에 따라 또는 지역적인 차이에 따라 한자의 독음이나 뜻에 적지 않은 혼란이 일어날 수밖에 없었다. 특히 명사에 관한 혼란은 현대 언어로서 치명적이라 할 만하다. 우리나라에서 발행된 한자 옥편(玉篇)에서 그 보기를 찾아본다(〈明文新玉篇〉). 물고기와 관계되는 魚자 변의 글자들을 보면, 메기라고 훈을 단 글자가 魶(납)·魚片(편)·鮎(점) 등 10개의 글자가 되고, 자가사리란 뜻의 글자도 魚乙(알)·魠(탁)·魚央(앙) 등 5개, 가자미란 뜻의 글자는 魪(개)·鮃(병)·魼(허) 등 57개가 있으며, 이밖에 방어·뱀장어·미꾸라지·붕어 등의 뜻을 지닌 글자도 모두 각각 너덧 가지 정도씩 눈에 띈다. 그리고 무슨 물고기인지 알 수 없는 〈물고기 이름〉이라는 애매한 훈을 단 글자도 15개 정도나 발견된다. 이것은 같은 메기라 하더라도 북쪽에서는 〈편〉이라고 말하여 魚片이란 글자, 남쪽에서는 〈납〉이라 말하여 魶이란 글자, 서쪽에선 〈점〉이라 불러 鮎이란 글자를 만들어 낸 것일 가능성도 많다. 그리고 또 시대에 따라 아주 옛적에는 〈편〉이라 부르다, 뒤에는 〈납〉이라 부르게 되고, 다시 뒤에는 〈점〉

이라 부르게 되는 식으로 변화해서 생겨난 글자일 수도 있다. 물론 같은 메기나 가자미라 하더라도 종류가 다른 것이 있어, 처음부터 몇 가지 다른 호칭이 생겨난 경우도 있을 수 있을 것이다. 어떻든 이것은 현대인이 한자로 쓰인 글을 익히는 데 있어서 커다란 혼란을 일으키게 하는 요소가 아닐 수 없다. 여기서 魚 변의 글자를 보기로 들었지만, 한자의 경우 거의 모든 동식물은 물론 모든 사물의 명칭에 혼란이 많다. 그리고 동식물을 정확히 표현하자면 동식물의 종류만큼 한자 수가 많아야 하는데 실제로는 그 몇십분의 일밖에 안 된다. 그렇기에 지금 우리가 한자로 쓰인 옛 글을 읽고 꽤 이해한다고 생각하고 있지만, 실상 옛글에 보이는 동식물을 비롯한 여러 가지 물건들의 호칭은 잘 모르는 채 넘어가고 있거나, 알고 있다 해도 불확실한 게 대부분이라 해도 좋다. 한자의 특성에 대하여는 다음 절에 더욱 자세한 설명을 할 예정이다.

그러나 중국인들의 글을 쓰는 목적은 언제나 인륜·정치 같은 것을 올바로 이끄는 데 있었기 때문에, 실상 동식물이나 어떤 물건의 정확한 표현 같은 것은 문제가 되지 않았다. 『시경』의 첫 시를 보면 첫 구가 『關關雎鳩』인데, 〈雎鳩〉는 물새의 한 종류 정도로 이해하면 되었고, 왜 새소리를 〈關關(관관)〉 하고 표현했느냐 하는 것도 크게 문제가 되지 않는다. 따라서 중국의 문장은 나쁘게 말하면 표현이 애매한 경향이 많고, 쓰는 사람도 적당히 써놓거니와 읽는 사람도 자기 나름대로 적당히 이해하고 넘어가주는 경향이 많았다. 심지어 노자(老子)·장자(莊子)를 비롯한 제자(諸子)들의 사상을 적어놓은 글까지도 비논리적인 경향이 많다. 그렇지만 이러한 결함도 수천 년의 역사를 두고 닦여 왔기 때문에, 좋게 보면 매우 함축적이고 산문까지도 매우 음악적이다. 이것은 또 중국 사람들로 하여금 직설(直說)을 꺼리게 만들고, 함축이 풍부한 이른바 언외지지(言外之旨)를 중시하는 경향을 지니게도 한 듯하다. 중국에서 옛날에는 운문과 산문에 대한 구분이 명확하지 않았는데도, 특히 시가 존중되고 발달했던 이유의 하나가 여기에도 있는 듯하다.

5. 문자의 특성

중국문학은 한자라는 독특한 문자를 사용하여 한자의 특성은 여러모로 중국문학 전개의 특수한 배경이 되어 왔다. 흔히 중국어의 특징을 논할 때 고립어(孤立語, Isolating Language) 또는 단음절어(單音節語, Monosyllabic Language)라 말하는데, 이것은 중국 문장과 한자와의 관계를 무엇보다도 잘 설명해 준다. 한자는 글자마다 서로 다른 일정한 개념과 모양과 음을 지닌 상형문자여서, 그것들이 모여 문장을 이룬다 해도 그 문장 속에서도 한자들은 글자마다 제각기 고립된 개념과 음을 따로따로 지니고 있게 된다. 우리 말이나 서양 말과는 문장 속에서 차지하는 한 글자 한 글자의 지위가 완전히 다르다. 한자는 말의 소리를 적는다는 기능보다도 말의 뜻을 표현하는 데 더 무게가 두어지고 있는 것이다. 그리고 이 한자들은 모두가 독음이 단음절로 이루어져 있으므로, 결국 중국 문장은 단음절 하나하나가 긴 문장 속에서도 제각기 독립된 개념을 지니게 된다. 따라서 중국 문장은 제각기 독립된 개념과 독음을 지니고 있는 글자들을 어떤 순서로 엮느냐 하는 것이 가장 중요한 작문 상의 문제가 된다. 더욱이 한자의 모양과 독음은 제각기 다르므로 같은 뜻을 표현하는 데 있어서도 시각적인 아름다움과 청각적인 화해(和諧)도 고려해야 한다. 특히 한자는 독음뿐만이 아니라 글자마다 굴곡이 다른 성조(聲調)를 지니고 있어서, 문장 구성상 독음과 성조의 조화, 곧 음악적인 수식 효과에는 일찍부터 큰 관심을 기울여 왔다.

한자는 위에서 말한 바와 같은 특성을 지닌 상형문자이기 때문에 중국의 문장은 처음부터 중국인들의 일상 용어와는 상당한 거리가 있었다. 지금 우리에게 전하여지는 가장 오래된 문장인 『시경』이나 『서경』을 보더라도, 그것은 중국인의 일상 용어보다는 훨씬 인위적이고 수식적이라는 것을 당장 느낄 수가 있다.

먼저 『시경』 첫머리의 「관저(關雎)」 시를 예로 들어보자.

關關雎鳩, 在河之洲. 窈窕淑女, 君子好逑.
관관저구 재하지주 요조숙녀 군자호구

參差荇菜, 左右流之. 窈窕淑女, 寤寐求之.
참치행채 좌우류지 요조숙녀 오매구지

求之不得, 寤寐思服. 悠哉悠哉, 輾轉反側.
구지부득　오매사복　유재유재　전전반측

參差荇菜, 左右采之. 窈窕淑女, 琴瑟友之.
참치행채　좌우채지　요조숙녀　금슬우지

參差荇菜, 左右芼之. 窈窕淑女, 鍾鼓樂之.
참치행채　좌우모지　요조숙녀　종고락지

이 시를 보면,

1) 매 구절이 사언(四言)으로 되어 있고,

2) 압운(押韻)을 하고 있으며(• 표),

3) 후세 수사학(修辭學)에서 말하는 첩자(疊字) · 첩운(疊韻) · 쌍성(雙聲) 등의 수사 기교가 다 동원되어 있고(밑줄 ___친 부분),

4) 시각적인 수사 효과를 위하여는 비슷한 모양의 글자들을 연용(連用)하고 있고(밑줄 ═══친 부분),

5) 둘째 넷째 다섯째 줄이 모두 대구(對句)를 이루고 있다.

대충 이런 점만을 들어보아도 『시경』의 시들은 수사의 기교를 다한, 일상 언어와는 전혀 다른 문장임을 알 수 있다.

『서경』의 경우를 보면 산문에 있어서도 예외는 아니다. 『서경』 첫머리 요전(堯典)의 첫 대목을 보기로 든다.

曰若稽古帝堯, 曰放勳, 欽明文思, 安安, 允恭克讓, 光被四表, 格于上下.
왈약계고제요　활방훈　흠명문사　안안　윤공극양　광피사표　격우상하

克明俊德, 以親九族。九族既睦, 平章百姓. 百姓昭明, 協和萬邦. 黎民於變時雍.
극명준덕　이친구족　구족기목　평장백성　백성소명　협화만방　여민오변시옹.

산문조차도 거의 매 구절이 사언(四言)이며 숫제 압운을 하거나(◦표) 독음의 화해(和諧)에 많은 신경을 쓰고 있는 것이다. 누가 보아도 일상용어와는 전혀 다른 많은 수식이 가해진 문장임을 쉽사리 알 수 있을 것이다.

한자의 〈文〉이란 글자가 본시 〈무늬(紋)〉의 뜻을 지녔던 것도 이러한 중국인의 문장 의식을 잘 설명해 준다. 후한(後漢) 허신(許愼)이 『설문(說文)』에서,

"文이란 획(劃)이 엇섞인 것으로 무늬가 서로 마주치는 모양을 나타낸 글자이다."
文, 錯劃也, 交文之象也.

고 하였고, 『역경(易經)』 계사전(繫辭傳)에선,

"물건이 서로 엇섞여 있기 때문에 文이라 하는 것이다."
物相雜, 故曰文.

고 하였고, 『예기(禮記)』 악기(樂記)에선,

"다섯 가지 빛깔이 文을 이루어 어지러워지지 않는다."
五色成文而不亂.

하였는데, 모두 文자가 무늬의 뜻을 지녔음을 알려주는 말이다. 따라서 반대로 중국 사람들은 〈문장〉이란 일종의 무늬와 같은 것이라는 생각을 가졌었다. 한(漢)대 유희(劉熙)가 지은 『석명(釋名)』을 보면 이런 말을 하고 있다.

"文이란 여러 가지 채색을 모아 가지고 비단의 수를 이룬 것이며, 여러 글자들을 모아 가지고 말뜻을 이룬 것인데, 수놓은 무늬와 같다는 것이다."
文者, 會集衆綵, 以成錦繡. 會集衆字, 以成辭義, 如文繡然也.

문장과 무늬는 같은 성질의 것임을 이야기하고 있다. 따라서 중국 사람들의 의식 속에는 문장이란 아름답게 이루어져야만 한다는 생각이 처음부터 있었다. 상형문자인 한자를 여러 개 모아 가지고 문장을 조립하는 것은 실제로 여러 가지 모양의 물건들을 모아 가지고 무늬를 만드는 작업이나 비슷한 데가 있다. 중국 사람들이 문장이나 시를 읽을 때 특히 〈명구(名句)〉나 〈묘문(妙文)〉을 흔히 얘기하는 것도, 글의 내용과는 상관없이 한자의 모임이 절묘한 무늬 같은 것을 이룰 수가 있기 때문이었다. 오랜 중국문학사를 통하여 시가 그 문학의 중심을 이루어 온 것도, 문자를 이용한 무늬의 구성은 산문보다도 시에서 그 아름다움의 극치를 이룰 수 있다는 중국인의 문장관이 크게 작용했을 것이다.

중국 현대 문학 초창기에 후스(胡適, 1891~1962)가 〈백화문학(白話文學)〉을 제창하여 현대 문학 추진에 큰 힘이 되었지만, 한자를 사용하는 한 그의 〈백화문학〉의 주장은 모순된 것으로 느껴진다. 사람들의 일상 용어를 그대로 적는다는 데 있어서는 한자처럼 거추장스럽고 불편한 문자는 없을 것이기 때문이다.

중국 문장을 올바로 읽으려면 이러한 한자의 결합이 지니는 특징을 올바로 이해하지 않으면 안 된다. 심지어 중국문학사의 전개를 이러한 한자의 결합 방법의 변천 과정을 통하여서도 관찰할 수가 있는 것이다. 일찍이 공자(孔子)는 이런 말을 하고 있다.

> "그것을 말로 표현해도 글이 없다면, 행하여진다 하더라도 멀리 가지 못한다."
> 言之無文, 行而不遠. (『左傳』 襄公二十五年)

문장의 아름다운 특성을 바탕으로 문장의 효용을 의식하고 한 말이다.

중국문학의 이해는 무엇보다도 이상 얘기한 역사적·지리적·사상적 배경과 문장의 특성 등에 대한 올바른 인식을 기초로 하지 않으면 안 될 것이다.

II. 중국 시의 공용성(功用性)

1. 유가 사상과 시

중국 역사를 보면 한대 이후 2천여 년간은 유가 사상이 그 사회 윤리의 바탕을 이루어 왔다. 따라서 중국의 전통 문학도 주로 유가 사상에 의하여 지탱되어 왔다고 할 수 있다. 따라서 중국 전통 문학의 핵심을 이루어 온 시는 주로 유가적인 문학 이념을 바탕으로 발달하고 존중되어 왔다.

그러나 『논어(論語)』를 읽어보면 공자의 시에 대한 태도는 일반적인 경향과 모순되는 것처럼 느껴지기도 한다. 학이(學而)편에서는 이런 말을 하고 있다.

> "행하고 남는 힘이 있거든, 곧 그것으로서 글을 배워라."
> 行有餘力, 則以學文.

술이(述而)편에는 또 이런 말이 있다.

> "옛것을 전술(傳述)하기는 하되 창작하지는 않으며, 믿음을 가지고 옛것을 좋아한다."
> 述而不作, 信而好古.

공자의 이러한 실천주의 또는 창작의 부정을 바탕으로 할 때 시는 존재할 여지도 없을 것 같다. 그러나 같은 『논어』에 다음과 같은 말도 있다.

> "사람으로써 주남과 소남(『시경』의 편명)을 배우지 않으면 그는 마치 벽을 마주 대하고 서 있는 것이나 같을 것이다."
> 人而不爲周南召南, 其猶正牆面而立也與. 〈陽貨〉

> "시경은 한마디로 그것을 평하면 생각에 사악함이 없는 것이라 하겠다."
> 詩三百, 一言以蔽之, 曰思無邪. 〈爲政〉

"관저(關雎, 「시경」의 편명)는 즐거우면서도 지나치지는 않고, 슬프면서도 마음을 상하게 하지는 않는다."
關雎, 樂而不淫, 哀而不傷. 〈八佾〉

"그대들은 왜 시를 공부하지 않는가? 시는 사람의 감흥을 돋워 주고, 사물을 올바로 보게 하며, 여러 사람들과 잘 어울릴 수 있게 하며, 은근히 불평을 할 수 있게 하며, 가깝게는 어버이를 섬기고 멀리는 임금을 섬길 줄 알게 하며, 새나 짐승·풀·나무의 이름을 많이 알게 한다."
小子何莫學夫詩. 詩可以興, 可以觀, 可以群, 可以怨. 邇之事父. 遠之事君. 多識於鳥獸草木之名. 〈陽貨〉

아직 인류가 문학이 무엇인지 채 깨닫지도 못하고 있던 옛날에 공자는 이미 『시경』에 실린 시들의 문학적인 가치를 높이 평가하고, 이로써 만인의 영원한 교과서로 삼으려 했던 것이다. 이 때문에 『시경』은 이후 중국의 가장 중요한 경전의 하나로서 공부하는 모든 사람에게 읽혀졌고 시는 일찍부터 존중되고 창작이 성행하여 중국 전통 문학의 중추를 이루게 되었다.

그러나 이것은 앞에서 지적한 공자의 실천주의나 창작 부정의 태도와는 모순되는 듯이 여겨진다. 그러면 실천을 중시하고 창작을 부정하는 공자가 그의 제자들에게 어찌하여 시만은 그토록 존중하라고 말하있는가? 그것은 유가에선 시에 대하여 독특한 현실적인 가치와 효능을 인정했기 때문이다.

『모시서(毛詩序)』를 보면 풍·아·송(風·雅·頌)의 〈풍〉자를 다음과 같이 풀이하고 있다.

"풍이란 바람과 같다는 뜻이며 '가르친다'는 뜻이다. 바람과 같음으로써 백성들을 움직이게 하고 가르침으로써 백성들을 교화하는 것이다."
風, 風也, 敎也 ; 風以動之, 敎以化之.

〈풍〉은 국풍(國風)이라고도 하며 여러 나라의 옛 민요를 모아 놓은 『시경』의 한 부분이다. 그런데 이러한 옛 민요들이 백성들을 교화하는 데 커다란 효능이 있다고 인정한 것이다. 다시 이에 이어 다음과 같이 설명이 이어지고 있다.

"세상이 잘 다스려지는 시대의 음악은 편안하면서도 즐겁고 그 정치는 조화가 잘 되며, 어지러운 시대의 음악은 원망스러우면서도 노여웁고 그 정치는 도리에 어긋나며, 나라가 망해갈 때의 음악은 슬프고도 애틋하고 그 백성들은 곤경에 빠진다. 그러므로 정치의 득실(得失)을 바로잡고 하늘과 땅을 움직이고, 귀신을 감동시키는 데는 시보다 더 좋은 것이 없다. 그래서 옛 훌륭한 임금님들은 이것으로서 부부 사이를 다스리고, 효도와 공경을 이룩하였고, 인륜을 두터이 하고, 교화를 아름답게 하였으며, 풍속을 순박하게 하였다."

治世之音, 安以樂, 其政和 ; 亂世之音, 怨以怒, 其政乖 ; 亡國之音, 哀以思, 其民困. 故正得失, 動天地, 感鬼神, 莫近於詩. 先王以是經夫婦, 成孝敬, 厚人倫, 美教化, 移風俗.

곧 음악은 그 시대의 사회와 정치를 가장 잘 대표하고 있으며 그 음악의 가사인 시는 하늘과 땅을 움직이고 귀신을 감동시킬 만한 힘을 갖고 있다는 것이다.

그래서 옛 훌륭한 임금들은 모두 음악과 시로 백성들을 교화시킴으로써 나라를 훌륭하게 다스렸다는 것이다. 공자는 또 말하였다.

"풍속을 올바로 이끄는 데엔 음악보다 더 좋은 것이 없다."

移風易俗, 非樂莫善. 〈孝經〉

"안연이 나라 다스리는 일을 여쭤 보았다. 공자께서 말씀하시기를 … 음악은 소무(韶舞, 舜임금의 음악)를 쓸 것이며, 정나라의 음탕한 노래를 물리치고, 간사한 사람들을 멀리해야 할 것이다."

顏淵問爲邦, 子曰…樂則韶舞, 放鄭聲, 遠佞人. (『論語』衛靈公)

백성들을 올바르게 다스리려면 먼저 훌륭한 음악을 널리 보급시켜야만 한다는 생각이다. 이러한 음악의 효용을 강조하는 얘기가 『서경』의 대우모(大禹謨) 편에도 보인다. 옛날 순(舜)임금 때, 삼묘(三苗)란 부족들이 반란을 일으켰다. 순임금은 곧 뒤에 하(夏)나라의 첫번째 임금이 된 우(禹)를 시켜 그들을 치게 했다. 그러나 무력으로는 수십 일을 싸워도 굴복시킬 수가 없었다. 이에 익(益)이라는 신하가 무력보다는 문화 정책으로 교화시킴이 좋겠다고 천자께 아뢰었다. 순임금은 그 말을 옳게 여기고, 우의 군사를 불러들인 다음 문덕(文德)을 널리 펴시며, 궁전의 양편 섬돌 사이에서 문무(文舞)와 무무(武舞)를 추게 하였다. 〈문덕을 크게 폈다〉는 것은 문화적인 회유 정책을 뜻할 것이며, 춤에는 음악과 노래가 곁들여 있는 것임은 더 말할 나위도 없다. 이 결과 삼묘들은 칠십 일 만에 스스로 순임금께 굴복해 왔다는 것이다.

음악의 효용이 이처럼 위대했기 때문에, 이 때 나라에서 음악을 관장하는 관리는 바로 그 나라 귀족 자제들의 교육을 책임지는 중요한 위치에 있었다. 같은 『서경』의 순전(舜典)을 보면 순임금이 기(夔)라는 신하를 음악을 관장하는 전악(典樂)에 임명하면서 나라의 젊은이들의 성정을 곧고 올바르게 교육시켜 달라는 당부를 하고 있다. 『주례(周禮)』를 보더라도(卷 22, 23) 대사악(大司樂)과 악사(樂師)는 젊은이들의 교육까지 맡고 있다.

그렇기에 옛날의 명군들에게는 모두 저마다 그들의 백성을 교화하는 데 쓰던 악무(樂舞)가 있었다. 주(周)나라 때(B.C. 111~B.C. 250)까지 전해지던 것들만 보더라도 황제(黃帝)의 음악으로 운문(雲門)·대권(大卷), 요(堯)임금의 음악으로 대함(大咸) 또는 함지(咸池), 순(舜)임금의 음악으로 대소(大韶) 또는 소소(簫韶), 우(禹)임금의 음악으로 대하(大夏), 탕(湯)임금의 음악으로 대호(大濩), 무왕(武王)의 음악으로 대무(大武)가 있었다(『周禮』 卷22, 大司樂).

이 밖에도 반고(班固, 32~92)는 『백호통(白虎通)』 권상(卷上)에서 『예기』를 인용하여 전욱(顓頊)의 음악으로 육경(六莖), 제곡(帝嚳)의 음악으로 오영(五英)을 더 들고 있다. 『예기(禮記)』를 보면 이런 대목이 보인다.

> "임금은 공을 이룩하면 음악을 만들고, 다스림이 안정되면 예를 제정한다. 공이 큰 임금은 그의 음악이 갖추어지고, 다스림이 펴진 임금은 그의 예가 구비된다."
> 王者功成作樂, 治定制禮. 其功大者其樂備, 其治辯者禮具. (卷 37 樂記)

임금이 훌륭한 음악을 만든다는 것은, 곧 나라를 바로 다스리는 방편의 제정을 뜻하게 되는 것이다. 그리고 그것은 모두 춤과 노래(시)를 아울러 지닌 것들이며, 그 춤과 노래들은 저마다 독특한 교화의 뜻을 지닌 것들이었다.

유가들은 자기 조상들의 이러한 사상을 계승하여, 공자 이후로는 악(樂)을 예(禮)와 짝지어 그들 교리의 중요한 기틀로 만들었다. 『예기』를 보면 이런 말이 보인다.

> "위대한 음악은 천지와 함께 화합되고 위대한 예는 천지와 같은 절조를 지닌다."
> 大樂與天地同和, 大禮與天地同節. (卷 37 樂記)

곧 〈악〉은 대자연의 현상과 조화되는 것이고, 〈예〉는 대자연의 크고 작고 높고 낮고 한 모양과 대응하는 것이라는 뜻이다. 그리하여 유가들은 〈악〉으로써 사람의 성정을 바르게 조화시키고, 〈예〉로써 사람의 외부 행동을 조절시키려 했던 것이다. 사람들로 하여금 반드시 〈예〉를 통하여 즐기거나 슬퍼하게 함으로써 사회의 질서를 유지하고 〈악〉으로써 인심을 착하게 만들고 풍속을 깨끗이 함으로써 세상을 원만히 조화시키려는 것이다.

그렇기 때문에 시를 읽고 배우고 짓고 한다는 것은 〈글〉에 속하는 것이 아니라 오히려 〈행동〉 쪽에 가까운 것이라고 이해되었다. 다시 말하면 시를 읽고 배우고 짓고 하는 것은 바로 자기의 성정을 순화시키며 사회에 아름다운 풍조를 퍼뜨리고 또 만들어내는 행동이 되는 것이다. 그렇기에 조비(曹丕, 187~226)가 "문장이란 나라를 다스리는 위대한 작업(蓋文章, 經國之大業)" (『典論』 論文)이라 큰소리쳐도 아무도 그것을 과장이거나 잘못된 생각이라고 여기지 않았던 것이다. 현실적인 행동 위주의 철학을 배경으로 하고 있던 중국의 고대 사회에서, 예수 탄생 10세기 이전부터 여러 가지 인간의 정을 읊은 시들이 널리 유행했던 것은 모두 이 때문인 것이다.

게다가 『모시서(毛詩序)』를 보면 "정치의 득실을 바로잡고, 하늘과 땅을 움직이고, 귀신을 감동시키는 데에는 시보다 더 좋은 것이 없다."고 했으니, 시는 더 많은 실용의 여지를 지니고 있었던 것이다. 앞에서도 말한 것처럼 제후나 경대부들이 만날 적에 시를 읊어 자기의 뜻을 표시하는 일은 『좌전(左傳)』을 보면 수없이 그 보기가 나온다. 시는 사람은 물론 하늘과 땅이나 귀신까지도 감동시킬 수 있다고 믿었기 때문에 즐거운 의식으로부터 슬픈 의식에 이르기까지, 장가를 들 때나 죽은 사람을 장사지낼 때나, 크고 작은 모든 의식에 반드시 응용되었던 것이다. 사람들끼리 잔치 자리에서 즐길 때에 노래와 춤이 끼였던 것은 말할 것도 없다. 그러나 공식적인 잔치나 여러 가지 의식에 쓰이던 노래들은 그 가락이나 가사에 이르기까지 순수한 민간의 가요와는 성격이 달랐을 것이다. 『시경』의 내용이 지방의 민요인 풍(風)과 조정에서 노래부르던 아(雅)와 제례에 쓰이던 송(頌)으로 나뉘어진 원인이 여기에도 있다. 어떻든 이처럼 공식적인 모임이나 의식에 반드시 노래나 춤이 끼었다는 것은 중국에서 일찍부터 시를 발달시키고 시를 중히 여기게 하는 동기의 하나가 되었던 것이다.

2. 시의 공용성(功用性)과 덕치(德治)

그러면 옛날 중국 사람들은 어째서 음악 또는 시를 〈백성을 올바르게 이끄는 데 가장 효능이 있는 용구〉로 보았을까?

그것은 세상을 덕(德)으로 다스려야 한다는 중국 옛사람들의 덕치주의에 근거를 둔 것이다. 덕치주의에 대하여는 『대학(大學)』의 첫장에 가장 간단하고도 뚜렷한 설명이 보인다. 곧 먼저 자신이 덕을 닦고(修身), 자기의 집안을 잘 건사하고(齊家), 나아가서는 나라를 잘 다스려야 하고(治國), 끝으로는 온 세상을 평화롭게 만들어야 한다(平天下)는 것이다. 자신의 덕을 닦아 그 덕을 온 세상에까지 펴나갈 수 있을 만한 사람에게는 하늘이 명을 내려 그를 천자가 되게 한다. 그리고 덕을 닦은 사람들의 정도에 따라 거기에 알맞는 벼슬이 주어져야 한다는 것이다. 후세엔 흔히 덕이 있는 사람의 뜻으로 쓰이던 군자(君子)란 말도 본시는 〈다스리는 지위에 있는 사람〉 또는 〈벼슬하는 사람〉의 뜻이었고, 소인(小人)은 그 반대였다. 따라서 덕치주의 사회에선 덕이 가장 많은 사람이 천자가 되고, 다시 그 정도에 따라 그 밑의 벼슬이 주어진다. 이것은 사람이 만든 제도가 아니라 〈하늘의 뜻〉 또는 〈자연의 질서〉와 부합하는 것이었다.

이러한 유가의 덕치주의는 고대 성왕들의 정치에 근거를 두고 있다. 『서경』의 요전(堯典)을 보면 그 첫머리에 요임금의 공덕에 대해 다음과 같이 기록하고 있다.

> "위대한 덕을 잘 밝히시어 온 집안을 친화케 하셨고, 온 집안을 친목케 하심으로써 백성들을 잘 다스렸고, 백성들을 밝게 다스림으로써 온 세상을 평화롭게 하셨다. 백성들은 이 감화를 받아 화평을 누리게 되었던 것이다."
>
> 克明俊德, 以親九族; 九族既睦, 平章百姓; 百姓昭明, 協和萬邦. 黎民於變時雍.

이것은 요임금의 덕치를 설명한 것이다. 자신의 큰 덕을 닦음으로써 그 덕을 펴 집안과 백성을 올바로 다스리고, 마침내는 온 세상을 평화롭게 하셨다는 것이다. 이 밖에도 『서경』이나 『시경』 속에는 덕치주의와 천명사상에 관한 기록이 여러 군데 눈에 띈다.

덕으로써 나라를 다스리는 데에는 법이나 형벌 같은 인위적인 작용은 일체 배격된다. 옛날에도 법이나 형벌이 있었지만, 그것은 덕을 닦지 못한 백성들 때문에 일시적으로 정해 놓은 제도에 불과하다. 진정한 덕치주의가 행해지면 법이나 형벌 같은 인위적인 작용은 모두가 소용없는 물건이 되고 만다. 곧 다스리는 사람이 아무런 일도 하지 않아도 잘 다스려지는 이른바 〈무위이치(無爲而治)〉의 세상이 되는 것이다. 중국의 사상을 대표하는 유가와 도가는 얼핏 보기에 서로 정반대 되는 사상인 듯하면서도, 궁극에 가서는 일치되는 이상을 지니고 있었다. 유가나 도가나 모두 그들의 이상적인 사회는 〈무위이치〉의 세상이었다. 유가는 〈예〉를 숭상하고 도가는 그것을 전적으로 부정하고 있어서, 서로 크게 모순되는 사상인데도 아무런 마찰 없이 한 사회나 한 사람 또는 한 문학 작품 속에 공존할 수 있었던 것도 끝에 가서는 같은 목적지에 도달하게 되는 사상이었기 때문인지도 모른다.

어떻든 덕으로 세상을 다스리는 데에는 백성들을 억누르고 강요하는 일이 있을 수 없다. 그렇다고 가만히 있으면 나라가 잘 다스려지는 것도 아니다. 백성들의 마음을 바로잡아, 백성들 모두가 스스로 다스리는 사람을 따라오도록 만들지 않으면 안된다. 이럴 때 인위적인 강요 없이 백성들의 마음을 가장 잘 움직일 수 있는 것은 무엇일까? 그것은 바로 음악이요, 시라고 생각했던 것이다. 음악은 사람의 마음 또는 성정에 호소하는 것이기 때문에, 소리의 조화와 질서를 통하여 사람들의 마음을 조화시키고 바로잡을 수 있다는 것이다. 그리고 음악은 사람들의 감정이나 마음을 표현한 것이기 때문에 유행하는 노래를 통하여 그 지방의 민심을 가장 잘 파악할 수 있다는 것이다. 그래서 옛날에는 각 지방의 민요를 채집하는 채시관(採詩官)이 있어, 이들은 주로 각 지방에 유행하는 노래를 적어다가 임금님께 바침으로써 임금으로 하여금 민심을 파악케 했다 한다(『漢書』 藝文志). 이들이 모은 시의 일부가 지금 우리에게 『시경』으로 전해지고 있다고도 한다.

아무튼 덕으로 세상을 다스리기 위하여 〈음악〉 또는 〈시〉는 없어서는 안 될 것이었다. 음악의 소리의 조화처럼 자연의 질서대로 이 세상을 잘 다스리려는 이상이 일찍부터 중국에 문학을 꽃피우는 바탕이 되었다.

3. 정성(正聲)과 간성(姦聲)

그러면 음악이라면 아무것이나 다 덕치(德治)의 연모가 될 수 있는 것일까? 그렇지는 않을 것이다. 음악에는 정성(正聲)과 간성(姦聲)이 있다(『禮記』 卷 38 樂記). 이를 덕음(德音)과 익음(溺音) 〈上同〉 또는 대악(大樂)과 치악(侈樂)으로 구분하기도 한다.

『여씨춘추(呂氏春秋)』에서는 대략 다음과 같이 이를 구별하여 설명하고 있다.

〈정성〉인 〈대악〉은 자연의 변화나 천체의 운행 같은 우주 현상과 조화가 되는 것이다. 따라서 〈대악〉은 그것을 즐기는 사람들의 마음을 화평케 하여 세상을 안락하고 조화가 잘 된 태평세계로 이끈다. 이러한 음악은 낮은 백성으로부터 천자에 이르기까지 모든 사람들이 즐길 음악이라는 것이다. 반대로 〈간성〉인 〈치악〉은 모든 사람들이 즐겨서는 안 될 특수한 음악이다. 그 소리들은 자극적이어서 사람의 마음을 놀라게 하고 귀를 어지럽힌다. 따라서 이런 음악을 듣는 사람들은 마음이 어지러워져, 마침내는 온 세상까지도 어지럽게 만든다는 것이다.

따라서 뒤에 설명한 〈간성〉은 백성을 다스리는 데 해가 될지언정 도움이 될 수는 없는 것이다. 그러므로 훌륭한 임금들은 훌륭한 음악을 마련하여 백성들의 마음을 올바로 이끌기에 힘쓴다. 이러한 바른 음악과 간사한 음악의 구별은, 한편으로 〈고악(古樂)〉과 〈신악(新樂)〉의 차이에서도 찾아볼 수 있다. 『예기(禮記)』 악기(樂記)편을 보면 대략 다음과 같은 내용의, 위(魏)나라 문후(文侯)와 공자의 제자인 자하(子夏)의 음악에 대한 문답이 실려 있다.

어느 날 위나라 문후가 "나는 복장을 단정히 하고 옛 음악, 곧 고악을 들으면 그저 드러눕고만 싶어지는데 천한 정(鄭)나라나 위(衛)나라의 노래를 들으면 피곤한 줄 모르니 어째서 그런지 모르겠습니다." 하고 자하에게 물었다. 자하는 그 물음에 대해 다음과 같은 뜻의 말을 하였다.

> "지금 말씀하신 고악이란 것은 처음부터 끝까지 일정한 질서 아래 연주되고, 또 여러 악기들의 소리의 화음으로써 이뤄지는 것입니다. 그러므로 군자들은 이 음악의 이치를 얘기하게 되며 이를 통하여 옛날의 도리를 따르게 되는 것입니다. 그리고 이 고악으로 자기 몸을 닦는 데서 비롯하여 온 천하를 평화로 이끌어 놓게까지 만들게 되는 것입니다.

> 반대로 신악이란 것은 처음부터 끝까지 함부로 간사스런 소리를 내어 원숭이들처럼 부자의 사이도 잊고 남녀가 함부로 어울려 놀아나게 합니다. 음악이 끝난 뒤엔 얘기할 것도 없고 마음 속에 남는 것도 없습니다. 정신만 어지러워졌을 뿐입니다."

곧 〈고악〉은 사람들의 마음에 호소하는 데 반해 〈신악〉은 사람들의 감각에 호소하는 것이다. 따라서 〈고악〉은 듣는 이의 교양이나 마음가짐에 따라 반응에 차이가 나지만, 어떻든 무언가 마음속에 남겨주는 것이 있다. 〈신악〉은 감각을 자극하는 것이어서 누구나 들으면 자극을 느끼고 그 자극에 의하여 마구 날뛰게 된다. 그러나 음악이 끝나면 그 뿐으로 사람들에게는 아무것도 남겨주지 않는다. 따라서 〈고악〉은 〈정성〉에 속하는 것이고 〈신악〉은 〈간성〉에 속하는 것이라 할 수 있다.

그러나 위나라 문후가 자하에게 물었던 것처럼 사람들은 〈신악〉에 대하여는 쉽사리 느끼고 반응하지만 〈고악〉에 대하여는 눈에 띄는 반응을 보여주지 않는 게 보통이다. 감각으로 느끼는 〈신악〉은 오관(五官)에 자극을 받아 바로 흥분되지만, 마음으로 받아들이게 되는 〈고악〉은 그 반응이 더디고 느려서 겉으로 잘 나타나지 않기 때문이다. 더구나 악상(樂想)이 고상하면 고상할수록 교양이 없는 청중의 마음 속은 파고들기가 어려워진다.

옛날 초(楚)나라 양왕(襄王)이 이때의 문호이며 음악가인 송옥(宋玉)에게 "그대는 왜 습속(習俗)을 따라 인기를 얻지 않고 고상한 음악 만을 좋아하는가"고 물었다. 송옥은 다음과 같은 대답을 했다.

> "옛날 초나라에 노래를 잘 부르는 사람이 있었는데 어느날 저자에 나가 〈하리파인(下里巴人)〉이란 천한 노래를 불렀습니다. 그러니까 그의 노래에 수백명이나 되는 관중들이 화창(和唱)하였습니다. 다음에는 〈양춘백설(陽春白雪)〉이란 우아한 노래를 불렀다. 이에 화창하는 사람은 열 명도 못 되었습니다. 끝으로 고상한 음악을 한 곡 노래했는데 이에 화창하는 사람은 세 사람 정도였습니다. 곡조가 고상할수록 세상에는 화하는 사람이 적은 것이 원칙입니다. 그러나 중국 음악의 전통은 이 화창하는 사람이 적은 고상한 노래에 의하여 지탱되어 왔습니다. 그렇기 때문에 저는 고상한 음악을 노래하겠다는 것입니다." (宋 習鑿齒著 『襄陽耆舊傳』 宋玉條)

송옥이 말한 고상한 노래는 바로 앞에서 얘기한 〈고악〉을 가리킨다. 무조건 옛날 음악이라고 해서 모두가 〈고악〉이 아니며, 요새 작곡된 음악이라고 해서 모두 〈신악〉이라 부르는 것이 아니다. 〈고악〉이란 옛날부터 전해 내려오는 음악의 전통, 곧 옛날 음악의 수법이나 내용을 계승하여 작곡된 음악을 가리킨다. 비록 지금 당장 작곡된 것이라 하더라도 그것이 옛부터 전해지는 전통적인 수법과 내용을 담은 것이라면 그것은 〈신악〉이 아니라 〈고악〉인 것이다. 반대로 옛날의 음악이라 하더라도 고대의 전통을 계승한 것이 아니라면 그것은 〈고악〉이 아니라 〈신악〉이라 말해야 한다. 중국 음악의 옛 전통이란 자연의 질서와 조화되는 해음(諧音)의 극치를 이룬 것을 뜻한다. 중국 사람들이 그들의 악율(樂律)인 오음(五音)과 십이율(十二律)을 오행(五行)이나 십이절기(十二節氣)와 대응하는 것으로 풀이하는 것도 음악을 자연의 질서와 결부시켜 이해했기 때문인 것이다.

중국의 올바른 음악인 〈고악〉은 이처럼 전통을 그 생명으로 삼고 있다. 그러므로 세상에 화하는 사람은 적었다 하더라도 중국의 〈정악(正樂)〉은 이 〈고악〉을 통해 계승 발전되어 왔던 것이다. 어느 개인이 일시적으로 온 세상의 이목을 끌어모을 만한 특수한 음악을 만들었다 하더라도, 그것이 중국 사회의 보편적인 감정을 표현한 자연 질서에 합치되는 음악이 아니라면 그것은 존중받지 못했다. 세상을 화평케 할 만한 보편적인 이상과 감정을 추구한 전통에 바탕을 둔 음악만이 존중되고 또 오래도록 전해질 수가 있었다. 전통을 계승하여 새로운 음악을 발전시킬 수가 없다면 적어도 옛날 것만이라도 제대로 물려받아 보전시켜야 한다고 생각했다.

이 중국 음악에 있어서의 전통의 존중은 음악이 중국문학 발전의 근거가 되었으므로 곧장 문학에도 영향을 미쳤다. 시나 산문·소설·희곡을 막론하고 중국의 문인들은 창작이라는 점에서보다도 전통의 계승 발전이란 입장에서 작품 활동을 해온 것이다. 중국문학에서 발랄한 개성이나 창작 의욕을 찾아보기 힘든 것도 이 때문이다. 오히려 산문과 시(詩)·사(詞)·곡(曲)에 있어서는 형식적인 전통의 계승이 작가들의 활동을 묶어 발전을 위축케 하는 경우도 많았다. 남송(南宋) 때 사율(詞律)을 옛 법칙에 따라 따지기 시작하면서부터 사가 더 이상 발전 못하고 몰락하고 말았던 것과, 명 말에 곡율(曲律)을 따지다가 곡(曲)의 창작을 저지시키고 마는 결과를 가져왔던 일은 그 좋은 예라 할 것이다.

후세 『시경』을 해설하는 학자들이 시의 정변설(正變說)을 내세웠던 것도 실은 이런 생각에 근거를 둔 것이다. 간단히 말하면, 세상이 잘 다스려질 때의 시들이 정시(正詩)이고, 세상이 어지러워진 때의 시들은 변시(變詩)라는 것이다. 한대 정현(鄭玄, 127~200)의 이론을 따지면 주(周)나라 초기 문왕(文王)·무왕(武王)·성왕(成王) 시대의 시들(國風의 周南·召南, 小雅의 鹿鳴으로부터 菁菁者莪까지, 大雅의 文王으로부터 卷阿에 이르기까지)이 정풍(正風) 또는 정아(正雅)이고, 그 보다 뒤에 지어진 시들(그 나머지 시들)은 모두 변풍(變風) 또는 변아(變雅)라는 것이다(『詩譜序』, 孔穎達 『正義』 引.). 학자에 따라 견해의 차이는 있었지만 이러한 정변설(正變說)을 바탕으로 한 시의 이해는 시를 올바로 읽는 데 큰 장애가 되었다. 음악이나 시의 본질로서 볼 때, 아무리 그것을 정(正) 간(姦) 또는 정(正) 변(變)으로 구별해 놓는다 하더라도, 그 공용성 또는 실용성의 지나친 중시는 처음부터 큰 문제가 되지 않을 수가 없는 것이다.

4. 공용성과 시

음악이나 시의 교화력을 이용하면서 덕으로 세상을 다스린다는 것은 일종의 고도화된 문화 정책이라 할 것이다. 그리고 이 때문에 중국문학사가 시를 중심으로 하여 중국 민족의 시원에서 출발하여 중국 민족의 생존 발전과 역사를 함께 할 수가 있었을 것이다. 그러나 이러한 시의 실용주의는 시의 예술적인 성격이나 순수 문학의 존재를 위하여는 저해 요소가 되는 것이다.

한대 사마상여(司馬相如, B.C. 179~B.C. 118)를 비롯한 부가(賦家)들이 형식적인 화려한 문구를 늘어놓아 임금의 생활 주변의 사물과 그 위세를 거창하게 표현하여 임금에게 아부하는 작품이나 지었는데도, 그 작품을 〈풍간(諷諫)의 뜻〉을 내세워 합리화시키고 있는 것도(『史記』·『漢書』 司馬相如傳) 거기에 근거를 둔 것이다. 그리고 위(魏) 문제(文帝) 조비(曹丕, 187~226)가 그의 『전론(典論)』 논문(論文)에서,

> "문장이란 나라를 다스리는 위대한 사업이요, 영원히 썩지 않는 성대한 일이다."
> 蓋文章, 經國之大業, 不朽之盛事.

라고 거창한 선언을 하고 있는 것도 그러한 공용주의에 근거를 둔 것이다.

시에 대한 공용주의는 『시경』에 실린 시의 해설의 경우 더욱 두드러진다. 대아(大雅)나 소아(小雅)의 시들은 말할 것도 없고, 여러 지방의 민요를 모아 놓은 국풍(國風)의 시들까지도 중국의 옛 학자들은 모두 사회 교화나 정치에 대한 풍자와 관련 있는 시들로 해석하였다. 예를 들면, 그 속에 실린 연애시 같은 것은 후비의 덕(后妃之德)을 노래했거나 예교가 문란해진 사회상을 풍자한 시라고 둘러대었다. 이것은 결국 시 해석의 정치에 대한 직접적인 관심이라고 말할 수도 있을 것이다. 그래서 중국문학은 다른 어떤 지역의 문학보다도 정치와 밀접한 관계를 유지하며 존재해 왔다. 곧 중국문학가들은 거의 모두가 정치의 직접적인 참여자이거나 정치에의 열성적인 관심의 소유자들이었다는 것이다. 이백(李白)이나 두보(杜甫) 같은, 벼슬자리와 별로 인연이 없었던 가난한 시인들의 시를 읽어보아도 그들의 정치에 대한 대단한 관심을 쉽사리 파악하게 되며, 한편 후세 중국 사람들은 그들을 부를 때 이한림(李翰林)이니 두공부(杜工部)니 하고 그들이 변변히 누리지도 못했던 벼슬 칭호를 쓰기 좋아한다.

당대 백거이(白居易, 772~846)가 자기의 시를 〈풍유(諷喩)〉·〈감상(感傷)〉·〈한적(閒適)〉 등으로 분류하면서, 자기 시작(詩作)의 목표는 〈풍유〉에 있다고 말한 것도 『與元九書』, 시의 공용성이 중국문학에 있어 전통 속에 큰 비중의 자리를 차지하고 있었음을 알려주는 것이다. 후인들이 백거이의 대표작으로 애송하는 시 속에는 〈감상〉이나 〈한적〉에 속하는 시도 많은 것이다.

이 때문에 송대 주돈이(周敦頤)가 말한 "글이란 도가 실려져 있어야 한다."(文以載道)는 생각은 청대에 이르기까지 더욱 문학 이론으로 구체화되어 가기만 하였다.

문장의 내용으로서의 〈도〉란 것은 쉽게 말하면 그 작품의 사회나 정치에 대한 공용 가치를 뜻한다 할 것이다. 청대 고염무(顧炎武, 1613 ~1682)는 『일지록(日知錄)』에서 이렇게 말하고 있다.

> "문장이 천지 사이에서 없어져서는 안 될 이유는, 그것이 도를 밝히기 때문이며, 정사를 바로잡기 때문이며, 민정을 살필 수 있게 하기 때문이며, 사람들의 선함을 얘기하기 즐겨하기 때문이다."
>
> 文之不可絶於天地間者, 曰明道也, 紀政事也, 察民隱也, 樂道人之善也. (卷 19)

이 때문에 중국의 소설과 희곡은 〈권선징악(勸善懲惡)〉의 테두리를 벗어나는 작품이 거의 없게 되었고, 명말에 이르러 소설과 희곡이 본격적인 문학 작품으로 인정되기 시작한 것도 그것이 사회에 미치는 위대한 영향을 깨달았기 때문이었다.

이처럼 문학이 직접 사회와 정치를 위하는 방편으로 존재해 왔다는 것은 위대한 장점이기도 하지만, 문학의 다양한 발전이나 작가의 개성이나 창의성 발휘에는 문제가 된다. 간단히 말하면 순수 문학이 존재할 여지가 없게 되는 것이다. 그러한 전통적인 문학에 대한 개념은 현대 중국문학에까지도 적잖은 영향을 주고 있는 듯하다. 현대 문학 초기의 루신(魯迅, 1881~1936)이 국민의 몽매함을 깨우치기 위하여 소설을 쓴 것이나, 그 뒤에 유행했던 혁명문학의 구호 및 그 뒤의 항전문학(抗戰文學), 다시 대륙이나 대만의 문학 운동과 정치의 관계가 모두 전통적인 문학의 공용성을 연상케 한다.

이러한 한정된 문학의 가치 설정은 곧 문학 행위 자체로부터 문학 발전에 이르기까지도 일정한 한계가 설정되지 않을 수 없게 한다. 문학은 정치나 사회 뿐만 아니라, 인간의 존재 자체로부터 시작하여 인간과 관계되는 모든 것, 인간의 모든 가능성이 추구될 수 있어야만 할 것이다.

III. 기사(紀事)·입언(立言)과 능문(能文)
— 중국 산문의 전통

1. 기사(紀事)의 문장

중국의 산문은 『서경(書經)』에서 비롯되었다. 『서경』에는 요(堯) 임금과 순(舜) 임금의 시대부터 하(夏, B.C. 2183~B.C. 1751)·상(商, B.C. 1751~B.C. 1111)을 거쳐 주(周, B.C. 1111~B.C. 250)나라에 이르는 중국 옛날의 정치에 관한 기록들이 실려 있다. 이것은 유가에서 설정한 이상 정치가 행해졌다고 하는 이른바 선왕(先王)의 나라들이다. 요임금과 순임금 및 하나라는 선사시대(先史時代)의 전설적인 이상 시대라면, 상나라와 주나라는 유사시대(有史時代)의 실질적인 이상시대라 여겼던 듯하다. 이 글들은 옛날 임금 주변에서 임금의 모든 언행을 기록하는 직분을 지녔던 사관(史官)들에 의하여 기록된 것이다.

반고(班固, 32~92)의 『한서(漢書)』 예문지(藝文志)에는 다음과 같은 말이 적혀 있다.

> "옛날의 왕자들은 대대로 사관(史官)이 있어서 임금의 움직임을 반드시 기록했으니, 언행을 삼가게 하고 법식(法式)을 밝히기 위한 것이었다. 좌사(左史)는 말을 기록하고 우사(右史)는 일을 기록하였다. 일을 기록한 것이 『춘추(春秋)』이고, 말을 기록한 것이 『상서(尚書)』인데 제왕들은 이와 같이 하지 않는 일이 없었다."
>
> 古之王者, 世有史官. 君擧必書, 所以愼言行, 昭法式也. 左史記言, 右史記事, 事爲春秋, 言爲尚書, 帝王靡不同之.

옛날부터 중국에는 사관이 있어서 좌사는 임금의 말을 기록하고 우사는 임금의 행동을 기록했다. 그것은 임금의 말과 행동에 제약을 가함으로써, 임금의 말과 행동을 올바로 이끌어 치화(治化)의 실효를 거두자는 것이었다. 그 보기로서 공자가 노(魯)나라를 중심으로 하여 쓴 역사책 『춘추』는 임금의 행동을 위주로 한 우사의 기록을 근거로 한 것이고, 『서경』은 임금의 말을 위주로 한 좌사의 기록을 주로 담은 것이라는 것이다. 물론 『춘추』에도 말을 기록한 부분이 있고, 『서경』에도 사실을 기록한 부분이 있기는 하다. 어떻든 중국의 산문이 말이든 행동이든 이러한 사실의 기록에서 출발하고 있다는 것은 중국 산문의 발전에 중대한 의의를 갖는다. 이러한 〈사실의 기록〉을 간단히 〈기사(紀事)〉라 부른다(明 徐師曾 『文體明辯』). 『서경』의 산문은 〈기사〉를 통하여 세상을 올바로 다스리는 데 큰 효능이 있다고 인정되었기 때문에 일찍부터 유가들에 의해 존중되었던 것이다.

중국의 산문은 운문이나 마찬가지로 〈기사〉를 통한 공용적 입장에서 중시되었기 때문에, 청대의 장학성(章學誠, 1738~1801) 같은 사람은 숫제 모든 유가의 경전들을 통틀어 다음과 같이 얘기하고 있다.

> "육경(詩 · 書 · 禮 · 樂 · 易 · 春秋)은 모두 역사(史)이다. 옛 사람들은 책을 짓지 아니하였으며 옛 사람들은 일을 떠나 이치를 말한 일이 없었으니, 육경은 모두 선왕들의 정전(政典)인 것이다."
>
> 六經皆史也. 古人不著書, 古人未嘗離事而言理, 六經皆先王之政典也. (『文史通義』 易教上)

이것은 중국 고대 모든 문장들이 사실을 올바로 기록하는 데 그 생명을 두었음을 뜻하는 것이다. 그리고 그것은 모두가 임금들의 정치를 위한 참고자료였다. 이러한 객관적인 사실의 기록에는, 글쓰는 사람의 개인 감정이나 상상 같은 것은 용납될 여지가 적다.

〈사(史)〉라는 관리가 어느 시대부터 있었는지 확실치 않지만, 적어도 은(殷)대부터 있었던 것만은 확실하다. 후한(後漢) 허신(許愼)은 『설문해자(說文解字, A.D. 100년에 쓴 서문이 있음)』에서 〈사〉자를 다음과 같이 설명하고 있다.

> "일을 기록하는 것이다. 손(又)으로 〈中〉을 들고 있는 것인데, 〈中〉은 〈正〉의 뜻이다."

곧 〈손〉으로 〈올바로〉 일을 기록하는 것이 〈史〉의 뜻이라는 것이다. 이것은 후세의 학설에 맞도록 합리적으로 해석을 해버린 흠이 있다. 왕궈웨이(王國維, 1877~1927)

는 옛날 〈中〉자가 〈Φ〉의 모양을 하지 않았다는 데 주의를 하고, 청대 강영(江永)이 『주례의의거요(周禮疑義擧要)』에서 〈中〉은 〈장부(簿書)〉를 가리킨다고 한 주장을 인용하였다. 그리고 『주례(周禮)』와 종정문(鐘鼎文) 및 갑골문(甲骨文) 등을 인용하면서, 〈사〉란 옛날 활쏘기를 할 때 셈 가치를 넣는 그릇(中)을 손(又)에 들고 있는 모양을 형용한 것인데, 뒤에는 일반적인 기록을 담당하는 관리들을 뜻하게 된 것이라 풀이하였다(『觀堂集林』 卷 6 釋史).

따라서 활쏘기는 물론, 옛날의 큰 행사인 점을 칠 때의 기록이나 제 사지낼 때의 축문, 또는 나라의 정사에 관한 각 방면의 기록은 본시 사관이 맡아 하였다. 그러다가 마침내는 나라의 정사에 관한 기록을 하는 관리, 곧 나라의 역사적인 기록을 관장하는 관리로 발전했던 것이다. 그러므로 본시 〈사〉는 퍽 중요한 벼슬자리였을 것이다.

그러나 아버지 태사공(太史公)의 일을 이어받아 사관이 되었던 사마천(司馬遷, B.C. 145~86?)이 『보임소경서(報任少卿書)』에서 이렇게 쓰고 있다.

> "문사(文史)와 성력(星歷)의 일을 맡아 보는 것은 점치는 사람이나 제사 지내는 사람들에 가까운 것이어서, 본시부터 임금이 희롱하는 바이며, 악공이나 광대와 같은 대우를 받고, 세상 사람들이 가벼이 여기는 바이다."
>
> 文史星歷, 近乎卜祝之間, 固主上所戲弄, 倡優畜之, 流俗之所輕也. (『漢書』 司馬遷列傳 및 『文選』 卷 41)

이 글을 통해서 우리는 한대 이전부터 이미 사관은 푸대접을 받았음을 알 수 있다. 제왕들의 권력이 확정되면서 차차 자기들의 행동을 구속하게 되는 사관이란 벼슬의 존재를 꺼렸기 때문이 아닌가 생각된다.

그러나 중국의 사관들은 사실을 올바로 기록한다는 일에 굉장한 의무감 또는 사명감을 지니고 있었던 것 같다. 『좌전(左傳)』 양공(襄公) 25년의 기록에 의하면, 제(齊)나라의 대부(大夫) 최저(崔杼)가 그의 임금 장공(莊公)을 죽이고 경공(景公)을 세운 다음 스스로 재상이 되어, 사관의 우두머리인 태사(太史)에게 사실을 기록하지 못하게 했다.

그러나 태사는 말을 듣지 않고 "최저가 그의 임금을 죽였다."고 썼다. 최저는 곧 태사를 잡아 죽였으나 그의 아우가 다시 계속하여 썼다. 그 아우를 죽이자 다시 셋째 아우가 계속해 쓰고, 셋째 아우를 죽이자 다시 그의 아우가 계속하여 썼다. 최저도 하는 수 없이 그대로 두었다. 태사의 집안인 남사씨(南史氏) 사람들은 태사들이 모두 죽임을 당했다는 말을 듣고, 붓을 들고 계속해 쓰려고 달려왔다가 이미 사실이 기록되었다는 말을 듣고 되돌아갔다 한다. 옛부터 사관은 세전(世傳)의 벼슬이었던 것이다. 이처럼 목숨을 바쳐 가며 사실을 올바로 기록하여 최저의 죄상은 영원히 후대에까지 알려지게 되었던 것이다.

사마천도 앞에 든 『보임소경서(報任少卿書)』에서 남자로서 가장 수치스러운 궁형(宮刑, 성기를 잘라내는 형벌)을 당하고도 참고 살아가는 것은 올바른 역사, 곧 『사기』를 쓰기 위해서라고 뜨거운 변명을 하고 있다.

> "초고를 다 쓰기도 전에 마침 이러한 화(궁형)를 당했으나, 그것을 이루지 못할 것이 애석하여서 극형을 당하면서도 성내는 빛도 없었던 것입니다. 제가 정말로 이 책(사기)을 다 써서 그것을 명산에 감추어 두어, 올바른 사람들에게 전해지게 하여 마을과 고을에 퍼지게 된다면, 곧 저는 전에 욕을 당했던 책망을 보상받을 수 있게 될 것입니다. 그러면 비록 만 번 죽임을 당한다 하더라도 어찌 뉘우침이 있겠습니까?"
>
> 草創未就, 會遭此禍, 惜其不成, 是以就極刑而無慍色. 僕誠已著此書, 藏諸名山, 傳之其人, 通邑大都, 則僕償前辱之責. 雖萬被戮, 豈有悔哉?

역사를 기록하는 사관들이 이러한 열정적인 사명감을 지니고 옛날 역사를 기록했기 때문에, 객관적인 사실들을 쓴 것이라 하더라도, 역사적인 얘기 속에는 이미 문학적인 또는 윤리적인 의의가 짙게 가하여지게 되었던 것이다. 『서경』 첫머리 요전(堯典)의 대목을 읽어보자.

> "저 옛날을 상고하여 보면 요임금은 이름이 방훈이었으며, 공경하고 밝으시고 우아하고 생각 깊으시어, 세상을 편안케 하셨다. 진실로 공손하고 잘 사양하시어 빛을 사방에 펴시니, 하늘과 땅에 이르렀다. 큰 덕을 잘 밝히시어 온 집안을 친화케 하셨으며, 온 집안을 화목하게 하신 뒤엔 백성들을 평안하게 다스리시고, 백성들을 밝게 다스림으로써 만방을 평화롭게 하셨다. 백성들은 이에 교화되어 화평을 누리게 되었던 것이다."

曰若稽古帝堯, 曰放勳, 欽明文思, 安安. 允恭克讓, 光被四表, 格于上下. 克明俊德, 以親九族, 九族既睦, 平章百姓; 百姓昭明, 協和萬邦, 黎民於變時雍.

이것이 사관의 기록이라지만 냉정한 객관적인 사실의 기록에만 그치고 있다고 볼 수는 없을 것이다. 우선 문장의 형식을 보더라도 네자로 된 귀절이 대부분인 이 글들은, 아무리 옛날이라 하더라도 보통 말하는 것보다는 훨씬 꾸며진 글임을 느낄 수 있을 것이다. 다시 말하면 표현에 말의 리듬을 살리고, 형식의 아름다움을 추구한 것이라 보아야 할 것이다. 그리고 이러한 요임금의 덕과 공로의 묘사 속에는, 성군에 대한 존경심이 엿보인다. 사실의 묘사에 그치는 게 아니라 필자의 윤리관도 크게 작용한 문장이라 보아야 할 것이다.

이러한 〈기사〉의 문장은 『서경』과 『춘추』를 이어 『좌전(左傳)』·『국어(國語)』·『전국책(戰國策)』으로 이어지고, 한대 사마천의 『사기(史記)』에 이르러 서술 문학으로 대성된다. 그리고 이 〈기사〉의 정신은 중국 산문의 전통으로 후세에까지도 계승된다.

역사적인 저술은 고사하고 후세의 모든 산문이 사실을 기록하는 데 치중하면서도, 그 수법은 옛 사관들처럼 저자가 중시하는 어떤 일이나 내용에 역점이 두어지고 있는 것이다. 예를 들면 후세 사람들이 쓴 전기(傳記)나 행장(行狀) 또는 비명(碑銘)·실기(實記) 같은 글을 보면, 모두가 거짓 없는 사실을 기록하면서도 기술하는 방법에 있어 그 중 일부분의 사실들이 특히 중점적으로 강조된다. 이것은 되도록 짧은 글을 쓰면서도 작자가 바라는 효과를 독자들에게 깊이 심어 주기 위한 방법이었을 것이다.

2. 입언(立言)의 문장

춘추(春秋)시대로부터 군웅(群雄)이 일어나 어지러이 다투던 전국(戰國)시대로 이르는 사이에는 또 수많은 사람들이 세상을 경영할 자기 나름대로의 생각을 체계화하여, 이를 세상에 널리 펴기에 힘썼다. 그리하여, 이들은 제각기 세력이 크고 작은 유파들을 이루었고, 또 체계가 선 자기들의 생각을 글로 쓰기도 하였다. 이들을 제자백가(諸子百家)라 부르는데, 유가(儒家)와 함께 묵가(墨家)·도가(道家)·법가(法家)·명가(名家)·잡가(雜家) 등이 그 대표적인 것이다.

이 〈제자백가〉들에 의하여 중국의 산문은 또다른 내용과 성격으로 발전하였다. 공자의 제자들은 그들 스승의 언행을 기록 정리하여 『논어(論語)』를 이룩하였고, 맹자(孟子)와 순자(荀子)는 제각기 다른 입장에서 공자의 학설을 계승 발전시켜 책을 썼다. 묵적(墨翟)은 그의 겸애(兼愛)와 근검(勤儉)사상을 체계화시켜 책으로 썼고, 노자(老子)와 장자(莊子)는 무위자연(無爲自然)의 사상을 저마다 글로 써서 책을 이루었다. 그 밖의 제가(諸家)들도 그들의 사상을 글로 선전했으므로 거의 모든 유파들이 자기네 사상을 대변하는 책을 갖고 있다.

그리하여 중국의 산문은 〈사관〉의 손으로부터 학자들의 손으로 바통이 넘겨진 것이다. 사실을 기록하는 〈기사〉의 글에서 사상을 기록하는 〈입언〉의 글(『左傳』 襄公 二十四年)로 내용이 바뀌어진 것이다. 그리하여 글은 세상을 올바로 이끄는 데 도움이 되는 어떤 사상이 담기어 있어야 한다는 생각이 은연 중에 생겨났다. 그 〈사상〉은 후세에 와서는 〈도〉라는 말로도 흔히 표현되었다. 이런 글에 있어서는 형식보다도 내용이 문제가 되기 때문에 자연이 간결하고 이해하기 쉬운 글로써 자기의 사상을 서술하는 데 힘을 기울이게 된다.

지나친 문장의 형식적인 아름다움을 추구하던 변려문(騈儷文)에 대한 반동으로 당대에 일어났던 〈고문운동(古文運動)〉은, 선친(先秦)시대의 꾸밈없이 자기 생각을 서술하던 제자백가의 글 같은 것을 표본으로 삼았으므로 글이란 올바른 사상 곧 〈도〉를 담아야 한다는 생각이 바탕이 되었다. 〈고문 운동〉의 대가인 한유(韓愈, 768~824)는 이렇게 논하고 있다.

> "대저 학문이란 것은 도를 행하는 수단이요, 글이란 이치를 표현하는 수단인 것이다."
> 蓋學所以爲道, 文所以爲理. (送陳秀才彤序)

글이란 올바른 〈도〉를 배워 가지고 그 이치를 표현한 것이라야 한다는 것이다. 그와 함께 〈고문 운동〉을 성공으로 이끈 유종원(柳宗元, 773~819)은 "글이란 도를 밝히기 위한 것(文者以明道)" (答韋中立論師道書)이라 잘라 말하고 있다.

〈고문〉은 당대 이후로 청대에 이르기까지 중국 산문의 주류를 이루는데 그 뿌리는 춘추전국 시대의 〈입언〉의 글에 두어진 것이라고 볼 수 있다. 『서경』도 일찍이 고문 운동가들에 의하여 표준으로 받들어져 왔었지만, 그들이 중시했던 것은 주로 "대도(大道)를 천하에 고한 것"(孔穎達 『正義』)이라는 주서(周書)의 대고(大誥) 같은 글이었으니, 역사적인 사실의 기록이 모범이 되었던 것은 아니다.

이처럼 글로서 〈도를 밝히려는(明道)〉 노력은 뒤에 와서 글은 "도를 싣고 있어야만 한다(文以載道)."(周敦頤 『通書』)고 발전하여 문학의 실제적인 효용을 너무 중시하는 폐단이 생겼다. 다시 말하면 중국의 산문은 윤리 도덕을 위한 연모로서 존재하여, 문학적인 의의를 인정받는 경우가 드물었다.

그러나 오히려 제자백가의 글들은 제각기 다른 자기 학설의 성격에 어울리는 발랄한 개성을 지닌 훌륭한 산문들을 우리에게 보여주고 있다. 맹자의 독특한 논리와 힘있는 글은 자신이 말한 호연지기(浩然之氣)까지 느끼게 하는 멋진 산문이며, 순자(荀子)의 착실한 논리의 전개는 중후(重厚)하고 짜임새 있는 실용적인 글을 이룩하고 있다. 제자백가들 중에서도 신비스런 경지와 초현실적인 사상을 낭만적인 논리로서 표현한 장자(莊子)의 글만큼 문학적인 성취를 보여주는 산문도 드물 것이다.

> "그러므로 지혜가 한 벼슬을 감당할 만하고, 행동은 한 고을에 뛰어나고, 덕은 한 임금에 부합되어, 한 나라에 신임을 받고 있는 자는 그가 스스로를 봄에 있어서 역시 이와 같을 것이다(앞에 작은 매미와 새를 큰 붕새와 견주는 글이 있음).
>
> 그러나 송영자(宋榮子)는 여전히 그러한 사람을 비웃었다. 그는 온 세상이 그를 칭찬한다 해도 더욱 힘 쓰지 아니하고 온 세상이 그를 비난한다 해도 더욱 힘 잃지 아니한다 했다. 자기와 바깥 사물과의 분수에 안정되어 영화와 욕됨의 경계를 분별할 따름이었다. 그는 세상에 있어서 급급함이 없었다. 그러나 아직도 다 되지 못한 바가 있는 것이다.
>
> 열자(列子)는 바람을 타고 가벼이 잘 다니는데, 한번 떠나면 15일 만에야 되돌아온다. 그는 좋은 조건을 다 갖추는 일에 급급하지 아니했다. 이것은 비록 걸어다니는 것은 면했다 하더라도 아직도 의지하는 바가 있는 것이다.
>
> 하늘과 땅의 올바름을 타고서 자연의 여섯 가지 기운(陰·陽·風·雨·晦·明)의 변화를 부리어, 무궁함에 노니는 사람 같은 것은 또 어디에 의지함이 있는가? 그러므로 지극한 사람(至人)은 자기가 없고, 신통한 사람(神人)은 이룬 공이 없으며, 성인(聖人)은 이름이 없다는 것이다."

故夫知效一官, 行比一鄕, 德合一君, 而徵一國者, 其自視也, 亦若此矣. 而宋榮子猶然笑之. 且擧世而譽之而不加勸, 擧世而非之而不加沮, 定乎內外之分, 辯乎榮辱之竟, 斯已矣. 彼其於世, 未數數然也. 雖然猶有未樹也.

夫列子禦風而行, 泠然善也, 旬有五日而後反. 彼於致福者, 未數數然也. 此雖免乎行, 猶有所待者也.

若夫乘天地之正, 而御禦六氣之辯, 以遊無窮者, 彼且惡乎待哉? 故曰; 至人無己, 神人無功, 聖人無名. (逍遙遊)

이것은 장자가 생각하는 진실한 사람, 곧 〈지인〉을 설명한 글이다. 일반적인 훌륭한 사람에 대한 상식을 넘어선 이 〈지인〉의 서술은, 그 자체가 문학적인 허구성과 강렬한 개성을 느끼게 한다. 더구나 자기의 생각을 쉽게 이해시키기 위하여 인용한 수많은 우언(寓言)들은, 어떤 이론을 서술한 글이기보다는 산문으로서의 문학적인 효과를 크게 느끼게 한다.

"옛날에 장주(莊周)가 꿈에 나비가 되어, 펄펄 나는 나비로서 자신의 뜻에 쾌적하여, 자기가 주(周)임을 알지 못했다. 갑자기 깨어 보니 여전한 모습의 주였다. 그는 주의 꿈에 나비가 되었던건지, 나비의 꿈에 주가 된건지 알 수 없었다. 주와 나비는 반드시 분수가 있을 것이다. 이것을 만물의 변화라 말하는 것이다."

昔者莊周夢爲胡蝶, 栩栩然胡蝶也. 自喩適志與, 不知周也. 俄然覺, 則蘧蘧然周也. 不知周之夢爲胡蝶與, 胡蝶之夢爲周與. 周與胡蝶, 則必有分矣. 此之謂物化. (齊物論)

유명한 장자의 호접몽(蝴蝶夢) 얘기인데, 이는 세상의 모든 이해를 떠나 자연의 조화 속에 자기 자신 조차도 잊는 경지에 들어간 〈지인〉의 모양을 설명한 것이다. 이것만을 떼어놓고 보면 짧은 고사를 서술한 순수한 문학적인 산문이라고 할 수도 있을 것이다. 장자 뿐만 아니라 거의 모든 제자백가들은 자기들의 생각을 쉽게 설명하기 위하여 이런 우언들을 자주 인용하였다. 법가인 한비자(韓非子)의 예를 하나만 더 들자.

"송나라에 부자가 있었는데 비가 와서 그 집 담이 무너졌다. 그 집 아들이 말하기를 다시 쌓지 않으면 반드시 도적이 들겁니다고 하였다. 그 집 이웃 아저씨도 이와 같은 말을 했다. 저녁이 되어 정말로 그 집은 재물을 크게 잃었다. 그 집에서는 그 집 아들은 매우 지혜가 있다고 여겼으나, 이웃집 아저씨에겐 의심을 품었다."
宋有富人, 天雨牆壞. 其子曰; 不築必將有盜. 其隣之父亦云, 暮而果大亡其財. 其家甚智其子, 而疑隣人之父. (說難)

이러한 얘기들은 맹자·순자·열자 등 제자백가의 책마다 무수히 들어 있다. 제자백가들은 자기네 사상을 서술하는 이외에도 이처럼 고사의 인용이나 개성 있는 평이한 서술을 통하여, 중국의 산문 발전에 큰 공헌을 했던 것이다. 〈기사〉의 글보다도 이러한 〈입언〉의 글들은, 그 속의 고사들과 개성적인 서술이 그 재미나 허구성 등을 통하여 후세 소설이나 희곡을 발생시키는 데도 적잖은 자극을 주었을 것이다.

3. 중국인의 문장 의식과 변려문(騈儷文)

어렴풋이나마 예술로서의 문학을 인식하기 시작한 것은 한대인 듯하다. 그 전에도 〈문학〉이나 〈문(文)〉이란 말이 있었으나, 그것은 〈학문〉 또는 〈문화〉나 선인들의 〈전적〉을 가리키는 말이었다. 『논어』 선진(先進) 편에서,

"문학엔 자유와 자하가 있다."
文學, 子游, 子夏.

고 한 말에서, 〈문학〉은 넓은 뜻의 〈학문〉을 가리킨다. 다시 같은 책 학이(學而) 편에서,

"행하고 남는 힘이 있으면 곧 그것으로서 글을 배운다."
行有餘力, 則以學文.

또 옹야(雍也) 편에서,

"글을 널리 배운다."
博學於文.

고 한 〈글(文)〉은 선현들의 경전을 가리킨다. 다시 자한(子罕) 편에서,

"문왕이 돌아가신 뒤로는 문이 여기 있지 않은가!"
文王旣沒, 文不在玆乎!

고 한 〈문〉은 〈문화〉를 뜻한다. 따라서 현대적인 의미의 〈문학〉은 〈학문〉이냐 〈경전〉 또는 〈문화〉란 개념 속에 섞이어 이해되었다. 다시 말하면 〈기사〉나 〈입언〉의 현실적인 공용면에서 글의 필요성이 인정되었을 뿐이지, 실용면을 떠난 순수한 〈문학〉의 존재는 뚜렷한 인식이 되어 있지 않았다.

한대로 들어와선 『사기(史記)』에,

"문사가 찬란하니 심히 볼 만하다."
文辭爛然, 甚可觀也. (三王世家)

"문장이 바르고 우아하다."
文章爾雅. (儒林列傳)

하여 〈문사〉나 〈문장〉이란 말로서 같은 책에서도 흔히 쓰인 〈문학〉이란 말보다 훨씬 좁은 뜻의 〈글〉을 지칭하였다. 다시 왕충(王充, 27~100?)은 『논형(論衡)』에서 다음과 같이 〈문인(文人)〉에 대하여 논하였다.

"그러므로 한 경서를 얘기할 수 있는 사람을 유생(儒生)이라 하고, 고금의 책을 널리 본 사람을 통인(通人)이라 하고, 전서(傳書)들을 취하여 상서(上書)나 주기(奏記)를 짓는 사람을 문인(文人)이라 하고, 생각을 정밀히 하여 글을 짓고 편장(篇章)으로 연결시키는 사람을 홍유(鴻儒)라 한다. 그러므로 유생은 속언보다 낫고 통인은 유생보다 훌륭하며, 문인은 통인보다 낫고, 홍유는 문인보다 훌륭하다."

故夫能說一經者爲儒生, 博覽古今者爲通人, 采掇傳書以上書奏記者爲文人, 能精思著文連結篇章者爲鴻儒. 故儒生過俗人, 通人勝儒生, 文人踰通人, 鴻儒超文人. (超奇)

그는 글 다루는 사람을 〈유생〉·〈통인〉과 〈홍유〉 및 〈문인〉으로 구분한 뒤에 글

짓는 사람은 특히 〈문인〉이라 구별하고 있다. 이것은 물론 현대 적인 의미의 〈문인〉과는 거리가 있는 말이지만, 그래도 이런 말들을 통하여 순수한 예술로서의 〈문학〉이 어렴풋이나마 인식되기 시작했음을 짐작하게 된다.

이것은 한대에 들어와 부(賦)라는 새로운 형식의 문학, 곧 앞에서 말한 것처럼 산문도 운문도 아닌 새로운 문체가 발달한 데 커다란 원인이 있다. 유협(劉勰, ?~473)은 『문심조룡(文心雕龍)』 전부(詮賦) 편에서 〈부〉에 대하여 다음과 같은 설명을 하고 있다.

> "부란 '편다'는 뜻이다. 채색을 펴고 무늬를 펼쳐, 사물을 묘사하고 뜻을 기술하는 것이다."
> 賦者, 鋪也. 鋪采摛文, 體物寫志也.

〈부〉는 아름답고 복잡한 수식을 통하여 사물이나 뜻을 표현하는 데 중점을 두었다. 그리고 부가 한창 성행하던 때에는 뜻을 표현하는 것보다 사물, 특히 화려한 궁전과 도성이나 임금의 사냥 같은 일의 아름다운 묘사를 나열하는 데 힘이 기울어졌다. 따라서 멋지고 묘한 글을 지어 임금에게 아부하려는 개인적인 욕심 이외에, 〈기사〉나 〈입언〉을 통하여 세상을 치화(治化)하는 데 이바지한다는 공의(公義)는 없어진 것이다. 쓸데 없는 물건이라도 복잡하고 아름답게 꾸미어 글로 표현한다는 일에만 노력이 기울어진 것이다. 그러나 부의 작자들은 본격적으로 자기 이름을 내걸고 작품을 쓰기 시작했다. 간혹 풍간(諷諫)에서 부작(賦作)의 뜻을 찾으려는 이가 있기는 했지만 그것은 모두 구설에 그쳤다. 그릇된 방향이기는 했지만 그들은 고용성을 떠난 순수한 문학의 존재가 어렴풋이나마 느껴지기 시작했던 것이다. 이처럼 비뚤어진 방향에서 순수 문학이 인식되었다는 일은 중국문학의 발전을 위하여는 결코 다행한 일이었다고 할 수는 없다. 문학을 〈공용〉면과 외형의 〈수식〉면의 양극단에서 받아들였다는 일은, 크게 말하면 중국문학 발전에 한계를 정해 놓은 것이라고까지 할 수 있을 것이다.

앞에서 〈부〉는 운문도 산문도 아닌 문체라고 하였지만, 그래도 『초사』를 계승한 것이어서 운문이라 보는 편이 옳을 것이다. 한편 한나라 초기에는 순수한 민요풍의 시가들도 유행하여, 『시경』 국풍 계통의 노래와 함께 순수한 초(楚)나라 지방 민요풍의 노래인 한나라 고조(高祖) 유방(劉邦, B.C. 247~B.C. 195)의 대풍가(大風歌)와 항우(項羽, B.C. 232~B.C. 202)의 해하가(垓下歌) 같은 것이 지어졌다.

> 큰 바람 일으키고 구름 드날리며,
> 온 나라에 위세 떨치고 고향에 돌아왔네.
> 어이하면 날랜 장사들을 얻어
> 나라를 지켜내리!
>
> 大風起兮, 雲飛揚 ;
> 威加海內兮, 歸故鄉.
> 安得猛士兮, 守四方. (大風歌)

또한 한 무제(武帝, B.C. 141~B.C. 89 在位)는 〈악부(樂府)〉라는 국립음악 기관을 두어, 이연년(李延年, B.C. 140~B.C. 87?)을 그곳 책임자인 협률도위(協律都尉)에 임명하고, 각 지방에 유행하던 민요를 수집하는 한편 새로운 가사들을 짓게 하였다. 그 결과 소박하고 자연스런 민요풍의 노래들이 많이 전해지게 되었으며, 유명 무명의 문인들은 이를 계승하여 고시(古詩)로 발전시켰다. 그러나 이러한 시가들은 이미 『시경』이나 『초사』가 지녔던 사람들을 올바로 이끌어주는 효용을 거의 잊고 있었다.

한대에 이르러 싹튼 순수 문학의 명맥으로 위에서 말한 부와 민요풍의 시가 〈고시〉에 의하여 위(魏)나라 시대까지 유지되고 발전하였다. 부는 알맹이 없는 형식의 수식에만 힘썼으므로 그 발전에 한계가 있었지만, 민간 가요를 계승한 〈고시〉는 동한(東漢)말 건안(建安, 196~ 219)년 간에 이르러 조조(曹操, 155~220)의 삼부자를 중심으로 하는 문인들에 의하여 원숙한 경지에까지 발전했다. 특히 중국시를 대표하는 오언시(五言詩)들이 이때부터 여러 문인들에 의하여 작자의 이름을 내세우며 본격적으로 지어지기 시작하였다.

한편 한대에 시작된 화미한 형식미의 추구는 위진(魏晋)을 거치면서 점점 유미주의(唯美主義)적인 방향으로 기울어져 갔으니, 이러한 문학의 조류는 운문에만 국한될 수는 없는 일이었다. 산문도 이런 조류를 따라 멋진 격식과 율조를 찾으면서 형식을 꾸미는 방법을 찾고 있었다. 진(晋)나라에 들어오면서 산문에 율조가 더욱 짙어졌고,

마침내 제량(齊梁) 간에는 심약(沈約, 441~513)·사조(謝朓, 464~499)·왕융(王融, 467~493) 같은 사람들이 주옹(周顒, 473 전후)의 언어학적인 성운설(聲韻說)을 가지고 문장을 짓는 데에다 응용하여 쓰는 모든 글자의 성조(聲調)의 화해(和諧)를 추구하였다. 세상 사람들은 이때 제(齊)나라 무제(武帝)의 연호를 따서 이들의 글을 〈영명체(永明體)〉라 불렀는데, 여기에서 새로운 문체인 〈변려문(騈儷文)〉이 이룩된다. 변려문은 〈변문(騈文)〉 또는 〈변체문(騈體文)〉이라고도 부르고, 뒤에는 그 글이 주로 넉자구와 여섯자구로 이루어진 데서 〈사륙문(四六文)〉이라고도 불렀다. 〈변(騈)〉이란 '두 마리의 말이 나란히 달려감'을 뜻하며, 〈려(儷)〉는 '두 사람이 짝을 이루고 있는 것'을 뜻한다. 〈변려〉란 이 글이 형식과 독음의 미화를 위해 처음부터 끝까지 대구(對句)로 이루어진 데서 붙여진 이름이다. 이렇게 하여 생겨난 〈변려문〉은 남북조(南北朝) 시대로부터 당나라 중엽에 이르기까지, 곧 중국사에서 흔히 중세(中世)라 불리워지는 기간인 1~8세기 사이에, 산문의 지배적인 문체로 군림하게 된다. 〈변려문〉의 성행은 당대 중기의 한유(韓愈, 768~824)의 〈고문운동(古文運動)〉에 의해 멈추어지기 시작하지만, 그 이전의 6~700년간은 이 변려문에 의하여 중국 산문은 극도의 형식미와 음악적인 수식효과가 추구되었다. 예로 서릉(徐陵, 507~583)의 「옥대신영서(玉臺新詠序)」의 첫머리 일단을 읽어보기로 하자.

> "凌雲槪日, 由余之所未窺 ; 萬戶千門, 張衡之所曾賦. 周王璧臺之上, 漢帝金屋之中, 玉樹以珊瑚作枝, 珠簾以玳瑁爲柙. 其中有麗人焉. 其人也, 五陵豪族, 充選掖庭; 四姓良家, 馳名永巷. 亦有潁川新市, 河間觀津, 本號嬌娥, 曾名巧笑. 楚王宮內, 無不推其細腰; 魏國佳人, 俱言訝其纖手. 閱詩敦禮, 非直東隣之自媒; 婉約風流, 無異西施之被教. 弟兄協律, 自小學歌; 少長河陽, 由來能舞. 琵琶新曲, 無待石崇; 箜篌雜引. 非因曹植. 傳鼓瑟於楊家, 得吹簫於秦女."

> 구름 위로 높이 태양에 닿을 듯이 솟은 궁전은 유여(由余)도 보지 못한 것이고, 천만을 헤아리는 대문들은 장형(張衡)이 서경부(西京賦)에서 일찍이 읊은 것과 같다. 주나라 목왕(穆王)의 벽옥대(璧玉臺) 같은 누대 위에 한나라 무제(武帝)의 황금옥(黃金屋) 같은 집안에, 옥수(玉樹)는 산호로 가지를 삼았고, 주렴은 대매로 장식을 하였는데, 그 가운데 미인들이 살고 있다. 그 미인들 중에는 오릉(五陵)의 호족들의 딸 가운데서 궁전으로 뽑혀 들어온 이도 있고, 귀한 양갓집 규수로서 후궁에 이름을 날리는 미인도 있다. 또한 영천과 신시, 하간과 관진의 미인들도 있는데, 교아(嬌娥)라는 이름의 여인

> 도 있고 교소(巧笑)라는 이름의 여인도 있다. 초나라 궁전 안에서라도 그 가는 허리는 첫째갈 여인이었고, 위나라 가인들이라도 그의 고운 손을 보고 놀랄 만한 여인도 있다. 시를 읽고 예에 두터워 동쪽 이웃의 바람난 여인과는 다르며, 아리땁고 멋이 있어 옛날 미인 서시(西施)가 가르침을 받은 것과 같다. 집안이 모두 음악을 알아 어려서부터 노래를 배웠고, 춤 고장에서 자라나 본시부터 춤출 줄 안다. 비파(琵琶)로 새로운 곡조 지어내니 석숭(石崇) 같은 이도 못 따를 솜씨요, 공후(箜篌)로 새 가락 뜯어내니 조식(曹植) 같은 이가 놀랄 만한 재간이다. 양운(楊惲)의 부인 같은 명공에게 슬(瑟)타는 법을 배웠고, 진국 공주(秦國公主)로부터 피리부는 법을 배웠다 한다.

이것은 고금을 통하여 유명한 변려문의 한 토막이다. 이 변려문에는 대략 다음과 같은 특징이 있다.

첫째 ; 넉 자 또는 여섯 자의 귀절들이 문장의 기조를 이루고 있다. 개중에는 "玉樹以珊瑚作枝, 珠簾以玳瑁爲柙" "其人也." "非直東隣之自媒" "無異西施之被教" 같은 일곱 자 또는 석 자로 된 귀절들이 있기는 하지만 나머지는 모두 넉 자 또는 여섯 자로 한 귀를 이루고 있다. 일곱 자 귀절들도 중간에 〈以〉 또는 〈之〉 같은 허자(虛字)를 넣어 변화를 시도한 것이며, 석 자로 된 귀절은 멋진 서술의 변전을 위한 것이다. 한자는 한 글자가 한 음절(音節)로 되어 있으므로, 한 귀의 일정한 자수는 한 귀의 음절 수를 뜻한다. 한 귀절이 네 음절 또는 여섯 음절로 이루어진 것은 읽을 때 가장 조화되는 절조를 따른 결과 그렇게 된 것이다. 변려문이 이처럼 넉 자 또는 여섯 자로 한 귀를 이룬 데서 당 대에 〈사륙문(四六文)〉이란 말이 생겨나기도 하였다.

둘째 ; 문장 전체가 대구(對句)로 이루어진다. 첫머리의 "凌雲槪日, 由余之所未窺"는 뒤의 "萬戶千門, 張衡之所曾賦"와 대를 이룬다. 곧 첫구는 한 구 건너 셋째 구와, 둘째 구는 한 구 건너 넷째 구와 대가 되는 이런 것을 〈격구대(隔句對)〉라 부른다. 다음의 "周王璧臺之上"은 바로 뒤 "漢帝金屋之中"과 대가 된다. 이런 것은 〈당구대(當句對)〉라 부른다. 이렇게 보면 대구를 이루지 않은 것은 이 문장에서 "其中有麗人焉"과 "其人也" 두 구절과 "亦有潁川新市" 가운데서 "亦有"란 별로 중요한 뜻을 지니지 않은 두 글자 뿐이다. 대구의 방법에도 일본 홍법대사(弘法大師)가 지었다는 『문경비부론(文鏡秘府論)』 권 3을 보면 적명대(的名對) · 동대(同對) · 이류대(異類對) · 의대(意對) 등 스물 아홉 가지가 있다고 했다. 여하튼 이처럼 철저한 대구로 글이 이루어지기 때문에 후대에 이르러 이 글은 변문(騈文)·변체(騈體) 또는 변려문(騈儷文)이라 부르게 된 것이다. 이처럼 문장이 철저하게 대구로 이루어진다는 것은, 표현에 있어 극도의 수식이 추구되었다는 것을 뜻한다. 자기의 생각이나 말을 그대로 글로 쓴다면 절대로 이처럼 모든 구절이 대를 이룰 수는 없는 일이다.

셋째 ; 읽을 때 성조(聲調)가 잘 어울리도록 글자를 배열한다. 한자에는 글자마다 일정한 성조가 있다. 성조란 곧 평(平)·상(上)·거(去)·입(入)의 네 가지를 뜻한다. 이것을 간단히 설명하면 〈평성〉은 같은 높이로 평평하게 발음되는 소리이고, 〈상성〉은 중간이 약간 처지는 굴곡을 이루어 발음되는 소리이고. 〈거성〉은 짧게 밑으로 처지면서 나는 소리이고. 〈입성〉은 ㄱ·ㅅ·ㅂ 같은 받침이 붙은 음으로서, 딱 잘라지는 것 같은 소리이다. 그리고 부드럽고 변화 없는 〈평성〉에 대하여, 변화 있는 상성·거성·입성의 세 가지를 합쳐 〈측성(仄聲)〉이라고도 부른다. 현대 중국어에서 입성이 없어지고 평성이 다시 상평(上平)·하평(下平)으로 나뉘어져 있다. 이렇게 성조가 다른 글자들이 연결되어 글을 이룸으로, 중국 글에서는 앞뒤 글자들의 성조가 잘 화해(和諧)되느냐 않느냐 하는 문제가 늘 생긴다. 더구나 음악적인 효과도 중시한 〈변려문〉이라면, 이 성조가 문제시되지 않았을 이가 없다. 따라서 변려문에는 성조의 화해를 위하여 생겨난 몇 가지 성조의 규칙이 있게 되었다.

가장 중요한 것은 넉 자 구에서는 둘째 자가 평성이면 끝 자가 측성, 반대로 둘째 자가 측성이면 끝 자가 평성이 되어야만 한다. 곧 "凌雲概日"에서 〈雲〉자가 평성이므로 〈日〉자는 측성이고, "萬戶千門"에선 〈戶〉자가 측성이므로 끝에는 평성자 〈門〉이 놓인 것이다. 여섯 자나 일곱 자로 된 귀들도 위쪽이 높으면 아래쪽은 낮고, 위쪽이 낮으면 아래쪽이 높음으로써 성조가 잘 어울리도록 글자가 놓여져야 한다. 이러한 성조의 규칙은 남북조 시대보다도 후대에 올수록 더욱 규칙으로 의식되어 지켜졌던 것 같다. 처음에는 이것이 규칙이었다기보다는 성조의 화해로 말미암아 생겨난 자연스러운 경향이었을 것이다.

다음 규칙은 대구의 한편이 위쪽은 평성 아래쪽은 측성이라면 다른 한편은 반드시 위쪽은 측성, 아래쪽은 평성이 되어야 한다. 그 반대의 경우도 마찬가지이다. 평성은 ◦ 측성은 •로 표시하여 예를 들면 다음과 같다.

凌雲槪日 周王璧臺之上
萬戶千門 漢帝金屋之中

五陵豪族 充選掖庭
四姓良家 馳名永巷

또 당구대(當句對)에 있어선 앞 구의 맨 끝자와 뒷 구의 맨 첫자의 평측을 같게 하여 앞 구가 위가 높고 밑이 낮으면 뒷 구는 위가 낮고 밑이 높도록 성조를 배열한다. (예; 周王璧臺之上, 漢帝金屋之中.)

그러나 이러한 규칙들은 모두 앞에서도 말한 것처럼 후대일수록 더욱 엄격하게 지켜졌다.

넷째 ; 전고(典故)를 많이 사용하였다. 『옥대신영서』의 글을 보아도 거의 구절마다 유래가 있는 표현들이다. 첫 구는 『주서(周書)』 무제기(武帝紀)의 "槪日凌雲"이란 형용을 빌린 것이며, 둘째 구는 『사기(史 記)』 진본기(秦本紀)에 보이는 유여(由余)의 얘기, 셋째 구는 장형(張衡)의 「서경부(西京賦)」의 "門千戶萬"이란 말을 바꾼 것, 넷째 구는 장형의 「서경부」와 「동경부(東京賦)」를 가리킨다. 그 나머지도 모두가 출전(出典) 있는 구절들이다. 이상은(李商隱, 813~858) 같은 사람은 만당(晩唐)의 대표적인 변려문 작가인데, 글을 지을 때엔 많은 책을 좌우에 늘어놓고 참고하며 며칠을 두고 다듬어 〈달제(獺祭)〉라는 성어를 낳게 하였다. 〈달〉은 물개인데 물개는 식탐이 많아 많은 물고기를 잡아다가 물가에 늘어놓았음으로, 제사지낼 때 제물을 늘어놓는 것 같다 하여 〈제어(祭魚)〉라고도 불렀다. 이상은이 글 지을 때 책을 늘어 놓는 것이 마치 물개가 물고기를 잡아다 제사라도 지내려는 듯이 물가에 벌려놓는 것과 비슷한 데서 그를 〈달제어(獺祭魚)〉라 부른 것이다. 다시 후에는 글을 지을 때 이상은처럼 깎고 다듬으며 전고를 많이 쓰 는 것을 〈달제〉라 부르게 된 것이다.

이처럼 전고를 많이 쓴다는 것도 남이 보기에 멋진 글을 지으려는 노력에서 나온 것일 것이다.

다섯째 ; 극도로 수식된 인위적인 표현을 사용한다. 변려문의 문체가 구어(口語)와는 완연히 다른 문체임은 물론이며, 한 물건을 형용하더라도 온갖 기교를 다해 아름답게 꾸민다. 앞에 든 「옥대신영서」만 보더라도 그 내용은 "화려한 궁전 안에 가무

잘하는 미인들이 있었다."는 간단한 것이다. 그러나 이 시집의 문장은 옛사람들의 멋진 표현을 가능한 대로 다 빌리고, 관계 있는 전고들을 다 이끌어다 연결시키면서 깎고 다듬어 이루어진 비유로 본 뜻을 나타낸 문장이다. 변려문에선 노골적인 또는 직접적인 서술이나 표현은 애써 피하고, 아름다운 문구와 전고로써 꾸미고 가꾸고 하여, 유식한 사람도 정신 차리고 읽지 않으면 무얼 쓴 건지 분간조차 못하게 한다.

공용성을 떠난 순수한 문장 의식은 이처럼 부(賦)나 변려문(騈儷文) 같은 형식적인 수식 위주의 문장을 발전시켰다. 그것은 앞에서 지적한 바 있는 한자의 사용에서 오는 문장의 특성도 크게 작용하고 있다고 보아야 할 것이다.

4. 능문(能文)과 수식성

변려문은 극도로 문장의 수식과 문장 구성의 기교를 다하여 외형의 아름다움이나 음악적인 효과를 추구한 글이다. 이러한 아름답고 묘한 문장의 구성을 흔히 〈능문(能文)〉이라고 부른다. 문장의 외형의 수식이나 음악적인 효과에 대하여 중국 사람들은 처음부터 중요하게 의식하고 있었던 것 같다. 『좌전(左傳)』 양공(襄公) 25년엔 다음과 같은 공자의 말을 인용하고 있다.

> "옛 기록에, 말로써는 뜻을 충족시키고, 글로써는 말을 충족시킨다 하였다. 말하지 않으면 누가 그의 뜻을 알겠는가? 말해도 글이 없다면 행하여진다 해도 멀리 가지 못할 것이다."
>
> 志有之 ; 言以足志, 文以足言. 不言, 誰知其志? 言之無文, 行而不遠.

말해도 글이 없다면 행해진다 해도 멀리 가지 못한다는 말은, 뜻을 표현하는 말이란 문장으로 아름답게 표현될 때 비로소 보급력을 갖게 된다는 뜻이다. 이것은 글로 아름답게 다듬어진 것이어야만 먼 곳까지 유행될 수도 있고 먼 후대에까지 전해질 수도 있다는 뜻이다. 그리고 더 중요한 것은 〈말〉과 〈글〉의 본질적인 차이를 공자는 의식하고 있었다는 점이다. 또 〈文〉은 〈글〉이 아니라 〈꾸며진 무늬〉의 뜻으로 볼 수도 있다. 자기의 뜻을 솔직하게 꾸밈없이 표현하는 〈말〉이란, 꾸며지고 다듬어진 〈글〉만큼 설득력이나 보급력이 없다는 것이다. 곧 문장이란 말보다도 사람들에게 더 깊은 감동을 줄 수 있도록 수식된 것이라는 생각이 있었던 것이다.

중국 산문의 할아버지라는 『서경』의 문장의 수식성에 대하여는 앞에서 이미 말한 일이 있으니, 이번엔 『역경(易經)』의 건괘(乾卦)를 풀이 한 문언(文言)을 읽어보자.

> "군자는 인을 체득하여 족히 사람을 자라게 할 만하다. 아름다운 모임은 족히 예에 배합될 만하며, 사물을 이롭게 함은 족히 의로움에 배합될 만하며, 곧음이 굳음은 족히 일을 처리할 만하다."
>
> 君子體仁, 足以長人. 嘉會足以合禮, 利物足以和義, 貞固足以幹事.

형식에 있어 변려문처럼 넉 자와 여섯 자로 귀절을 이루고 있다. 이는 문장의 외형과 읽을 때의 성조의 화해를 위해 애쓰다 보니 이루어진 결과로 보아야 할 것이다. 『논어』를 읽어보아도 문장의 기저는 넉 자로 이루어진 구절들이 중심을 이루고 있음을 알 것이다.

> "배운 것을 전하되 새로 지어내지는 않으며, 믿음을 지니고 옛 것을 좋아하여, 속으로 나를 노팽(老彭)에게 비겨 본다."
>
> 述而不作, 信而好古, 竊比於我老彭.

이런 말로 시작된 술이(述而)편의 앞 부분은 거의 모두 변려문에 가까운 구절들로 이루어진 글들이다. 『모시서(毛詩序)』를 보아도 비슷하다.

> "시라는 것은 뜻을 표현한 것이다. 마음에 있으면 뜻이지만 말로 표현하면 시가 된다. 감정이 가운데서 움직여 말로 형용되는 것인데, 말로 하여도 부족하여 탄식을 하게 되고, 탄식을 하여도 부족하여 길게 늘이어 노래하게 되며, 길게 노래하여도 부족하여 모르는 새에 손발을 움직여 춤추게 되는 것이다. 감정이 소리로서 나타나, 소리가 무늬를 이루는 것을 '음악'이라 한다."
>
> 詩者, 志之所之也. 在心爲志, 發言爲詩. 情動於中, 形於言 ; 言之不足, 故嗟歎之, 嗟歎之不足, 故永歌之, 永歌之不足, 不知手之舞之, 足之蹈之也. 情發於聲, 聲成文謂之音.

간혹 두 자 또는 석 자, 다섯 자로 된 귀절이 끼어 있기는 하지만 대체로 넉 자귀들이 기저를 이루고 있다. 여기에 『시경』의 시들이 원칙적으로 사언(四言)이라는 것을 아울러 생각하면, 중국말에 있어서 넉 자로 이루어진 귀절들이 가장 리드미컬한 어조임을 알 것이다. 여섯 자로 된 귀절은 이 넉 자를 기저로 한 말들이 발전한 것이거나 석 자를 기저로 한 남방 가요의 리듬의 영향으로 변형된 것이라 볼 수 있다. 예를 들면 앞에 인용한 『옥대신영서』에서,

"周王璧臺之上, 漢帝金屋之中."

이라고 표현한 구절은 다시 두 자씩 나뉘어지는 넉 자구가 발전한 것이며,

"傳鼓瑟於楊家, 得吹簫於秦女."

라고 쓴 구절은 석 자를 기본으로 하여 이루어진 것이라 보겠다. 여하튼 넉 자와 여섯 자구는 중국말에 있어서 가장 자연스러운 율조(律調)를 지닌 것이며, 변려문 이전에도 이러한 중국말의 특성을 쫓아 어느 정도 외형미나 음악적인 효과가 추구되었다고 보아야만 할 것이다.

변려문을 반대하고 고문 운동을 일으켰던 한유(韓愈)의 문장을 읽어 봐도 그가 전혀 중국말의 리듬과 문장의 수식을 의식하지 않았다고 할 수 없다. 그는 넉 자 또는 여섯 자로 정해진 인위적인 리듬을 반대하고 좀더 자유로운 리듬과 수식을 추구했다고 할 수 있다. 한유의 문장을 읽어보면 웬만큼 한문을 읽은 사람이라면 쉽게 구두(句讀)가 끊어지고, 문장의 리듬이 극히 매끄러움을 느끼게 된다. 이에 비하여 같은 당대의 고문가인 이관(李觀, 766~794)·황보식(皇甫湜, 813 전후) 같은 사람들의 문장은 구두가 어렵고 읽어보면 리듬이 어색하다. 이렇게 보면 한유는 〈사륙(四六)〉이란 낡은 구법을 파괴하고 새로운 리듬을 얻었다고 해야 할 것이다. 말로는 리듬이 자연스럽다지만, 실제로 글을 짓는 데 있어서 한유의 고문은 변려문보다도 한자 한자의 성조에 더 신경을 썼을 가능성이 있다. 그리고 대구도 적잖게 사용되고 있다. 이렇게 따지고 보면 중국 문장의 수식성은 거의 숙명적인 것이라고도 하겠다.

중국 문장이 옛부터 수식성을 지니고 있었다는 사실은, 또 우리가 지금 볼 수 있

는 가장 오래된 문장들도 언문(言文)이 일치하는 글이 아니라는 것으로도 증명된다. 곧 중국 문장은 거의 처음부터 사람들의 말보다는 훨씬 꾸며지고 다듬어진 것이었다. 심지어 직접화법으로 대화를 그대로 옮겨 적은 글에서도 인위적인 수식을 발견하게 된다. 우(禹)와 고요(皐陶)의 대화로 이루어진 『서경』의 고요모(皐陶謨)에서 우의 말을 한 토막 인용한다.

> "날로 세 가지 덕을 베풀면, 부지런히 다스림을 밝게 하여, 집안을 건사하게 될 겁니다. 날로 여섯 가지 덕을 엄히 공경하면, 일을 밝히어 나라를 건사하게 될 겁니다. 세 가지 덕과 여섯 가지 덕을 다 받아 널리 편다면, 아홉 가지 덕의 사람들이 모두 섬기게 되어, 뛰어난 사람들이 벼슬 자리에 있고, 모든 관리들이 서로 배우며 여러 관원들이 때에 맞추어 일하고, 사철을 따라 일하여 모든 일이 다 이루어질 것입니다."
>
> 日宣三德, 夙夜浚明, 有家. 日嚴祗敬六德, 亮采, 有邦. 翕受敷施. 九德咸事, 俊乂在官, 百僚師師, 百工惟時, 撫于五辰, 庶績其凝.

여기에서 "有家"와 "有邦"을 앞 구에 붙여 읽으면 형식에 있어서 완전한 사륙문(四六文)이다. 절대로 옛날의 구어(口語)가 이러했을 리는 없다. 이런 식으로 얘기를 한다면, 여간 유식한 사람이 아니고는 무슨 말인지 짐작조차도 못할 것이다. 대화를 그대로 옮기는 데 있어서도 일단 문장으로 쓰는 사이에, 많이 꾸며지고 다듬어져 이렇게 되었다고 보아야 할 것이다. 『논어』를 보아도 첫머리 학이(學而)편에 자하왈(子夏曰) 하고 자하의 말을 직접 인용하고 있는데 형식이 변려문에 가깝다.

> "어진이를 어질다 하고 여색을 가벼이 여기며, 부모를 섬김에 그의 힘을 다할 수 있고, 임금을 섬김에 그의 몸을 바칠 수 있고, 벗들과 사귐에 신용이 있다면, 비록 배우지 않았다 하더라도 나는 반드시 그를 배웠다고 말할 것이다."
>
> 賢賢易色, 事父母能竭其力, 事君能致其身 ; 與朋友交, 言而有信 ; 雖曰未學, 吾必謂之學矣.

『역경』의 계사전(繫辭傳)을 보면 공자가 이런 말을 하고 있다.

> "글은 말을 다하지 못하고, 말은 뜻을 다하지 못한다."
>
> 書不盡言, 言不盡意.

여기에서 〈書〉는 곧 〈문장〉을 뜻함으로, 공자는 일찍부터 중국 문장은 언문이 일치하지 않음을 인식하였다고 보아야 할 것이다. 사람들의 대화라 할지라도 그것을 글로 옮겨 놓을 적에는 반드시 수식이 가해졌다는 것은 중국 문장에 있어서 수식은 숙명적인 것이었음을 말해준다. 그러면 이러한 숙명이 중국 문장에 지워진 까닭은 무엇일까? 아무래도 말의 표기 수단인 문자, 곧 한자에서 그 원인을 찾아야 할 것이다.

한자는 한 개의 글자가 한 음절의 소리를 지니고 있으며, 또 문장속에서도 고립된 한 글자 한 글자의 뜻을 지니고 있다. 다시 말하면 중국 문장에선 〈한 음절〉이 〈한 개의 낱말〉이며, 제각기 독립된 뜻을 지니고 있는 한 음절의 낱말들이 모여 문장을 이룬다. 근대로 오면서 사람들의 사유(思惟)가 복잡해짐에 따라 많은 〈복합어(複合語)〉들, 예를 들면 〈人間〉 〈愛國心〉 〈民主主義〉 같은 말들이 생겨나기는 했지만, 중국어의 〈단음절성(單音節性)〉이나 〈고립성(孤立性)〉이 파괴되어 버린 것은 아니다. 복합어들 속에서도 모든 글자들은 언제나 자기의 독특한 한 음절의 음가와 자기의 독립된 뜻을 잃지 않고 있기 때문이다.

영어에도 book · can · man 같은 단음절어가 있고, 우리말에도 손 · 눈 · 귀 · 코 · 발 같은 단음절어가 있기는 하지만, 원칙적으로 모든 낱말이 단음절이라는 중국말과는 근본적으로 성격이 틀린다. 그리고 중국 문장에서 한 글자 한 글자가 지니는 고립적인 성격은 다른 글에서는 도저히 찾아보기 힘든 것이다. 한자의 이러한 특성 때문에, 중국은 각 지방마다 방언이 있어 말이 서로 통하지 않았지만, 글로 써 놓으면 제각기 음이 다르면서도 그 글을 읽고 이해했다. 심지어 중국 문화의 영향을 많이 받은 한국이나 일본 · 월남 같은 외국 사람들조차도 한자로 쓰인 중국 글을 제각기 다른 방식으로 읽고 이해할 수 있었다. 중국이란 거대한 나라가 수천 년 동안 통일 국가를 이루어 올 수 있었던 것은 한자의 힘이었다고 말한 학자도 있다.

그러나 이러한 한자의 특징은 문장을 구성할 때, 문법 또는 구문(syntax)면에서 여러 가지 문제를 일으킨다. 예로, 사람이란 뜻의 〈人〉 자를 보아도 〈愛人(사랑하는 사람, 또는 사람을 사랑한다)〉 · 〈人面(사람의 얼굴)〉 · 〈人魚(사람 같은 고기)〉 · 〈人道(사람이 지켜야만 할 길)〉 · 〈人人(사람을 사람으로 대접한다, 또는 사람마다)〉 · 〈仁, 人也(인이란 사람다움이다)〉라 쓰이니, 人은 사람과 관계 있는 광범한 개념을 지닌 글자임을 알 것이다. 다만 〈人〉자가 걸리는 글자의 성격이나 〈人〉자가 놓이는 위치에 따라 역할이 달라져 명사로도 쓰이고 형용사나 동사로도 쓰인다. 시상(時相)이나 다른 어떤 조건이 변하더라도 글자에 아무런 변화가 생기지 않는다. 『중용(中庸)』에 "父爲大夫, 子爲士"란 말이 보이는데 앞뒤 문장과의 관계를 생각치 않고 번역하면 "아버지는 대부였고, 아들은 사였다." "아버지는 대부가 되었고 아들은 사가 되었다." "아버지가 대부였다면 아들은 사였다."는 등의 해석을 과거·현재·미래 어느 것으로도 할 수 있을 것이다. 중국 글에는 영어나 불어처럼 어미변화나 동사변화 같은 것이 없을 뿐더러 조사의 활용 조차 극히 적다. 또 〈文〉자 한 글자만 보더라도 무늬(紋樣)·문채(文彩)의 뜻에서 시작하여 문자·문장의 뜻도 지니게 되었고, 다시 발전하여 문학·학문·문화·문아(文雅)의 광범위한 뜻을 모두 지니게 되었다. 따라서 〈文王〉이란 〈文〉자를 생각하더라도, "문채처럼 아름다운 문왕의 공적"으로부터 시작하여, 문자·문장·문화·문학·학문·문교 등이 모두 관련된 "문화적인 정치를 한 임금"이란 뜻으로 폭을 넓히어 생각할 수 있게 된다.

이처럼 한자는 넓은 개념을 문장 속에서도 언제나 지니고 있고, 또 앞뒤 글자와의 관계와 그 글자의 위치에 따라 쓰이는 뜻이 결정되기 때문에, 글을 지을 때 한 글자 한 글자의 사용에 주의를 기울이지 않을 수 없는 것이다. 한 글자 한 글자의 사용에 모두 신경을 쓰다 보면 자연히 문장을 꾸미고 다듬게 될 것이다. 더욱이 한자가 만들어지자 곧 이것이 말이 서로 통하지 않는 각기 다른 방언을 지닌 지방에 널리 사용되었으므로, 언문의 불일치는 일찍부터 면할 수가 없었다. 글은 말과 다른 것이라는 인식 아래 쓰였으므로, 여기 또 수식이 가해지는 요인이 생겨난 것이다.

또 한자는 단음절인데다가 네 가지 성조가 있다. 따라서 각기 다른 음절과 성조를 지닌 글자들을 연결시켜 문장을 짓는 데 있어서, 앞뒤 글자들의 음과 성조가 읽어서 잘 어울리느냐 그렇지 않으냐 하는 문제가 생기게 된다. 아름다운 여자는 미인(美人), 가인(佳人)이라 말하면서 아름다운 남자는 미남(美男)이라고만 말하지 가남(佳男)이라 말하지 않는다든가, 똑같은 〈車〉자인데 자동차(自動車)·기차(汽車)·자전거(自轉車)·인력거(人力車) 하고 다르게 읽는 것은 독음의 조화 여부에서 온 것이다. 우리나라의 한자어에서 보여주는 독음의 조화 관계보다도, 중국 말이나 문장에서는 독음의 조화가 더 큰 문제가 됨은 말할 것도 없다. 중국에서는 성조까지 큰 문제가 되므로 문장의 리듬은 애초부터 주의하지 않을 수가 없었을 것이다. 똑같은 성조의 글자들이 몇 개씩 연결된다거나, 다른 성조라 하더라도 거성(去聲)이나 입성(入聲)처럼 짧게 끊어지는 글자들만이 연결된다면 뜻은 잘 통한다 하더라도 읽기에 거북할 것이다. 따라서 문장에서 글자들이 읽어서 리드미컬하게 적당한 성조의 굴곡을 이루도록 배열되어야 한다는 주의가 기울어지게 된다. 음악적인 효과를 위한 수식은 여기에서 생겨난 것이다. 앞에서 본 변려문의 평측에 대한 규칙은 그 좋은 보기이며, 이 밖에 시나 사(詞)·곡(曲)에 있어서는 더욱 엄격히 한 글자 한 글자의 평측을 따지게 된다. 평측은 그만두더라도 예를 들면 〈아직〉이란 뜻의 말을 문장 첫머리에 붙일 때, 〈尙〉자를 쓰느냐 유(猶)자를 쓰느냐 하는 것은 이 글자들의 음과 성조가 이 글자가 붙는 귀절의 글자들의 음과 성조와 어느 편이 더 잘 어울리느냐에 의해 결정된다. 〈尙〉자와 〈猶〉자의 경우 이외의 같은 뜻의 글자들이나 같은 뜻의 말 중에서 어느 글자나 낱말을 사용하여 글을 짓느냐 하는 문제는 대개 이 음과 성조의 조화에 크게 관계된다. 외국 사람들이 중국 글을 지을 때 고문(古文)이나 백화(白話)를 막론하고 중국 사람들에게 크게 미치지 못하는 것은 이 점이다.

또 한자는 한 글자가 평범한 한 가지 개념을 지니고 있어서, 기본적으로 두 글자만 모여도 문장이 될 수 있다. 그리고 넉 자나 여섯 자로 된 구절들을 보아도 다시 두 자 또는 두 자에 한 글자가 더 붙은 석 자로 기본 구성이 나뉘어진다. 앞에 인용한 『옥대신영서』에서 예를 들면, “凌雲概日”은 〈凌雲〉과 〈概日〉로, “萬戶千門”은 〈萬戶〉와 〈千門〉으로 나뉘어진다. “漢帝金屋之中”은 〈漢帝〉와 〈金屋〉·〈之中〉으로 나뉘어지며, “傳鼓瑟於楊家”는 〈鼓瑟〉에 〈傳〉자가 붙은 석 자와 〈楊家〉에 〈於〉가 붙은 석 자로 나뉘어진다. 그리고 대개 이 두 자 또는 석 자들을 따로 떼어 놓더라도 이들은 완전한 문장이나 구절을 이루고 있다. 이런 성질 때문에 중국 문장의 구절은 짧아진다. 이처럼 두 음절을 바탕으로 하는 짧은 구절들을 가지고 글을 멋지게 꾸미고 다듬다보니 생겨난 것이 〈대구〉라는 표현 방법이다. 중국 문장에는 변려문 이전의 옛 글을 보더라도, 〈대구〉 방식의 표현을 얼마든지 발견할 수 있게 된다. 문장의 수식은 〈기사〉나 〈입언〉 같은 문학의 공용주의와 어긋나는 것이다. 그러나 이러한 이유들 때문에 중국에는 「멋지게 꾸미는 것」이 바로 문장의 도라고까지 생각하는 사람들이 있게 되었고, 또 한때는 그것이 문학의 조류를 이루기까지 했던 것이다.

5. 능문(能文)과 암시성

앞에서 말한 것처럼 중국 문장은 광범한 개념을 지닌 한자들이 각기 독립된 성질을 가지고 연결되어 이루어지는 것이기 때문에 뜻의 표현이 〈상징적〉이고 〈암시적〉인 경향을 띠게 된다. 그리하여 똑같은 글이라 하더라도 읽는 사람의 교양이나 상상력에 따라 뜻을 파악하는 데 차이가 생기게 된다. 좋게 말하면 중국 문장은 본시부터 시적(詩的)인 성격을 띠고 있다고도 하겠다. 중국문학에서 산문이나 소설 희곡보다도 시가 정통을 이루어왔다는 것은, 이러한 중국 글의 성격도 크게 작용했으리라 여겨진다. 『중용』의 첫머리에 다음과 같은 글이 있다.

> "天命之謂性, 率性之謂道, 修道之謂敎."

이것을 린위탕(林語堂, 1895~1976)은 다음과 같이 영역하고 있다.

> "What is God~given is what we call human nature. To fulfil the law of our human nature is what we call the moral law. The cultivation of the moral law is what we call culture." (The wisdom of Confucius p. 104)

다시 우리말로 직역하면 대략 다음과 같다.

> "하늘이 명한 것을 '성'이라 하고, 성에 따르는 것을 '도'라 하고, 도를 닦는 것을 '교'라 한다."

우리말 번역은 직역이라 뜻이 애매하지만 린위탕의 영문 번역은 옛 사람들의 주석을 따라 퍽 명확하게 번역된 것이다. 그러나 『중용』의 본문과 영문 번역의 사이에는 상당한 거리가 있음을 인정해야만 한다. 첫째, 〈天命〉 곧 〈하늘의 명한 것〉을 "God~given"이라 해석했는데 〈天〉과 "God", 〈命〉과 "given" 사이에는 큰 성격의 차이가 있다. 중국 사람들의 〈天〉이 서양 사람들이 생각하는 "God"와 근본적으로 다른 개념이라는 문제는 제쳐 놓더라도 〈天〉은 〈하늘〉 〈하나님〉 〈우주의 섭리〉 〈만물을 생성케 하는 원리〉 등의 뜻을 다 포함하고 있는 것이다. 조물주인 "God"란 말의 구체적인 뜻과는 다르다. 〈命〉도 따라서 〈주어진 것〉이란 뜻 뿐만 아니라 〈섭리에 따라 자연히 그렇게 된 것〉을 뜻함으로 여러 가지 말로 번역될 수 있다. 〈性〉도 "human nature" 뿐만 아니라 일반적인 〈성격〉 〈성품〉 〈성절〉 〈본성〉을 다 포함한 말이다. 〈道〉도 "moral law" 뿐만 아니라 〈하늘의 도〉 〈자연의 도〉까지도 다 포함되며, 〈教〉도 "culture"만이 아니라 〈교육〉 〈교화〉 심지어는 〈정치〉까지도 포함하는 말이다. 따라서 『중용』의 이 구절은 여러 가지 다른 표현으로 번역될 수도 있는 것이다.

중국 문장은 한 글자 한 글자의 뜻이 〈암시적〉이고 〈상정적〉일 뿐만 아니라, 전체적인 서술 방법도 극히 〈암시적〉이고 〈상징적〉이다. 『중용』이란 〈중용의 도〉를 설명하는 글인데도, 〈중용〉에 대한 구체적인 설명은 한 마디도 없이 〈본성〉과 〈올바른 도리〉와 〈교화〉만을 처음부터 얘기하고 있는 것이다. 그 뒤로도 〈중용〉은 어떠하다는 얘기가 몇 군데 나오기는 하지만 〈중용〉은 무엇을 말한다고 구체적으로 얘기한 곳은 없다. 〈중용〉이 무엇이냐 하는 문제의 핵심은 이 첫째 세 마디 글에 암시적으로 서술되어 있는 것이다. 따라서 사람에 따라 〈중용〉에 대한 이해는 거의 모두 달라지게 되며, 경우에 따라선 연구와 사색을 통하여 주희(朱熹, 1130~1200) 같은 사람처럼 원작자보다 더 훌륭한 〈중용〉에 대한 이상을 지니게 될 수도 있는 것이다. 공자의 중심 사상을 흔히 〈인(仁)〉이라 말하고 있고, 『논어』에도 〈인〉에 대한 얘기가 무수히 나오지만, 〈인〉이란 무엇을 말한다고 정의를 내린 일은 한 번도 없었다. 〈인〉에 관한 말이 들은 경서의 구절들을 다 뽑아 모아놓고 무수한 학자들이 연구를 해왔지만, 아직도 〈인〉에 대한 해석이나 이해는 학자에 따라 많은 차이가 있다. 이런 것 모두가 중국 문장의 상징성 내지는 암시성에 말미암은 것이다. 후세의 문장에서 한유(韓愈, 768~824)의 『잡설(雜說 四)』이란 제목의 글을 한 편 읽어보자.

> "세상에 백락(伯樂)이 있는 연후에 천리마(千里馬)가 있는 것이다. 천리마는 흔히 있는 것이나 백락은 흔히 있는 것이 아니다. 그러므로 비록 명마라 하더라도 오직 노예 같은 사람들의 손에 욕을 보다가 말구유 사이에서 나란히 죽어 천리마라 일컬어지지 못하고 마는 것이다.
>
> 하루 천리 달리는 말이란 한 끼에 곡식 한 섬을 먹기도 하는데, 말을 먹이는 자는 그 말이 천리를 달릴 수 있음을 알지 못하고 먹인다. 이 말이 비록 하루 천리 달릴 능력

이 있다 하더라도, 배불리 먹지 못하여 힘이 모자라게 되고, 멋진 재능이 밖으로 나타나지 않게 되는 것이다. 이렇게 되면 보통 말처럼 보이려 한대도 어려운 일이거늘 어찌 그 말이 천리를 달릴 수 있기 바라겠는가!

그 말에 올바른 방법으로 채찍질을 아니하고, 그 말이 재능을 발휘할 수 없도록 먹이며, 그 말이 울부짖어도 그 뜻을 이해하지 못하면서도, 채찍을 들고 말을 대하여 세상엔 쓸 만한 말이 없다고 말한다. 아아! 정말로 쓸 만한 말이 없는가? 사실은 말을 알아보지 못하는 것이다."

世有伯樂, 然後有千里馬. 千里馬常有, 而伯樂不常有. 故雖有名馬, 祇辱於奴隸人之手, 駢死於槽櫪之間, 不以千里稱也. 馬之千里者, 一食或盡粟一石. 食馬者, 不知其能千里而食也. 是馬也, 雖有千里之能, 食不飽, 力不足, 才美不外見, 且欲與常等不可得, 安求其能千里也. 策之不以其道, 食之不能盡其材, 鳴之而不能通其意, 執策而臨之曰 ; 天下無馬. 嗚呼! 其眞無馬邪? 其眞不知馬也.

이 글은 세상에 천리마가 많지만 백락처럼 말을 잘 알아보는 사람이 없어서 재능을 발휘 못하고 죽는 말이 많다는 얘기다. 말 얘기를 빌어, 실은 사람 얘기를 하고 있다는 것은 누구나 쉽게 알 수 있을 것이다. 그리고 그것은 남의 얘기가 아니라 바로 자기 얘기일 것이다. 자기에게 높은 벼슬과 많은 녹을 준다면 자기의 재능을 충분히 발휘할 텐데, 자기는 지금 초야에 파묻혀 범인들만도 못한 생활을 하고 있다는 뜻도 있을 것이다.

그 밖에도 중국 문장이 상징적이고 암시적이라는 예는 어디서나 찾아볼 수 있다. 사물의 완곡한 표현은 후세에 발달한 서민들의 구어체로 쓰인 소설 같은 데서나 찾아볼 수 있는 것이다. 중국 문장은 간결하면서도 암시적이고 상징적인 것이 원칙이다. 이러한 중국 문장의 상징성은 앞에서 얘기한 수식성과도 밀접한 관계가 있다. 짧은 구절로 이루어진 문장들을 꾸미다 보니 자연히 뜻은 애매해지고 상징적이고 암시적인 성격을 띠게 되었을 것이다.

중국의 산문은 사실을 기록하는 〈기사〉의 글에서 시작하여 개인의 사상이나 경륜을 기록하는 〈입언〉의 글에서 크게 발전을 이룩하였다. 그러나 한편으로 한자의 특성과 문장 사용의 특수한 여건 및 문장에 대한 개념 등 때문에, 중국 산문에는 수식이 극도로 가해지고 서술이 암시적인 성격을 많이 띠게 되었다. 수식성과 암시성은

〈기사〉나 〈입언〉의 정신과는 모순되는 듯 보이지만, 중국문학사를 통하여 이 두 가지 성격은 언제나 공존하여 왔다. 그리고 〈기사〉나 〈입언〉을 위주로 하는 산문에 있어서도 중국말의 기본 리듬 때문에 적잖은 수식성과 암시성을 지니지 않을 수가 없었다. 변려문처럼 순전히 형식의 아름다움을 추구한 글에 있어서는 수식성과 암시성은 바로 그 문장을 대변하는 특징이라고 보아도 좋다. 심지어 완곡한 서술을 위주로 하는 서민의 구어체로 쓴 소설이나, 현대 중국어에 있어서도 문장 형식의 수식은 어느 정도 지양되었다 하더라도 한자의 단음절성과 그 성조 때문에 음악적 형식적인 수식은 무시하지 못하고 있는 것이다. 이러한 수식성을 추구하는 〈능문〉이란 말은 〈기사〉 〈입언〉이란 용어와 함께 양(梁)나라 소명태자(昭明太子, 501~531)의 『문선(文選)』 서문에서 따온 말이다.

IV. 보편적인 감정의 추구

1. 『시경』과 서정(抒情)

유가의 경전 가운데서도 언제나 첫째로 손꼽히는 『시경』은 중국에서 가장 오래된 시가집이다. 이것은 대략 지금으로부터 2500 내지 3000년 전에 노래불리어지던 가사들을 모아 놓은 것이다. 그 내용은 국풍(國風)·소아(小雅)·대아(大雅)·송(頌)의 네 가지로 크게 나누어져 있고, 모두 315편(이 밖에 6편의 제목만 남아 있는 시가 있음)의 시가 실려 있다.

〈국풍〉에는 열 다섯 나라의 민요들이 실려 있으며, 〈소아〉에는 대체로 조정에서 잔치할 때 부르던 노래, 〈대아〉에는 조정의 의식에서 부르던 노래, 〈송〉에는 조상들을 제사지낼 때 부르던 노래의 가사들이 모아져 있다. 그러나 이 중에서도 가장 양이 많고 또 높이 평가되는 시들이 많이 실려 있는 것은 〈국풍〉이다. 이 〈국풍〉의 시들은 대부분이 서정시이다. 여기에는 순박한 옛사람들의 감정의 흐름이 아무런 거리낌 없이 담겨져 있다. 그리고 중국시의 서정의 전통은 여기에서 출발하고 있다.

서정 가운데에서도 으뜸가는 것은 남녀의 사랑일 것이다. 『시경』 책을 열면 국풍 맨 첫머리에 「관저(關雎)」 시가 실려 있다.

> 구욱구욱 물수리가
> 황하(黃河) 섬 속에서 울고 있네.
> 아리따운 고운 아가씨는
> 군자의 좋은 짝일세.
>
> 올망졸망 마름풀을
> 이리저리 찾으며 뜯고 있네.
> 아리따운 고운 아가씨는
> 자나깨나 그리웁네.

그리워도 만나지 못해
자나깨나 생각하게 되네.
그리움은 한이 없어
뒤척뒤척 잠못 이루네.

올망졸망 마름풀을
이리저리 뜯고 있네.
아리따운 고운 아가씨와
거문고 타며 벗하고 싶네.

올망졸망 마름풀을
이리저리 헤치며 뜯네.
아리따운 고운 아가씨와
풍악 울리며 즐기고 싶네.

關關雎鳩，在河之洲.
窈窕淑女，君子好逑.

參差荇菜，左右流之.
窈窕淑女，寤寐求之.

求之不得，寤寐思服.
悠哉悠哉，輾轉反側.

參差荇菜，左右采之.
窈窕淑女，琴瑟友之.

參差荇菜，左右芼之.
窈窕淑女，鐘鼓樂之.

이 시는 아리따운 아가씨를 그리는 젊은이의 사랑의 노래이다. 밤이면 잠도 못 이루면서 아리따운 아가씨를 그리고 있지만, 자기가 그리는 아름다운 아가씨는 여간해서 나타나주지 않는다. 자기 가슴 속에 도사리고 있는 아리따운 아가씨와 재미있게 즐기고 싶은 염원만이 시름으로 변하여 끝없이 젊은 피를 불사른다.

남녀 간의 사랑이란 예나 지금이나 변함이 없다. 유가의 경서들 가운데에서도 언제나 첫째로 꼽히는 『시경』의 첫머리에 나오는 시가 이상적인 이성을 그리는 연정을 읊은 시라는 것은, 우리에게 어떤 암시를 던져 주는 듯하다. 『시경』을 편찬했다는 공자는 이렇게 말하고 있다.

"시 삼백편(『시경』)은 한마디로 평하면, 나타낸 생각에 사악함이 없는 것이다."
詩三百, 一言以蔽之, 曰思無邪. (『論語』 爲政)

"관저시는 즐거우면서도 지나치지 않고 슬프면서도 상하게 하지 않는다."
關雎樂而不淫, 哀而不傷. (『論語』 八佾)

"관저시의 끝장(章) 소리가 역력히 귀에 가득차 있다."
關雎之亂, 洋洋乎盈耳哉. (『論語』 泰伯)

곧 『시경』은 악의 없는 솔직한 생각을 그대로 노래부른 시들이며, 특히 이 「관저」 시는 순수한 사람의 감정을 표현한 아름다운 노래라는 것이다. 공자가 「관저」 시를 이토록 칭찬한 것은, 사람들이 이 시를 통해 거짓없는 참된 정서를 기를 수 있다고 믿었기 때문일 것이다. 「관저」 시에서 읊은 감정은 개인의 특수한 것이거나 지나친 것이 아니라, 사람의 본성으로부터 우러나온 순수하고도 보편적인 감정이다. 사람의 본성을 선(善)이라 여긴 유교의 정통에서 본다면 본성에서 우러나온 순수하고 보편적인 감정은 바르고 참된 감정일 수밖에 없는 것이다.

그러나 유가들은 『중용(中庸)』에서 사람의 감정에 대하여 이렇게 말하고 있다.

"기쁨·노여움·슬픔·즐거움이 나타나지 않고 있는 것을 중이라고 한다."
喜怒哀樂之未發, 謂之中.

〈사람의 감정이 나타나지 않는 상태〉의 본성은 중시하면서도 밖으로 들어난 감정은 가벼이 보는 경향이 있었다. 더욱이 송대 성리학자(性理學者)들에 이르러는 〈성(性)은 곧 이(理)이다〉고 주장하면서도, 정(情)이나 욕(慾) 같은 것은 억누르지 않으면 안되는 것으로 여겼다. 기쁘거나 슬프다고 그대로 솔직히 기쁨이나 슬픔을 나타내는 것은 군자(君子)의 태도가 아니라고까지 여겼다. 이러한 유가들을 흔히 도학자(道學者)라고 부른다.

이런 공자 후대의 도학자들에겐 경서 중에서도 첫째로 치는 『시경』의 첫째 시요, 또 첫머리 국풍시의 모범이 되는 풍시(風始)인이 「관저」 시의 내용이 〈이성을 그리는〉 내용이라는 점이 아무래도 이해되지 않았다. 그리하여 머리를 짜내어 둘러대기를 이 시는 "후비(后妃)의 덕을 읊은 것"〈毛詩序〉이라 했다. 주(周)나라 문왕(文王)이 교화를 행함에 그의 부인으로부터 시작했기 때문에, 이 "후비의 덕을 읊은" 「관저」 시를 국풍의 모범으로서 맨 앞에 갖다 놓았다는 것이다(孔穎達 『疏』).

이들은 「관저」 시 뿐만 아니라 『시경』에 실린 연애시들을 비롯해 거의 모든 시들을 도덕으로 억지 해석을 해왔다. 송대 이후로는 많은 학자들이 새로운 경서의 해석을 시도했으나, 이러한 도학자적인 테두리로부터 완전히 벗어나 경서를 읽기 시작한 것은 근세의 일이라 할 것이다. 그들은 선(善)에의 추구가 거짓없고 순수한 사람의 감정이나 욕망의 계발로부터 이뤄진다는 것을 잊었던 것 같다. 그러나 많은 문학가들은 이 시들의 참뜻을 직감으로 인지했던 것 같다. 명대 탕현조(湯顯祖, 1550~1617)의 희곡 『모란정기(牡丹亭記)』를 보면 점잖은 집안 규수에게 가정교사가 『시경』으로서 교육을 시작하는데, 한창 나이의 규수는 가정교사의 설교에도 불구하고 「관저」 시를 읽은 뒤 깊은 감동을 받고 바람이 나버리는 대목이 있다. 탕현조는 아무리 전통적인 시의 해설이 도덕의 탈을 쓰고 있다 하더라도, 시가 독자의 가슴으로 곧장 파고드는 뜻은 다른 것이었음을 알고 있었다고 보아야 할 것이다. 우리는 이러한 중국의 전통적인 주해서(註解書)들의 병폐를 이해하고 나서 『시경』의 시들을 읽어야만 할 것이다. 또 그래야만 중국시의 서정의 발전을 올바로 이해할 수 있을 것이다.

2. 규정(閨情)과 변새(邊塞)의 서정

옛날부터 젊은 연인 또는 부부들의 마음을 가장 애틋하게 했던 것은 이별에서 오는 그리움이었다. 지금도 그렇지만 옛날도 젊은이들은 나라를 지키기 위하여 싸움터로 나가야만 했고, 또 나라의 큰 역사(役事)가 있으면 몇 천리 이역 땅으로 징발당하여 일을 하러 가지 않으면 안 되었다. 그렇기에 서로 사랑하는 젊은이들 사이에는 본의 아닌 이별이 언제나 사랑의 기쁨 뒤에 그림자처럼 도사리고 있었다. 사랑하면 서도 헤어지고 보면 그리움은 살을 에이 듯 가슴에 사무친다. 밖에 나가 일에 시달리는 남자들이야 그래도 고달픔 속에 그리움이 무디어지겠지만, 그윽한 규방(閨房)을 홀로 지키는 여자들의 마음은 애처롭도록 님생각에 겨웁다. 그리하여 중국의 옛사람들은 이러한 조용한 규방에서 밤낮으로 님그리는 애틋한 규정을 읊기를 좋아했다.

베짱이는 찍찍 울고
메뚜기는 뛰놀고 있네.
님은 어데 계신고
시름마음 뒤숭숭 하네,
뵙기만 하여도
만나기만 하여도
이 마음 놓이련만.

저 남산에 올라가
고사리나 뜯어볼까.
님은 어디 계신고
시름마음이 어수선 하네.
뵙기만 하여도
만나가만 하여도
이 마음 기쁘련만.

저 남산에 올라가
고비나 뜯어볼까
님은 어디 계신고
내 마음 서글프네.
벱기만 하여도
만나기만 하여도
이 마음 후련하련만.

喓喓草蟲, 趯趯阜螽.
未見君子, 憂心忡忡.
亦既見止, 亦既覯止, 我心則降.

陟彼南山, 言采其蕨.
未見君子, 憂心惙惙.

亦既見止，亦既覯止，我心則說.

陟彼南山, 言采其薇.
未見君子, 我心傷悲.
亦既見止, 亦既覯止, 我心則夷. (召南 草蟲)

풀벌레 소리를 들으면서 님그리는 여인의 마음을 노래한 것이다. 이처럼 비슷한 내용을 겹쳐 노래하는 것은 『시경』에서 흔히 보는 옛 민요의 특색이라 할 것이다. 『시경』의 서정시 가운데서도 가장 많은 것이 떠나간 님을 그리는 여인의 마음을 옳은 시인 듯하다. 그 대표적인 것들에 소남(召南)의 「은기뢰(殷其靁)」, 위풍(衛風)의 「유호(有狐)」, 왕풍(王風)의 「군자우역(君子于役)」, 정풍(鄭風)의 「자금(子衿)」, 당풍(唐風)의 「유체지두(有杕之杜)」, 진풍(秦風)의 「소융(小戎)」·「신풍(晨風)」 같은 시들이 있다. 규정 가운데에는 물론 패풍(邶風)의 「천수(泉水)」 시처럼 출가한 여인이 친정을 그리는 노래 같은 것도 있다.

『시경』 이후에도 중국의 문인들은 이러한 규정(閨情)에서 완곡한 서정의 아름다움을 찾으려 노력했다. 그래서 한대를 거쳐 위진남북조(魏晋南北朝)시대에 이르러는 거의 모든 작가들이 열을 내어 규정시를 읊었고, 당대 이후의 작가들에게도 이는 흔히 발견되는 시제이다. 그러므로 〈규정시〉는 옛 중국시의 서정의 한 특색이라고 할 수 있을 것이다. 예로 당대의 시인 이백(李白, 710~762)의 「자야추가(子夜秋歌)」를 읽어보자.

장안 하늘엔 조각달 외로운데
집집마다 다듬이 방망이 소리.
가을 바람에 끊임없이 실려 와
국경 싸움터에 가 계신
님 그리는 정 돋우네.
언제나 오랑캐들 물리치고
내 님은 돌아와 주시려나!

長安一片月, 萬戶擣衣聲.
秋風吹不盡, 總是玉關情.
何日平胡虜, 良人罷遠征.

이러한 규정시를 비롯한 서정시를 통하여 발견되는 남녀 간의 사랑은 서양식인 사랑과는 그 질에 차이가 느껴진다. 곧 서양식 또는 현대식의 연애란 모두 개인과 개인의 관계에 그친다. 서양식의 연애란 결혼과는 별개의 이상적인 이성에의 뜨거운 추구여서, 사랑의 의지와 소망 속에는 강렬한 생명력과 욕망의 추구가 용솟음치고 있다. 이상적인 이성이란 바로 한 사람의 인격을 보충시키고 그 사람의 영혼을 천당으로 올려놓을 만한 대상이다. 결혼과는 동떨어진 사랑을 통하여 자기의 영감을 찾았던 괴테가 그러했고, 천국에까지 사랑을 위하여 베아트리체를 추구했던 단테가 그러하다.

그러나 중국의 옛 사람들은 결혼을 떠난 연애는 생각조차도 못했다. 사랑이란 〈결혼〉이라는 일반 사회의 보편적인 이성의 결합 원리를 떠날 수 없는 것이라 생각했다. 자연 속에서 꽃이 피고 열매가 맺히는 것처럼 사회 윤리를 따라 가장 타당한 과정을 통하여 한 남자와 한 여자의 정신적으로 또 육체적으로 결합하는 것이 사랑이라 생각했다. 따라서 이러한 일반적인 규범을 초월한 사랑을 한 사람이 있다 하더라도 그것은 시로 쓰거나 노래 부를 만한 것은 못 된다고 생각되었다.

그렇기 때문에 『시경』에 보이는 사랑의 시들은 서양의 그것처럼 뜨겁고 격렬한 것이 아니라 완곡하고 은은한 것들이다.

갈대밭은 푸르른데
흰 이슬 서리로 변해 가네.
내 그리운 님은
강물 저편에 계신데,
거슬러 좇아가려니
길이 험하고도 멀어서
물길 따라 좇아가보니
언제나 강물 가운데 계시네.

갈대밭은 더부룩한데
흰 이슬 방울져 있네.
내 그리운 님은
강물 저쪽가에 계신데,
거슬러 좇아가려니

길이 험하고도 가팔라서
물길 따라 좇아가 보니
언제나 물 속 섬에 계시네.

갈대밭은 무성한데
흰 이슬 촉촉하네.
내 그리운 님은
저편 강물가에 계신데,
거슬러 좇아가려니
길이 험하고도 아득하여
물길 따라 좇아가 보니
언제나 저편 물 가운데 계시네.

蒹葭蒼蒼, 白露爲霜.
所謂伊人, 在水一方.
溯洄從之, 道阻且長.
溯游從之, 宛在水中央.

蒹葭萋萋, 白露未晞.
所謂伊人, 在水之湄.
溯洄從之, 道阻且躋.
溯游從之, 宛在水中坻.

蒹葭采采, 白露未已.
所謂伊人, 在水之涘.
溯洄從之, 道阻且右.
溯游從之, 宛在水中沚. (秦風「蒹葭」)

그리운 님이 있는 곳을 알면서도 용감하게 달려가 님의 품에 안기지 못하고 님을 구심점으로 하여 자연스러운 그때가 올 때까지 그리움을 달래면서 완곡히 맴도는 것이 중국식의 사랑인 것이다. 그리하여 어떤 때는 그 그리움의 대상이 애인 또는 부인인지 친구나 임금인지 분간하기 어렵게 되는 일도 있다. 곧 남녀 간의 사랑이라 하더라도, 오랜 친구를 그리워하거나 오래 섬긴 임금을 신하가 생각하는 것 같은 보편적인 감정의 테두리를 벗어나는 것은 용납되기 어려웠다.

중국의 문인들이 옛부터 규정을 즐겨 노래한 것은 보편적인 감정의 테두리를 벗어나지 않는 사랑의 감정 중에서도 가장 애틋하고 격렬한 것이었기 때문이다. 정상적인 사회의 규범 속의 사랑에 파란이 일어난 것은 사랑하는 사람들 자신이 떨어진 때문이 아니라, 비정한 전쟁이나 임금의 횡포로 말미암아 헤어진 것이기 때문에 규정은 특히 많은 사람들의 감정과 동정을 차지할 수 있었을 것이다. 전쟁에 끌려나가 죽었는지 살았는지도 알 수 없고 또 돌아올 기약조차도 없는 님을, 꽃피는 아침, 달뜨는 저녁 밤낮으로 외로이 기다리는 미인을 앞에 놓고도 감흥이 없는 문인이 있을 수가 있겠는가? 역사(役事)에 끌려나간 님을 기다리는 시를 또 한 수 들어본다.

역사에 나가신 님은
소식조차 없으니
언제나 돌아오실꼬?
닭은 우리에 들고
날이 저무니
소, 양도 돌아오는데,
역사에 나가신 님을
어이 생각않으리!

역사에 나가신 님
몇 날 몇 달인가,
언제나 만나게 되리?
닭은 홰에 오르고
날이 저무니
소, 양도 돌아드는데,
역사에 나가신 님
굶주리지나 않으시는지 !

君子于役, 不知其期, 曷至哉?
雞棲於塒, 日之夕矣, 羊牛下來.
君子于役, 如之何勿思.

君子于役, 不日不月, 曷其有佸?
雞棲於桀, 日之夕矣, 羊牛下括.
君子于役, 苟無飢渴. (王風「君子于役」)

허구한 날 역사에 나간 돌아올 기약도 없는 님을 기다리는 여인의 마음을 노래한 시이다. 역사는 전쟁이나 나라의 토목공사(土木工事)에 부역을 나간 것을 말한다. 해가 지자 닭은 홰에 오르고 소나 양도 모두 집으로 돌아오는데 정작 그리운 님만은 돌아올 줄을 모른다. 보고픈 님 생각은 가눌 길이 없고, 객지에서 굶주리며 고생하지나 않는지 시름이 태산같다.

떠나보낸 남편을 기다리는 여인의 노래가 있다면, 부모 처자를 두고 천만리 낯선 땅으로 끌려간 남자의 집 생각하는 노래가 없을 수 없을 것이다. 소식 없는 님을 기다리는 여인의 마음도 애틋하겠지만, 거친 이역 땅에 끌려가 갖은 고초를 다 겪는 남자들의 집 생각도 간절하기 짝이 없는 것이다. 넓은 중국 땅은 서북쪽으로 강하고 거친 유목 민족들과 이웃하고 있어서, 유사 이래로 이들에 대한 방비는 언제나 제왕들의 두통거리가 되어 왔다. 진시황(秦始皇)이 쌓았다는 만리장성은 이 사실을 웅변으로 설명해주고 있다고 하겠다. 그러므로 중국 사람들은 끊임없이 전쟁을 통하여 나라를 지탱하여 왔고, 전쟁이 없다 해도 젊은이들은 자칫하면 천만리 거친 변경 땅으로 수자리를 살러 가야만 했다. 그렇기 때문에 『시경』 속에도 행역(行役)한 나그네가 부모 처자를 그리는 시들이 적지 않다. 여인들의 규정과는 대조적인 괴롭고도 지루한 거칠은 들판에서의 그리움인 것이다.

민둥산에 올라서
아버님 계신 곳 바라보니
아버님 말씀 들리네.
아아!
내 아들 역사에 나가
밤낮으로 고생하겠지.
부디 몸조심 하다가
한시 바삐 돌아오너라!

푸른 산에 올라서
어머님 계신 곳 바라보니
어머님 말씀 들리네.
아아!
우리 막내 역사에 나가

밤낮으로 잠도 못 자겠지.
부디 몸조심 하다가
어미 버리지 말고 돌아오너라!

형님 계신 곳 바라보니
형님 말씀 들리네.
아아!
내 아우 역사에 나가
밤낮으로 사람들과 어울리겠지.
부디 몸조심 하다가
죽지 말고 돌아오너라!

陟彼岵兮, 瞻望父兮.
父曰 ; 嗟.
予子行役, 夙夜無已.
上愼旃哉, 猶來無止.

陟彼屺兮, 瞻望母兮.
母曰 ; 嗟.
予季行役, 夙夜無寐.
上愼旃哉, 猶來無棄.

陟彼岡兮, 瞻望兄兮.
兄曰 ; 嗟.
予弟行役, 夙夜必偕.
上愼旃哉, 猶來無死. (魏風「陟岵」)

이밖에도 주남(周南)의「권이(卷耳)」, 왕풍(王風)의「양지수(揚之水)」, 소아(小雅)의「채미(采薇)」·「체두(杕杜)」·「기보(祈父)」·「황조(黃鳥)」 같은 시들은 모두 역사에 나간 사람들의 집 생각을 노래한 것들이다. 빈풍(豳風)의「동산(東山)」 시처럼 전쟁에 나갔다 돌아와서 전쟁터에서 갖은 고초를 겪으며 집 생각하던 일을 회상한 시도 있다.

후세 문인들이『시경』의 규정을 계승하여 노래했다면 이 역사에 나간 남자들의 망향의 정도 잊어버릴 수 없었을 것이다. 특히 근세의 후원이(胡雲翼, 1906~1965)

가 그의 『중국문학사』에서 변새파(邊塞派)라고 지목한 성당(盛唐)의 시인들, 이백(李白, 701~762)을 비롯하여 고적(高適, 702~765) · 왕창령(王昌齡, 698~765?) · 왕지환(王之渙, 695~?) · 왕한(王翰, 687~726) · 이기(李頎, 687~726) 같은 사람들에게는 나라를 지키러 변경으로 떠나간 님을 그리는 규정을 읊은 시들도 많지만 변경으로 나간 남자들의 정을 노래한 시가도 많다. 다만 이들을 비롯한 후대 문학가들의 변새시(邊塞詩) 속에는 물론 외족에게 잃은 조국땅이나 국방의식을 전제로 한 공용주의도 가미되어 있는 것이어서, 집만을 주로 생각하던 『시경』의 시들과는 성격이 달라진게 특색이다. 일찍부터 중국의 지성인들은 나라일을 걱정하는 것을 자기네 사명처럼 생각하여 왔기 때문에, 변경에 나간 남자들의 정을 노래한 시인들의 작품에는 집 걱정보다도 나라 걱정이 짙어지게 된 것이다. 더욱이 큰 일을 하면서 처자 생각에 사로잡힌다는 것은 대장부답지 않다는 생각도 작용한 때문일 것이다.

왕창령의 변새시를 한 수 읽어보기로 하자.

말에 물을 먹이고 가을 물 건너니
물은 차갑고 바람은 칼날 같네.
해 기운 넓은 백사장 너머로
아득히 임조땅(당나라 때 吐蕃에 빼앗긴 땅)이 보이네.
옛날 장성(長城)에서 싸울 적에는
의기가 높았다고 모두 말하건만.
예나 지금이나 전쟁은 빌 새 없어
흰 뼈들만이 쑥대 사이에 흩어져 있네.

飮馬渡秋水, 水寒風似刀.
平沙日未沒, 黯黯見臨洮.
昔日長城戰, 咸言意氣高.
黃塵足今古, 白骨亂蓬蒿. (「塞下曲」之一)

임조(臨洮) 땅은 진(秦)나라 때 몽념(蒙恬)이란 장군이 장성을 쌓고 오랑캐의 침입을 막던 곳이다. 그러나 지금(唐代)은 토번(吐蕃)에게 빼앗겨 남의 땅이 되고 말았다. 쌀쌀한 가을날 해 기우는 백사장을 걸으면서 임조 땅을 바라보는 시인의 우국적인 감개가 느껴진다. 옛날처럼 군인들의 사기만 높았더라도 나라 땅을 오랑캐들에게 빼앗기는 일은 없었을 터인데, 지금은 공연한 싸움에 인명만 잃고 있다는 것이다.

이처럼 성격은 달라졌지만 후세의 변새시들은 『시경』의 역사에 끌려나간 사람들의 망향의 서정이 전승된 것이라고 할 수 있을 것이다.

3. 사랑과 사랑의 갈등

옛날의 사랑이라고 해서 님에 대한 〈그리움〉이나 먼 객지에서 〈집 생각〉 같은 애절한 서정만 있었던 것은 아니다. 주남(周南)의 「여분(汝墳)」 시처럼 오랜만에 역사로부터 돌아온 남편을 맞은 여인의 기쁨을 노래한 시도 있고, 직접 사랑의 기쁨을 노래한 시들도 있다.

새삼을 캐러
맷(沬)골로 갔네.
누가 보고파서 갔나?
어여쁜 강(姜)씨네 맏딸이지.
상중(桑中)서 나와 만나
상궁(上宮)까지 갔다가
기수(淇水)가까지 바래다 주데나.

보리를 베러
맷골 뒤로 갔네.
누가 보고파서 갔나?
어여쁜 익(弋)씨네 맏딸이지.
상중서 나와 만나
상궁까지 갔다가
기수가까지 바래다 주데나.

순무 뽑으러
맷골 동쪽에 갔네.
누가 보고파서 갔나?
어여쁜 용(庸)씨네 맏딸이지.

상중서 나와 만나
상궁까지 갔다가
기수가까지 바래나 주데나.

爰采唐矣, 沫之鄕矣.
云誰之思, 美孟姜矣.
期我乎桑中, 要我乎上宮,
送我乎淇之上矣.

爰采麥矣, 沫之北矣.
云誰之思, 美孟弋矣.
期我乎桑中, 要我乎上宮,
送我乎淇之上矣.

爰采葑矣, 沫之東矣.
云誰之思, 美孟庸矣.
期我乎桑中, 要我乎上宮,
送我乎淇之上矣. (鄘風「桑中」)

이 시는 사랑하는 남녀의 밀회의 기쁨을 노래한 것이다. 강씨나 익씨·용씨는 이 지방의 대성(大姓)일 것이다. 그리고 상중(桑中)은 매(沫) 땅에 있는 지명이며, 상궁(上宮)은 『맹자(孟子)』 조기(趙岐, 漢人)의 주(注)에 의하면 누각의 이름이고, 기(淇)는 그곳에 흐르고 있는 강물 이름이다. 나물 캐러 갑네, 보리 베러 갑네 하고 집을 나가서는 애인을 만나던 옛 젊은이들의 연애가 미소를 자아내게 한다. 이밖에도 소남(召南)의 「야유사균(野有死麕)」, 패풍(邶風)의 「정녀(靜女)」, 왕풍(王風)의 「군자양양(君子陽陽)」·「채갈(采葛)」·「구중유마(丘中有麻)」, 정풍(鄭風)의 「풍우(風雨)」·「야유만초(野有蔓草)」·「진유(溱洧)」, 제풍(齊風)의 「계명(鷄鳴)」·「동방지일(東方之日)」, 진풍(陳風)의 「동문지분(東門之枌)」·「동문지지(東門之池)」, 당풍(唐風)의 「월출(月出)」·「택파(澤陂)」, 소아(小雅)의 「습상(隰桑)」 등이 모두 남녀 간의 사랑을 노래한 것이다. 이 속에는 사랑과 기쁨·괴로움·마음조임 등 다채로운 사랑의 노래들이 들어 있다. 그중에서도 가장 눈에 띄는 것은 은근한 부부 사이의 사랑을 노래한 것이라 할 것이다.

"닭이 우네요.
조정엔 대신들이 찾겠어요"
"닭의 울음이 아니라
쉬파리 소리가 아니오?"

"동녘이 밝았네요.
조정엔 대신들이 다 모였겠어요."
"동녘이 밝은 게 아니라
달빛이 환한 게 아니오?"

"뭇 벌레 붕붕 나는 아침이라도
당신과 함께 단꿈 꾸고 싶지만,
모였던 대신들 그냥 돌아가면서
당신을 미워하게 되면 안 될 것 아니예요?"

雞既鳴矣, 朝既盈矣.
匪雞則鳴, 蒼蠅之聲.

東方明矣, 朝既昌矣.
匪東方則明, 月出之光.

蟲飛薨薨, 甘與子同夢,
會且歸矣, 無庶予子憎. (齊風「鷄鳴」)

이 시는 새벽 잠자리 속에서의 부부의 대화를 옮겨 놓은 것이다. 남편은 대신이거나 제후이다. 따뜻한 잠자리를 벗어나기 싫어하는 남자의 마음, 남편의 품안이 그리우면서도 공사를 위하여 남편의 기침을 재촉함으로써 내조의 공을 다하는 여인의 마음씨가 잘 표현된 작품이다.

『시경』의 애정시 속에는 미혼 남녀의 사랑을 노래한 것으로 느껴지는 시들이 적지 않다. 그러나 후세엔 유교적인 윤리관이 사회에 확정되면서 미혼 남녀들의 격렬한 사랑보다는 기혼 부부의 은근한 사랑을 노래하는 경향이 굳어진다. 『시경』 국풍의 시풍을 계승한 한대의 악부시(樂府詩) 속에서도 많은 애정시들이 있지만, 그것은 이미 거의 전부가 부부의 사랑으로 변하여 있다. 한대의 「고시십구수(古詩十九首)」

(『文選』 卷29)에 들어 있는 애정시들을 보아도 모두가 부부 사이의 이별 또는 그리움 같은 것을 노래한 것이다. 작자를 알 수 없는 한대 초기의 고시 「상산채미무(上山采蘼蕪)」를 읽어보자.

> 산에 올라가 궁궁이 뜯고
> 산을 내려오다 옛 남편을 만났네.
> 무릎꿇고 옛 남편에게 묻는 말이
> 「새 사람은 어떠합니까?」
> 「새 사람이 좋다고들 하나
> 옛 사람만은 못하네.
> 얼굴 예쁘기는 비슷하나
> 손재주가 같지 않지.
> 새 사람이 대문에 들어서자
> 옛 사람은 집을 떠나갔지.
> 새 사람은 누런 비단을 잘 짜고
> 옛 사람은 흰 비단을 잘 짰는데,
> 누런 비단은 하루 한 필을 짜는데,
> 흰 비단은 하루 한 필 반을 넘게 짰었네.
> 누런 비단과 흰 비단을 견주어 보니
> 아무래도 새 사람이 옛 사람만 못하네.」

> 上山采蘼蕪, 下山逢故夫.
> 長跪問故夫, 新人復何如?
> 新人雖言好, 未若故人姝.
> 顔色類相似, 手爪不相如.
> 新人從門入, 故人從閤去.
> 新人工織縑, 故人工織素.
> 織縑日一匹, 織素五丈餘.
> 將縑來比素, 新人不如故.

이처럼 후세로 갈수록 애정시는 더욱 완곡한 부부의 사랑이 중심 테마가 되었다. 『시경』의 애정시들은 「상중(桑中)」 시 계통의 것보다는 「계명(鷄鳴)」 시 계통의 서정이 후세 문인들에게 더 큰 영향을 주었다고 할 수 있겠다. 더욱이 주남(周南)의 「한

광(漢廣)」 시 같은 짝사랑의 노래가 후세에는 찾아보기 힘들게 된 것도 그러한 추세에 의한 것이다.

사랑에는 언제나 갈등이 따르기 마련이다. 특히 남자 본위의 중국 사회에서는 앞의 인용한 한대의 고시에 보이는 것 같은, 남자의 일방적인 횡포가 흔했던 것 같다. 『시경』의 시대부터 부인은 남편을 마음대로 못 버려도 남편은 부인을 멋대로 바꿔버리는 일이 흔했던 것 같다. 그렇기 때문에 『시경』 속에는 사랑의 기쁨 못지않게 사랑의 슬픔이 많고 변심한 남자를 원망하는 여인의 노래들도 몇 편 있다.

골짜기 가운데 익모초가 있는데
가뭄에 바싹 말랐네.
버림받은 여인 있어
깊은 탄식하네.
깊은 탄식하는 것은
남편으로 말미암은 어려움 때문일세.

골짜기 가운데 익모초가 있는데
가뭄에 말라가네.
버림받은 여인 있어
긴 한숨 짓네.
긴 한숨 짓는 것은
남편으로 말미암은 불행 때문일세.

골짜기 가운데 익모초가 있는데
가뭄에 말라가네.
버림받은 여인 있어
흐느껴 울고 있네.
흐느껴 울고
탄식한들 무슨 소용 있으리!

中谷有蓷, 暵其乾矣.
有女仳離, 嘅其嘆矣.
嘅其嘆矣, 遇人之艱難矣.

中谷有蓷, 暵其脩矣.
有女仳離, 條其歗矣.
條其歗矣, 遇人之不淑矣.

中谷有蓷, 暵其濕矣.
有女仳離, 啜其泣矣.
啜其泣矣, 何嗟及矣. (王風「中谷有蓷」)

남편에게 버림받은 여자란 가뭄에 시들어가는 익모초와 같다는 것이다. 탄식하고 울부짖어 보지만 그런다고 불행이 가셔지는 것은 아니다. 소남(召南)의「백주(柏舟)」, 패풍(邶風)의「종풍(終風)」·「일월(日月)」·「곡풍(谷風)」, 위풍(衛風)의「맹(氓)」, 정풍(鄭風)의「교동(狡童)」·「건상(褰裳)」, 당풍(唐風)의「방유작소(防有鵲巢)」 등은 모두 버림받은 여인들이 남자의 변심을 원망하는 시들이다. 후세 시인들의 시집을 보면 시의 제목에 〈원(怨)〉자가 붙은 것이 눈에 많이 띄는데 거의 모두가 이러한『시경』의 서정을 계승한 것이다. 이백(李白)의「원정(怨情)」 시를 한 수 보기로 든다.

미인이 구슬 발 걷어올리고
깊이 앉아 고운 눈살 찌푸리는데,
촉촉한 눈물 자욱 보이네만
그 마음은 누구를 한하는 건지?

美人捲珠簾, 深坐蹙蛾眉 ;
但見淚痕濕, 不知心恨誰.

특히 후세 당나라 말엽부터 오대·송나라에 걸쳐 성행했던 사(詞)와 원대의 산곡(散曲)에 있어서는 위에서 얘기한 사랑을 주제로 한 서정의 노래들이 더욱 그 중심을 이루었다. 그것은 사나 곡이 모두 민간 가요로부터 생겨난 그 시대의 새로운 시가였기 때문에 더욱 그러한 성격이 두드러질 것이다. 여기에 사와 곡을 보기로 한 수씩 든다.

옥 향로엔 향기 피어오르는데,
붉은 촛불 눈물 흘리며

화려한 방 두루 비치어 가을 생각 자아내네.
눈썹 화장 엷어지고
구름 같은 머리 헝클어져 있는데,
밤은 길고 이불과 베개는 싸늘하네.
오동나무에
한밤중 비가 내리는데,
이별의 정 매우 괴롭다 말하지 않던가?
잎새마다
후둑후둑
텅빈 섬돌 앞에 밤새도록 떨어지네.

玉爐香, 紅蠟淚, 偏照畫堂秋思.
眉翠薄, 鬢雲殘, 夜長衾枕寒.
梧桐樹, 三更雨, 不道離情甚苦?
一葉葉, 一聲聲, 空階滴到明. (「更漏子」, 五代 溫庭筠)

마른 등나무 감긴 늙은 나무 위엔 날 저무는데 까마귀 앉아 있고
작은 다리 놓인 흐르는 물가엔 인가 몇 채 보인다.
낡은 길에 가을 바람 받으며 여윈 말 타고 가노라니
저녁 해도 서산에 지는데,
그리운 님은 저 하늘가에 있네!

枯藤老樹昏鴉, 小橋流水人家,
古道西風瘦馬.
夕陽西下, 斷腸人在天涯. (「天淨沙」, 元 馬致遠)

후세 시인들의 서정은 물론 민요풍의 『시경』 시들보다는 훨씬 섬세해지고 내용도 풍부해졌다.

그러나 대체적으로 중국시는 『시경』의 시들이 보여준 서정의 방향을 계승, 발전하였다고 말할 수 있을 것이다. 『시경』의 서정시들이란 대부분이 남녀 간의 사랑 또는 사랑의 갈등을 중심으로 한 것들이지만, 개인과 개인의 관계로서의 특별한 사랑보다도 전체 사회의 규범 속에서 보편적으로 두드러지는 사랑의 양상들을 노래한 것이다. 역사에 나간 남편을 그리는 아내의 마음, 역사에 나간 뒤에 부모 처자를 생각

하는 남자의 정을 비롯하여, 사랑의 기쁨이나 슬픔, 변심한 남편에의 원망 같은 것은 모두가 중국사회의 사랑에서 볼 수 있는 보편적인 문제들인 것이다.

이 시들은 민요이기 때문이기도 하겠지만 작자의 특수한 사정이나 감정 또는 개성 같은 것은 거의 문제시되지 않는다. 곧 개인의 감정이 아닌 전체 사회 속의 보편적인 감정을 이 시들은 추구하고 있는 것이다. 거기에는 시를 통하여 사회 전체의 성정을 순화시켜 바르고 조화된 사회를 이룩하려는 공용적인 시관도 적잖은 영향을 미쳤을 것이다.

후세의 시인들도 이러한 중국시의 방향을 이어받았기 때문에, 그들은 전체속에 조화되지 않는 개인은 인정하려 들지 않았다. 그리하여 중국시 속에서는 개인을 의식하기 힘들다. 유명한 작가들을 놓고 보더라도 한 사람의 취향은 작품을 통하여 쉽사리 발견할 수 있지만, 전체와의 조화를 떠난 한 사람의 독특한 개성을 찾아보기란 여간 힘든 것이 아니다. 따라서 중국문학사를 통관하면 문학의 조류가 마치 강물처럼 흐르고 있음을 알게 된다. 시대에 따라 그 흐름이 약간 굽어지고, 그 물결에는 높고 낮은 변화가 있기는 하지만 결국은 한결같이 어울려 바다로 흘러들고 있는 강물과 같다는 것이다. 강물 줄기가 바다로 향하는 것 같은 전통은 개인의 힘으로선 도저히 막거나 거역할 수가 없는 것이다. 중국문학은 독립된 한 사람 한 사람이 모여 있는 돌 자갈 밭 같은 감정이 아니라, 강물처럼 고립된 개인은 생각할 수 없는 조화되고 융화된 감정의 추구를 지향했던 것이다.

4. 사회시

중국시가 사회의 교화라는 점에서 존재의 가치를 확보한 것이라면, 옛 시들 속에 서정시만이 들어 있을 리가 없을 것이다. 특히 서주(西周, B.C. 1111~B.C. 771) 말엽에서 동주(東周, B.C. 771~B.C. 250) 초엽에 걸친 시대 같은 혼란기에는, 백성들은 안으로는 가혹한 지배자들의 압박과 착취에 허덕이고, 밖으로는 잦은 외적의 침입이나 내란으로 삶을 영위할 겨를조차도 없었다. 백성들은 목숨을 건지기에도 바쁜 고난 속에서 자기들의 괴로움과 원한을 노래로 불렀다. 노래로써 나라를 그르치는 임금이나 관리들을 풍자하기도 했고, 망해 가는 나라를 슬퍼하기도 했으며, 자기의 어려운 삶을 호소하기도 했다. 그러므로 『시경』 속에는 사회시라 부를 수 있는 시들 이 또한 수없이 많다. 물론 앞에서 얘기한 서정시와 사회시는 분명히 구별되는 것은 아니다. 서정시 속에도 그 시대의 사회상을 곁들여 노래한 것들이 있고, 사회시 속에도 적잖은 감정의 흐름이 묘사되어 있음을 발견한다. 요컨대 사회시라 하더라도 『시경』에는 객관적인 사회상을 묘사한 작품이란 거의 없다. 먼저 가렴주구(苛斂誅求)하는 관리들을 풍자한 백성들의 원망을 들어보자.

큰 쥐야 큰 쥐야
우리 기장 먹지 마라.
삼 년이나 너를 먹여 살렸건만
나를 거들떠보지도 않는가.
아아, 이젠 너를 떠나
저 즐거운 땅으로 가련다.
즐거운 땅 즐거운 땅이여,
거기서야 편히 살 수 있겠지!

큰 쥐야 큰 쥐야
우리 보리 먹지 마라.
삼 년이나 너를 먹여 살렸건만
나를 생각해 주지도 않는가.
아아, 이젠 너를 떠나
저 즐거운 나라로 가련다.
즐거운 나라 즐거운 나라여,
거기서야 즐거이 살 수 있겠지!

큰 쥐야 큰 쥐야
우리 곡식 먹지 마라.
삼 년이나 너를 먹여 살렸건만
나를 위로해 주지도 않는가.
아아, 이젠 너를 떠나
저 즐거운 고장으로 가련다.
즐거운 고장 즐거운 고장이여,
거기서야 뉘 다시 한숨지으랴.

碩鼠碩鼠, 無食我黍.
三歲貫女, 莫我肯顧.
逝將去女, 適彼樂土.
樂土樂土, 爰得我所.

碩鼠碩鼠, 無食我麥.
三歲貫女, 莫我肯德.
逝將去女, 適彼樂國.
樂國樂國, 爰得我直.

碩鼠碩鼠, 無食我苗.
三歲貫女, 莫我肯勞.
逝將去女, 適彼樂郊.
樂郊樂郊, 誰之永號. (魏風「碩鼠」)

세금이랍시고 피땀 흘려 농사지어 놓은 곡식들을 턱없이 빼앗아가는 관리들을 〈큰 쥐〉에 견준 것이다. 몇 년이나 큰 쥐들을 먹여살려 보았지만 더욱 심해지는 큰 쥐 등쌀에 이제는 못 살겠다는 것이다. 어디인가 있을지도 모르는 큰 쥐 없는 낙원으로 달아나고 싶다. 그러나 큰 쥐 없는, 낮은 백성들이 편히 살 수 있는 낙원이 정말로 있을 수는 없는 것이다. 없는 낙원을 찾는 백성들의 모습에서 절망에 가까운 괴로운 삶이 느껴진다.

『모시서(毛詩序)』에서는 국풍(國風)의 〈풍〉자를 〈풍자〉의 뜻으로도 풀이하고 있다.

> "위 임금은 풍으로서 아래 백성을 교화시키고, 아래 백성은 풍으로서 위 임금을 간한다. 수사를 주로 하여 완곡히 간함으로, 말한 자는 죄가 없고, 들은 자는 족히 훈계를 받을 수 있을 것이다. 그래서 풍이라 한 것이다."
>
> 上以風化下, 下以風刺上 ; 主文而譎諫, 言之者無罪, 聞之者足以戒, 故曰風.

직접 얘기하기 어려운 일들을 위 아래 사람들이 〈풍자〉가 담긴 시를 통하여 암시로서 뜻을 통함으로써 상대방을 깨우쳐 사회를 교화시킨다는 것이다. 그리하여 옛날에는 『시경』에 실려 있는 거의 모든 시들을 풍자한다는 입장에서 읽고 해석하려 들었다.

이처럼 모든 시들을 풍자하는 내용을 보지 않는다 하더라도, 『시경』을 읽어보면 많은 시에서 짙은 풍자의 기미를 느끼지 않을 수가 없다. 〈국풍〉의 〈풍(風)〉자를 〈풍(諷)〉자의 뜻으로 풀이할 만한 근거는 얼마든지 발견할 수 있다. 직접 임금의 잘못을 풍자한 것들만 보아도 제풍(齊風)의 「남산(南山)」, 소아(小雅)의 「시월지교(十月之交)」·「소민(小旻)」·「소완(小宛)」·「소변(小弁)」, 대아(大雅)의 「첨앙(瞻卬)」·「소민(召旻)」 같은 시들이 있다. 이 밖에 왕족이나 관리들을 풍자한 시들도 있다.

중국 사람들은 보통 말 가운데서 〈뼈 있는 말〉을 멋진 표현으로 여겼으므로 시에 있어서도 모두가 〈풍자〉를 담은 작품은 아니라 하더라도 적어도 뼈 있는 말이 담긴 풍자를 중시했을 것만은 상상이 간다. 중국의 옛 시인들은 이른바 현실참여의 의식을 가지고, 현실에 대한 풍자가 담긴 시를 썼을 것이다. 정치사회에 대한 풍자를 통하여 세상에 공헌하겠다는 것은 중국시 본래의 목적과도 합치된다. 그렇기에 이 풍자를 통한 현실참여는 후세에까지도 중국 시인들에게 계승되어 중국 시의 중요한 전통을 이루었다. 그 뚜렷한 좋은 본보기가 백거이(白居易, 772~846)의 〈신악부(新樂府)〉라 할 것이다. 〈신악부〉란 〈새로운 가요곡〉 정도의 뜻을 지닌 말로 오십편의 시가 있는데, 모두가 현실을 풍자하는 내용의 것들이다. 「신풍절비옹(新豐折臂翁)」이라 제한 시를 한 수 읽어보자.

> 신풍 땅에 여든 여덟 살 노인이 있었는데
> 머리며 눈썹 수염이 모두 눈처럼 희었네.
> 현손자에게 부축받으며 가게 앞을 지나가는데
> 왼팔은 어깨에 달려 있으나 오른팔은 부러져 있네.
> 노인에게 묻기를 "팔이 부러지신지 몇 년이나 되었습니까?
> 그리고, 무슨 까닭으로 팔을 부러뜨렸습니까?"
> 노인 대답하기를,
> "고향은 신풍현인데
> 날 적엔 성대(聖代)를 만나 전쟁이 없었고,
> 버릇처럼 악공들의 풍악소리나 즐길 줄 알았지
> 깃발과 창과 활과 화살 같은 것은 알지도 못하였다네.
> 얼마 안 있어 천보(天寶) 년간에 크게 군사를 모집하게 되니
> 집에 세 장정이 있다면 한 사람은 뽑혀 갔네.

뽑히면 몰리어 어디로 갔었는지 아는가?
오월 더운 날에 만리 길 운남(雲南) 땅으로 갔었지.
듣건대 운남 땅엔 노수(瀘水)란 강이 있는데
후추꽃이 떨어질 때면 독있는 장연(瘴煙)이 피어올라서,
많은 군사들이 걸어 건너려면 물은 끓는 것 같고
열 사람이 건너기도 전에 두 세 사람이 죽는다네.
마을 남쪽 북쪽에선 통곡소리 슬픈데
자식이 부모 이별하거나 남편이 처 이별하는 것이었네.
모두 말하기를 이제껏 오랑캐 땅으로 싸우러 나간 사람은
천만 명 간 중에서 한 사람도 돌아오지 못했다네.
그때 이 늙은이 나이 스물 넷이었는데
병부(兵部)의 장부에 이름이 올라 있었네.
밤이 깊자 감히 누구에게 알리지도 못하고
남몰래 큰 돌로 쳐서 팔을 분질렀다네.
활쏘기 깃발들기 아무것도 할 수 없게 되어
이로부터 운남 땅으로 끌려가는 일을 면하게 되었네
뼈 부숴지고 힘줄 상하여 괴롭지 않은 것은 아니로되
툇자를 맞고 고향 땅으로 돌아오고 싶었기 때문일세.
이 팔 부러진 지 육십 년,
한 팔은 병신되었으되 한 몸은 보전되었네.
지금도 비바람 치는 음산한 밤이면
밤새도록 아파서 잠을 이루지 못한다네.
아파서 잠 못이루어도 끝내 후회하지 않고
늙은 몸이지만 지금 홀로 살아 있음을 기뻐하네.
그렇지 않았다면 그때 이미 노수가에서
몸 죽어 넋은 외로와지고 뼈도 거두지 못했으리니,
틀림없이 운남 땅의 고향 그리는 귀신되어
수많은 무덤 위를 울며 헤매고 있을 걸세."
노인의 말을 그대 잘 들어두게.
그대는 듣지 못했는가?
개원(開元) 년간의 재상 송경(宋璟)은
변경의 공로에 상주지 않음으로써 쓸데없는 전쟁을 막았다던 일을.
또 천보(天寶) 년간의 재상 양국충(楊國忠)은

천자의 총애를 위하여 변경의 공로를 세우려다
변경의 공로를 세우기 전에 사람들의 원한을 샀던 일을
듣지 못했는가?
신풍 땅의 팔 부러진 노인에게 물어보게나.

新豐老翁八十八, 頭鬢眉鬚皆似雪.
玄孫扶向店前行, 左臂憑肩右臂折.
問翁折臂來幾年, 兼問致折何因緣.
翁云貫屬新豐縣, 生逢聖代無征戰.
慣聽梨園歌管聲, 不識旗槍與弓箭.
無何天寶大征兵, 戶有三丁點一丁.
點得驅將何處去, 五月萬里雲南行.
聞道雲南有瀘水, 椒花落時瘴煙起.
大軍徒涉水如湯, 未過十人二三死.
村南村北哭聲哀, 兒別耶孃夫別妻.
皆云前後征蠻者, 千萬人行無一回.
是時翁年二十四, 兵部牒中有名字.
夜深不敢使人知, 偷將大石槌折臂.
張弓簸旗皆不堪, 從茲便免征雲南.
骨碎筋傷非不苦, 且圖揀退歸鄉土.
此臂折來六十年, 一肢雖廢一身全.
至今風雨陰寒夜, 直到天明痛不眠.
痛不眠, 終不悔, 且喜老身今獨在.
不然當時瀘水頭, 身死魂孤骨不收.
應作雲南望鄉鬼, 萬人塚上哭呦呦.
老人言, 君聽取.
君不聞開元宰相宋開府, 不賞邊功防黷武.
又不聞天寶宰相楊國忠, 欲求恩幸立邊功.
邊功未立生人怨, 請問新豐折臂翁.

백거이 자신이 〈변공(邊功)을 경계함〉이란 글을 제목 밑에 쓰고 있듯이, 이 시는 정권을 쥔 한 두 사람들의 욕심 때문에 일어나는 전쟁의 비정을 풍자한 것이다. 자기의 생활을 돌로 쳐 부러뜨려 육십 년을 괴로움 속에 살아오면서도, 그 덕분에 전쟁터에 끌려나가 개죽음당하지 않았음을 기뻐하고 있는 노인을 통하여 누구나 작자의 강렬한 반전 의식을 느낄 것이다. 이처럼 시로서 쓸데없는 전쟁을 고발하는 작가의식도 그 뿌리는 멀리 『시경』에 두고 있는 것이다.

전쟁에 백성이 시달린 것은 옛부터의 일이었다. 앞의 서정시를 얘기할 때 말한 역사(役事)에 나간 남자의 노래, 또는 역사에 나간 남편을 그리는 여인의 노래들도 모두 전쟁이 빚어낸 슬픔이라 보아도 크게 틀림없을 것이다. 왜냐하면 나라의 역사는 언제나 전쟁이 얼어났을 때 사회 문제로 변하기 때문이다. 『시경』 속에는 고생되고 지루한 행역(行役)을 원망하는 노래들도 적지 않다. 당풍(唐風)의 「보우(鴇羽)」, 소아의 「기보(祈父)」·「소명(小明)」·「면만(綿蠻)」 등이 그러한 내용의 것들이다. 또 소아의 「채미(采薇)」·「출거(出車)」·「유월(六月)」·「채기(采芑)」 같은 시들도 모두 전쟁과 관계있는 시들이다.

백성들이 가장 괴로움을 당할 때란 세상이 어지럽거나 나라가 망해 갈 때일 것이다. 『시경』 국풍(國風)과 소아(小雅) 속에는 어지러운 세상을 원망하고 망해가는 나라를 한탄하는 시들이 많이 실려 있다. 심지어 대아(大雅) 속에도 「상유(桑柔)」 시처럼 어지러운 세상에서 도탄 속에 빠져 있는 백성들의 괴로움을 노래한 것이었다. 어지러운 세상에 더구나 행역하는 사람의 심정이야 어떠했을까? 소아의 「하초불황(何草不黃)」 같은 시를 읽어보면 망해가는 세상 속의 절박한 백성들의 호흡이 느껴지는 듯하다.

어느 풀인들 시들지 않을 수 있으리?
어느 날인들 길 가지 않을 수 있으리?
어느 누군들 나가지 않을 수 있으리?
나라 사방에 싸움이로다.

어느 풀인들 마르지 않을 수 있으리?
어느 누군들 괴로움 당하지 않으리?
슬프다 우리 병정들은
유독 사람 대접도 못 받는가!

들소도 아니오 호랑이도 아니거늘
거친 들판을 헤매는도다.

슬프다 우리 병정들은
아침 저녁으로 숨돌릴 틈도 없구나!

번드름한 여우가
깊은 풀밭으로 들어가네.
높다란 수레가
주나라 한길을 가네.

何草不黃, 何日不行.
何人不將, 經營四方.

何草不玄, 何人不矜.
哀我征夫, 獨爲匪民.

匪兕匪虎, 率彼曠野.
哀我征夫, 朝夕不暇.

有芃者狐, 率彼幽草.
有棧之車, 行彼周道.

이 시 넷째 단의 〈여우〉와 〈수레〉는 나라를 망치게 한 주나라의 신하들과 위정자들이 아닐까? 주희(朱熹, 1130~1200)는 그의 『시집전(詩集傳)』에서 "주나라 왕실이 망해가고 행역이 쉴 새 없어 행역에 나간 사람이 괴롭게 여기어 이 시를 지은 것이다."고 설명하고 있다. 가을이 되어 시드는 들판의 풀처럼 하루도 빈틈없고 한 사람에게도 용서없이, 행역과 혼란의 고통속으로 백성들을 몰아넣고 있는 망해가는 나라의 절박한 입김이 느껴진다.

이 사회시들도 공용적인 색채가 짙기는 하지만 실은 모두 보편적인 감정의 추구라는 데 테두리를 벗어나지 않은 것이다.

5. 은둔시(隱遁詩)

맹자(孟子)는 이런 말을 하고 있다.

> "궁하면 홀로 그 몸을 잘 건사하고, 뜻을 얻으면 온 천하를 아울러 잘 다스린다."
> 窮則獨善其身, 達則兼濟天下. (盡心 下)

이러한 생각은 공자도 지니고 있었고, 더 옛날 사람들도 역시 지니고 있었다. 개인의 덕이 정치 사회 질서의 바탕이 되는 사회에서는 온 세상이 어지러울 적에는 최소한 자기 한몸의 덕만이라도 깨끗이 지니는 게 상책인 것이다. 오히려 더러운 세상에서 한 몸만이라도 깨끗이 보전한다는 일은 존경할 만한 일이라 여겨졌다. 그리하여 『시경』 속에도 이미 세상을 등지고 홀로 편히 살려는 뜻을 읊은 이른바 은둔시들이 보인다.

> 산골짜기 시냇가에 즐겁게 살아감은
> 큰 인물의 넓은 생각에서이네.
> 홀로 자다 깨어 홀로 말하면서
> 영원히 이 생활 잊지 않겠다 맹세하네.
>
> 산 언덕 굽이에 즐겁게 살아감은
> 큰 인물의 큰 생각에서이네.
> 홀로 자다 깨어 홀로 노래하면서
> 영원히 이 생활 저버리지 않겠다 맹세하네.
>
> 산허리에 즐겁게 살아감은
> 큰 인물과 바른 길이네.
> 홀로 자다 깨어 홀로 지내면서
> 영원히 이 생활의 즐거움 얘기하지 않겠다 맹세하네.
>
> 考槃在澗, 碩人之寬.
> 獨寐寤言, 永矢弗諼.

考槃在阿, 碩人之薖.
獨寐寤歌, 永矢弗過.

考槃在陸, 碩人之軸.
獨寐寤宿, 永矢弗告. (衛風「考槃」)

고고한 은자의 즐거움을 노래한 것이 이 시이다. 홀로 자고 홀로 깨고 홀로 얘기하고 홀로 노래하지만 즐거움은 바로 그 가운데 있다. 이 깨끗하고 맑은 즐거움은 남에게 얘기하고 자랑할 것은 아니다.

현대인 특히 서양 문화에 젖은 사람의 눈으로 보면 이러한 은둔 사상은 퍽 소극적인 것처럼 보인다. 그러나 개인의 깨끗한 덕을 닦고 지탱함으로써 뒤에는 그 덕이 사회를 교화시킬 수 있는 것이 된다면, 어지럽고 더러운 세상을 피하는 노력에 적극적인 뜻을 발견할 수도 있을 것이다. 서양 문화가 진취적인 충돌과정을 통하여 발전해 왔다면 중국 문화는 보수적인 조화를 위하여 오랜 세월 제자리 걸음을 하고 있었다. 그러나 정말로 온 인류가 행복하게 잘 살 수 있는 길이 서양식의 충돌이냐 중국식의 조화냐 하는 점은 깊이 생각해 볼 문제이다. 세상이 어지러울 때 사회와의 충돌을 피하고 지극히 올바른 자연 질서와의 조화를 찾아 홀로 숨어 깨끗이 살아간다는 것은 존경받을 만한 이유가 충분한 것이다. 세상이 어지럽지 않다 하더라도 이런 높은 뜻을 지닌 사람들의 덕행은 선(善)의 기준이 되는 것이기 때문에 존경을 받았다. 특히 문학가들은 그들이 지닌 환상과 낭만을 일정한 규범 속에 움직이고 있는 현실 사회에서보다도 현실을 도피하는 은둔속에서 구함으로써, 그들의 문학에 새로운 생명의 기식을 마련하였다.「은자를 찾아갔다 만나지 못함(尋隱者不遇)」이란 제목을 지닌 가도(賈島, 779~843)의 시를 한 수 읽어보자.

소나무 밑에서 아이에게 물어보니
스승께선 약초 캐러 가셨다네.
이 산속에 있을 것은 틀림없는데
구름이 자욱하여 있는 곳을 알 수 없네.

松下問童子, 言師採藥去.
只在此山中, 雲深不知處.

간단하면서도 티끌 세상과는 멀리 떨어진 맑고 깨끗한 은자의 생활이 잘 그려진 시이다. 이것은 은자의 생활을 그린 것이라기보다는 번잡을 피하여 홀로 조용히 살고자 하는 작자의 이상을 쓴 것으로 봄이 좋을 것이다.

따라서 은둔 시가 아니라 하더라도 중국 시인들의 생활 정서를 읊은 이른바 〈한적시(閒適詩)〉 속에도 이러한 은둔사상이 많이 섞이었다. 송나라 신종(神宗) 때 정치의 개혁을 위하여 맹렬히 활약했던 혁신파의 우두머리인 왕안석(王安石, 1021~1086)의 「죽리(竹裏)」란 시를 한 수 읽어보자.

> 대밭 속 돌뿌리에 의지하여 초옥을 엮으니
> 성근 대 줄기 저편으로 앞마을이 보인다.
> 한가히 잠자도 하루 종일 아무도 찾아오지 않고
> 봄바람이 스스로 알아서 문앞을 쓸어준다.
>
> 竹裏編茅倚石根, 竹莖疎處見前村.
> 閒眠盡日無人到, 自有春風爲掃門.

이 시는 물론 일선 정계로부터 쫓겨난 뒤 지은 시일 것이다. 엎치락 뒤치락하는 기막힌 정쟁속에 눈코뜰 새 없이 돌아치다 보수파들에게 밀려나 물러앉아, 이처럼 깨끗이 정계를 잊어버리고 한가한 삶을 즐길 줄 안다는 것은 중국적인 생활 철학이 아니라면 어려운 일일 것이다.

『시경』 속에는 어지러운 현실을 도피하여 편히 숨어 살려는 생각을 읊은 시들이 몇 편 더 있다. 패풍(邶風)의 「북풍(北風)」, 위풍(魏風)의 「십묘지간(十畝之間)」, 진풍(陳風)의 「형문(衡門)」 같은 시들이 모두 그러한 경향을 노래한 것들이다. 사람들의 세상을 떠나 자연속으로 숨어 버리려는 은둔 사상에서 후세는 자연의 아름다움을 노래한 〈자연시〉와 자연을 즐기는 한가한 일상의 마음가짐을 노래한 〈한적시〉 등이 생겨 났다. 그러나 『시경』 속에는 순수한 〈자연시〉나 〈한적시〉는 보이지 않는다. 시를 문학 또는 예술로서보다도 〈사회 교화의 용구〉로 인정했던 옛사람들로서는 당연한 일이었는지도 모른다. 자연시나 한적시가 생겨난 것은 아무래도 전문적인 문인이 생겨난 뒤의 일이었던 것 같다. 문학을 업으로 삼는 문인들로서는 아름다움이나 정서의 무한한 세계를 찾기 위하여 전통의 둘레에서 크게 벗어나지 않는 범위에 있는 자연이나 한적의 세계를 더듬지 않을 수 없었을 것이다. 그리고 아름다움의 추구나 정서의 침착한 정리를 통하여 중국문학을 한 계단 높은 경지에 올려 놓은 것은 자연시와 한적시의 공로라 할 것이다.

중국시의 서정에는 이상 얘기한 이외에도 여러 종류의 작품들이 더 있을 것이다. 여기서는 『시경』을 바탕으로 하여 발전한 중국의 전통 문학으로서의 시 속에 흔히 발견되는 서정의 성격을 대강 검토하여 보았다. 여기에서 이들의 특징을 한 마디로 표현하면 〈보편적인 감정의 추구〉라 할 것이다. 중국 사람들은 언제나 사회에 조화되는 보편적인 감정을 찾아 시로 노래한 것이다. 그것은 어떤 의미에선 사회의 교화라는 점과 관련을 시킬 때 현실 참여의 방향에서 해석될 수도 있을 것이다. 남과 융화되지 않는 사회에서 일반적으로 받아들여지지 않는 개인의 감정은, 조화를 위한 수양을 통하여 억눌려졌던 것이다. 이러한 단조로운 서정의 전개는 예술가들의 입장에서 볼 때 지루한 느낌을 줄 수도 있을 것이다. 그러나 수천 년의 역사를 두고 꾸준히 인류를 위하고 사람들 사이의 조화를 추구해 온 문화적인 저력은 위대하다고 하지 않을 수가 없는 것이다.

V. 굴원(屈原)과 초사(楚辭)

1. 『초사』의 특징

굴원(屈原, B.C. 343?~B.C. 285?)은 중국문학사상 개인의 이름을 내걸고 첫번째로 등장하는 대시인이라 한다. 그는 중국 북방의 시가를 대표하는 『시경』과는 다른 새로운 내용과 형식의 『초사(楚辭)』라는 운문을 처음으로 써낸 시인이라는 것이다. 『초사』란 중국 남방 초나라 지방의 가요체의 시란 뜻을 지니고 있다.

『시경』이 사회 생활 속의 보편적인 일이나 감정을 사실적으로 노래하고 있는 데 비하여, 『초사』는 개인의 뜨거운 감정과 나는 듯한 환상을 낭만적으로 노래하고 있다. 『시경』의 감정은 아무리 뜨겁고 격한 것이라 하더라도 현실에 바탕을 두고 있는 것이어서 일반적인 사람들의 감정의 테두리를 벗어나지 않는다. 그러나 『초사』의 감정은 극히 환상적이고 상징적이기 때문에 읽는 사람에게 언제나 현실을 초월한 신비스런 흥분을 안겨준다. 그리고 그 환상과 상징은 사회에 보편적인 것이 아니라, 하늘을 달리는 천마(天馬)처럼 드높이 빼어난 초현실적인 것이다.

북방의 춥고 거친 날씨는 사람들에게 현실적이고 투쟁적인 성격을 지니게 했으나, 남방의 따스한 날씨와 풍부한 물산은 사람들에게 낭만적이고 부드러운 성격을 지니게 하였다. 북방 사람들에게는 자연이 두렵고 조심되는 그러한 대상이었지만, 남방 사람들에게는 고맙고도 신비스런 친근한 대상이었다. 그리하여 굴원의 작품을 보면 풀과 나무·새·짐승들을 끌어들여 노래하다 못해서, 전설적인 신이나 나무·동물까지도 동원하여 끝없는 자기의 환상을 추구하고 있다.

아침에 수레를 창오(순임금의 무덤이 있다는 곳)에서 출발시켜
저녁에 나는 현포(신선들이 산다는 고장)에 이르렀네.
이 신령들 사는 곳에 얼마간 머물고자 하는데
해는 어느덧 뉘엿뉘엿 져가고 있네.

희화(해의 신)로 하여금 걸음을 늦추어
엄자(해가 들어간다는 산) 산을 바라보면서 가까이 가지 않게 하리라.
길은 아득히 길고도 먼데
오르락 내리락 찾아다녀야만 하리니.

함지(해가 목욕한다는 뜻)에서 내 말에 물을 먹이고
내 고삐를 부상(해뜨는 곳에 있는 신령스런 나무)에 매고서,
약목(해지는 곳에 있는 신령스런 나무)을 꺾어 해를 쳐 못오게 한 다음
이리저리 왔다갔다 하리라.

앞에는 망서(달의 신)로 하여금 앞장서 달리게 하고
뒤에는 비렴(바람의 신)으로 하여금 쫓아오게 하리라.
난새와 황새가 나를 위해 앞을 경계하는데
뇌사(천둥의 신)가 나에게 종자(從者)가 다 갖춰지지 않음을 고하여준다.

봉황새로 하여금 날아올라
밤낮으로 날아가게 하니,
회오리 바람이 모였다 떨어졌다 소용돌이치며
구름과 무지개를 거느리고 와서 마중한다.

朝發軔於蒼梧兮, 夕余至乎縣圃.
欲少留此靈瑣兮, 日忽忽其將暮.

吾令羲和弭節兮, 望崦嵫而勿迫.
路曼曼其脩遠兮, 吾將上下而求索.

飮余馬於咸池兮, 總余轡乎扶桑.
折若木以拂日兮, 聊逍遙以相羊.

前望舒使先驅兮, 後飛廉使奔屬.
鸞皇爲余先戒兮, 雷師告余以未具.

吾令鳳鳥飛騰兮, 繼之以日夜.
飄風屯其相離兮, 帥雲霓而來御.

이것은 굴원의 대표작이라 일컬어지는「이소(離騷)」의 한 대목이다. 이는 작자가 현실과는 거리가 먼 환상적인 세계에 대한 추구를, 아름다운 표현을 동원하여 노래한 시이다. 그는 옛 성군 순(舜)임금의 무덤이 있는 창오(蒼梧)로부터 수레를 달리어 신선들이 산다는 고장을 찾아나선다. 그러나 사람에게는 숙명적인 슬픔, 곧 시간의 제약이었다. 목적지에 도달하기도 전에 해가 기울고 있는 것이다. 자기 뜻을 이루기도 전에 몸이 늙고 있다. 그리하여 온갖 상상을 다하여지는 해를 늦추면서 수레를 달리지만, 결국 그의 앞에 가로막히는 것은 구름과 무지개라는 것이다.

이러한 굴원의 환상은「천문(天問)」에서 그 극치를 이룬다. 왕일(王逸, 89?~158?)은『초사장구(楚辭章句)』에서「천문」을 "하늘에 묻는다."는 뜻이라 하였으나 대진(戴震, 1723~1777)이『굴원부주(屈原賦註)』에서 "하늘에 관한 일은 사람의 상식으로서 헤아릴 수 없는 것이 많아 이에 대해 의문을 품은 것을 말한다."고 적절한 풀이를 하고 있다. 작자는 자기 뜻대로만 되어가지 않는 자신의 생활과 현실 사회에 대한 울분 때문에 극단적인 회의에 빠져 있었던 것 같다. 그리하여 선하게만 돌아가지 않는 듯한 자연의 섭리에 대한 회의가 우주 삼라만상의 여러 가지에 대한 의문을 발하게 했다는 것이다.

아득한 옛 시초의 일을
누가 말하여 전했을까?
하늘과 땅이 이룩되기도 전의 일을
어떻게 그것을 알 수 있을까?

어두움과 밝음이 나뉘기 전 일을
누가 추궁할 수 있을건가?
온 세상이 자욱한 기운뿐이었던 때 일을
어떻게 알 수 있으랴?

밝은 것이 밝아지고 어두운 것이 어두워진 것은
누가 한 일일까?
음양이 작용하여 만물이 생겼다지만
무엇이 근본이 되었고 어떻게 변화한 것일까?

曰遂古之初, 誰傳道之?
上下未形, 何由考之.

冥昭瞢闇, 誰能極之?
馮翼惟像, 何以識之.

明明闇闇, 惟时何爲?
陰陽三合, 何本何化.

이렇게 시작되는 「천문」은 자연의 신비스런 현상이며 태고적 얘기와 전설, 먼 나라의 괴상하다고 생각되는 모든 일에 대하여 의문을 던지고 있다.

이러한 개인적인 환상이나 회의는, 얼핏 보기에 앞에서 설명한 중국 시의 이상이나 전통과 들어맞지 않는 듯하다. 그러나 사마천(司馬遷, B.C. 145~B.C. 86?)은 『사기(史記)』 굴원열전(屈原列傳)에서, 「이소」를 다음과 같이 찬양하였다.

> "국풍은 여색을 좋아하면서도 지나치니 아니하고, 소아는 원망하면서도 어지럽지 아니한데, 이소는 이들을 어울렸다고 말할 수 있을 것이다."
> 國風好色而不淫, 小雅怨誹而不亂. 若離騷者, 可謂兼之矣.

그리고 후세의 많은 사람들은 이 작품을 높여 〈경(經)〉자를 덧붙여 「이소경(離騷經)」이라고까지 불렀다.

옛부터 중국 학자들은 굴원을 '우국의 시인'이라 보고, 그의 작품들을 모두 우국시로 풀이했다. 굴원은 간신들 때문에 억울하게 벼슬자리에서 쫓겨나 강호를 유랑하는 고달픈 처지에 빠졌으면서도, 어지러워만 지는 조국을 걱정하는 마음은 더욱 격하여 갔다. 이 우국의 정을 주체할 길 없어 자신의 몸을 강물에 던지면서도 그는 끝내 곧은 자기 생각을 저버리지 않았다는 것이다. 앞에 든 현실을 멀리 떠나 끝없이 방황하는 화려한 환상도 단순한 개인 감정이 아니라 나라를 걱정하는 마음에서 출발한 것이라고 보는 것이다. 이것은 사회 교화의 면에서 본다면 유가들의 충(忠)과 의(義)를 가르쳐 주는 경전이 되는 것이라는 것이다. 다시 「이소」의 한토막을 읽어보자.

아침에는 목란(木蘭)의 떨어지는 이슬을 마시고
저녁에는 가을 국화의 떨어지는 꽃잎을 먹는다.
진실로 내 마음 믿음있고 아름다우며 잘 다져 있다면
언제까지나 굶주리게 된다 한들 또 무엇을 슬퍼하리!

나무 뿌리를 가져다 향초(茝)를 매어달고
향그런 폐려(薜荔)의 떨어진 꽃을 꿰어 달아 옷을 장식했네.
균계(菌桂)를 가져다 난초(蕙)를 이어매고
향풀(胡繩)로 줄을 꼬아 늘여 몸을 꾸몄네.

아아, 나는 옛 어진이들을 본뜬 것이니
세상 속인들이 알아 줄 일은 아니다.
비록 지금 사람들에게는 맞지 않으나
팽함(彭咸)의 끼친 법도 따르고자.

길게 한숨짓고 눈물 닦으면서
백성들 삶의 어려움 많음을 슬퍼하노라.
나는 몸을 닦고 아름답게 하기 좋아하여 스스로를 잘 건사하고 있었거늘
아아, 아침에 임금께 간했다 저녁에 벼슬자리 쫓겨나다니!

나는 난초(蕙)를 찼대서 벼슬을 쫓겨났고
또 향초(茝)를 갖고 있대서 욕을 당하였다.
그러나 나의 마음이 옳게 여기는 바를 지키면
비록 아홉 번 거듭 죽는대도 후회하지 않으리!

朝飮木蘭之墜露兮, 夕餐秋菊之落英.
苟余情其信姱以練要兮, 長顑頷亦何傷.

攬木根以結茝兮, 貫薜荔之落蕊.
矯菌桂以紉蕙兮, 索胡繩之纚纚.

謇吾法夫前脩兮, 非世俗之所服.
雖不周於今之人兮, 願依彭咸之遺則.

長太息以掩涕兮, 哀民生之多艱.
余雖好脩姱以鞿羈兮, 謇朝誶而夕替.

既替余以蕙纕兮, 又申之以攬茝.
亦余心之所善兮, 雖九死其尤未悔.

이렇듯 굴원은 그의 높고 깨끗한 행실을 향초나 향목에 비기면서, 그러한 행실이 현실에 받아들여지지 않고 있지만 옛날의 팽함(彭咸) 처럼 죽음을 무릅쓰더라도 올바른 뜻을 지키겠다는 것이다. 그리고 백성들의 삶이 어지러운 정치 아래 어려움을 당하고 있음만을 탄식한다. 자기는 올바른 일을 하다가 쫓겨난 것이니, 자기 마음만 끝내 바르고 깨끗할 수 있다면, 아홉 번 거듭 죽는 어려움을 당한다 하더라도 후회하지 않겠다는 것이다.

그래서 사마천(司馬遷, B.C. 145~B.C. 86?)이 『사기』의 굴원열전(屈原列傳)에서 「이소」란 작품은 "해와 달과 빛을 다투어도 될 만한" 위대한 것이라 하고, 이어 왕일(王逸, 89?~158?)이 『초사장구』 서문에서 이를 『나라에 충성을 다하다가 모함을 당해 쫓겨난(覆忠被譖)』 굴원이 우국의 정을 노래한 영원무궁할 작품이라 찬양한 이래로, 중국의 학자들은 현대에 이르기까지도 대륙에서나 대만에서나 모두 이를 〈위대한 애국시〉라 떠받들고 있다(『楚辭研究論文集』 作家出版社, 참조). 그러나 「이소」의 대부분을 차지하는 환상적인 유람을 노래한 부분이나 그 초현실적인 성격은 무가(巫歌)에서 온 것이라 보는 게 좋을 것이다. 남방의 초나라는 무속(巫俗)이 성행했을 뿐만 아니라(『漢書』 地理志), 〈초사〉라 부르는 다른 작품들은 모두 무가로서의 성격이 더욱 뚜렷하기 때문이다. 「구가(九歌)」의 동황태일(東皇太一)·운중군(雲中君) 등 11장이 모두 여러 신들을 모시는 무(巫)의 노래이며, 「천문(天問)」도 초무(楚巫)의 우주관 또는 세계관과 관계되는 노래임은 왕일(王逸)도 어느 정도 수긍하고 있다. 「초혼(招魂)」·「대초(大招)」가 죽은 사람의 넋을 부르는 무당의 넋풀이임을 아무도 부정할 수 없을 것이고, 「원유(遠遊)」·「복거(卜居)」도 모두 환유와 무복(巫卜)과 관계되는 노래이다. 『초사』의 굴원의 작품 중 「이소」처럼 민간의 무가로부터 가장 많은 변질을 보여주고 있다고 생각되는 것으로 「구장(九章)」이 있을 뿐이다. 이렇게 보면 『초사』의 굴원의 시가들은 모두 직접 또는 간접으로 무당들의 노래로부터 나온 것이지, 우국이나 절의 같은 것과는 전혀 무관한 것이다.

그러나 한대 이래로 중국의 학자들이 굴원의 작품들을 우국시로 풀이해 왔기 때문에, 『초사』는 『시경』과 함께 문학사상 시가의 양대원(兩大源)으로서 후세 문학에 커다란 영향을 끼쳤다. 굴원의 열정적인 우국으로 인한 감명 때문에 나라가 위태로와질 때면 지식인을 대표하는 문인들은 굴원을 본받아 그들의 우국의 정성을 시로 읊거나 글로 써서 국민의 애국심을 일깨우려 하였다. 예를 들면 당대 〈안사(安史)의 난〉(755~765) 이후 중원에 정신이 팔려 변경을 돌아볼 틈이 없는 새에, 토번(吐蕃)이 수십년간 중국의 농우육주(隴右六州)를 연이어 함락시켰다. 이때 문인들은 앞을 다투어 빼앗긴 조국땅을 노래함으로써 국민의 애국심을 불러일으켰다. 백거이(白居易)와 원진(元稹)의 「서량기(西凉伎)」를 비롯하여, 이익(李益)의 「변사시(邊思詩)」, 장적(張籍)의 「양주사(凉州詞)」, 두목(杜牧)의 「하황시(河湟詩)」, 한종(韓琮)의 「서량즉사(西凉卽事)」, 사공도(司空圖)의 「하황유감(河湟有感)」 등 『전당시(全唐詩)』에 보이는 작품만도 수없이 많다.

북송(北宋, 960~1127)대에도 금(金, 1115~1234)나라의 무력에 몰려 조국이 남쪽으로 쫓기어 내려 가는 위기에 놓이자, 많은 작가들이 우국의 충정을 글로 썼다. 남송초 기부터 중기에 걸쳐 작품 활동을 했던 문인치고 조국을 생각하지 않았던 사람은 극히 드물다. 〈경구(京口) 북고정(北固亭)에서 옛날을 생각함〉이란 설명이 붙은 신기질(辛棄疾, 1140~1207)의 사 「영우악(永遇樂)」을 한 수 읽어보자.

강산은 옛부터 변함없는데
손권(孫權, 삼국시대 오나라 임금) 같은 영웅은
찾을 길이 없고나.
춤추던 정자 노래하던 누대의 멋진 놀이는
비바람에 모두 씻기고 불리워 사라져 버렸는가.
기운 햇빛 아래 풀과 나무 우거진 평범한 이 고장에서
송나라 무제(武帝)가 군사를 일으켰었다네.
옛날엔 금창 들고 갑옷 입고 말타고
만 리를 삼킬 듯한 범 같은 기개들을 지녔었거늘!

송나라 문제(文帝) 때만 해도 갑자기 전쟁이 일어났으되
북쪽 오랑캐 무찌른 한나라 곽거병(霍去病) 같은 장수 있었으니
황급히 북쪽 후위(後魏)나라를 대적할 수 있었지.

사십 삼년전
바라보면 아직도 생각나는 것은
전란 속에 항주(杭州)로 쫓겨 오느라 지나온 양주(楊州)길이라.
어찌 차마 고개 돌려 보리!
송나라와 싸우던 후위(後魏) 태무제(太武帝) 사당 아래선
몇 마디 까마귀소리 북소리만이 들려오지 않는가?
누구에게 물어보랴
조(趙)나라 명장 염파(廉頗) 같은 장수 늙었지만
아직도 밥 잘 먹고 건강한가?

千古江山, 英雄無覓,
舞榭歌臺, 風流總被, 雨打風吹去.
斜陽草樹, 尋常巷陌, 人道寄奴曾住.
想當年金戈鐵馬, 氣吞萬里如虎.

元嘉草草, 封狼居胥, 贏得倉皇北顧.
四十三年, 望中猶記, 烽火揚州路.
可堪回首, 佛狸祠下, 一片神鴉社鼓.
憑誰問, 廉頗老矣, 尚能飯否?

여기에 나오는 송나라는 남조(南朝, 420~589)의 송나라다. 첫단에선 옛날엔 손권(孫權)이나 송나라 무제(武帝) 같은 영웅들이 있어 백성들의 사기도 드높았건만 지금은 어찌하여 금나라를 무찌를 명장도 없고 또 백성들은 용기도 없느냐는 것이다. 이단에선 송나라와 후위(後魏)가 싸웠던 일을 생각하면서 금나라에게 멸망하게 된 조국을 걱정한 것이다. 늙어서도 나라를 위하여 떨치고 일어났던 조나라의 명장 염파(廉頗) 같은 장군이 어디엔가 있는 게 아닌가? 어서 나와 이 기울어져 가는 조국을 구해주었으면 좋겠다는 것이다.

또 현저한 예로는 청나라 말년에 쏟아져 나왔던 사회 뒷면의 부패상을 폭로한 수많은 소설들을 들 수 있을 것이다. 루신(魯迅, 1881~ 1936)이 그의 『중국소설사략(中國小說史略)』에서 〈견책소설(譴責小說)〉이라 불렀던 이보가(李寶嘉, 1867~1906)의 『관장현형기(官場現形記)』, 오옥요(吳沃堯, 1867~1910)의 『이십년목도지괴현상(二十年目睹之怪

現狀)』, 유악(劉鶚, 1857~1919)의 『노잔유기(老殘遊記)』를 비롯한 수많은 사회 소설들을 뜻한다. 이 시대는 〈의화단(義和團)의 난〉을 비롯한 내란이 겹친 데다가 영국·프랑스·소련·일본 등 이른바 열강들이 틈만 있으면 구실을 잡아 침략해 왔고, 관리들은 부패하고 사회의 윤리는 땅에 떨어져 청나라의 멸망을 눈앞에 두고 있는 때였다. 이 때 와서는 소설이 사회에 미치는 영향이 크게 평가받고 있던 때였으므로, 문인들은 다투어 가며 소설이란 형식을 빌어 사회의 여러 가지 모순을 파헤치는 작품들을 써냈다. 자기들 사회나 나라의 병을 파헤쳐냄으로써, 백성들로 하여금 병든 자기 조국을 깨닫게 하여, 조국을 멸망으로부터 건지자는 뜻에서 쓰인 것들이다.

이상 얘기한 것처럼 조국이 위기에 임했을 때 문인들이 붓을 들어 조국을 위하여 글을 쓴다는 것은, 굴원을 통해 형성된 중국문학의 전통이라 할 것이다. 근세에도 문학혁명 이후 일본이 중국을 침략했을 때, 대략 1938년부터 1946년에 이르는 기간에, 불구대천의 원수처럼 서로 싸워오던 우익과 좌익 작가들이 힘을 합쳐 항전 문학의 대열을 이룩하였던 것도, 중국문학의 전통이 크게 작용했기 때문이라 볼 수 있다.

2. 굴원의 생애와 작품

굴원의 생애는 상세히 알려지지 않고 있다. 『사기』의 굴원열전(屈原列傳)을 중심으로 그의 생애를 더듬어 보면 대략 다음과 같다.

굴원은 이름이 평(平)이었고, 초나라 왕족의 집안이었다. 초나라 회왕(懷王) 때엔 좌도(左徒)라는 벼슬에 올랐는데(약 26세 때, 회왕 11년), 공부를 많이 하여 아는 것이 많고 정사에 밝았으므로, 안으로는 궁정에서 임금과 나랏일을 의논하고 명령을 내렸으며, 밖으로는 손님과 제후들을 응대하였다. 굴원은 임금의 신임이 두터웠으므로, 조정에는 그의 재능과 임금의 총애를 시기하는 자가 많았다. 어느때 회왕이 굴원에게 법령을 한 가지 만들도록 했다. 굴원이 초고를 완성하자 간신들은 임금에게 가서 참언을 하였다.

> "폐하께서 굴원에게 법령을 만들게 하신 것은 누구나가 다 아는 일이나 법령을 낼 때마다 굴원은 자기의 공을 뽐내면서 자기 아니면 아무도 못할 일이라 하옵니다."

임금은 노하여 굴원을 멀리하였다(회왕 13~15년).

굴원은 임금이 남의 말을 가벼이 잘 믿어 아첨하는 신하들이 임금의 총명을 가리었으므로 비뚤어짐이 공평함을 해쳐 올바로 나라가 다스려지지 않고 있음을 괴로와하였다. 그러므로 근심하고 괴로워한 끝에 〈이소〉 한 편을 지었다. 〈이소〉란 〈근심에 걸린다〉는 뜻이다. 굴원은 올바른 길을 지키고 충성을 다하여 임금을 섬겼는데도 간신의 이간질에 걸렸으므로 원망하는 마음을 읊은 것이다(뒤에 굴원이 조정에서 쫓겨난 뒤 지었다는 설도 있다).

이때 진(秦)나라는 제(齊)나라를 치려 했는데, 제나라는 초나라와 동맹을 맺고 있었으므로 진나라 혜왕(惠王)은 이를 꺼렸다. 유향(劉向, ?~B.C. 28)의 『신서(新序)』 절사편(節士編)에는 굴원이 동쪽 제 나라로 가서 강력한 동맹을 맺었으므로 진나라는 이를 꺼리어 장의(張儀)를 초나라에 보내어 고관들과 임금의 애희(愛姬) 정수(鄭袖)에게까지 뇌물을 써서, 함께 굴원을 참소하게 하였다 했다. 그 결과 굴원은 쫓겨나 〈이소〉를 지었다는 것이다.

그러나 『사기』에선 뒤에 장의를 초나라에 보낸 것으로 되어 있다. 진나라는 마치 장의가 진나라를 떠나간 것처럼 가장케 하고, 많은 보증금을 갖고 가서 초나라를 섬기게 했다. 장의는 초나라 임금에게 말했다.

> "진나라는 매우 제나라를 미워하고 있습니다. 제나라는 초나라와 동맹을 맺고 있는데, 만약 초나라가 제나라와 단교를 한다면 진나라는 상어(商於)의 땅 육백 리를 초나라에 바칠 것입니다."

초나라 회왕은 장의를 믿고 욕심이 동하여 마침내 제나라와의 동맹을 끊어버렸다.

그리고 초나라에선 땅을 물려받으려고 진나라로 사신을 보냈다. 장의는 시치미를 뗐다.

> "저는 임금님께 육리 땅은 약속했지만 육백 리란 말은 처음 듣소."

초나라 사신은 성을 내고 돌아와 회왕에게 보고하였다. 회왕은 노하여 크게 군사를 일으켜 진나라를 쳤다. 진나라는 초나라 군사를 맞아 싸워 단양(丹陽)에서 초나라 군사를 크게 쳐부숴 팔만 명의 목을 자르고, 초나라 장수를 사로잡은 뒤 초나라 한중(漢中) 땅을 빼앗았다. 회왕은 다시 전 병력을 동원하여 남전(藍田)에서 싸웠다. 위(魏)나라가 이를 듣고 초나라를 쳐 등(鄧) 땅에까지 쳐들어왔으므로, 초나라 군사는 되돌아오는 수밖에 없었다. 제나라도 동맹을 끊은 것이 화가 나서 돕지 않았으므로 초나라는 크게 어려움을 당했다(회왕 17년).

이듬해 진나라는 한중(漢中) 땅을 되돌려 준다는 조건으로 화의를 청해왔다. 초나라 임금은 땅보다도 장의를 달라고 했다. 장의는 이를 듣고 자진하여 초나라로 가서, 대신 근상(靳尙)에게 많은 뇌물을 바치고 회왕의 애희 정수(鄭袖)와 통했으므로, 회왕은 이들의 말을 듣고 다시 장의를 놓아주었다. 이때 굴원은 벼슬자리에 있지 않았으나 제나라에서 사신으로 갔다 돌아와 장의를 죽이지 않는 이유를 추궁했다. 회왕은 곧 잘못을 뉘우치고 장의를 뒤쫓게 했으나 미칠 수가 없었다(회왕 18년).

그뒤 제후들이 힘을 모아 초나라를 쳐서 크게 깨뜨리고, 장군 당말(唐眛)을 죽였다(회왕 28년). 이때 진나라 소왕(昭王)은 초나라와 우의를 맺겠다면서 회왕을 자기 나라로 초청했다. 회왕이 만나러 가려 하자 굴원은 임금에게 간했다.

> "진나라는 호랑이나 이리 같은 나라이니 믿어서는 안됩니다. 가지 마십시오."

그러나 회왕의 막내아들 자란(子蘭)은 임금에게 갈 것을 권하였다.

> "진나라와의 교의(交誼)를 끊을 수야 있겠습니까?"

그리하여 회왕은 마침내 진나라로 갔다(회왕 30년). 무관(武關)을 들어서자 진나라 군사들이 숨어 있다가 뒷길을 막고 회왕을 잡아둔 다음, 땅을 떼어 내 놓을 것을 요구하였다. 회왕은 노하여 말을 듣지 않고 조(趙)나라로 도망쳤으나, 조나라에서 받아주지 않았으므로 다시 진나라로 갔다. 그리하여 마침내 진나라에서 죽어, 뒤에 시체를 찾아다 장사지냈다(경양왕 3년).

맏아들 경양왕(頃襄王)이 즉위하여(회왕 31년) 그의 아우 자란(子蘭)을 영윤(令尹)으로 임명하였다. 초나라 사람들은 회왕에게 권하여 진나라로 가 영영 돌아오지 못하게 되었던 것을 모두 비난하고 있었다. 굴원도 그 일을 좋지 않게 말했다. 영윤 자란이 이를 듣고 임금에게 굴원을 참언했다. 경양왕은 노하여 굴원을 도성밖으로 내쫓았다(경양왕 6년 또는 7년). 굴원은 쫓겨나 강호를 유랑하다「회사부(懷沙賦)」를 지은 다음 돌을 안고 멱라수(汨羅水)에 몸을 던져 죽어 버렸다(경양왕 14년경).

굴원이 죽은 뒤 초나라엔 충성된 신하가 없어 나라가 더욱 어지러워졌으므로, 수십년 뒤에 초나라는 진나라에 멸망당하고 말았다.

이상과 같은 생애가 전해지고 있기는 하지만 모두가 분명치 않는 애매한 기록들이며, 어느 해 나서 어느 해 죽었는지 조차도 확실치 않다. 전설에 의하면 굴원이 물에 몸을 던진 날짜가 5월 5일이어서, 중국 풍습으로 단오날 종자(粽子)라는 찹쌀떡을 만들어 먹고 용주(龍舟) 경조(競漕)를 하는 것은 모두 굴원의 원통한 넋을 위로하기 위하여 시작된 것이라 한다(梁 吳均『續齊諧記』,『荊楚歲時記』註).

지금 전해지는『초사』라는 제명을 지닌 책 중에서 가장 오래된 것은 후한대 왕일(王逸)이 주를 단「초사장구」이다. 거기에는 다음과 같은 작품들이 실려 있다.

1. 이소경(離騷經) 굴원 작(1)
2. 구가(九歌) 굴원 작(3)
3. 천문(天問) 굴원 작(4)
4. 구장(九章) 굴원 작(5)
5. 원유(遠遊) 굴원 작(6)
6. 복거(卜居) 굴원 작(7)
7. 어부(漁父) 굴원 작(8)
8. 구변(九辯) 송옥(宋玉) 작(2)
9. 초혼(招魂) 송옥 작(0)
10. 대초(大招) 굴원 또는 경차(景差) 작(6)
11. 석서(惜誓) 가의(賈誼) 작(5)
12. 초은사(招隱士) 회남소산(淮南小山) 작(9)
13. 칠간(七諫) 동방삭(東方朔) 작(2)
14. 애시명(哀時命) 엄기(嚴忌) 작(4)

15. 구회(九懷) 왕포(王褒) 작(1)
16. 구탄(九歎) 유향(劉向) 작(3)
17. 구사(九思) 왕일(王逸) 작(7)

그러나 주희(朱熹, 1130~1200)는 『초사변증(楚辭辯證)』에서, 이것은 북송(北宋) 때 진열지(陳說之)란 사람이 옛날 책의 순서가 일정한 기준이 없으므로 연대순으로 배열을 바꾼 것이라 했다. 그리고 홍흥조(洪興祖, 1090~1155)는 『초사보주(楚辭補註)』에서 저자를 알 수 없는 『초사석문(楚辭釋文)』이란 책에 의거하여 옛날 책의 순서라고 생각되는 차례는 뒤의 괄호안의 숫자와 같은 것이었을 거라고 고증했다. 여하튼 여기에 의하면 확실한 굴원의 작품은 「구가」 십일 편, 「구장」 아홉 편에다 다른 작품들을 합쳐 모두 25편이 된다. 『한서(漢書)』 예문지(藝文志)에도 〈굴원부(屈原賦) 25편〉이라 했으니 편수가 들어맞는다. 그러나 후세 학자들은 굴원의 작품에 대하여 의논이 분분하다. 특히 『사기』 굴원전(屈原傳)에서 사마천이 "이소 · 천문 · 초혼 · 애영(哀郢) · 구장의 한편을 읽고 그의 뜻을 슬퍼한다."고 한데 근거하여 「초혼」도 굴원의 작품이라 주장하는 사람들이 많으며, 「구장」 가운데 몇 편과 「원유」 · 「복거」 · 「어부」는 굴원의 작품이 아니라고 보는 견해가 지배적이다. 그리고 「대초」도 대부분의 학자가 굴원의 작품이 아니라고 보고 있다.

3. 굴원과 『초사』에 대한 의심

그런데 한나라 이전의 문헌 속에는 굴원이나 그의 작품 또는 『초사』에 대하여 얘기한 기록이 전혀 보이지 않는다. 그리고 지금 우리에게 전해지는 굴원의 생애에 관한 구체적인 기록은 『사기』의 굴원열전과 유향(劉向, B.C. 77 ~ B.C. 6)의 『신서(新序)』 절사편(節士篇)이 가장 믿을 만한 것이다. 그러나 여기에는 앞뒤가 서로 모순되고, 두 가지 기록이 서로 맞지 않으며, 정사(正史)의 기록과도 부합되지 않는 대목이 허다하다. 또 지금 우리에게 전해지고 있는 『초사』의 판본으로는 왕일(王逸, 89?~158?)의 『초사장구』가 가장 오래된 것이다. 왕일은 『초사장구』의 서문에서 무제(武帝) 때 회남왕(淮南王) 유안(劉安)이 『이소경장구(離騷經章句)』를 지었고, 다시 유향(劉向)이 경서들을 전교(典校)할 때 『초사』를 16권으로 편집 정리했으며, 후한 장제(章帝, 76~88 재위) 때에 반고(班固)와 가규(賈逵)가 각각 『이소경장구』를 지었다고 말하고 있다. 그러나 『한서』 회남왕전이나 『후한서(後漢書)』 반고전과 가규전에는 그런 얘기가 전혀 보이지 않으며, 다른 어떤 곳에도 또 그런 저술이 있었다는 흔적이 보이지 않고 있다.

이 때문에 굴원이나 그의 작품은 의심받지 않을 수가 없는 처지에 있다. 그러나 굴원을 위대한 애국자로 보고, 그의 작품인 「이소」에는 〈경(經)〉자까지 덧붙이며 우국충정을 노래한 작품이라 떠받들어 온 전통적인 중국 학자들의 선입견 때문에 이에 관한 의문을 구체적으로 제시한 학자는 드물었다. 이에 관한 의문을 최초로 구체화한 학자는 청 말엽의 요평(廖平, 1852~1932)일 것이다. 그는 『초사강의(楚辭講義)』(『六譯館叢書』 民國 10년 四川 存古書局 刊本)에서 굴원은 실제로 존재하지 않았던 인물이라 주장하면서, 그의 대표작인 「이소」는 진시황(秦始皇) 때의 박사(博士)들이 지은 구선유혼(求仙遊魂)에 관한 일을 노래한 작품이라 주장했다. 그 뒤로 허텐싱(何天行)은 『초사작어한대고(楚辭作於漢代考)』에서 「이소」는 회남왕(淮南王) 유안(劉安, B.C. 178?~B.C. 122)이 지은 유선시(遊仙詩)임을 상세히 고증한 위에, 그 나머지 『초사』에 실린 작품들도 모두 한대에 위작된 것임을 고증했다. 뒤이어 나온 웨이쥐셴(衛聚賢)의 『이소작자[離騷的作者]~굴원과 유안[屈原與劉安]』, 딩디하오(丁迪豪)의 『이소의 시대 및 기타[離騷的時代及其他]』 등에서, 모두 허텐싱의 고증을 뒷받침하며 굴원의 존재를 부정했었다. 최근에는 주둥룬(朱東潤)이 『이소의 작자(離騷的作者)』라는 논문에서, 허텐싱의 이론을 대체로 따르면서 『초사』는 한나라 초기에 유행했던 〈초가(楚歌)〉보다 빠른 것이라 볼 수 없다고 주장했다.

이런 부정론에도 불구하고 중국에서는 대륙·대만을 막론하고 거의 모든 학자들이 굴원을 〈위대한 애국시인〉이라 보고 있다. 그러나 굴원이란 작가가 실제로 전국시대 초나라에 있었는가 없었는가 하는 문제를 덮어 놓는다 하더라도, 이제까지 나온 모든 〈중국문학사〉에서 『초사』를 다룬 태도에는 문제가 있다고 생각된다. 가장 많이 읽히는 류다제(劉大杰)의 『중국문학발전사(中國文學發展史)』의 경우만 보더라도 「제4장 남방의 신흥문학」이란 제명 아래 『초사』를 다루면서, 그 첫머리에서 이렇게 주장하고 있다.

> "남방의 신흥문학이란 초사이며, 초사는 초 땅의 시가이고 전국시대 남방문학의 총집(總集)이다."

"시경이 북방 운문의 대표인 것처럼 초사는 바로 남방 운문의 대표"라는 입장에서 『초사』에 관한 해설을 쓰고 있다. 이것은 『초사』가 『시경』과 대등한 중국 시가의 연원으로서의 성격을 띠고 있다는 입장임을 뜻한다. 정즌뒤(鄭振鐸)의 『삽도본중국문학사(插圖本中國文學史)』 같은 데서는 숫제 「제4장 시경과 초사」로 『시경』과 『초사』를 거의 대등한 자리에 놓고 다루고 있다.

그러나 과연 『초사』를 "전국시대 남방문학의 총집"이라 할 수가 있는 것일까? 굴원이 실제로 전국시대에 존재했던 인물이라 하더라도 『초사』와 같은 문장이 초나라 지식인들 사이에 유행했다는 증거는 하나도 없다. 오히려 무가(巫歌)를 근거로 한 굴원의 『초사』 작품은 초나라 지식인들 사이에서는 예외에 속하는 창작 행위였다고 보아야 할 것이다. 『초사』란 책 속에는 굴원의 작품 이외에도 그의 제자인 송옥(宋玉)이 지었다는 「구변(九辯)」과 「초혼(招魂)」 및 굴원 또는 경차(景差)의 작이라는 「대초(大招)」가 실려있고, 그 밖에 한대 사람들의 작품 7편이 담겨 있다. 이것을 어떻게 "전국시대 남방문학의 총집"이라 할 수 있겠는가?

『초사』란 책이 이루어지고 또 그것이 지식인들 사이에 읽히기 시작한 것은 분명히 서한(西漢, B.C. 206~A.D. 8)대부터이다. 따라서 허텐싱(何天行)처럼 『초사』 전부가 한대에 쓰인 작품이라 단정하지 않고 전국시대에 굴원이 실존하였을 가능성을 인정한다 하더라도, 『초사』는 엄연히 한대의 문학으로 다루어야 할 것이다. 더구나 『초사』의 문장 성격에서 보더라도 한 나라 초기에 유행했던 〈초가(楚歌)〉 및 〈한부(漢賦)〉와 연결시켜 이해하는 것이 훨씬 자연스럽다. 중국의 문학사가들은 대체로 『초사』와 〈한부〉는 완전히 서로 다른 것인 것처럼 해설하고 있지만 실상 조금도 다를 바가 없는 것이다. 『초사』라는 책 속에 한대 사람들의 작품이 7편이나 들어 있다는 것도 이것을 증명한다. 〈한부〉의 대표적인 작가 사마상여(司馬相如, B.C. 179~B.C. 117)에 이르러 그의 작품이 더욱 풍부하고 화려한 문장의 수식을 추구하고 산문화하는 경향을 보여주기는 했지만, 모두가 『초사』를 근거로 하여 발전시킨 것이었다. 흔히 사마상여를 〈한부〉라는 새로운 문체의 창시자처럼 떠받들고 있지만, 실제로 이전에 이미 유행하고 있었던 『초사』나 〈부〉의 문체를 한층 더 발전시킨 대가로 보는 게 옳은 것이다. 그리고 중국의 문인들이 본격적으로 자기 이름을 내걸고 작품을 쓰기 시작한 것도 한대의 〈부〉 작가들로부터 비롯되고 있음을 생각할 때, 더욱 『초사』는 〈부〉와 연결시켜 한대의 문학으로 다루는게 옳을 듯하다. 주나라 시대의 시가총집인 『시경』과 대등한 위치에 놓고 문학사를 서술하는 방식은 탈피해야 될 줄로 안다.

『초사』에 대한 중국 학자들의 견해가 그릇된 것이었다 할지라도, 그들의 굴원과 『초사』에 대한 존숭은 문학사상 큰 영향을 끼쳐왔음을 간과해서는 안 될 것이다. 그러나 지금까지도 굴원을 〈위대한 애국시인〉이라 내세우고 존경하며, 그러한 선입견 때문에 『초사』를 『시경』과 대등한 지위에 올려놓는 행위는 반성되어야 할 줄로 믿는다.

4. 운율(韻律)의 해방과 형식미의 완성

『초사』가 중국문학사에 있어서 끼친 가장 큰 공로는 시체(詩體)를 발전시켰다는 것이다. 『초사』의 시형이 『시경』과 현저하게 다른 것은 그것이 남방 초나라의 민요체로부터 발전한 낭송체(朗誦體)의 시이기 때문이다. 『시경』이 넉 자 한 구로 시형의 기저를 이루고 있는 데 비하여, 『초사』는 석 자 한 구가 기저를 이루고 있다. 물론 『초사』에도 넉 자 구로 된 작품이 있으나, 그것은 『시경』의 영향을 받은 때문이라고 볼 수도 있을 것이다. 굴원의 작품을 중심으로 『초사』의 기본적인 구법을 따져보면 대략 다음과 같은 네 가지를 발견할 수 있다.

ㄱ) ㅁㅁㅁ兮ㅁㅁ	與女遊兮九河(九歌 東君)
ㅁㅁㅁ兮ㅁㅁㅁ	若有人兮山之阿(九歌 河伯)
ㄴ) ㅁㅁㅁ○ㅁㅁ兮	長太息以掩涕兮
ㅁㅁㅁ○ㅁㅁ	哀民生之多艱. (離騷)
ㄷ) ㅁㅁㅁㅁ ㅁㅁㅁㅁ	上下未形, 何由考之(天問)
ㄹ) ㅁㅁㅁㅁ ㅁㅁㅁ些	天地四方, 多賊姦些. (招塊)

이에 의하면 ㄱ)ㄴ)의 형식은 순수한 남방 민요의 형식이고 ㄷ)ㄹ)은 『시경』의 영향

을 받은 것이라 하겠다. 그리고 『초사』에 쓰이는 〈兮〉 〈些〉 같은 조사들은 『시경』에 쓰이는 조사의 방법과 약간 틀리기는 하지만 『시경』의 영향 관계로부터 완전히 벗어나지는 못한 것이다. 『시경』에 뵈지 않는 〈些〉 같은 조사는 『시경』의 〈思〉와 같은 계통의 조사라 할 수 있을 것이다. 그리고 압운(押韻)은 한 구절 건너씩 짝수의 구절에 달고 있는 것이 보통이다.

어떻든 중국시의 형식이 『초사』에 이르러 다양해진 것만은 틀림없는 사실이다. 그리고 그것은 억누를 길 없는 뜨거운 정열과 끝없는 환상을 노래한 것이기 때문에 자연히 형식에 소홀해져서 많은 변화를 가져 온 것이다. 그리고 『시경』의 소아(小雅)와 대아(大雅) 가운데에는 약간 긴 작품들이 있기는 하지만 『초사』의 작품들처럼 편폭에 제한을 받지 않은 작품들은 없었다. 끝없이 펼쳐지는 환상과 한없이 불타오르는 정열이 길다란 노래를 낳은 것이다.

『초사』가 중국문학사에 남긴 또 하나의 위대한 공로는 〈사회 교화의 용구〉로서의 시를 극복하고 순수한 문학으로서의 시의 존재가능성을 제시했다는 것이다. 시에서 시정이 주는 아름다움과 작가의 개성을 무시할 수 없다면, 『초사』 작가들의 뜨거운 정열과 신비로운 환상이 독자에게 주는 아름다운 정취와 문장의 아름다운 표현과 변화의 추구는 중국시를 더욱 차원 높은 면에서 예술로 승화시켰다고 할 수 있을 것이다. 『시경』에서도 아름다운 표현이나 아름다운 형식이 추구되기는 했지만, 그것은 어떤 의식을 표현하는 이차적인 수단으로서 중시된 것이었다. 그러나 『초사』에서는 내용보다도 형식이 더욱 중시되어, 특히 송옥(宋玉) 이후 〈한부〉에 이르는 작품들에서는 문장의 아름다운 표현 추구에서 또 다른 문학의 의의를 찾으려 했다.

5. 『초사』의 발전

앞에 이미 『초사』는 송옥(宋玉)에 이르러 작품의 내용보다도 형식적인 문장의 아름다운 수식에서 더욱 문학의 의의를 발견하려 하였음을 얘기하였다. 그러면 실제로 송옥의 작품은 굴원의 이름아래 전해지는 작품들과 비교할 때 어떻게 달라져 있는가? 보기로 그의 「구변(九辯)」의 일단을 읽어보자.

슬프다, 가을의 기운이여!
쓸쓸히 초목 잎새 흔들어 떨구어 시들게 하는구나,
처절하게 멀리 길을 떠나 타향에서
산에 올라 물을 바라보며 돌아가는 사람들 전송하는 듯하구나.
끝없이 하늘은 높고 기운 맑은데
적막 속에 빗물 스며들고 물 맑아졌네.
뼈저린 설움에 거듭 한숨짓노니
엷은 추위 사람을 감싸네.

허전한 슬픔 안고
정든 곳 떠나 낯선 곳으로 가는 듯하네.
고달프다, 실직한 가난한 선비처럼 마음만 불평으로 메이네.
적막한 여관에 아는 벗도 없어
서러움에 슬며시 자신이 가엾어지는 듯하네.

제비는 펄펄 강남으로 돌아가고
매미도 적막히 소리를 감추었네.
기러기는 끼럭끼럭 남녘으로 날아가고
두루미는 끼억끼억 슬피 우는데,
홀로 아침이 되도록 잠 못이루고
가엾이도 귀뚜라미 소리만 밤새도록 듣네.
시절은 흘러 어느덧 중년이 넘었는데
아아, 우물쭈물 해놓은 것도 없고나!

悲哉秋之爲氣也, 蕭瑟兮草木搖落而變衰.
憭慄兮若在遠行, 登山臨水兮送將歸.
泬寥兮天高而氣淸, 寂寥兮收潦而水淸.
憯悽增欷兮, 薄寒之中人.

愴怳懭悢兮, 去故而就新.
坎廩兮, 貧士失職而志不平.
廓落兮, 羈旅而無友生.
惆悵兮, 而私自憐.

燕翩翩其辭歸兮, 蟬寂漠而無聲.

雁廱廱而南遊兮, 鵾鷄啁哳而悲鳴.
獨申旦而不寐兮, 哀蟋蟀之宵征.
時亹亹而過中兮, 蹇淹留而無成.

번역으로는 도저히 본문의 표현의 묘미를 살릴 수가 없었지만, 뜻을 잃은 선비가 쓸쓸한 가을에 느끼는 처절한 감회를 얼마나 멋지고 아름답게 표현한건가 짐작이라도 갔으면 다행이겠다. 〈송옥비추(宋玉悲秋)〉란 말이 여기에서 나왔다. 여기에서 중국 문장은 특별한 내용없이 순전히 아름답고 묘한 글의 추구만으로도 작품 활동의 의의를 느낄 수 있게 된다. 특히 뒤의 남북조(南北朝)시대(420~581) 같은 때에 이러한 아름다운 글이나 멋진 표현의 추구야말로 진정한 문학이라고 생각하는 사조까지 생기게 된 것도 여기에서 출발한 것이다.

송옥 이외에도 순황(荀況, B.C. 315?~B.C. 236?)·당륵(唐勒, B.C. 290?~B.C. 223?)·경차(景差, B.C. 290?~B.C. 223?) 같은 사람들이 굴원의 작품을 모방하여 작품을 썼고, 다시 이것이 한대로 계승되는 사이에 부(賦)로 발전하였다. 〈부〉란 본시 〈시의 육의(六義)〉 가운데의 하나로서, 사물이나 감정을 있는 그대로 서술하는 방법을 뜻하는 것이었다. 이미 『초사』가 시의 범위를 확대하여 편폭을 길게 만들었고, 산문식 서술방법을 쓰면서 문체의 아름다움을 중시했다. 한대의 〈부〉에 이르러는 형식이 산문도 운문도 아닌, 산문속에 운문이 섞인 듯한 모양으로 발전하고, 사람의 감정보다는 어떤 사물이나 이론을 아름답게 서술하는 방향으로 발전하여 〈부〉라고 부르게 되었다. 『초사』는 많은 문인들이 호응하여, 특히 한대의 지식인들은 모두 이를 계승 발전시키어 한대의 문학을 〈부〉로서 대표하게끔 만들었다. 따라서 『초사』와 〈부〉는 같은 종류의 문체이다. 다만 전한(前漢)과 후한(後漢)을 통하여 여러 문인들이 지은 〈부〉는 이미 옛 시의 순수함이나 『초사』에서 보여준 작가의 환상이나 정열 같은 내용은 찾아볼 수 없게 되었다. 그래도 한 초의 가의(賈誼, B.C. 200~B.C. 168) 같은 작가의 「조굴원(弔屈原)」·「석서(惜誓)」·「복조부(鵩鳥賦)」 같은 데에선 『초사』의 형식이나 정취와 함께 강렬한 개성 같은 것도 느껴지지만 한대 〈부〉의 대표적인 작가들인 사마상여(司馬相如)·양웅(揚雄)·장형(張衡) 등에 이르면 개성은 전혀 찾아보기 힘든, 아름답게 다듬고 꾸미면서 길게 늘어놓기만 한 글이 주류를 이루게 된다. 조그만 사물을 표현하기 위하여 자기의 학문을 총동원하여 기묘한 글자들을 주어 모아 묘한 글을 짓는 데 힘을 다했고, 그 대상은 화려한 궁전이나 제왕주변의 생활 또는 도성의 화려함이나 산천의 아름다움에 국한되었다. 그렇다고 『초사』와 같은 서정적인 〈부〉가 없어져 버렸던 것은 아니다. 다만 사마상여 이후 〈부〉의 주류가 형식적인 미려한 수사를 벌여놓은 형식의 것들로 변하였음을 지적할 따름이다.

『초사』에 실린 작가들 이외에도 동중서(董仲舒, B.C. 187~B.C. 116)의 「사불우부(士不遇賦)」, 사마천(司馬遷, B.C. 145~B.C. 86?)의 「비사불우부(悲士不遇賦)」, 반첩여(班婕妤, B.C. 48?~B.C. 6?)의 「도소부(擣素賦)」·「자도부(自悼賦)」, 양웅(揚雄, B.C. 53~A.D. 18)의 「태현부(太玄賦)」, 반고(班固, 32~92)의 「유통부(幽通賦)」, 장형(張衡, 78~139)의 「사현부(思玄賦)」·「귀전부(歸田賦)」 등이 모두 『초사』와 같은 성질의 서정적 부이다.

한나라는 시조인 유방(劉邦)이 초나라 패(沛)란 고장 출신이었기 때문인지는 몰라도 한나라 초기의 왕실과 귀족들 사이에는 초조(楚調)의 음악이 유행하였다. 고조(高祖)도 「대풍가(大風歌)」·「홍혹가(鴻鵠歌)」 등을 지었고, 당산부인(唐山夫人)의 「안세방중가(安世房中歌)」도 초나라 가락의 노래이다. 그리고 왕족들이 오왕(吳王) 유비(劉濞)·양효왕(梁孝王) 유무(劉武)·회남왕(淮南王) 유안(劉安) 같은 이들은 모두 『초사』를 좋아하고 많은 문인들을 집안에서 먹여 길렀었다. 그러나 한대에 〈부〉를 성행시킨 이는 누구보다도 무제(武帝)였다. 그는 스스로 『이부인가(李夫人歌)』·『추풍사(秋風辭)』 같은 초가(楚歌)를 짓기도 했거니와 『초사』를 좋아하여 많은 문인들을 그의 궁중에 데리고 지냈다. 사마상여(司馬相如)를 비롯하여 동방삭(東方朔)·매고(枚皐)·엄조(嚴助)·오구수왕(吾丘壽王) 등이 그 대표적인 문인들이다. 그런데 이때 무제는 이들을 "배우(俳優)와 같이 기르고 있었기"(『漢書』 嚴助傳』) 때문에, 이들이 글을 짓는다는 것은 자연이 황제의 비위나 맞추는 방향으로 발전하지 않을 수가 없었다. 사마상여의 대표적인 「자허부(子虛賦)」·「상림부(上林賦)」 등이 모두 임금 주변의 사물들을 화려한 수식을 다하여 거창하게 묘사해 놓은 글이다. 이에 뒤이어 양웅(揚雄)의 「감천부(甘泉賦)」·「하동부(河東賦)」·「우렵부(羽獵賦)」·「장양부(長楊賦)」 등이 나오고, 다시 반고(班固)의 「양도부(兩都賦)」, 장형(張衡)의 「양경부(兩京賦)」 등이 나오면서, 알맹이 없는 〈한부〉의 형식적인 성격이 굳어졌던 것이다. 이들은 문장의 내용은 젖혀 놓고 형식적인 수사를 극단적으로 추구함으로써 거기에서 문장미의 진가를 찾으려 했던 듯하다. 어떻든 이들로 인하여 중국 문장은 형식적인 수사가 극도로 발달하여, 외국의 문학과는 달리 후세까지도 중국에서는 문장의 형식이 내용보다도 더욱 중시되는 경향을 지니게 되었다고 할 수 있을 것이다. 사마상여는 한자의 결합으로 이루어지는 언어는 감정이나 사상의 전달과는 아무런 관계없이, 그 문자 결합의 균제(均齊)와 성운의 해화(諧和)를 통한 아름다움의 추구는 그 자체가 예술이 될 수 있음을 알려주었던 것이다.

그러나 앞에서 한대에는 서정적인 부도 나왔음을 지적했듯이, 그러한 사물의 묘사를 벌여 놓은 식의 부만이 유행했던 것은 아니다. 채옹(蔡邕, 133~192)의 「술행부(述行賦)」, 조일(趙壹, 178 전후)의 「자세질사부(刺世疾邪賦)」, 미형(禰衡, 173~198)의 「앵무부(鸚鵡賦)」처럼 본격적으로 사회 문제를 다룬, 옛 시의 〈풍간(諷諫)〉의 뜻을 살린 작품들도 나왔었다.

한대 이후로도 문인들은 계속 〈부〉를 짓고 발전시켜, 소통(蕭統, 501~531)의 『문선(文選)』을 보면 경도(京都)·교사(郊祀)·경적(耕籍) 등과 지(志)·애상(哀傷)·정(情) 등에 이르는 15종류로 〈부〉를 분류하여 싣고 있고, 그밖에 따로 소(騷)·칠(七)·사(辭) 등이 보인다. 명대의 서사증(徐師曾)은 『문체명변(文體明辨)』에서 〈부〉의 종류를 문체에 따라 배부(排賦)·율부(律賦)·문부(文賦)로 분류하고 있다. 그러나 후세 문학가들에 의하여 이 『초사』에서 시작된 〈부〉라는 문체가 그다지 중시되지 못한 것은 처음부터 〈부〉가 문장의 수식 기교를 지나치게 추구하며 내용은 경시했기 때문인 듯하다. 위(魏)·진(晋) 이후로 적잖은 작가들이 〈부〉라는 형식속에 자신이 감정이나 울분을 담아보려는 노력을 하였지만, 이미 극도로 발전한 〈부〉라는 문체의 형식이 가하는 구속을 극복할 수는 없었던 듯하다.

VI. 음악과 중국문학

1. 악부시(樂府詩)

강남으로 연꽃 따러 가세.
연잎은 너풀너풀
연잎 사이에 물고기 노네.
물고기 연잎 동쪽에 놀고
물고기 연잎 서쪽에 놀고
물고기 연잎 남쪽에 놀고
물고기 연잎 북쪽에 노네.

江南可採蓮, 蓮葉何田田,
魚戲蓮葉間.
魚戲蓮葉東, 魚戲蓮葉西,
魚戲蓮葉南, 魚戲蓮葉北. (『樂府詩集』 卷26 相和歌辭)

이것은 〈악부시〉로서 보존된 한대의 민요이다. 『시경』 국풍(國風)에도 각 지방의 민요들이 수록되어 있지만, 지금까지 전해지고 있는 한 대의 민요는 오히려 『시경』의 시들보다도 순수한 민요의 냄새를 더 많이 지니고 있는 작품들이 많다. 『시경』의 민요들은 『시경』을 편집하고 전한 지식인에 의하여 선택되고 또 수정이 가해진 때문인지도 모른다. 청초의 고염무(顧炎武, 1613~1682)는 『일지록(日知錄)』에서 "시(詩經의 詩)에는 음악으로 연주할 수 있는 것과 없는 것의 구분이 있었다."고 주장했지만, 전조망(全祖望, 1705~1755)이 반박한 것처럼 『좌전(左傳)』 양공(襄公) 29년에 오(吳)나라 계찰(季札)이 노(魯)나라로 가서 국풍의 여러 나라의 음악과 아(雅)·송(頌)을 감상했던 기록으로 미루어 보더라도, 모두 노래 부를 수 있던 가사라고 보는 게 옳을 것이다. 한대 이후의 〈악부시〉들은 모두 노래불리워지던 것들임은 두 말할 것도 없다.

〈악부시〉는 한(漢)·위(魏)에서 비롯하여 남북조(南北朝)시대에 이르기까지 중국의 민간에 유행하였던 작자를 알 수 없는 노래의 가사들이 그 중심을 이룬다. 그런데 〈악부〉란 본시 한나라 무제(武帝, B.C. 140~B.C. 87 在位)가 설립한 음악에 관한 일을 관장하던 관청의 이름이었다. 여기에서는 궁중에 쓰이는 음악을 정리하고 연주, 작곡하는 한편, 민간에 유행하던 가요를 수집하기도 하였다. 『한서』 예문지(藝文志)에는 이때 수집된 것으로 생각되는 각 지방의 가요들이 100여 편 있던 것으로 기록되어 있다. 어떻든 이 『악부』에 모아진 노래들을 후세에는 그대로 〈악부〉 또는 〈악부시〉라 부르게 되었다.

〈악부시〉에도 아송(雅頌) 계통의 교묘가사(郊廟歌辭)·연사가사(燕射歌辭) 등이 있지만, 이것들은 수천년 동안 변함없이 궁중의 의식을 중심으로 하여 전승되어 온 귀족적이고 고전적이고 의고적인 작품들이어서 크게 문제시되지 않는다. 우리는 옛 백성들이 그들의 기쁨이나 슬픔 또는 사랑 외로움 등을 어떻게 노래했는가에 주의해야 한다. 먼저 그들의 『상야(上邪)』라는 사랑의 노래를 한 수 읽어보자.

> 하나님!
> 나는 님과 서로 사랑하여
> 이 목숨 다하도록 변함없기 바랍니다.
> 산 언덕이 닳아 없어지고
> 강물이 다 마르고,
> 겨울에 천둥 울리고
> 여름에 눈 날리며,
> 하늘과 땅이 합쳐진대도
> 어찌 님과 떨어질 수 있겠습니까?
>
> 上邪! 我欲與君相知, 長命無絶衰.
> 山無陵, 江水爲竭,
> 冬雷震震, 夏雨雪, 天地合,
> 乃敢與君絶. (『樂府詩集』 卷16 鼓吹曲辭)

얼마나 솔직하고 정열적인 사랑의 맹세인가! 이처럼 격렬한 사랑이나 슬픔 기쁨 같은 감정은, 평민들 사이에서 자연히 노래로 불리어 나온 것이다. 이러한 시가들은 절실한 감정을 직관적으로 솔직하게 노래한 것이어서, 문학의 효용성 아니면 형식미의 추구로만 달리던 중국문학에서는 찾아보기 힘든 참되고 순수한 시의 생명력을 느끼게 된다.

한나라의 정치세력이 안정되면서 귀족들의 생활은 날로 호화로움을 극하게 되었다. 『후한서(後漢書)』 중장통전(仲長統傳)을 보면 이 당시 귀족들의 생활을 다음과 같이 묘사한 대목이 있다.

> 호족들의 집을 보면 수백 채의 건물이 줄지어 있고, …… 보물과 재화는 큰 집에 다 들여놓을 수 없을 지경이며, 소, 말과 양, 돼지는 산골짜기에 넘칠 지경이다. 예쁜 아이와 아름다운 여자가 화려한 방안에 가득하고 악공과 기녀들이 마루방에 늘어 서 있다.
> 豪人之室, 連棟數百, … 琦賂寶貨, 巨室不能容, 牛馬羊豕, 山谷不能受. 妖童美妾, 填乎綺室, 倡謳伎樂, 列乎深堂.

이처럼 귀족들이 살쪄갈수록 평민들의 생활은 괴로워만 갔다. 다시 「상류전행(上留田行)」이란 노래를 보자. 곽무천(郭茂倩)은 『악부시집(樂府詩集)』에서 이것을 위(魏) 문제(文帝) 조비(曹丕, 187~226)의 작이라 하였지만, 근인 호운익(胡雲翼)이 지적한 것처럼 한대의 민요로 보는 게 옳은 듯하다(『中國文學史』 第 2篇).

> 세상 살림 어쩌면 이렇게도 고르지 않나? — 상류전!
> 부자는 쌀과 기장을 먹는데 — 상류전!
> 가난뱅이는 찌게미와 겨를 먹네. — 상류전!
> 빈천한들 어이 슬퍼하리? — 상류전!
> 녹명(祿命)은 하늘에 달려 있는 것을 — 상류전 !
> 지금 그대 탄식한들 누구를 원망한단 말가 — 상류전!
>
> 居世一何不同. 上留田!
> 富人食稻與粱. 上留田!
> 贫子食糟與糠. 上留田!
> 贫賤亦何傷. 上留田!
> 祿命懸在蒼天. 上留田!
> 今爾歎息將欲誰怨. 上留田! (『樂府詩集』 卷 38 相和歌辭)

여기의 〈상류전〉은 별 뜻도 없는 후렴이다.

가난도 백성들에게 뼈저린 괴로움을 안겨 주었지만, 서북쪽의 오랑캐들이 끊임없이 중원 땅을 엿보아 연이어 일어났던 전쟁은 더욱 비참하고 심각한 불행을 백성들에게 던져주었다.「십오종군행(十五從軍行)」 같은 시는 전쟁 속에 무력한 백성들의 개인생활이 얼마나 처참하게 짓밟혀 버리는가를 실감하게 하는 노래이다.

> 열다섯에 병정되어 갔다가
> 여든 살에야 간신히 돌아왔네.
> 길에서 고향사람 만나
> 집안에 누가 있는가 물어 보니,
> 저기 보이는 게 당신 집이라는데
> 소나무 잣나무 사이에 무덤만 데글데글하네.
> 토끼가 개구멍으로 드나들고
> 꿩이 들보 위에서 날아오르며,
> 마당 가운데에는 돌곡식 자랐고
> 우물 옆에는 돌아욱 자랐네.
> 곡식 삶아 밥 짓고
> 아욱 뜯어 국 끓이니,
> 국과 밥은 이내 되는데
> 그 누구에게도 줄 이가 없네.
> 문을 나와 공동묘지 있는 동쪽 바라보니
> 떨어지는 눈물이 옷자락을 적시네.
>
> 十五從軍征, 八十始得歸.
> 道逢鄕里人, 家中有阿誰.
> 遙望是君家, 松柏冢纍纍.
> 兎從狗竇入, 雉從梁上飛.
> 中庭生旅穀, 井上生旅葵.
> 烹穀持作飯, 采葵持作羹.
> 羹飯一時熟, 不知貽阿誰.
> 出門東向望, 淚落沾我衣. (『全漢詩』 卷3)

이러한 민요체의 시가들은 그 형태가 오언시(五言詩)로 정착되면서 차차 문언들에 의하여 고시로서 창작이 전승되었다. 문인들의 창작활동이 본격적으로 시작된 것은 아무래도 한말의 건안(建安) 년간부터라 보아야 할 것이다. 이때부터 당대까지는 크게 볼 때 악부시 시대라고 할 수 있을 것이다. 그것은 노래의 가사로서 시가의 영역을 크게 벗어 나지 못하고 있기 때문이다.

한편 민요가 일단 문인들의 손으로 넘어가 창작되면서, 외형이 더욱 다듬어지고 성조의 규칙적인 화해(和諧)가 추구되었다. 벌써 위대의 작품에서도 민요의 소박하고 자연스러운 맛이 줄어든 것을 느끼게 된다. 조비(曹丕, 187~226)가 「청하에서 배를 끄는 사람이 새로 장가든 처와 이별하는 것을 보고 지었다(於淸河見輓船士新婚與妻別)」는 민요 풍의 다음 시를 읽어 보아도 그러한 사실을 바로 알게 될 것이다.

님과 결혼하자마자
바로 이별이란 말인가!
싸늘한 바람이 가을 풀을 흔드니
귀뚜라미 여기저기서 우네.
맴맴 맥빠진 가을 매미가
마른 나뭇가지 안고 우는데,
마른 나뭇가지 갑자기 튀겨져
매미 몸 갑자기 옮겨졌네.
몸이 옮겨진 것은 슬프지 않네만
흐르는 세월이 애석하기만 하네.
세월이란 다할 줄 모르는 것,
언제나 만나게 되는 건지?
제발 한쌍의 고니라도 되어
나래를 나란히 하고 맑은 못 위에 놀아 봤으면!

與君結新婚, 宿昔當別離!
涼風動秋草, 蟋蟀鳴相隨.
冽冽寒蟬吟, 蟬吟抱枯枝.
枯枝時飛揚, 身體忽遷移.
不悲身遷移, 但惜歲月馳.
歲月無窮極, 會合安可知?

願爲雙黃鵠, 比翼戲清池. (『玉臺新詠』卷2)

그리고, 한대에 발생한 칠언시(七言詩)는 위·진시대 이후에야 완전한 시형을 갖추고, 당대에 이르러서야 성행된다. 칠언시는 오언시보다 부(賦)에 가까운 인위적인 수식이 가해지기 쉬운 시형이므로, 칠언시의 발달은 시의 창작이 문인들의 손으로 넘어가 귀족화하는 경향과 거의 일치한다. 칠언시는 한대 초기부터 오언시에 비해 훨씬 수식이 가해져 있다. 다음은 장형(張衡, 78~139)의 「사수시(四愁詩)」의 일절인데 거의 부에 못지 않은 형식미가 추구되고 있는 것임을 알 것이다.

내 그리운 님 계림에 계신데
님 따라 달려가려니 깊은 상수 가로 놓였네.
몸을 돌려 남쪽을 바라보니 눈물이 옷깃을 적시네.
님은 내게 금 낭간을 주셨으니
어이하면 쌍옥 쟁반으로 님에게 보답할꼬?
길이 멀어 전할 길 없어 마음 슬퍼지나니
어이타 시름 품어 마음 저리게 되는고?

我所思兮在桂林, 欲往從之湘水深,
側身南望涕沾襟.
美人贈我金琅玕, 何以報之雙玉盤.
路遠莫致倚惆悵, 何爲懷憂心煩怏. (『全漢詩』卷2 錄其二)

시가 귀족화했다는 것은 문장에 외형적인 수식이 추구되었다는 점 이외에, 민요의 노래하던 시로부터 읊거나 읽는 시로 변해 갔다는 것을 뜻하기도 한다. 따라서 시의 창작이 문인들의 손으로 옮겨진 뒤에도 적어도 〈노래부를 수 있던〉 동안, 곧 시가 곡조를 지니고 있던 동안은 그래도 시의 생명이 발랄하게 지탱된 기간이라고 보아도 좋을 것이다.

당(618~907)대로 들어오면서 시가 정형화하고, 성률(聲律)이 규식화(規式化) 한 근체시(近體詩)가 발생한다. 성당 이후로 두보(杜甫, 712~770)·이백(李白, 701~762) 같은 위대한 시인들이 쏟아져 나와 근체시일 망정 형식이나 격율(格律)에 구애됨이 없이 그들의 시재를 충분히 발휘할 수 있었기 때문에 근체시의 발달은 절정에 이른다. 근체시도 가끔 노래 불리우기는 하였지만, 워낙 근체시 자체가 읽는 데 성조가 잘 조화되도록 규칙이 정해진 것이어서 읊은 시로서의 성격은 더욱 뚜렷해졌다. 그리하여 마침내는 근체시 뿐만 아니라 고체시(古體詩)까지도 특별한 경우가 아니면 노래부르지 않는 읽는 시로 변했다. 다른말로 표현하면 평민들의 냄새를 털어버리고 형식화한 상류계급들의 문자놀음으로 전락해 갔던 것이다. 그리하여 근체시는 당대에 생겨나서 당대에 크게 발전하고 당대에 이미 쇠퇴했다고 할 수 있다.

성당(713~755) 이후에도 중당(756~835)·만당(836~907)을 이어 북송(960~1127)대에 이르도록 중국시가 발달할 여지가 있었다는 것은, 그래도 시의 노래 불리우던 명맥이 얼마간 부지되었기 때문인지도 모른다. 중국시에 있어서 의식을 떠나 자유로이 노래부른다는 것은, 시의 공용이나 형식미 추구를 벗어나, 순수한 예술로서의 문학창작을 가능케 하는 것이 되기 때문이다. 문학의 〈공용성〉이나 형식미의 추구에는 한계가 있는 것이다. 『초사』에서 발전한 〈부〉가 문장의 수식이란 형식적인 면을 통해서라도 의식적인 미의 추구를 가장 먼저 시도했음에도 불구하고 크게 발달을 이룩하지 못했던 것도, 위에서 말한 〈노래와 중국문학〉의 관계 및 공용성과 형식미 추구의 한계성을 말해주는 것이라 믿는다.

2. 사(詞)

시가 사대부들의 손으로 옮겨가 노래 부를 수 없게 되었다고 해서 평민들까지도 노래를 잃었던 것은 아니다. 민간에서는 사대부들의 시가 어떻게 변해 가든 아랑곳없이 그들의 생활과 감정을 꾸준히 노래 불러왔다. 그리고 사대부들의 작품들이 극히 형식화하여 순수한 인간 감정을 노래하기에 알맞지 않게 되면, 평민들의 노래는 다시 참신한 형식과 생명을 사대부인 문인들에게 공급하였다. 시의 형식화에 대신하여 민간 가요로서 당대부터 고개를 들기 시작하여 오대(907~979)를 거쳐 송대에 이르러는 이 시대를 대표하는 문학으로 크게 성행하였던 것이 〈사〉이다. 남송(1127~1279) 때 〈사〉가 극히 형식화하자 원(1260~1368)대에는 다시 〈노래부르는 시〉로서 〈곡〉이 머리를 들고 일어나 성행하게 된다. 따라서 진정한 의미의 〈악부시〉의 전통은 〈사〉와 〈곡〉으로 전승되고 있는 것이다. 따라서 〈사〉는 〈악부〉·〈가곡(歌曲)〉·〈금취(琴趣)〉 등으로도 불리었고 또 형식의 특징을 따라 〈장단구(長短句)〉 또는 〈시여(詩餘)〉라고도 불리었다.

〈사〉는 평민들의 가요에서 발생한 것이므로 당·오대로부터 송초에 이르는 초기의 〈사〉들은 유행가조의 아름답고 가벼운 감정들을 쉬운 말로 노래한 것들이다. 한때 학자들은 〈사〉가 어디에서부터 생겨났는가 논란을 일으켰었다. 그리고 시가 노래부를 수 없게 되자 근체시인 절구(絶句)가 변하여 〈사〉가 되었다는 설이 유력하였다. 그리하여 중당 이전의 이백(李白)이나 백거이(白居易) 같은 사람들의 〈사〉작품을 의심하였다. 그러나 민간에선 옛부터 지금에 이르기까지 그들의 생활과 감정을 언제나 노래하여 왔고, 그것이 다듬어져 시가 되고 〈사〉가 되고 〈곡〉이 되었다고 한다면 〈사〉의 발생을 오대나 만당으로 잘라 얘기하는 것은 잘못임을 쉽게 알 수 있다. 더구나 돈황(敦煌) 석실에서 발견된 문헌 가운데에는 성당 이전의 〈사〉의 원형이라 볼 수 있는 속곡(俗曲)들이 있으니(任二北『敦煌曲校錄』) 이를 증명할 수 있겠다. 초기의 〈사〉들이 유행가조라는 것도 〈사〉와 평민과의 관계를 설명해 주는 것이다.

오대의 작가 중 가장 귀족적인 남당(南唐) 후주(後主) 이욱(李煜, 937?~978?)의 「우미인(虞美人)」을 한 수 소개한다.

봄 꽃 가을 달은 언제면 사라지려나?
지난 일들 얼마나 알고 있나?
작은 누각엔 지난 밤에 다시 봄바람 일고 보니,
고향쪽으로는 달 밝은 중에 차마 고개조차 돌리지 못하겠구나!

조각된 난간 옥 섬돌들은 그대로 있으련만
오직 팽팽했던 얼굴만은 찌그러 들었구나.
그대에게 묻노니, 얼마나 많은 시름 지니고 있는가?
그 시름 마치 한 강의 봄 물이 동쪽으로 흐르고 있는 것 같다네.

春花秋月幾時了? 往事知多少?
小樓昨夜又東風, 故國不堪回首月明中.

雕欄玉砌應猶在, 只是朱顔改.
問君能有幾多愁? 恰似一江春水向東流.

작자가 송나라 군대의 포로가 된 뒤 지난날의 화려했던 궁중의 생활을 되새기며 부른 노래이다. 작자가 왕이지만 〈사〉가 지니는 문장 표현과 가벼운 내용 때문에, 무척 슬프고 아름다운 느낌을 갖게 하면서도 역시 시보다는 훨씬 가볍다. 그것은 〈사〉가 아직도 민간 가요의 성격을 완전히 벗어 버리지 못하고 있기 때문이다. 여기에서 「우미인」이라 한 것은 시의 제목과는 달리 이 작품의 악곡의 제명이며, 보통 〈사패(詞牌)〉라 부른다. 물론 처음 작곡·작사했을 적에는 악곡의 제명인 〈사패〉는 가사의 내용과도 일치했을 것이다. 그러나 많은 작가들이 이미 유행되고 있는 노래의 가락에 새로이 가사만을 짓는 식의 풍조를 따랐으므로, 〈사패〉의 뜻과 가사인 〈사〉의 내용은 일치하지 않는 경우가 훨씬 많다. 그래서 송대에 와서는 다시 가사의 제목을 하나 더 붙이는 방법도 쓰였다.

송대로 넘어와서도 안수(晏殊, 990~1055)·구양수(歐陽修, 1007~1073) 같은 문인들이 이러한 〈소사(小詞)〉의 자유로운 형식과 완약(婉約)한 내용을 계승하여 작품을 지었다. 그중에서도 송대에 〈사〉가 크게 성행하게 된 동기는 유영(柳永, 1045 전후)이 〈만사(慢詞)〉를 유행시킨 데 원인이 있다. 〈만사〉란 이전에 유행하던 〈소사〉보다 편폭이 길어진 것이라 생각하면 된다. 유영의 〈사〉는 "우물이 있는 곳이면 어디서나 노래불렀다."(葉夢得 『避暑錄話』)고 할 만큼 크게 유행했다. 그러나 사대부인들은 〈사〉의 가벼운 내용과 속된 용어 같은 것 때문에 은근히 그것을 멀리하려 하였으므로, 〈사〉를 온 세상에 유행시킨 유영은 뛰어난 그의 재능에도 불구하고 똑똑한 벼슬하나 제대로 못해 봤다. 일찍부터 풍류와 가사로 이름을 날리어 기생들의 갈채 속에 값싼 도시 소시민의 서정과 사랑 및 꽃과 달을 노래하다 일생을 마쳤던 것이다. 그가 죽었을 적에도 기생들이 돈을 추렴하여 장사지내야만 했다는 것은, 그의 평생을 잘 얘기해준다. 중국뿐만 아니라 우리나라에까지 그의 작품이 건너와 궁중에 유행하여, 『고려사(高麗史)』 악지(樂志)에는 여러 편의 그의 〈사〉가 실려 있다는 것은 유행의 강도를 말해주는 것이라 믿는다. 「주야악(晝夜樂)」이란 떠난 님 생각을 노래한 그의 〈사〉를 한 편 읽어보자.

신방에서 만난 첫날밤
오래오래 함께 살자 하였거늘,

잠시 만나 아기자기하게 누린 즐거움이
이별의 섧은 정으로 변할 줄 뉘 알았으리 !
더욱이 덧없이 봄은 저물어
어지러이 날리는 꽃잎과 버들솜 바라보니,
좋은 풍경도
모두 님 따라 가버린 게 아닌가 두렵기만 하다.

이토록 외로운 정 뉘에게 호소하리?
옛 맹세를 그토록 가벼이 어기다니!
이토록 잊기 어려울 줄 알았다면
애초에 꼭 붙잡을 것을!
멋지고 잘 생긴 님의 모습 잊으려 해도
사람의 마음 사로잡으니 어찌하리!
단 하루라도 잊으려 하지만
저절로 눈살이 천번도 더 찌푸려진다.

洞房記得初相遇, 便只合長相聚.
何期小會幽歡, 變作離情別緒!
況值闌珊春色暮, 對滿目亂花狂絮.
直恐好風光, 盡隨伊歸去.

一場寂寞憑誰訴? 算前言總輕負!
早知恁地難拼, 悔不當時留住!
其奈風流端正外, 更別有擊人心處!
一日不思量, 也攢眉千度.

사대부들이 아무리 〈사〉를 업신여기려 들어도, 〈사〉는 민간에 널리 유행하여 마침내 사대부들의 사회에까지도 깊이 침식하였다. 사대부들이 아무리 〈사〉를 저속하다고 멀리하려 해도, 대중을 통하여 밀어닥치는 유행의 물결을 어쩔 도리는 없었다. 이에 많은 문인들이 자기도 모르는 사이에 〈사〉를 짓게 되는데, 소식(蘇軾, 1036~1101) 같은 이는 아리땁고 가냘프기만한 그 내용과 저속한 풍격을 문호다운 재능으로 씻어내고 〈사〉를 시와 비슷한 풍격으로 승격시켰다. 유영이 〈만사〉를 통하여 〈사〉의 형식을 해방시켰다면, 소식은 〈사〉의 내용을 해방시켰다고 할 수 있다. 소식으로 말미암아 〈사〉는 아리땁고 여린 정뿐만 아니라 호방(豪放)한 내용까지도 노래부르게 된 것이다. 이토록 〈사〉의 내용이 풍부해졌다는 점에서는 발전이라 말할 수 있다. 그의 대표작으로 「염노교(念奴橋)」란 작품이 있다. 이것은 적벽(赤壁)강에서 옛날 오(吳)나라 주유(周瑜)가 조조(曺操)의 군사를 무찌르던 장쾌한 일을 생각하며, 물결처럼 흘러가는 시간의 제약을 받는 인생의 숙명을 노래한 것이다.

큰 강물은 동쪽으로 흘러가는데
물결이 다하듯
천고의 멋진 인물들도 가버렸구나!
옛 성터 서쪽은
사람들이 말하기를
삼국시대 주유(周瑜)가 싸우던 적벽이란다.
어지러이 험한 바위는 구름을 뚫고 솟아있고
놀란 파도는 언덕을 찢어버릴듯이
천 무더기 눈더미 같은 물결을 말아 올린다.
강산은 그림과 같지만
한때엔 얼마나 많은 호걸들이 활약했던가!

아득히 주유가 활약하던 옛날 생각노니
아름다운 소교(小喬)를 아내로 맞아
씩씩한 모습에선 영기가 발했겠다.
깃부채 들고 베두건 쓰고
얘기하고 웃고 하면서
강적을 재와 연기로 만들어 날려 버렸지.
옛 고장에서 이런 환상하고 있노라니
다정한 이들은 응당히
내 머리에 벌써 흰머리 났음을 웃으리라.
인간 세상은 꿈결 같은 것,
술 한 잔을 강 달 위해 붓는다.

大江東去, 浪淘盡, 千古風流人物.
故壘西邊, 人道是, 三國周郎赤壁.

亂石崩雲, 驚濤裂岸, 捲起千堆雪.
江山如畫, 一時多小豪傑.

遙想公瑾當年, 小喬初嫁了, 雄姿英發.
羽扇綸巾, 談笑間, 强虜灰飛烟滅.
故國神遊, 多情應笑我, 早生華髮.
人間如夢, 一尊還酹江月.

한편 이런 호방한 사로 말미암아 〈사〉는 〈노래의 가사〉가 아니라 〈읊는 시〉의 경향을 띠기 시작했다. 그러나 형식과 내용의 해방을 통해, 남송 초기까지 〈사〉는 극성을 이루었다. 그러나 날이 갈수록 〈사〉는 귀족화하여 강기(姜夔, 1155?~1235?) · 오문영(吳文英, ?~1260?) 등이 나와 〈사〉의 용어를 아름답게 꾸미고 일정한 격률(格律)에 따라 작품을 지으려 하였다. 비평가들의 말을 보아도 오문영의 〈사〉는 "전고의 사용이나 어구가 애매한 곳은 아무도 무슨 뜻인지 알지 못한다."(沈伯時 『樂府指迷』), "오문영의 사는 칠보로 장식한 누각처럼 사람들의 눈을 어리둥절하게 하는데 부숴보면 한 조각도 남는 게 없다."(張炎 『詞源』)하였다. 이들이 말한 〈격률〉이란 옛사람들의 〈사〉를 짓는 형식상의 규법을 말한다. 이들은 일정한 격률을 따져 놓고 아름다운 글자들을 가져다가 그 격률에 맞도록 주어 맞추는 것을 〈사〉를 짓는 것이라 생각했다. 여기엔 작가의 개성이나 창의는 끼어들 여지도 없게 된다. 이들이 〈사〉에 있어서 음악을 중시하기는 하였지만 그것은 귀족화한 옛 음악의 형식을 뜻했고 또 소식 이후로 〈사〉가 〈읽는 시〉로 전락한 뒤이므로 순수한 노래와는 거리가 먼 것이었다. 〈사〉의 발전은 곧 벽에 부딪치게 된 것이다. 따라서 순순한 감정을 솔직하게 노래하려는 악부의 정신은 이제 또 다른 형식과 내용의 가요를 찾지 않으면 안 되었다. 이럴때 언제나 새로운 출로를 제공해 주는 것은 평민들의 노래 세계였다.

3. 산곡(散曲)

〈사〉의 격률이 엄격해져서, 〈사〉를 짓는다는 것이 일종의 전문적인 기술로 변해 버리자, 원대에 이르러 민간의 가요 형식으로부터 나온 〈곡〉이 유행하게 되었다. 그리고 초기의 〈사〉나 마찬가지로 기생이나 천한 사람들에게 노래 불리워졌으므로 사대부들은 이를 천시하는 경향이 있다. 그러나 원대는 여진족과 몽고족이 중원을 지배하던 시대였으므로, 노래의 가락이 북쪽 오랑캐의 음악으로 바뀌었다. 그러나 뜻을 얻지 못한 문인이나 글을 배운 무명의 인사들이 〈곡〉을 통하여 자기의 감정을 노래하며 나날을 보내어 일시에 크게 성행하게 되었다.

〈곡〉은 크게 나누어 〈산곡(散曲)〉과 〈희곡(戲曲)〉이 있다. 〈산곡〉에는 다시 짧은 〈사〉와 비슷한 〈소령(小令)〉이 있고 같은 궁조(宮調)의 〈소령〉들이 일정한 음악상의 규칙에 의하여 여러 수가 모여 이루어지는 〈투곡(套曲)〉이 있다. 중국의 희곡은 음악면에서 볼 때 여러개의 〈투곡〉이 모여 한 작품을 이룬다. 따라서 희곡은 〈산곡〉과 같은 성질의 것이지만, 그것은 고사(故事)의 표현을 위주로 하는 것이므로 이제까지 얘기해 온 시와 다른 것이니, 〈희곡〉은 뒤로 미루고 먼저 〈산곡〉을 중심으로 얘기를 해 나가야겠다.

〈산곡〉은 낡은 법식과 전통의 굴레로부터 벗어난, 형식과 음조에 있어 생명력이 넘치는 원대의 새로운 시이다. 〈산곡〉에서 노래한 내용은 〈사〉가 발생할 때처럼 한편으로만 치우치지 않고, 시나 〈사〉에서 읊은 광범위한 제재(題材)를 다 노래하는 것이었다. 〈사〉는 남송초기에 진여의(陳與義, 1090~ 1138)·섭몽득(葉夢得, 1077~1148) · 장원간(張元幹, 1067~1143) 같은 작가에 이어, 신기질(辛棄疾, 1140~1207)·유과(劉過, 1154 ~1206) 같은 사람들이 알기쉬운 구어체로 솔직한 감정을 〈사〉에 실어 노래했다. 그뒤 강기·오문영 같은 사람들이 형식미와 음률을 중히 여기어 〈사〉의 유미주의적인 풍조가 주류를 이루기는 하였지만, 구어체를 써서 〈사〉를 짓는다는 것은 곧 〈사〉를 평민들의 노래에 접근시키는 것이므로, 실제로는 〈산곡〉과 구별하기 어려운 형식의 작품들조차 보이게 되었다. 예로 완열(阮閱, 1126 전후)이 〈의춘(宜春)의 관기(官妓) 조불노(趙佛奴)에게 보낸다〉고 한 또 다른 제목 같은 글이 붙어 있는 「동선가(洞仙歌)」 같은 것이 있다.

조씨 집안 딸이라면
한나라 궁전에나 있어야 할 텐데
어찌하여 지금 세상에 조비연(趙飛燕) 같은 미인이 있나?
그녀를 본 사람들은

모두 말하기를 강남에서 으뜸가는 미인이라는데,
강북에서인들
이런 미인 볼 수 있을까?
그녀는 성질도 고운 모양이어서
남에게 성낼 줄 모르고
언제나 복사꽃 같은 웃는 얼굴 지녔네.
술잔 앞에서
보고서는 그대로 돌아가야만 하니,
그래 가지고야
얼마나 자세히 볼 수 있겠나?
눈 한번 깜박이지 않고 그녀를 보리니,
눈 깜박할 동안이면
그녀를 몇 번 더 볼 수 있을 게 아닌가!

趙家姝姝, 合在昭陽殿, 因甚人間有飛燕?
見伊底, 盡道獨步江南.
便江北, 也何曾慣見?
惜伊情性好, 不解嗔人, 長帶桃花笑時臉.
向尊前酒底, 見了須歸;
似恁地, 能得幾回細看?
待不眨眼兒覷着伊, 將眨眼兒工夫,
看伊幾遍.

조불노라는 기생을 한나라 조비연에게 비기면서 아름다움을 칭찬한 노래이다. 처음부터 끝까지 보통 쓰는 말과 조금도 다름없는 말로 〈사〉를 지었는데, 이는 〈곡〉의 풍격을 보여주는 것이라 생각하여도 좋다.

말을 바꾸면 민간에 유행하던 노래가 좀더 일찍이 문인들의 손으로 넘어가 문학작품으로 창작된 것이 〈사〉이고, 같은 민간 가요가 뒤늦게 〈사〉가 형식화한 뒤 문인들의 손으로 넘어온 것이 〈곡〉이다. 〈사〉와 〈곡〉은 이처럼 근원이나 발생 동기가 같으므로 〈사〉와 〈곡〉의 초기 작품들에 있어서는 비슷한 형식을 지닌 것도 있게 된다. 예로 남당(南唐)의 후주(後主) 이욱(李煜, 937~978)의 작품 「장상사(長相思)」와 원초 관한경(關漢卿, 1246 전후)의 작품 「대덕가(大德歌)」를 견주어 보자.

「長相思」(詞)
雲一緺, 玉一梭.
淡淡衫兒薄薄羅.
輕顰雙黛螺
秋風多, 雨相和,
簾外芭蕉三兩窠,
夜長人奈何.

구름같은 검은머리, 구슬처럼 가지런한 이,
흰 저고리에 엷은 비단 치마,
미인은 검은 눈썹을 가벼이 찡그리네.
가을 바람 세차지고, 빗발 날리는데,
발 밖엔 두세 그루 파초 있으니
밤은 긴데 빗소리에 사람은 어이하리!

「大德歌」(曲)
風飄飄, 雨蕭蕭,
便做陳摶也睡不着,
懊惱傷懷抱.
撲簌簌淚點兒拋.
秋蟬兒噪罷寒蛩兒叫,
淅零零細雨灑芭蕉.

바람은 쌩쌩 불고, 비는 푸득푸득,
진단(陳摶) 같은 도사라도 잠 못이루리니,
시름이 가슴을 쓰리게 하네.
주루룩 눈물 떨어지는데,
가을 매미 울음 그치자 귀뚜라미 울며,
후두둑 눈물 같은 빗발이 파초잎을 때리네.

〈사〉와 〈곡〉은 이처럼 비슷하여 전문가가 아니라면 사보(詞譜)나 곡보(曲譜)를 뒤지지 않고 〈사〉인지 〈곡〉인지 구별하기 어려운 것들이 많다. 〈장상사〉가 사패(詞牌)임에 비하여 〈대덕가〉는 곡패(曲牌)라 부르며 그 성격은 사패와 같다.

〈곡〉은 음악의 성격으로 보아 〈남곡(南曲)〉과 〈북곡(北曲)〉으로 나뉘어진다. 〈남곡〉이 송대 〈사〉의 음악을 계승하여 일찍 생겨났으나, 원나라로 들어와서는 북쪽에서 온 몽고족의 음악과 맞지 않았으므로 다시 〈북곡〉이 생겨났다. 그리하여 〈북곡〉은 원대 문학의 주류를 이루었으며, 명초에 이르러서야 〈남곡〉이 다시 부활된다.

넓은 땅을 차지한 중국은 북방과 남방의 기후 풍토가 판이하여, 사람들의 생활이나 성격도 판이하게 만들어 주었다. 대체로 북방은 억세고 투쟁적인데 비하여 남방은 부드럽고 낭만적이다. 북방과 남방의 차이는 음악뿐만 아니라 문학·미술·종교·사상 모든 면에 걸쳐 서로 다른 성질을 보여주고 있다. 현실주의적이고 착실한 『시경』이 북방의 문학이라면 낭만주의적이고 환상적인 『초사』는 남방의 문학이며, 〈유가〉가 북방의 사상이라면 〈도가〉는 남방의 사상인 것이다. 〈곡〉에 있어서의 〈남북곡〉의 문제는 희곡에서 더 큰 문제가 되므로 뒤에 다시 설명하기로 한다.

하와이 대학의 뤄진탕(羅錦堂) 교수는 『중국산곡사(中國散曲史)』에서 원대의 작가를 청려파(淸麗派)와 호방파(豪放派)로 나누어 설명했다. 관한경(關漢卿, 1246 전후)은 청려파의 대표적인 작가이며 그 밖에도 왕덕신(王德信, 1234 전후)·두인걸(杜仁傑, 1234 전후)·양과(楊果, 1197~1269)·원호문(元好問, 1190~1257) 등이 이에 속한다. 먼저 관한경의 〈소령(小令)〉을 한 수 읽어보자.

님 떠나 보낸 뒤로
마음 속에 도사린
한 뭉치 그리움은 언제나 없어지려나?
난간에 몸 기대니 소매자락엔 눈처럼 날리는 버들솜 스친다.
시냇물 빗겨 흐르고
산줄기 가로놓인 저쪽으로
님은 가버렸나니.

自送別, 心難捨, 一點相思幾時絕?
凭闌袖拂楊花雪.
溪又斜, 山又遮, 人去也.

이별의 정을 노래한 「사괴옥(四塊玉)」이란 〈소령〉이다. 산뜻하고 평속한 용어로 아름다운 정을 노래하고 있으며, 음조도 자연스럽고 아름답게 잘 조화되고 있다.

〈곡〉 연구가들은 종사성(鍾嗣成, 1321 전후)의 『녹귀부(錄鬼薄)』를 근거로 하여, 원대를 다시 성종(成宗)의 대덕(大德)년간 이전(약 1206~1300)과 이후(약 1300~1368)로 나누어 〈곡〉의 발전을 논한다. 전기는 민간 문학의 통속성과 백화적인 용어를 충분히 사용하여 솔직하고 소박한 자연스런 아름다움을 노래한 시기이다. 따라서 원대 문학을 대표할 만한 〈희곡〉의 우수한 작품들은 거의 모두 이 시기에 나왔다. 그러나 이 시기의 문학 조류는 관한경의 〈청려파〉보다도 외족에게 나라를 빼앗긴 울분을 거침없이 내뱉은 〈호방파〉가 주류를 이루었다. 〈호방파〉에 속하는 사람들로는 마치원(馬致遠, 1251 전후)을 비롯하여 장양호(張養浩, 1270~1329)·관운석(貫雲石, 1286~1324)·풍자진(馮子振, 1257~1315) 같은 작가가 있다. 외족이 지배하는 세상을 외면하려는 가을 생각을 노래한 마치원의 〈투곡(套曲)〉을 하나 예로 든다.

〔쌍조〕

(야행선) 백년의 세월도 일장의 꿈과 같아
거듭 옛일 되생각하니 한숨만 나온다.
오늘 봄이 왔지만
내일 아침이면 꽃은 질 것,
어서 잔 드세, 밤 깊어가고 등불 꺼져 가지 않나!

(교목사) 진나라 궁전 한나라 궁궐도
모두 소 양 노는 풀 시든 들판이 되었다.
그렇게 안 되었다면
고기잡이 나무꾼 할 얘기가 있겠나?
거친 무덤 곁엔
부러진 비석이 보이는데
글씨는 알아볼 수도 없게 되었구나!

(경선화) 여우 집 토기 굴이 된
얼마나 많은 호걸들의 무덤이 있는가!
옛날 삼국이 강하게 서로 버티었지만
중도에 다 망했으니
위 나라가 있는가? 진나라가 있는가?

(낙매풍) 당신이 부자가 되었다 하더라도 지나친 욕심 부리지 말 것이니

좋은 날 즐거운 밤은 많은 것이 아니다.
부자여!
그대 마음 쇠처럼 검고 단단하다 하더라도
어찌 아름다운 풍경과 달을 저버리고 말겠는가?

(풍입송) 지금 붉은 해 서쪽으로 기울고 있는데
빠르기 비탈 굴러내리는 수레같다.
거울 들여다보면 흰 머리 더해졌으니,
오늘 침대에 누우면 다시 신 못 신게 될지 뉘 알리?
비둘기처럼 허술한 집에 산다 비웃지 마라,
바보인 체 얼버무리고 살아가는 것이라.

(발부단) 명리를 멀리하고
시비를 끊고 사니
누런 먼지 문앞에 일지 않는다.
파란 나무는 지붕 한 모퉁이 가리고
푸른 산은 담 위로 솟았는데
대 울타리에 초가집이 잘도 어울린다.

(이정연대 헐지쇄)
귀뚜라미 울음 그친 뒤 한숨 겨우 자고
닭만 울면 만사가 쉴 새 없이 닥쳐온다.
언제면 세상일에 통달하리?
개미들도 빽빽이 모여 싸움하고
어지러이 벌들은 꿀따기에 바쁘고
붕붕 쉬파리들은 다투어 피를 빤다.
당나라 배도(裵度)의 녹야당(綠野堂)과
진나라 도잠(陶潛)의 백련사(白蓮社)의
한적한 생활 생각난다.
가을이 오면 좋아하는
이슬 젖은 국화 꺾고
서리 맞은 꽃게 뜯고
낙엽모아 술 데워 마시리라.
사람이 평생 마시는 술은 한이 있는 것,
중양절(重陽節)인들 몇 번이나 겪는가?
사람들이 나를 찾거든,

아이야 잘 알아 둬라,
한나라 공융(孔融) 같은 귀한 손님 왔다 하더라도
동리(東籬, 작자의 호)는 취해 있다고 말하거라.

〔雙調〕

(夜行船) 百歲光陰一夢蝶, 重回首往事堪嗟. 今日春來, 明朝花謝. 急罰盞夜闌燈滅.

(喬木查) 想秦宮漢闕, 都做了衰草牛羊野, 不恁麼, 漁樵沒話說. 縱荒墳, 橫斷碑, 不辨龍蛇.

(慶宣和) 投至狐踪與兎穴, 多少豪傑? 鼎足雖堅, 半腰裹折. 魏耶? 晉耶?

(落梅風) 天教你富莫太奢, 沒多時好天良夜. 富家兒! 更做道你心似鐵, 爭辜負了錦堂風月?

(風入松) 眼前紅日又西斜, 疾似下坡車. 不爭鏡裏添白雪, 上牀與鞋履相別. 休笑鳩巢計拙, 葫蘆提一向裝呆.

(撥不斷) 利名竭, 是非絶. 紅塵不向門前惹. 綠樹偏宜屋角遮. 靑山正補牆頭缺, 更那堪竹籬茅舍.

(離亭宴帶歇指煞)

蛩吟罷一覺纔寧貼, 雞鳴時萬事無休歇, 何年是徹? 看密匝匝蟻排兵, 亂紛紛蜂釀蜜, 急攘攘蠅爭血. 裴公綠野堂, 陶令白蓮社. 愛秋來時那些, 和露摘黃花, 帶霜分紫蟹, 煮酒燒紅葉. 想人生有限杯, 渾幾個重陽節? 人問我, 頑童記者, 便北海探吾來, 道東籬醉了也.

여기에서 〈쌍조〉는 이 〈투곡〉의 궁조를 가리키며, 이처럼 같은 궁조에 속하는 〈소령〉들이 여러 개 모여 한 〈투곡〉을 이룬다. 〈이정연대헐지쇄〉는 〈이정연〉과 〈헐지쇄〉의 두 곡조가 합쳐 한 곡조를 이루었음을 뜻한다.

원대 전기의 이러한 〈호방파〉의 작품은 북방 문학의 진솔하고 질박한 풍취를 이어받은 것이라고도 할 수 있다. 그러나 후기로 들어서면 남방적인 전아하고 부드러운 풍격을 많이 흡수하여, 호방파보다 청려파가 더 우세해진다. 그리고 이들은 산뜻한 악상의 아름다움 뿐만 아니라, 문구를 다듬고 깎아서 형식의 아름다움을 더 추구했으므로, 민간 문학의 통속성과 멀어지게 된다. 통속성으로부터 멀어졌다는 것은 진설성과 참신한 맛을 잃었다는 뜻도 되므로 문학적인 기교에 있어서는 많은 발달을 하였다 하더라도 생명과 개성이 깃든 좋은 작품은 볼 수 없게 되었음을 뜻한다. 그러나 〈산곡〉은 전기보다도 훨씬 세련되어 후기에서 더욱 발달한 일면을 보여준다.

명대로 들어오면서 〈북곡〉에 대신하여 〈남곡〉이 성행하게 된다. 그러나 명 일대를 휩쓴 의고(擬古)적인 문학 풍조는 〈곡〉에도 영향을 미치어 얼마 못가 엄격한 곡률(曲律)을 따지면서 전아(典雅)한 말들로 작품을 쓰려 하였으므로 창의나 개성을 발휘할 여지를 갖지 못한다. 명말에 이르러 이러한 전통적인 문학 사조를 부정하는 작가들이 몇몇 나와, 명대 문학의 부흥을 도모하는가 하였지만, 곧 명나라의 멸망과 더불어 그러한 혁신적인 운동도 사라지고 만다. 그리하여 〈곡〉은 시와 함께 고증학을 숭상하는 청대 문인들의 손으로 넘어가 전통의 좁은 테두리 안에서 파적삼아 작품으로 만들어졌다. 평민들의 통속성이나 생활 감정을 솔직하게 노래 부르려는 정신과는 거리가 멀어진 것이다.

4. 희곡(戱曲)

앞에서 이미 말한 것처럼 중국의 희곡은 몇 개의 〈투곡〉이 모여 한 작품을 이룬다. 따라서 중국의 고극에는 창(唱, 노래)·과(科, 동작)·백(白, 대화)의 세 가지 요소가 있다고들 하지만, 그중에서도 가장 중요한 것은 〈창〉인 노래이다. 중국 사람들이 연극을 구경한다는 말을 〈연극을 본다〉고 말하지 않고 〈연극을 듣는다(聽戱)〉고 말하는 것도, 그들 연극의 특성에서 생겨난 습성이다.

원대의 〈북곡〉으로 이루어진 희곡을 〈잡극(雜劇)〉이라 부르는데, 〈잡극〉은 한대의 부, 당대의 시, 송대의 〈사〉처럼 원대의 문학을 대표한다. 〈잡극〉은 한 개의 작품이 네 절(折)로 이루어지는 게 원칙이다. 〈절〉이란 지금의 한 막(幕)과 비슷하며, 네 절 외에, 필요에 따라 〈설자(楔子)〉라는 짧은 막을 맨 앞이나 중간에 끼우기도 한다. 〈설자〉는 연극의 발단을 설명하거나 절과 절의 사이를 연결시켜 주는 역할을 한다. 그리고 한 〈절〉은 한개의 〈투곡〉으로 이루어진다. 그리고 한 작품에서 연극의 중심이 되는 노래는 남자 주인공이나 여자 주인공 한 사람이 부르는 게 원칙이다. 또 연극에 등장하는 인물들은 말(末)·단(旦)·정(淨)·축(丑) 등으로 크게 성질에 따라 나뉘어지며, 남자 주인공을 정말(正末), 여자 주인공을 정단(正旦)이라 부른다.

〈잡극〉도 〈산곡〉과 마찬가지로 전기와 후기로 시대가 구분되는데, 중요한 작가들은 대부분이 전기에 속하는 사람들이었다. 그리고 전기의 작가들은 지금의 베이징을 중심으로 한 북방 사람들이 대부분이었는데, 작품은 크게 두 갈래로 나뉘어진다. 하나는 실제 무대 상연에 중점을 두어 작품을 쓰는 사람이고, 다른 하나는 무대 상연보다도 읽거나 노래하여 감상하는 문학적 작품으로서의 희곡에 힘을 기울인 사람들이다. 관한경(關漢卿, 1246 전후)·왕덕신(王德信, 1234 전후)·백박(白樸, 1226?~?)·마치원(馬致遠, 1251 전후)·정광조(鄭光祖, 1294 전후)·교길(喬吉, ?~1345)의 여섯 사람을 보통 원곡의 육대가(六大家)라 부르는데 뒤의 두 사람을 빼고는 모두 전기에 활약한 사람들이다. 무대 상연에 중점을 두고 작품을 쓴 작가로는 관한경을 비롯하여 양현지(楊顯之, 1246 전후)·무한신(武漢臣, 1251 전후)·기군상(紀君祥, 1260 전후) 같은 이들이 있으며 문학 작품으로서 〈잡극〉을 쓴 작가로는 왕덕신·백박·마치원을 비롯하여 오창령(吳昌齡, 1251 전후)·이수경(李壽卿, 1251 전후) 같은 이들이 있다. 관한경파의 사람들은 쉬운 말로 여러 등장 인물들의 성격이나 행동을 사실적으로 그려냈다. 그들의 얘기는 대부분이 현실사회와 관련있는 것이어서, 민중들이 관심을 기울일 만한 것들이었다. 그리하여 그들의 작품은 천한 배우들이나 민중들로부터는 환영을 받았지만, 사대부 계급들의 칭찬은 얻지 못했다. 반대로 왕덕선과 마치원 일파들은 상당한 고전 문학에 대한 교양을 지닌 사람들이어서 아름다운 곡사와 멋진 내용을 그려내기에 힘 썼다. 그들의 작품 내용이 재자가인(才子佳人)의 사랑이나 궁전안의 얘기나 문인들의 낭만적인 경험을 소재로 한 게 많았다는 것도 그러한 특성 때문이다. 이들의 작품은 무대에 상연하기 불편하였고, 민중들에게 절실하지 않은 내용이었지만, 오히려 관한경파의 작품보다도 더 많은 지식인들의 찬미를 받았다. 관한경 일파들이 '대중적'이었다면 왕덕신 일파들은 '귀족적'이었다고 말할 수 있다.

관한경은 60여 종의 〈잡극〉을 지었는데 그중에서도 『구풍진(救風塵)』과 『두아원(竇娥冤)』을 대표작으로 칠 수 있다. 『구풍진』은 진실성 없는 남자에 속아 넘어가 고초를 겪는 기생들의 생활에서 취재한 것이고, 『두아원』은 간악한 남자들에게 짓밟혀 억울한 평생을 마치는 젊은 여자의 얘기를 쓴 것이다. 관한경이 이처럼 사회에서 가장 연약하고 업신여겨지던 여자 문제에 관심을 많이 기울였다는 것은, 작품을 통해 얼마나 그가 사회문제를 파헤치면서 부조리와 씨름했을까 상상이 가게 한다. 〈잡극〉에서는 작가들이 노래하는 〈곡〉에만 치중하여, 어떤 각본에는 심지어 〈대화〉나

동작 또는 설명을 빼고 곡만을 적어 놓은 것도 있다. 그러나 관한경은 무대 상연을 위하여 작품을 썼고, 또 연극을 구경하는 민중들을 언제나 머리속에 두고 있었기 때문에 대화인 〈백〉에도 많은 주의를 기울였다. 그리하여 그의 작품에는 대화의 분량이 많을 뿐 아니라, 대화를 통하여 등장 인물들의 성격을 생생하게 묘사하고 현실에 대한 날카로운 풍자를 쏘아대기도 한다. 대화에 주의를 했다는 것은 연극의 입체감을 크게 살린 것이라고도 할 것이다. 예로 「두아원」 2절에서 장노아(張驢兒)라는 작자가 두아(竇娥)의 양모를 독살하려다가 잘못하여 자기 아버지를 죽이고는 두아를 고을 태수에게 끌고가 무고하는 장면을 보자.

(장노아가 두아와 채노파를 끌고 등장하여 소리 친다.) 고소장이오! 고소장이오!

(관 원) 이리로 갖고 오너라.
(장노아가 무릎을 태수 앞에 꿇는다. 태수도 역시 무릎을 꿇으면서.)
어서 일어나시오!

(관 원) 상공! 저자는 고소하러 온 작자인데 태수께서 저자에게 무릎을 꿇으시다니요?

(태 수) 넌 모른다. 고소하러 온 분들은 바로 나를 먹여주고 입혀주는 부모나 같은 사람들 아니냐?

(관 원) (그렇습니다 하고 대답하며 허리를 굽힌다.)

(태 수) 누가 원고고 누가 피고냐? 사실대로 말하렸다!

(장노아) 소인이 원고 장노아인데, 이 여자를 고소합니다. 이 여자는 이름이 두아인데 양고기국에다 독약을 넣어 저의 아버지를 독살하였습니다. 이 분은 채노파인데 바로 저의 계모입니다. 영감님께서 소인의 억울함을 풀어주십시오!

(태 수) 누가 독약을 넣었지?

(두 아) 저는 모르는 일이옵니다.

(채노파) 이 늙은 것도 모르는 일입니다.

(장노아) 저도 모르는 일입니다.

(태 수) 모두 아니라면 내가 독약을 넣었단 말인가?

(두 아) 제 어머님은 저 사람의 계모가 아닙니다. 저이는 장씨이고 저의 집은 채씨입니다.

〔張驢兒拖正旦·卜兒上, 云〕 告狀, 告狀.

〔祗候云〕 拿過來. (做跪見.)

(孤亦跪科, 云) 請起.

〔祗候云〕 相公, 他是告狀的, 怎生跪着他.

〔孤云〕 你不知道, 但來告狀的, 就是我的衣食父母.

〔祗候么喝科, 孤云〕 那箇是原告, 那箇是被告, 從實說來.

〔張驢兒云〕 小人是原告張驢兒, 告這媳婦兒, 喚做竇娥, 合毒藥下在羊賭湯兒裏, 藥死了俺的老子. 這箇喚做蔡婆婆, 就是俺的後母, 望大人與小人做主咱.

〔孤云〕 是那一箇下的毒藥?

〔正旦云〕 不干小婦人事.

〔卜兒云〕 也不干老婦人事.

〔張驢兒云〕 也不干我事.

〔孤云〕 都不是, 敢是我下的毒藥來?

〔正旦云〕 我婆婆也不是他後母, 他自姓張, 我家姓蔡.

탐관오리의 표본인 태수가 아무리 고소인의 등을 쳐 먹고 산다하더라도, 고소인이 들어오자 그 앞에 무릎을 꿇고 경의를 표한다는 것은 매서운 중국적인 풍자라 할 것이다. 이런 태수에게 엉터리 재판을 받고 연약한 두아는 억울하게 죽어가는 것이다.

마치원의 『한궁추(漢宮秋)』와 백박의 『오동우(梧桐雨)』 및 왕덕신의 『서상기(西廂記)』는 『문학작품으로서의 희곡』을 쓴 〈잡곡〉의 대표적인 작품이라 할 것이다. 『한궁추』는 한나라 원제(元帝)때 왕소군(王昭君)이란 아름다운 궁녀가 임금의 총애를 받으면서도 흉노(匈奴)의 선우(單于)에게 시집가는 애절한 얘기이고, 『오동우』는 양귀비(楊貴妃)와 당나라 현종(玄宗)의 뜨거운 사랑을 묘사한 것이다. 그리고 『서상기』는 당나라 원진(元稹, 779~831)의 전기(傳奇)소설 『앵앵전(鶯鶯傳)』을 극화한 것이다.

이들은 희곡의 소재부터가 궁전이나 상류 사회의 사랑을 배경으로 한 것이기 때문에, 문장도 자연히 전아하지 않을 수가 없었을 것이다. 그리고 처음부터 대중 속의 관극자를 상대로 한 게 아니라 상류 지식인들이 읽거나 노래하면서 감상할 것을 전제로 했기 때문에, 아름다운 문사와 멋진 내용을 추구하게 되었던 것이다. 이들의 작품은 〈대화〉가 퍽 적으며 특히 극정이 고조에 달하는 곳에서 표현의 아름다움을 극한 〈창사(唱詞)〉로 클라이맥스를 이룬다. 〈잡극〉은 송대에 이미 성행했던 민간의 희극(戲劇)들로부터 발전한 것이기 때문에 극의 형식이 〈잡극〉으로 바뀌면서도 이미 송대에 민중으로부터 유리된 귀족화 경향을 일부 그대로 계승한 것이라 믿어진다.

원대 후기로 들어서면 희곡 창작의 중심이 북쪽으로부터 항주(杭州)를 중심으로한 남방으로 옮겨진다. 거의 모든 작가들이, 북쪽출신이라 하더라도 남방으로 옮겨와 사는 사람이거나 남방 출신으로 바뀐 것이다. 따라서 이들의 작품에는 후기의 〈산곡〉이 그러했던 것처럼 남방 문학의 부드럽고 전아한 경향을 짙게 지니게 된다. 후기의 대표적인 작가로 치는 정광조의 〈잡극〉을 평하여 명나라 주권(朱權, ?~1448)은 그의 『태화정음보(太和正音譜)』에서 "구천(九天)의 주옥과 같다."고 하였다. 곧 이들은 〈잡극〉의 음악과 성조의 규칙을 따져 자신들을 구속하는 한편, 더욱 아름다운 글귀로 곡사를 꾸미기에 힘썼다. 그리하여 옛날 비평가들은 정광조나 교길을 높이 평했지만, 희곡으로서 볼 만한 작품은 별로 남기지 못했다. 〈잡극〉도 발생한 그 시대에 이미 대중들로부터 멀어지면서 쇠멸해 갔던 것이다.

〈산곡〉이나 〈잡극〉을 막론하고 원대 후기로 들어서면서 남방 문학의 냄새가 짙어가더니, 원나라가 망하게 되자 명대로 들어서기가 무섭게 〈북곡〉에 대신하여 〈남곡〉이 성행하게 되었다. 〈남곡〉으로서의 희곡은 〈희문(戲文)〉이라 불렀는데 〈북곡〉인 〈잡극〉에 눌려 명맥만을 겨우 부지하다가, 명대에 다시 성행하게 된 것이다. 명대의 〈희문〉은 보통 〈전기(傳奇)〉라고 부르는데, 당대의 소설 〈전기〉와 같은 글씨이지만 구별되는 것이다.

〈잡극〉과 〈전기〉의 차이는 대략 다음과 같다.

1) 〈잡극〉은 한 작품이 사절(四折)인 데 비하여, 〈전기〉는 작품의 길이에 제한이 없다. 보통 한 작품이 사오십 착(齣)에 달하였으니 장편의 희곡이었다고 생각하면 될 것이다. 다만 한 착(齣)은 절(折)보다 약간 짧은 것이 보통이다.
2) 〈잡극〉은 〈정말(正末)〉이나 〈정단(正旦)〉 한 사람이 처음부터 끝까지 노래 불렀지만, 〈전기〉는 등장인물 전체가 번갈아 노래불렀다. 그리고 〈잡극〉에선 독창만 있었지만, 〈전기〉에선 합창이나 윤창(輪唱)의 방법도 쓰였다.
3) 〈잡극〉에선 한 절에 같은 궁조(宮調)의 노래만이 불려졌고, 한 가지 운으로 처음

부터 끝까지 압운(押韻)되었지만, 〈전기〉에서는 궁조가 일정하지 않았고 운도 노래마다 바꿀 수가 있었다.

이밖에도 〈북곡〉과 〈남곡〉의 음악이 달랐고 쓰이는 악기조차 달랐다. 원말 명초의 〈전기〉로는 『살구기(殺狗記)』·『백토기(白兎記)』·『배월정(拜月亭)』 같은 민간에서 나온 작품들이 전해진다. 이것들은 민간 작품이니만치 민간에서 쓰이는 평이한 속어로 자연스럽게 연극을 엮어 놓은 것이다. 그러나 상류계급 문인들의 작품인 고명(高明, 1354 전후)의 『비파기(琵琶記)』·주권(朱權, ?~1448)의 『형차기(荊釵記)』 등이 나오면서 〈전기〉의 풍취는 바뀌어갔다. 곧 문장을 남방 문학의 특징인 아름답고 전아한 문구로 수식하였고, 『비파기』가 효부의 지극한 정성을 그린 것처럼 내용도 사회의 교화에 유익한 것들만 택하게 되었다. 따라서 〈전기〉에선 속어들이 사라지고 곡문(曲文)에 일정한 자수 이외에 작자가 멋대로 덧붙이던 〈친자(襯字)〉도 거의 없어져서 문장이 〈잡극〉보다 훨씬 읽기에 어려워졌다. 〈전기〉는 민중으로부터 거리가 곧 멀어져 갔던 것이다.

이것은 명대를 휩쓸던 의고적인 문학 풍조와도 일치하는 것이다. 명대 중엽 이후로는 더욱 엄하게 옛사람들의 규칙인 〈곡률(曲律)〉을 따지게 되어, 상당한 문학의 재능이 있는 사람이라 하더라도 〈곡률〉에 얽매여 창의를 발휘할 수 없게 되었다. 명대 중엽을 지나 〈곡률〉을 반대하던 탕현조(湯顯祖, 1550~ 1617)가 『환혼기(還魂記)』를 비롯한 볼 만한 작품들을 냈을 뿐, 『비파기』 이후로 수많은 작품들이 쏟아져 나왔는데도 이렇다 할 작품들이 없었던 것도 이러한 전기의 고전화 때문이었다. 고율(古律)에 얽매이지 않고 개성을 살려 작품을 쓰려던 자유주의적인 탕현조의 문학사상은 원굉도(袁宏道, 1568~1610)를 중심으로 한 〈공안파(公安派)〉에 의하여 계승되지만, 〈전기〉엔 아무런 영향도 미치지 못하고 청대로 넘어간다.

청대에 와서 〈전기〉가 민중을 외면해 버리자 민중들은 각기 자기가 사는 지방의 토속적인 곡조로써 희곡을 만들어 즐기게 되었다. 각 지방에서 일어난 지방희(地方戲) 중에서도 곧 다른 지방희의 장점을 흡수하여 발전한 베이징(北京) 지방의 〈경희(京戲)〉가 가장 널리 유행하게 된다.

〈경희〉는 청대 후기에 이룩되었지만 지금 와서는 소수민족(少數民族)을 포함하여 중국의 14억 인구의 위아래 사람들이 모두가 좋아하는 위대한 대중예술(大衆藝術)로 발전하고 있다.

5. 속강(俗講)과 소설(小說)

1900년대 초기, 영국의 스타인(A. Steine)과 프랑스의 페리오(Paul Pelliot)에 의하여 중국의 감숙성(甘肅省) 돈황현(敦煌縣) 명사산(鳴沙山)에 있는 천불동(千佛洞)에서 수많은 당대로부터 오대에 걸친 옛날에 기록된 문서들이 발견되었다. 이 가운데에는 세상의 학계를 놀라게 한 수많은 새로운 학술 자료들이 섞여 있는데, 그중에서도 중국문학사를 다시 쓰게 만든 것은 〈변문(變文)〉이란 이제껏 알려지지 않았던 새로운 스타일의 작품이다.

〈변문〉이란 본시 인도로부터 들어온 〈불곡(佛曲)〉으로, 운문과 산문을 엇섞어가며 불경을 평민들이 이해하기 쉽도록 재미있게 쉬운말로 풀어 쓴 것이다. 운문과 산문이 엇섞여 있다는 것은 이것이 노래하다 얘기하다 하는 〈강창(講唱)〉 형식의 것이었음을 뜻한다.

〈변문〉은 본시 『유마힐경변문(維摩詰經變文)』이나 『아미타경변문(阿彌陀經變文)』처럼 불경을 근거로 하여 이를 알기 쉽게 풀이함으로써, 전교를 하는 데 목적이 있었다. 그러나 뒤에는 청중들의 흥미를 위주로 한 『강마변문(降魔變文)』이나 『지옥변문(地獄變文)』·『대목건련명간구모변문(大目乾連冥間救母變文)』처럼 불경에 나오는 한 가지 얘기나 전설을 서술하는 경향이 생겼다. 그러다가 불교와 전연 관계가 없는 순전한 오락을 위한 〈변문〉도 생겨났다. 『오자서변문(伍子胥變文)』·『왕소군변문(王昭君變文)』·『순자지효변문(舜子至孝變文)』·『장의조변문(張義潮變文)』 같은 것이 그것이다. 그 때문에 〈변문〉을 〈속강(俗講)〉이라 부르기도 하였다. 정즌둬(鄭振鐸)의 『중국속문학사(中國俗文學史)』에 의하면 〈변문〉의 시대는 대략 성당(盛唐, 713~755)으로부터 시작하여 오대(五代, 907~979)에 이른다 했다.

『유마힐경변문』처럼 퍽 세련된 문장으로 쓰인 것이 있기는 하지만, 〈변문〉 자체의 문학적인 성취는 그다지 높게 평가할 수 없을 것이다. 그보다도 〈변문〉이 중국 〈강창문학(講唱文學)〉의 시조이며, 소설의 발달에도 많은 영향을 끼쳤다는 일이 중요하다.

중국에는 이미 남북조시대부터 괴상한 일을 기록한 글(志怪)이나 우스운 얘기(談笑)들을 주어 모아 기록한 것들이 있어, 문학사를 쓰는 이들은 이를 소설속에 포함시켜 서술하고 있다. 그러나 이것들은 문인 들이 심심풀이로 보고 들은 얘기들을 적어 놓은 것들이어서 문학과는 거리가 먼 것 같다. 중국의 일반 민중들이 얘기를 통하여 자기들의 뜻을 풍자해 내는 한편, 그것을 즐기려는 충동은 아무래도 〈변문〉을 통 하여 계발되었던 것들이다. 〈변문〉이 불경의 내용과 관계없이 역사나 사회에서 일어난 일들을 얘기로 엮어 내면서부터 중국에 진정한 소설의 싹이 트기 시작한 게 아닌가 생각된다.

〈변문〉은 한 사람이 노래와 얘기를 섞어가며 한 가지 고사를 서술하는 것이며, 〈속강〉이라고도 불렀다(段安節 『樂府雜錄』). 이 〈속강〉은 빠른 속도로 민중 사이로 파고 들어 당대에 이미 민간에는 〈변문〉으로부터 발전한 〈얘기꾼(說話人)〉들이 유행하였던 것 같다. 당대의 설화도 송대의 설화를 참조할 때 얘기에 노래를 섞었던 것이라 여겨진다. 원진(元稹, 778~831)의 「수한림백학사대서일백운(酬翰林白學士代書一百韻)」 시를 보면 "시간은 얘기를 듣는 사이에 옮아간다(光陰聽話移)"라는 귀절 아래 다음과 같은 주석을 자신이 달고 있다.

> "백낙천은 언제나 나와 놀 때면 시의 제명을 집 벽에 쓰지 않는 일이 없었다. 그리고 일찍이 신창(新昌)에 있는 집에서 일지화(一枝花)의 얘기를 들었는데 인시(寅時)로부터 사시(巳時)에 이르도록 얘기가 다 끝나지 않았었다."
> 樂天每與予游, 無不書名屋壁. 又嘗於新昌宅聽一枝花說, 自寅至巳, 猶未畢詞也.

〈일지화〉란 당대의 명기 이아선(李亞仙)의 별명이다. 백낙천의 아우 백행간(白行簡, ?~826)은 이아선의 얘기를 『이와전(李娃傳)』이란 전기(傳奇)소설로 엮었고, 원대의 석군보(石君寶, 1260 전후)는 잡극 『곡강지(曲江池)』로 극화시켰으며, 다시 명대의 설근연(薛近兗, 1544 전후)은 전기 『수유기(繡襦記)』로 그것을 개작하였다. 다시 단성식(段成式. ?~863)의 『유양잡조(酉陽雜俎)』에는 이런 기록이 보인다.

> "내가 태화(太和, 827~835) 말년에 아우의 생일날 잡희를 보았는데, 시인(市人)이 소설을 하는데 편작(扁鵲)을 상성자(上聲字)인 편작(褊鵲)으로 읽더라."
> 予太和末, 因弟生日觀雜戲, 市人小說, 呼扁鵲作褊鵲字, 上聲.

이로써 〈변문〉으로부터 발전한 설화가 당대에 이미 널리 유행하였음을 알 수 있다.

중국에서 Fiction이라 할 만한 소설, 곧 의식적으로 쓴 소설은 당대의 〈전기(傳奇)〉에서 비롯된다. 〈전기〉는 당시 사회의 여러 가지 문제를 제재로 얘기한 단편 또는 중편의 소설이며, 『당인설회(唐人說薈)』 및 『태평광기(太平廣記)』에 수십 편의 작품이 전한다. 그런데 이 〈전기소설〉은 앞에서 얘기한 원진(元稹)이 백낙천과 들었다는 〈일지화〉의 얘기가 백낙천의 아우 백행간에 의하여 『이와전』이란 〈전기소설〉로 변한 것처럼 〈설화〉로부터 발전한 것이라 여겨진다. 산문으로 엮어진 〈전기소설〉 중간이나 끝에 시 한 수가 잘 낀다는 것도 강창의 흔적이 아닌가 여겨진다. 그리고 장방(蔣防, 813 전후)의 『곽소옥전(霍小玉傳)』 같은 작품을 보면 등장 인물의 대화까지도 음영체(吟詠體)에 가까운 문장으로 되어 있다.

> 소옥 ; 저는 본시 창가 출신이니, 짝이 될 수 없음을 스스로 압니다. 지금은 아름다움을 사랑하시어 어지신 몸을 의탁하셨지만, 일단 아름다움이 시들면 사랑이 옮겨가고 정이 바뀌어, 의탁할 곳 없는 덩굴풀이나 가을 부채처럼 버림받는 몸 될까 두렵습니다. 기쁨이 극하고 보니 모르는 새에 슬픔을 느끼게 됩니다.
>
> 이생 ; 평생 바라던 뜻을 오늘에야 이루었으니, 뼈가 부서지고 몸이 가루가 될지라도 버리지 않을 것을 맹세하오. 부인은 어찌하여 이런 말을 하시오? 청컨대 흰 비단에 언약을 쓰게 해주시오!
>
> 小玉 ; 妾本倡家, 自知非匹. 今以色愛, 托其仁賢. 但慮一旦色衰, 恩移情替, 使女蘿無托, 秋扇見捐. 極歡之際, 不覺悲至.
>
> 李生 ; 平生志願, 今日獲從, 粉骨碎身, 誓不相舍. 夫人何發此言? 請以素縑, 著之盟約.

이처럼 대화까지도 〈변려문〉에 가까운 형식으로 이루어졌다는 것은 노래와 강설로 엮어진 설화의 〈창〉의 영향이 아닐까 생각된다.

산문으로 된 강설과 운문으로 된 가창을 엇바꿔가며 고사를 서술하면 당대의 〈속강〉은 송대의 이르러 여러 가지 민중 예술로 발전한다. 설화(說話)·고자사(鼓子詞)·제궁조(諸宮調)·복잠(覆賺)·도진(陶眞)·애사(涯詞) 같은 것이 송대에 성행하던 강창의 대표적인 것이다. 이들 중에서 설화인들의 애기책인 『화본(話本)』은 백화로 된 훌륭한 소설로서 지금까지 전해지고 있으며, 〈제궁조〉·〈고자사〉 등에도 훌륭한 작품들이 전해진다. 원대에 이르리는 사화(詞話)·어설(馭說)·화랑아(貨朗兒) 등이 있었으며, 희문(戲文)이나 잡극(雜劇) 같은 옛날 희곡에서 노래와 함께 대화를 섞어가면서 고사를 상연하게 된 것도, 강창의 영향이 크다고 생각된다. 다시 명·청대로 들어와서는 보권(寶卷)과 탄사(彈詞)·고사(鼓詞)가 있었다. 〈보권〉은 불경을 풀이하던 〈변문〉의 내용과 방법을 그대로 계승한 것이며, 〈탄사〉와 〈고사〉는 일반적인 애기들을 노래와 강설로 엮어가는 것이다.

〈탄사〉나 〈고사〉는 한사람이 애기를 해가는 것이므로 보통 소설보다도 서술이 훨씬 완곡하며, 중간에서 일단을 들더라도 재미를 느낄 수 있도록 많은 변화를 일으키고 있기 때문에, 등장 인물이나 애기 줄거리가 매우 복잡하다. 명대부터 발달한 중국의 장편소설들이 복잡한 애기 줄거리와 수많은 등장 인물을 지니고 있는 것도, 이 강창의 영향일 것 같다. 『삼국지(三國志)』·『수호지(水滸誌)』·『서유기(西遊記)』·『금병매(金瓶梅)』 같은 장회소설(章回小說)들을 보면 실제로 작품에 강창의 흔적을 많이 지니고 있다. 첫째, 장편소설이 짧은 독립된 애기로 볼 수 있는 수십 개 이상의 장회(章回)로 나뉘어진다는 것은 설화의 방법이다. 설화인들은 중간부터 일단을 들어도 재미를 느끼도록 짧은 독립된 애기를 장편으로 연결시켰던 것이다. 둘째, 매회마다 〈화설(話說)〉·〈각설(却說)〉·〈차설(且說)〉 등의 정해진 투어(套語)로 시작해서, 매회 끝마다 "이 뒷일이 어떻게 되었는지 알고 싶거든 다음 회의 애기를 들어봐라(欲知後事如何, 且聽下回分解)."는 정해진 말귀로 끝을 맺는데, 이것도 설화인의 말투이다. 셋째, 매회 앞에는 시나 〈사〉가 한 수씩 붙어 있고, 매회 끝머리는 한 수나 두어 구의 시로 매듭짓는 작품이 많은데, 이것도 〈화본〉 또는 〈강창〉이 남겨준 흔적이라 할 것이다. 그리하여 지금껏 『금병매사화(金瓶梅詞話)』 식으로 작품명 끝에 〈사화〉나 〈시화(詩話)〉란 말이 붙어 있는 소설도 많다.

이렇게 볼 때 강창 문학은 말할 것도 없고, 단편이나 장편소설들도 음악과의 밀접한 관계 아래 발전하여 온 것임을 알 수 있다.

6. 맺는 말

앞에서 얘기한 것처럼 중국문학의 시나 〈사〉·〈곡〉은 말할 것도 없고, 희곡·소설에 이르기까지 음악과 뗄 수 없는 관련을 지니고 있다. 그리고 그 음악은 문학과의 관계에 있어서 모두 평민들 사이에서 우러 나온 것이다.

다시 말하면 산문을 제외한 모든 장르의 중국문학은 평민들의 노래와 함께 발생하여 문인들의 손으로 넘어갔다. 민간의 노래가 문인들의 손으로 옮겨진 뒤에도, 여전히 노래불리워지는 동안은 문학으로서 발랄하고 생기가 넘쳤었다. 그러나 일단 문학이 민중의 노래로서의 성격을 잃으면 귀족화하고 형식화하여 굳어져서 쇠멸하게 된다. 다만 강창 문학과 소설은 그 원조인 〈변문〉이 인도에서 이미 발달한 것을 그대로 들여온 것이며, 고사를 연출한다는 다른 목적이 었었으므로 다른 부면의 문학과 함께 얘기하기 어렵다. 또 이들은 끝내 민중 예술의 성격을 벗어나지 못한 것들이어서 문인들의 손에 의하여 형식화할 여유도 없었다.

중국문학은 문인들의 손에 의하여 지탱되는 사이에 귀족화하여 생기를 잃어갔고, 그럴 때마다 민간의 음악은 다시 새로운 방향에서 생기를 불어넣어 준 셈이다. 그렇다면 음악은 중국문학과 뗄 수 없는 관계가 있을 뿐만 아니라, 순수한 예술적인 생명을 지탱케 하는 원동력이었다고도 할 수 있다. 시는 물론 〈사〉·〈곡〉 및 희곡 소설들 모두가 노래부를 수 있는 동안은 모두 건전하였다. 말을 바꾸면 모든 중국문학은 평민 문학으로서 노래와 함께 발생하여 뒤에 문인들의 손으로 옮겨졌으며, 문인들이 작품을 유지하는 동안에 귀족화하여 노래와 멀어지자 생명력을 잃고 시들어 갔다. 이렇게 보면 노래는 중국문학에 있어 생명력을 공급하는 요소였다고도 하겠다.

VII. 무아지경(無我之境)
— 도연명과 자연을 중심으로

1. 자연시의 연원

중국 사람은 일찍부터 우주의 기본 섭리인 도(道)는 지극히 선(善)한 것이라 여겼다. 그리고 자연과 자연의 변화는 그 절대적인 도의 표상이라 생각했다. 또 사람도 크게 보면 자연의 한 구성 요소로서 똑같은 섭리에 의하여 존재하고 있으므로, 한편 자연은 사람과 직접 감통하는 것이라 생각했다. 그러므로 사람들은 자연에 대하여 보다 친근한 정을 지녔었다. 중국 사람들이 직접 자연 속에서 아름다움과 선함을 느끼고, 또 거기에 호응하는 사람들의 즐거움이나 덕을 생각했던 것도 그 때문이다. 공자가 『논어』에서

> "지혜있는 사람은 물을 즐기고, 어진 사람은 산을 즐긴다."
> 知者樂水, 仁者樂山. (雍也)

고 한 것은, 사람의 덕이 자연과 호응함을 얘기한 것이다. 하늘을 보고서 영원한 생명을, 땅을 보고는 만물을 자라게 하는 광대한 사랑을, 산에서는 우뚝 빼어나고 장중한 덕을, 강물에서는 끊임없이 흐르는 시간의 숙명 같은 것을 그들은 배웠다. 그렇기에 일찍이 그들은 자연속에서의 즐거움을 크게 평가하였다. 『논어』를 보면 공자가 여러 제자들과 앉아 있다가 제자들에게 "만약 너희들에게 자기 뜻대로 할 수 있는 여건이 주어진다면 어떤 일을 먼저 하겠느냐?"고 묻는다. 이때 제자들은 제각기 자기의 정치적인 큰 포부를 말하였는데, 입을 다물고 있던 증석(曾晳)이 맨 뒤에 다음과 같은 대답을 하는데, 다른 제자들이 말한 큰 뜻을 제쳐 놓고 공자 자신도 증석의 뜻과 같다고 한다.

"늦은 봄에 봄옷을 잘 차려입고 어른 대여섯 명과 아이들 예닐곱 명과 함께 기수(沂水)』에서 목욕을 하고 무우(舞雩)에서 바람을 쐬고서 읊조리며 돌아오는 것입니다."
暮春者, 春服既成, 冠者五六人, 童子六七人, 浴乎沂, 風乎舞雩, 詠而歸. (先進)

세상의 공명이나 부귀영화보다도, 이처럼 자연 속에 섞이어 즐기는 것을 인생의 가장 큰 행복이라 여겼던 것이다.

이러한 자연에 대한 애정은 〈무위자연(無爲自然)〉을 숭상하던 도가에게서 중국의 독특한 예술관을 이룩하게끔 하였다. 노자(老子)는 다음과 같이 일반적인 사람의 감각의 기준을 부정하고 있다.

"다섯 가지 빛깔은 사람으로 하여금 눈을 멀게 하고, 다섯 가지 소리는 사람으로 하여금 귀가 먹게 하고, 다섯 가지 맛은 사람으로 하여금 입맛을 잃게 하고, 말 달리며 사냥하는 것은 사람으로 하여금 마음을 발광케한다."
五色令人目盲, 五音令人耳聾, 五味令人口爽, 馳騁畋獵, 令人心發狂. (12章)

아름다움이나 선함은 사람의 감각과 관계없이 존재하는 것이다. 장자(莊子)도 다음과 같이 말하였다.

"월(越)나라의 미녀 모장(毛嬙)과 진(晋)나라의 미인 이희(驪姬)는 사람들이 아름답다고 하지만, 물고기가 보면 피하여 깊이 들어가고, 새가 보면 피하여 높이 날아간다."
毛嬙驪姬, 人之所美也, 魚見之深入, 鳥見之高飛. (齊物論)

자연이란 입장에서 보면 "문둥이와 오(吳)나라의 서시(西施) 같은 미인"도 한 가지 도로 통하는 것이다(齊物論). 그들은 이처럼 일반적인 차원을 초극한 가치관을 지녔기 때문에 가치관이 일반 사람들과 다르다.

"크게 교묘한 것은 졸렬한 것 같다."
大巧若拙. (『老子』 45章, 『莊子』 胠篋篇)

다시 장자(莊子)는 자연과 합치되는 음악과 미술의 기준에 대하여 다음과 같이 논하고 있다.

> "여섯 가지 음률을 부수어 어지럽히고 악기들을 태워 없애며, 사광(師曠) 같은 음악가의 귀를 막아야, 세상 사람들이 비로소 제대로 들을 수 있게 될 것이다. 무늬를 없애고 다섯 가지 빛깔을 흩뜨리며, 이주(離朱)처럼 눈밝은 사람의 눈을 붙여 놓아야, 세상 사람들이 비로소 제대로 볼 수 있게 될 것이다."
>
> 擢亂六律, 鑠絕竽瑟, 塞瞽曠之耳, 而天下始人含其聰矣. 滅文章, 散五采, 膠離朱之目, 而天下始人含其明矣. (胠篋)

음악이나 미술의 미의 기준은 자연과 합치되어야 한다는 것이다. 『열자(列子)』 설부(說符)편에는 다음과 같은 내용의 얘기가 있다. 송(宋)나라 사람이 임금에게 옥으로 닥나무(楮) 잎새를 만들어 바쳤다. 삼 년만에 만든 그 잎새는 줄기며 잎새 털과 빛깔까지도 완전히 진짜와 같아서 닥나무 잎새 가운데 섞어 놓으면 구별할 수 없었다. 그리하여 이 사람은 이 기술 덕분에 송나라에서 융숭한 대접을 받으며 살게 되었다. 그러나 열자는 이 얘기를 듣고, 만약 천지가 나무를 만들 때 삼 년 만에 잎새 하나를 만든다면 잎새 달린 나무란 거의 없게 될 것이라고 말했다. 이것도 사람의 기교보다는 자연의 변화가 더 위대한 창조를 하고 있음을 말한 것이다.

이러한 생각이 뒤에 문학이나 다른 예술에도 영향을 끼쳐, 〈고졸(古拙)〉이니 〈박졸(樸拙)〉이니 하는 말이 생겨났다. 〈졸(拙)〉이란 인위적인 기교에 반대되는 말이며, 〈옛것(古)〉이나 〈소박(素樸)〉하다는 말은 오래도록 변함없는 참된 자연과 통하는 말이다. 도연명(陶淵明, 372~ 427)이 「귀원전거(歸園田居)」 시에서 "졸함을 지키어 전원으로 돌아왔다."(守拙歸園田)고 노래한 "졸함을 지킨다."는 말도, 사람들의 속된 잔꾀를 버리고 참되고 자연스러운 세계에 자신을 두었음을 뜻한다. 물론 〈고졸〉이나 〈박졸〉에 대한 개념은 시대에 따라 약간의 이해 차이가 있기는 하였지만, 문인들의 손에 귀족화하고 형식화해 가기만 하던 중국문학의 악순환에 새로운 바람을 불어넣어 주는 역할을 했던 것만은 사실이다. 문학에 있어서 〈고졸〉 또는 〈박졸〉하려는 노력은, 유가의 현실적인 공용주의나 유미주의적인 형식미의 추구와는 달리, 올바른 문학의 존재 가치를 인식시켰을 것이다.

다시 도가의 사상을 근거로 하여 한대에 이룩된 도교의 신선 사상과 불교의 부처

님에 대한 신앙은, 유교에 대한 몇 가지 공통적인 사상 때문에 함께 중국문학에 여러 가지 영향을 끼쳤다. 첫째, 이들의 출세주의(出世主義)는 세상이 어지럽거나 뜻을 얻지 못했을 때 유유히 물러 앉아 문학이나 음악 또는 미술을 즐기면서 초연할 수 있는 근거를 제공하였다. 그리고 어지러운 사회에 대한 염오(厭惡)는, 자연히 자연에 대한 사랑으로 사람의 마음을 돌려 놓는다. 따라서 이들은 수도나 수양 또는 이에 가까운 조용하고 깨끗한 생활을 통해, 현실적이고 인위적인 유가의 문학관과 다른 자기의 독특한 문학의 경지를 개척할 수 있었다. 둘째, 도교의 허무주의는 불교의 공적 사상(空寂思想)과도 통하여, 전통이나 일정한 형식을 부정할 수 있는 낭만적(Romantic)인 기질을 부여하였다. 세상의 명리와 인간의 욕망을 등지고 술이나 마시며 고상한 취미를 추구하는 생활이나, 명승지를 찾아 홀몸으로 천하를 두루 다니는 벗은 이런 사상을 바탕으로 한 것이다. 물론 이런 사상은 신선이나 부처의 추구에서 나온 것이지만, 앞에서 말한 〈고졸〉이나 〈박졸〉과도 통하게 된다. 이처럼 자연속에서 초연하려는 태도는 한편 문학에 있어서는 자기의 마음이나 감정 또는 자기의 존재까지도 잊고 순수한 입장에서 작품을 쓸 수 있게 했다. 사람이 자연속에 완전히 융화되었을 때, 개인이나 자기는 의식하지 못하게 될 것이다. 이처럼 자연 속에서 자기를 잊는다는 것은, 〈허무〉하고 〈공적〉한 사람의 속성을 초극하는 길이었을 것이다.

2. 중국 시에 있어서의 자연의 발견

동한(東漢)말엽(89~220)으로부터 시작하여 위진남북조(魏晋南北朝, 220~581)에 이르는 시대는 황제의 권위가 약해져서 사회의 치안이 극도로 불안한 시대였다. 연이은 내란과 외환속에 무수한 사람들이 죽고 수많은 가정이 파괴되었으며, 헤아릴 수 없는 많은 땅이 황폐하였다. 이 시대의 정사(正史)만 보더라도 살 곳을 찾아 떠다녀야만 했던 백성들이 처참한 생활을 엿보게 하는 기록들이 적지 않다. 세상이 어지럽고 보면, 예와 악을 가지고 세상을 바르게 다스리려는 유교는 거들떠 볼 여유조차 없게 된다. 그리고 불안한 마음을 위로받기 위하여 새로운 종교에 대한 요구가 강렬해진다. 이에 이 시대 사람들의 일반 심리와도 통하는 허무를 주장하는 도교와 공적(空寂)을 주장하는 불교가 세를 얻게 되었던 것이다.

한편 문학은 그 공용성을 벗어나 개인의 감정을 써내는 낭만적인 독립된 예술로 발전하였다. 문학이 실용적인 사회적 사명을 벗어났다는 것은, 순수한 문학의 존재를 인식하게 되었음을 뜻한다. 그러나 위진 시대(220~420)의 문학과 남북조 시대(420~581)의 그것은 다시 성격상에 커다란 차이가 있다. 곧 한대 이전은 사회에 대한 풍자를 위주로 하는 공용주의 시대였고, 위진시대는 불안한 국가나 사회에 대한 인식을 저버린 자기 위주의 개인주의 시대였다면 남북조 시대는 개인의 존재마저 혼란속에 위협을 당하여 자기조차도 잊어버리려던 유미주의 시대였다고도 할 수 있다. 위진 시대에는 왕족과 귀족을 중심으로 하여 명사들이 모여 앉아 개인적인 향락과 낭만을 추구하였다. 그러나 이때의 대표적인 문인들이 공융(孔融)·이형(禰衡)·양수(楊修)·정의(丁義)·정이(丁廙)·하안(何晏)·혜강(嵇康)·장화(張華)·석숭(石崇)·육기(陸機)·육운(陸雲)·반악(潘岳)·유곤(劉琨)·곽박(郭璞) 같은 사람들이 일시의 영화를 뒤로 하고 비참한 최후를 마쳤다는 일은 한편 문인들의 개인의식 마저도 없애버리는 역할을 했을 것이다. 사회와 개인을 모두 잃은 사람들이 의지할 곳은 이제 자연밖에는 없게 된다. 이에 다른 사람들은 산수나 전원속에 자신을 묻으면서, 술로 자기를 잊고 속진을 떨어버리면서 청담(淸談)으로 세월을 보내게 되었다.

옛부터 중국 사람들이 자연 속에서의 즐김을 깨닫고는 있었지만 문학의 조류로서 자연을 찾아 몸을 의탁하게 된 것은 위진 시대이다. 그리고 자연속에서 자신을 융화시켜 자기의 감정과 이상을 문학으로 승화시킨 위대한 작가가 진나라의 도연명(陶淵明, 372~427)이다. 도연명은 허식적인 예교와 번잡한 경문에 구애받지 않고 자신을 엄하게 다스릴 줄을 아는 유가정신에다 퇴폐적인 청담으로 빠지지 않고 청청히 살아가는 도가적인 경지와 미신적인 색채없는 공관(空觀)과 자비(慈悲)의 불교정신을 아울러 지녔던 사람이다. 그는 가난한 생활에 몰리어 관리생활이 자기 성격에 맞지 않음을 알면서도 친지들의 도움으로 팽택(彭澤)이란 고을의 영(令)이 되었다. 그러나 어느날 군독우(郡督郵)가 지방 행정 시찰을 나와서, 관복을 입고 그를 만나라고 하자 그는 "나는 몇 말의 쌀 때문에 시골 아이 같은 사람에게 허리를 꺾을 수는 없다."고 하면서 사표를 내던지고 말았다. 이때 자기가 좋아하는 전원으로 돌아오면서 자유인이 된 기쁨을 노래한 시가 유명한 「귀거래사(歸去來辭)」이다.

돌아가자!
전원이 황폐해 가고 있거늘 어찌 돌아가지 않는가?
이제껏 내 마음 몸 위해 부림받아 왔거늘
무엇 때문에 그대로 고민하여 홀로 슬퍼하는가?
이미 지난 일은 돌이킬 수 없음을 깨달았고
장래의 일은 올바로 할 수 있음을 알았으니,
실로 길 잘못 들어 멀어지기 전에
지금이 옳고 지난 날은 글렀었음을 깨우쳤네.
배는 흔들흔들 가벼이 출렁이고
바람은 펄펄 옷깃을 날리네.
길가는 사람에게 갈 길을 물으면서
새벽 빛 어둑어둑함을 한하네.
멀리 집을 바라보고는
기쁨에 달려가니,
하인들이 반겨 맞아주고
어린 자식들 문앞에서 기다리네.
오솔길엔 풀이 우거졌으나
소나무와 국화는 그대로 있네.
아이들 데리고 방으로 들어가니
술통엔 술이 가득하네.
술병과 술잔 가져다 자작하면서
뜰의 나뭇가지 바라보며 기쁜 얼굴 짓고,
남창에 기대어 거리낌없는 마음 풀며
좁은 방일지언정 몸의 편안함을 느끼네.
뜰은 해가 옮아가는 데 따라 다른 풍취를 이뤄주고,
문은 있으되 언제나 닫혀있네.
지팡이 짚고 다니다 아무 데서나 쉬면서
때때로 고개 들어 먼 곳 바라보니,
구름은 무심히 산골짜기에 피어 오르고
새들은 날기에 지쳐 둥우리로 돌아오네.
해는 너웃너웃 지려 하는데도
외로운 소나무 쓰다듬으며 그대로 서성이네.

돌아가자!

세상 사람들과 사귐을 끊자!
세상과 나는 서로 등졌으니
다시 수레 몰고 나가야 무얼 하겠는가?
친척들의 정다운 얘기 기꺼웁고
금 치고 책 읽는 즐거움에 시름 사라지네.
농군들이 내게 봄 온 것 일러주면
서쪽 밭에 씨 뿌릴 채비하네.
포장친 수레 타기도 하고
조각배 노를 젓기도 하면서
깊숙이 골짜기를 찾아가기도 하고
울퉁불퉁한 언덕을 넘기도 하네.
나무들은 싱싱하게 자라오르고
샘물은 졸졸 흘러내리기 시작하네.
만물이 철따라 변화함을 부러워하면서
내 삶의 동정을 배우게 되네.
아서라!
천지간에 둔 이 몸 다시 얼마나 살아 있으리?
어찌 본심을 따라 분수대로 살지 않으리?
무얼 위해 허겁지겁하다가 어디로 가려는 건가?
부귀는 내 소망이 아니요
천국은 가기 바랄 수 없는 곳,
좋은 철 즐기면서 홀로 나서서
지팡이 꽂아 놓고 풀뽑기 김매기 하기도 하고,
동쪽 언덕에 올라 긴 휘파람 불어도 보고
맑은 시냇물 앞에서 시를 읊기도 하네.
그처럼 자연의 변화를 따르다 목숨 다할 것이니
주어진 운명 즐기는데 다시 무얼 의심하리?

歸去來兮! 田園將蕪胡不歸?
旣自以心爲形役, 奚惆悵而獨悲?
悟已往之不諫, 知來者之可追;
實迷途其未遠, 覺今是而昨非.
舟搖搖而輕颺, 風飄飄而吹衣.
問征夫以前路, 恨晨光之熹微.

乃瞻衡宇, 載欣載奔.
僮僕歡迎, 稚子候門.
三徑就荒, 松菊猶存.
携幼入室, 有酒盈樽.
引壺觴以自酌, 眄庭柯以怡顔.
倚南牕以寄傲, 審容膝之易安.
園日涉以成趣, 門雖設而常關.
策扶老以流憩, 時矯首而遐觀.
雲無心以出岫, 鳥倦飛而知還.
景翳翳以將入, 撫孤松而盤桓.

歸去來兮, 請息交以絶遊.
世與我而相遺, 復駕言兮焉求?
悅親戚之情話, 樂琴書以消憂.
農人告余以春兮, 將有事乎西疇.
或命巾車, 或棹孤舟.
旣窈窕以尋壑, 亦崎嶇而經丘.
木欣欣以向榮, 泉涓涓而始流.
羡萬物之得時, 感吾生之行休.
已矣乎! 寓形宇內復幾時?
曷不委心任去留? 胡爲遑遑欲何之?
富貴非吾願, 帝鄕不可期.
懷良辰以孤往, 或植杖以耘耔.
登東皐以舒嘯, 臨淸流而賦詩.
聊乘化以歸盡, 樂夫天命復奚疑?

이처럼 도연명은 자연을 사랑하여 자연 속으로 몸을 던졌다. 그리하여 자연 속에 자신을 융화시켜 자연의 변화와 함께 살아가면서, 시나 글을 통하여 더욱 자신의 감정을 순화시키려 하였다. 여기에 새롭고 순수한 중국시의 아름다운 경계가 중국문학사상에 펼쳐지게 되는 것이다. 이로 인하여 위진대로부터 남조에 걸쳐, 국가나 사회에 대한 봉사는 물론 자기 자신의 안락한 삶을 추구하려는 의욕조차 잃은 문인들이 모두 그의 몸과 정을 자연에 의탁하게 되었다. 그러나 사령운(謝靈運, 385~432)을 필두로 한 이 시대 사람들은 자연과 자신을 융화시키지 못하고, 자연 속에 묻힌

개체로서 자연을 아름답게 노래하는 데 온 힘을 기울였다. 아름다운 글귀로써 아름다운 자연의 빛과 모양과 소리를 재현시킴으로써 자아를 잃었다. 유협(劉勰, ?~473)은 『문심조룡(文心雕龍)』 명시(明詩)편에서 도연명 뒤의 남조(南朝, 420~589)의 시를 다음과 같이 평하고 있다.

> "송초의 시문은 문체에 변혁을 일으켜, 도가 사상이 물러나고 산수를 즐기는 경향이 불어났다. 모든 글자마다 짝을 맞추고 한 귀절이라도 특이한 표현을 하려고 힘썼으며, 조금도 모양을 놓치지 않고 만물을 묘사하고 힘을 다해 새로운 글귀를 좇았으니, 이것은 근세에도 모두가 다투어 좇는 경향이다."
>
> 宋初文詠, 體有因革, 莊老告退, 而山水方滋. 儷采百字之偶, 爭價一句之奇, 情必極貌以寫物, 辭必窮力而追新, 此近世之所競也.

이 시대는 시뿐만 아니라 산문까지도 모두 멋진 형식에 멋진 표현을 추구하려는 경향이 보편화되어 가고 있었다. 따라서 이 시대의 자연시는 자연속에 유유히 자적하는 깨끗한 감정보다도 아름다운 자연의 모습, 곧 산이나 강물 또는 풀과 나무나 돌들을 교묘한 문구를 써서 더 멋지게 표현하는 것이었다.

도연명의 시는 이러한 시대 조류를 벗어난 것이다. 그는 인위적인 글귀의 수식에 무관심했고, 참되고 순수한 감정을 솔직히 노래하였다. 그의 자연시는 자연의 재현이 아니라 자연 속에 융화된 꾸밈없는 감정의 노래였다. 중국의 자연시 또는 전원시는 그에게서 비롯된다.

3. 무아지경(無我之境)

왕궈웨이(王國維, 1877~1927)는 『인간사화(人間詞話)』 첫머리에서 시의 〈경계(境界)〉를 논하고, 시에는 〈유아지경(有我之境)〉과 〈무아지경(無我之境)〉이 있다고 했다.

> 눈물어린 눈으로 꽃에게 물어봐도 꽃은 말없고
> 어지러운 꽃잎만 그네 저편으로 날아 떨어진다.
> 淚眼問花花不語, 亂紅飛過秋千去. (歐陽修 「蝶戀花詞」의 一節)

또는,

> 외로운 여관에 갇혀져 있는 봄 추위를 어이 견디리.
> 두견새 울음 속에 저녁해가 기운다.
> 可堪孤館閉春寒, 杜鵑聲裡斜陽暮. (秦觀「踏莎行詞」의 一節)

는 구절처럼 자기를 본위로 하여 사물을 관찰하여 사물에 자기 색채가 붙어 있는 것을 〈유아지경〉이라 한다. 다시,

> 동녘 울밑에선 국화를 따 들고
> 어엿이 남산을 바라본다.
> 采菊東籬下 悠然見南山. (陶淵明「飮酒」詩 五首의 一節)
>
> 차가운 물결은 출렁이는데
> 흰새는 유유히 내려앉는다.
> 寒波澹澹起, 白鳥悠悠下. (元好問「潁亭留別」詩의 一節)

고 한 귀절처럼, 작자와 사물이 혼연히 합치되어 시에서 〈자기〉를 의식하기 어려운 것을 〈무아지경〉이라 한다.

어느 개인이 쓴 시 속에 작가가 느껴진다는 것은, 서양 문학의 상식으로는 당연하고도 불가피한 것이라 할 것이다. 그러나 중국문학에서는 위에서 말한 것 같은 〈무아지경〉, 작가를 의식하기 어려운 경지에 달한 작품을 높이 평가하여 왔다. 그것은 자연의 조화와 변화를 함께 하는 참된 사람(眞人)의 경계이기 때문이다. 장자(莊子)가 "지극한 사람은 자기가 없다(至人無己)"(逍遙遊)고 한 말이 마침내는 지극한 문학에는 자기가 없다는 생각으로까지 발전케 만든 것이다. 더구나 자연 시에 있어서는 정관(靜觀)을 통하여, 사람이 우주 속의 자연과 융화된 경지를 고귀하게 여겼으므로, 〈유아지경〉보다 〈무아지경〉이 더욱 고귀한 것으로 생각되었던 것이다. 앞에 한 귀절 인용했던 도연명의 「음주(飮酒)」 시 다섯번째 것 한 수를 읽어보자.

> 외진 곳에 움막을 얽으니
> 수레나 말의 시끄러움 없네.

그대에게 묻노니 어찌 그럴 수가 있나?
마음이 원대하니 땅이 저절로 치우쳐지대나.
동녘 울밑에서 국화를 따들고
어엿이 남산을 바라보니,
산 기운은 낮이고 저녁이고 좋고
나는 새들은 어울려 돌아오네.
이런 중에 참뜻 있으니
설명을 하려다가도 말을 잊어 버리네.

結廬在人境, 而無車馬喧.
問君何能爾? 心遠地自偏.
採菊東籬下, 悠然見南山.
山氣日夕佳, 飛鳥相與還.
此中有眞意, 欲辨已忘言.

이 시 끝에서 "말을 잊었다"는 것은 곧 "자기를 잊었다"는 뜻이다. 참된 자연 속에 융화되어 자기와 자연과의 분별을 잃은 것이다. 자연의 변화속에 자신을 맡겨 버린 깨끗한 도연명의 세계가 아름답기 그지없다.

이러한 〈무아지경〉의 이상은 후세 전원시인들에게도 전승된다. 당대 왕유(王維, 701~761)의 「녹채(鹿柴)」 시를 읽어보자.

텅 빈 산엔 사람 뵈지 않는데
다만 사람들의 말소리 멀리서 울려 온다.
햇빛이 반사되어 깊은 숲으로 들어와
다시 푸른 이끼 위를 비춘다.

空山不見人, 但聞人語響.
返景入深林, 復照青苔上.

앞에 인용한 도연명의 〈음주〉의 시와 비슷한 시상을 느끼게 하는 작품이다. "텅 빈 산엔 사람 뵈지 않는데, 다만 사람들의 말소리 멀리서 울려온다"는 표현은 도연명의 "외진 곳(人境)에 움막을 얽으니, 수레나 말의 시끄러움 없다"는 「음주」 시와 같은 처경이다. 조용한 자연속에 이들은 자리를 잡고 있지만 사람들로부터 완전히 멀리 떨어져 있는 것은 아니다. 사람들이 사는 마을이 멀지않은 곳에서 조용하고 그윽한 자연을 이들은 찾은 것이다. 왕유의 시에서도 〈나〉는 나뭇가지 사이로 뻗어들어오는 숲속의 햇빛이 푸른 이끼에 비치고 있는 맑고 조용한 자연속에 완전히 융해되어 있다. 시에서 불교의 공적(空寂)을 느끼게 되는 것은 또 작가가 만년에는 불교에 경도했던 탓인지도 모른다. 왕유는 그림에 있어서도 남종(南宗)의 개조라고 일컬어질 만큼 산수화를 중심으로 하여 독특한 경지를 개척했는데, 소식(蘇軾, 1037~1101)은 "시 가운데 그림이 있고, 그림 가운데 시가 있다(詩中有畵, 畵中有詩)"고 왕유를 평했다. 소동파의 이 말은 자기를 드러내지 않고 참된 자연의 정취를 살려낸 〈무아지경〉의 그의 시를 설명한 것이라고도 할 수 있다. 「저녁에 우이현에 묵다(夕次盱眙縣)」라는 제목의 위응물(韋應物, 735~830?)의 시에서도 그러한 경향을 발견하게 된다.

> 돛을 내리고 회수(淮水)가 고을에 머물렀네.
> 조각배 멈추고 외로운 역 앞에 대었네.
> 찰랑찰랑 바람에 물결 일고
> 너웃너웃 해가 저물고 있네.
> 사람들이 돌아든 산마을은 어둠에 싸여 가고
> 기러기 내려앉는 갈대 섬은 달빛에 희네.
> 홀로 밤에 진(秦) 땅의 고향 생각노라고
> 종소리 들으며 잠 못이루는 나그네 되었네.
>
> 落帆逗淮鎭, 停舫臨孤驛.
> 浩浩風起波, 冥冥日沉夕.
> 人歸山郭暗, 雁下蘆洲白.
> 獨夜憶秦關, 聽鍾未眠客.

작자가 우이현(盱眙縣)이라는 회수(淮水)가에 있는 조그만 고을에 배를 대고 하룻밤 묵으면서 느낀 정회를 읊은 것이다. 배를 조그만 강가의 고을에 대면서 작자의 눈에 뜨인 물결과 저녁해로부터 시작하여, 고요한 고을과 달빛 속에 잠긴 강가의 풍경을 노래하는데, 쓸쓸하고 적막한 자연 풍경을 통하여 작자 개인의 외로움이 아닌 외로움의 본질 같은 것을 느끼게 한다. 맨 끝 두 귀절에선 고향을 그리면서 잠 못 이루는 나그네의 심정을 노래하고 있지만 앞의 적막한 자연 풍경들과 어울리어 개인의 여수가 아닌 보편적이고 본질적인 인간 감정의 양상을 발견하게 된다. 자기 가슴을 에이는 외로움을 노래하면서 이처럼 〈나〉를 드러내지 않는다는 것은 중국시의 특징이라 아니할 수 없다. 이것은 도연명에 의하여 계발된 중국시의 정취라고 하겠다.

한편 이처럼 중국시가 〈무아지경〉을 시의 가장 고상하고 참된 경지로 인정하게 된 것은 반드시 도교나 불교의 영향만이라고는 할 수 없다. 이미 앞에서 중국시는 사회에 대한 공용성의 중시로 인하여 보편적인 감정을 추구하여 왔음을 말했다. 〈개인의 감정〉을 귀하게 여기지 않고 사람이면 누구나가 수긍하는 〈보편적이고 본질적인 감정〉을 추구한다는 것은 궁극적으로는 〈무아지경〉에 이르지 않을 수가 없게 만든 것이다. 앞에 인용한 위응물의 시가, 작자의 외로움을 노래하면서도 작자 개인의 감정이 아닌 보편적이고 본질적인 인간 감정의 서술로 승화시켜, 〈나〉를 드러내지 않은 것은 이러한 관계를 증명하는 것이다. 곧 도연명은 〈보편적인 감정〉을 추구하는 중국시의 전통을 바탕으로 하여 자연에 대한 그의 사랑을 노래함으로써 나와 자연이 하나로 융합된 전원시의 새로운 경지를 개척했던 것이다.

4. 술과 자연

도연명은 또 술을 좋아하였다. 그의 문집을 펼쳐보면 대부분의 시에 술 마시는 얘기가 나옴을 발견하게 된다. 술과 문인이라면 도연명에 앞서 누구나 생각케 될 사람들은 완적(阮籍, 210~263)·혜강(嵇康, 223~262)·유령(劉伶, 221?~300?) 등을 비롯한 유명한 죽림 칠현(竹林七賢)일 것이다. 이들은 어지러운 세상을 등지고 대숲속에 숨어, 술을 즐기며 아무런 거리낌없는 생활을 하였다. 유명한 유령의 「주덕송(酒德頌)」에는 이들의 술을 마신 취향이 잘 그려져 있다.

> "대인 선생(大人先生)이 계셨는데, 하늘과 땅이 이룩된 시간을 하루 아침으로 알고, 만년을 잠깐이라 생각하며, 해와 달을 창문 정도로 알고, 온 세상을 집 마당 정도로 생각했으니, 행동함에 자취도 없고, 살아감에 움막조차도 없었다. 하늘을 포장삼고 땅을

깔개로 삼아 멋대로 돌아다니는데, 멈추면 곧 술잔 들고 술그릇 잡고, 움직이면 곧 술그릇과 술병을 든다. 술 마시기에만 힘을 쓰니 그 나머지야 어이 알겠는가?

한 귀공자와 점잖은 선비가 내가 전하는 소문을 듣고 그 하는 짓을 얘기한 나머지, 이에 팔을 걷고 옷옷을 벗어 젖히고서는 눈을 부라리고 이를 갈면서 예의를 설명하여 시비가 크게 일었다.

선생께선 이때 마침 술독과 술통을 바쳐 놓고 잔을 기울이며 술을 마시면서 수염을 쓰다듬고 두 발을 뻗치고 앉아 있었는데, 누룩을 베고 술찌게미를 깔았다.

생각도 없고 근심도 없는 그의 즐거움은 도도하였다. 우뚝히 취하였다 깨끗이 깨는데, 고요히 들어도 벼락치는 소리를 듣지 못하고 자세히 보아도 태산의 모습을 보지 못한다. 피부에는 추위와 더위가 느껴지지 않고, 감정에는 이익이나 욕심이 없다. 만물을 내려다보면 어지러이 강물위에 떠 있는 개구리밥처럼 느껴진다.

두 호걸들은 곁에서 이를 보고 있다가 감화되어 버렸다."

有大人先生, 以天地爲一朝, 萬朝爲須臾 ; 日月爲扃牖, 八荒爲庭衢, 行無轍迹, 居無室廬, 暮天席地, 縱意所如. 止則操巵執觚, 動則挈榼提壺, 唯酒是務, 焉知其餘?
有貴公子, 搢紳處士, 聞吾風聲, 議其所以, 乃奮袂攘襟, 怒目切齒, 陳說禮法, 是非鋒起.
先生於是方捧甖承槽, 銜杯漱醪, 奮髯踑踞, 枕麴藉糟, 無思無慮, 其樂陶陶. 兀然而醉, 豁爾而醒. 靜聽不聞雷霆之聲, 熟視不覩泰山之形. 不覺寒暑之切肌, 利欲之感情. 俯觀萬物, 擾擾焉如江漢之載浮萍. 二豪侍側焉, 如蜾蠃之與螟蛉.

이들은 술을 빌어 속된 세상의 모든 가치관을 부셔 버리고 마음껏 가슴 속에 쌓인 울분을 발산하였다. 이처럼 멋대로 술에 빠져 버린다는 것은 어지러운 세상에서 자기의 몸을 보전하는 방법이기도 하였다. 그리고 이들의 퇴폐적인 음주 뒤에는 어지러운 세상을 저주하는 뜻 못 이룬 선비의 뜨거운 분만이 느껴진다.

그러나 도연명은 세상에서 뜻을 잃은 분만을 달래기 위하여 술을 마신 것은 아니다. 그는 인생이란 사철이 엇바뀌는 자연의 변화처럼 언제건 한 번 났다가는 시들고 말 숙명을 지녔음을 깨닫고 술을 통하여 인간의 욕망이나 감정을 잃음으로써 참된 본연의 자신으로 돌아가, 우주의 변화 속에 자신을 맡겨 버리려 한 것이었다.「연이어 비오는 날 홀로 술마시다(連雨獨飮)」란 제목의 시를 한 수 읽어보자.

살아가다 보면 끝장이 나게 된다는 것은
옛부터 그렇게 일러 오는 일이요,

세상에 적송자(赤松子)나 왕교(王喬) 같은 선인이 있었다지만
지금 어느 곳에 있는가?
친한 노인이 내게 술을 보내 주면서
마시면 신선이 될 수가 있다네.
한번 따라 마셔보니 모든 정욕이 멀어지고
잔을 거듭하니 홀연히 하늘을 잊게 되네.
하늘이 어찌 이곳을 떠나겠는가?
참됨에 맡기어 애쓰는 일이 없기 때문일세.
구름 위의 학이 특이한 나래 지니어
사방을 잠깐 동안에 갔다옴과 같네.
내가 이런 생각 홀로 품고
힘써 오기 사십 년 일세.
육체는 오랫동안 이미 변화하여 왔다 해도
마음이 있으니 다시 무슨 말을 하겠는가!

運生會歸盡, 終古謂之然.
世間有松喬, 於今定何間?
故老贈余酒, 乃言飮得仙.
試酌百情遠, 重觴忽忘天.
天豈去此哉? 任眞無所先.
雲鶴有奇翼, 八表須臾還.
自我抱玆獨, 僶勉四十年.
形骸久已化, 心在復何言.

도연명이 술을 마시는 이유는 "온갖 정욕과 천기(天機)를 잊고 진실 속에 자신을 맡겨 버리려는 데" 있었다. 「음주(飮酒)」 시에서 "내가 있음을 깨닫지 못하니 어찌 물건이 귀함을 알랴?(不覺知有我, 安知物爲貴)"고 한 경지도 이에 통한다. 술을 통하여서나마 〈나〉와 모든 〈나의 욕망〉을 잊음으로써 참되고 순수한 〈자연〉인 천지와 융합될 수 있는 것이라고 생각한 것이다. 이것은 자연을 노래한 그의 시 속에서, 〈나〉를 잃고 있다는 사실과도 통하는 일이다. 그러나 술을 좋아하던 도연명도 만년에 이르러 인이 박혀 버리자, 술을 끊어야겠다는 생각을 지니고 「지주(止酒)」라는 시를 썼다. 그는 이 시에서 "평생동안 술을 끊지 못한 것은, 술을 끊으면 마음의 기쁨이 없

기 때문(平生不止酒, 止酒情無喜.)"이라 하였다. 그러나 그는 "공연히 즐겁지 않음을 끊을 줄만 알았지, 이기적인 행동을 끊을 줄 몰랐다(徒知止不樂, 未知止利己.)"고 말하면서, 〈술을 마시는 일〉이 참된 본연의 자아로 돌아가는 것보다도 〈이기적인 행동〉으로 전락했음을 깨닫고 술을 끊을 것을 결심했던 것이다. 도연명은 개인적인 분만이나 즐거움 때문에 술을 마셨던 것은 아니다. 오히려 〈나〉의 어떤 이유보다는 〈나〉를 없앰으로써 자연에 동화하여 참된 자신의 모습으로 돌아가려는 것이었다.

술과 중국문학을 얘기할 때 또 빼 놓을 수 없는 문호로 당대의 이백(李白, 701~762)이 있다. 그의 시「달 아래 홀로 술마시다(月下獨酌)」의 첫째 시를 보자.

꽃나무 사이에 한 병의 술 들고
친한 이 아무도 없이 홀로 잔을 기울인다.
잔을 들어 밝은 달 맞이하니
그림자를 대하게 되어 세 사람이 되었다.
달은 술 마실 줄 모르고
그림자는 공연히 내 몸만 따라다니지만
잠시 달과 그림자를 벗삼아,
봄철을 놓치지 말고 즐겨야지.
내가 노래부르면 달도 머뭇거리고
내가 춤추면 그림자도 어지러이 움직인다.
취하기 전엔 함께 어울려 즐기다가
취한 뒤에는 각기 흩어져 버린다.
영원히 무정한 교유를 맺어
우리의 기약을 멀리 은하수에 부쳐 두자구나.

花間一壺酒, 獨酌無相親.
擧杯邀明月, 對影成三人.
月旣不解飮, 影徒隨我身.
暫伴月將影, 行樂須及春.
我歌月徘徊, 我舞影零亂.
醒時同交歡, 醉後各分散.
永結無情遊, 相期邈雲漢.

고요한 달밤 꽃그늘 밑에서 홀로 술 마시는 이백의 모습은 선기(仙氣)를 느끼게 한다. "영원히 무정한 교유를 맺는다"는 말은, 자기의 정을 버리고 본시 무정한 자연 속에 융화됨을 뜻한다. 같은 시 둘째편에서는 "석 잔이면 대도로 통하게 되고, 한 말이면 자연과 합치된다(三杯通大道, 一斗合自然)." 하였고, 셋째편에서는 "내 몸이 있음을 알지 못하는데, 이것이 즐거움에서도 으뜸가는 것이다(不知有吾身, 此樂最爲甚)."고 하였다. "나의 몸을 잊고" "자연과 합치된" 경지에 달하는 것이 술 마시는 목표였다. 「단양 횡산의 주유장 처사에게 드림(贈丹陽橫山周處士惟長)」이란 시에서는 이렇게 노래하고 있다.

> 뜻을 얻었을 때에는
> 마음이 천지와 함께 어울리어,
> 한가한 구름 따라 펴졌다 말렸다 하니
> 몸이 있고 없음을 어이 알리?
>
> 當其得意時, 心與天壤俱.
> 閑雲隨舒卷, 安識身有無.

자연의 질서 속에서 융합된 이상적인 경지를 말하는 것이다. 물론 현실에 대한 불만이나 울분도 술을 마시게 하는 동기가 되었겠지만, 이것들은 그 목표가 되지 못했다. 소식(蘇軾, 1037~1101)은 자신이 "남만 못한 세 가지(三不如人)"가 있는데 그것은 술·노래·바둑이다"고 말한 사람이다. 그래도 「적벽부(赤壁賦)」를 보면 그가 술에 취하여 배속에 몸을 뉘인 채 밤이 새는 것도 모르고 자연 속에 몸을 맡기고 있다. 도연명에게 경도했던 소식이고 보면 그와 같은 술 마시는 경지는 참되고 깨끗한 것이라 여겨졌었을 것이다.

5. 신운(神韻)과 무아지경

나와 자연의 한계를 없애고 자연 속에 혼연히 융화된 참되고 꾸밈없는 경지를 노래한 도연명의 시는 독특한 개성과 강렬한 생명력의 추구를 중히 여기는 서양 문학과는 엄연히 다른 경지를 이룩하였다. 송대의 엄우(嚴羽, 1200 전후)가 『창랑시화(滄浪詩話)』에서 "시의 극치에 한 가지가 있는데 그것은 입신(入神)하는 것이다."고 말했는데, 입신이란 "신묘한 시의 경지로 들어간다."는 뜻일 것이며 〈신묘한 경지〉란 사람들의 일반적인 이론이나 표현을 떠난 미묘하고도 아름다운 참된 경지를 말할 것이다. 청대에 이르러 왕사정(王士禎, 1634~ 1711)을 중심으로 한 시파들은 송시(宋詩)의 설리(說理)적이고 인위적인 격조를 반대하고 〈신운(神韻)〉을 주장했는데, 이것은 엄우의 설을 발전시킨 것이다. 〈신운〉이란 시의 표현 뒤에 숨겨진 신묘한 운치를 말한다. 항주이(況周頤, 1859~1926)는 그의 『혜풍사화(蕙風詞話)』에서 "이른바 신운이란 표현된 일 밖의 먼 운치를 말한다(所謂神韻, 卽事外遠致也)."고 하였다. 이러한 〈신운〉은 도연명의 〈음주〉시에 나왔던 "동녁 울밑에서 국화를 따들고 어엿이 남산을 바라본다(采菊東籬下悠然見南山)."는 운치가 있는 시구에서 가장 잘 느낄 수 있는 것이 아닌가 싶다. 그것은 국화를 따들고 남산을 바라본다는 그 사실 자체보다도, 이 시귀의 뒤에 감지되는 아름다운 자연과 그 자연속에서 유유자적하는 인간의 마음가짐이 더 고귀함을 말한다. 당대의 왕유(王維)·맹호연(孟浩然)을 비롯한 여러 전원 시인들의 시에서 이러한 〈신운〉이 가장 잘 느껴지는 것은, 이들이 〈무아지경〉의 고묘하고 진솔한 풍취를 추구했기 때문이 아닌가 싶다. 직접 왕사정의 시를 보아도 이들 전대의 전원 시인들과 일맥상통하는 기식을 느낄 수 있게 된다.

청초호 가에는 가을 물 끝없고
황릉묘 어귀에는 저녁 연기 푸르다.
돛을 안온하게 서풍 속에 펼치고
줄곧 산 구경하며 악양에 다다르리.

青草湖邊秋水長, 黃陵廟口暮煙蒼.
布帆安穩西風裏, 一路看山到岳陽. (「送胡耑孩赴長江」)

〈신운파〉의 시인들은 이처럼 짧은 시를 통하여 〈언외(言外)의 뜻〉과 청신하고 자연스러운 풍취를 표현하는 데 성공을 거두고 있다. 친구가 장강으로 떠나가는 것을 전송하는 시인데도 〈나〉는 커녕 〈떠나가는 사람〉조차도 드러내지 않고 자연 풍경의 서술만을 통하여 끝없는 자연의 질서처럼 만났다가는 헤어져야 하는 숙명과 이별의 아쉬움을 느끼게 하고 있다. 〈무아지경〉의 추구는 도연명으로부터 시작하여 청대의 신운파(神韻派)에 이르기까지 끊임없이 계승되어 중국시의 한 특징을 이루고 있다. 물론 〈신운〉의 추구는 사회적인 현실을 표현한다든가 웅장한 장시를 쓸 수 없다는 등의 결점을 지니고는 있지만, 시만이 지닐 수 있는 깨끗하고도 아름다운 경지임에는 틀림없는 것이다. 그리고 그것은 〈무아지경〉과 〈자연〉의 추구에서 가장 두드러질 수 있는 것인 듯하다.

VIII. 중국 시의 멋과 맛
— 이백(李白)과 두보(杜甫)를 중심으로

1. 이백(李白)과 두보(杜甫)의 시

중국시는 당시(唐詩)로 대표되고, 당시는 다시 성당(盛唐, 713~755)을 대표하는 이백(李白, 701~762)과 중당(756~835)을 대표하는 두보(杜甫, 712~770)에 의하여 대표된다고 할 수 있다. 중국시는 이들 두 시인을 정점으로 하는 산맥과 같은 역사를 지니고 있다. 이들은 거의 같은 시기의 시인들이지만 사상이나 성격은 물론 세상을 살아가는 태도도 아주 달랐다. 따라서 작품의 품격도 판이한 양상을 보여주고 있다. 옛부터 이백을 〈시의 신선[詩仙]〉, 두보를 〈시의 성인[詩聖]〉이라 불러온 것은, 이들의 위대하면서도 서로 다른 풍격을 나타내는 말이다. 간단히 말해서 이백은 낭만적이고 개성적인 데 비하여 두보는 현실적이고 사회적이었다. 이백은 고삐 풀린 망아지가 들판을 뛰듯 거침없이 개성과 재능을 발휘하여 작품을 썼지만, 두보는 신중히 자기가 살고 있는 주변을 살피고 사람들을 생각하면서 애써 작품을 썼다. 이백에게서는 술과 달을 즐기면서 먼지 안 묻히고 살아가는 신선 같은 멋이 느껴지고, 두보에게서는 백성들을 바로 다스려 세상을 평화롭게 하기 위하여 덕을 쌓는 성인 같은 맛이 느껴진다. 이들이 다같이 위대하면서도 이처럼 작풍이 달랐다는 것은, 중국시를 위하여 다행한 일이다. 왜냐하면 이들은 서로 다른 풍격을 지녔으므로 여러 면에서 중국시의 특징이나 묘미를 최고 수준에 유지할 수 있었기 때문이다.

2. 이백과 술과 시의 멋

장진주(將進酒)

그대는 황하물이 하늘 위로부터 흘러오는 것을 보지 못했는가?
여울져 흘러 바다로 들어가면 다시는 돌아오지 못하네.

그대는 높다란 대청 맑은 거울 대하고 흰머리 슬퍼함을 보지 못했는가?
아침에 푸른 실 같던 것이 저녁엔 눈처럼 희었네.
사람이란 뜻을 얻었을 때 즐김을 다해야만 하는 것,
금술통 부질없이 달을 대하고 있게 두지 말게나.
하늘이 나라는 인재(人材) 내신 것은 반드시 쓸 곳 있기 때문이니
천 냥 황금도 다 써 버리면 다시 돌아오게 마련일세.
양 삶고 소 잡아 즐김을 마련하고
반드시 한 번 마신다면 삼백 잔은 들어야지.
내 친구 잠부자와 단구생이여!
술 권하노니 잔을 멈추지 말게나.
그대들 위해 노래 한 곡조 뽑을 테니
그대들 내 노래에 귀 기울여 주게나.
풍악 울리며 진귀한 음식 먹는 것도 귀한 것 못 되고
오직 언제나 술 취하여 깨지 말기 바랄 뿐일세.
옛부터 성현들 모두 잠잠히 되었으나
오직 술 마신 사람들만이 그 이름을 남겼다네.
위나라 진왕(陳王)이 옛날 평락관(平樂觀)에서 잔치할 때엔
한 말 만금(萬金) 가는 술을 멋대로 즐기며 놀았다네.
주인장은 어찌하여 돈이 모자란다는 거요?
당장 술을 받아다 나와 대작하기로 합시다.
좋은 얼룩말과 값비싼 갖옷을
아이 불러 내어 주고 좋은 술과 바꿔오도록 하세나.
그대와 더불어 만고의 시름을 함께 녹이려는 것일세.

君不見黃河之水天上來? 奔流到海不復回.
君不見高堂明鏡悲白髮? 朝如青絲暮成雪.
人生得意須盡歡, 莫使金樽空對月.
天生我材必有用, 千金散盡還復來.
烹羊宰牛且爲樂, 會須一飮三百杯.
岑夫子, 丹丘生! 將進酒, 君莫停.
與君歌一曲, 請君爲我傾耳聽.
鐘鼓饌玉不足貴, 但願長醉不願醒.
古來聖賢皆寂寞, 唯有飮者留其名.

陳王昔時宴平樂, 斗酒十千恣讙謔.
主人何爲言少錢? 徑須沽取對君酌.
五花馬, 千金裘, 呼兒將出換美酒.
與爾同銷萬古愁.

이 시의 제목은 「장진주(將進酒)」인데. 「장진주」란 악부(樂府) 고취곡사(鼓吹曲辭)에 들어 있는 한대 뇨가(鐃歌)의 한 곡명이다. 이백은 이처럼 악부시의 체제와 악상을 빌어 많은 시를 지었다(趙翼 『甌北詩話』 卷 1에 의하면 115首의 이러한 작품이 있다 한다). 이것은 악부시가 율시(律詩)나 절구(絶句) 같은 근체시보다도 형식이 자유롭고 내용이 소박하기 때문에 낭만적인 그의 성격과 합치되었던 때문일 것이다.

이 시를 읽어보면 우선 거침없는 위세가 느껴진다. 본시부터 「장진주」는 "음주방가(飮酒放歌)를 노래한 것"(郭茂倩 『樂府詩集』 卷 16)이라지만 분방한 성격의 이백에 의하여 더욱 표현에 기세를 지니게 된 것이다. 〈기세〉란 말을 바꾸면 〈멋〉으로도 통한다. 따라서, 이 시에서 느껴지는 〈기세〉는 중국시의 〈멋〉의 일면이라고도 말할 수 있을 것이다.

인생의 〈만고의 시름〉인, 사람은 모두 늙어 죽는다는 숙명을 표현함에 있어, "그대는 보지 못했는가?(君不見)"라고 의문사를 앞세워 도도히 흘러 바다로 들어가면 돌아올 줄 모르는 황하 물에 인생을 비유한 것은 중국시 특유한 표현의 맛을 느끼게 한다. 흐르는 황하물 같은 시간의 흐름은 사람의 힘으로는 어찌할 수 없는 것, 그러니 아까운 시간을 허비하지 말고 멋대로 술 마시며 인생을 즐기라는 것이다. 조금도 돈 아끼지 말고 실컷 술이나 마시는 게 가장 훌륭히 살아가는 태도라는 내용의 시가 이처럼 멋을 지녔다는 것은, 강조된 표현이 갖고 있는 기세의 덕분이라고도 할 수 있다. 거기에다 열 자·일곱 자·다섯 자·석 자의 귀절들이 엇섞이며 적절히 형식에 변화를 일으키고 있어, 멋은 한층 강조된다. 이백은 정열의 시인이었다. 그는 술·자연·미인·신선 같은, 정열을 불러일으킬 만한 소재를 대하기만 하면, 격하고 대담하게 그리고 거침없고 용감하게 정열을 불태워 노래하였다. 두보도 이백이나 마찬가지로 똑같이 위대한 정열의 시인이었지만, 두보의 정열이 생활하는 인간에 대하여 성실하게 기울여진 데 비하여, 이백의 정열은 순수하고 솔직하게 기회만 있으면 그대로 불타올랐다. 따라서 두보의 시는, 어지러운 세상과 그 속에 살아가는 사람들을 전제로 하였으므로, 그 밑바닥에는 언제나 우수같은 것이 깔려 있다. 그리고 그 우수의 감정이 미처 표현할 새도 없이 커다란 정열에 의하여 밖으로 밀려 나온 듯이 시로서 표현되므로 근엄하고 단정하여진다. 그러나 이백의 관심은 '정열' 그 자체에 있었으므로, 기회만 있으면 거침없이 솔직하고 대담하게 감정이 그대로 터져 나와 시를 이룬다. 우수를 지녔으면서도 즐김을 노래한 것은 이백의 이러한 성격 때문이다.

이백은 형식의 구속이 적은 악부시체의 고시를 잘 지었지만, 한편 짧은 절구(絶句)로서도 터질 듯이 뜨거운 감정의 순간을 잘 잡아 두었다.

> 두 사람이 술잔 주고받는데 산꽃 피어 있고
> 한 잔 또 한 잔 다시 한 잔 거듭한다.
> 나는 취해 졸려 오니 그대는 물러가게나,
> 내일 아침 생각 있거든 거문고 안고 다시 오게.
>
> 兩人對酌山花開, 一杯一杯又一杯.
> 我醉欲眠君且去, 明朝有意抱琴來. (「山中與幽人對酌」)

세상의 물정에 거리낌없이 살아가는 이백의 모습이 선하다. 자연 속에서 아무런 생각없이 잔을 거듭하고, 취하여 오면 또 자기 멋대로 드러눕는 신선같은 생활이 그려져 있다. 자연과 융화된 시인의 감정이 이처럼 짧은 시 속에 잘 표현되었다는 것은 놀랄 만한 일이다.

이백의 음주는 앞에서 얘기한 도연명의 음주와도 일맥 상통하는 것이다. 그러나 도연명이 음주를 통하여 참되고 순수한 자연에의 융화를 깨끗이 추구한 데 비하여, 이백의 음주에는 그 바닥에 인생의 고뇌같은 것이 짙게 깔려 있다. 「봄날 취하였다 일어나 뜻을 말함(春日醉起言志)」이란 이백의 시를 보자.

> 세상을 살아감은 큰 꿈과 같거늘
> 어이하여 삶을 수고롭힐까?
> 그래서 하루종일 취하여
> 무너지듯 앞마루에 눕는다.
> 깨어나서 마당 앞 바라보니

새 한 마리 꽃가지 틈에서 운다.
묻노니 이건 어떤 때인가?
봄바람에 이리저리 나는 꾀꼬리 우는 철이지.
때를 느끼어 한숨이 나려 하여
술잔 대하니 다시 저절로 기울어진다.
큰 소리로 노래하며 밝은 달을 기다리다
곡조 다 할 무렵엔 이미 모든 감정 잊는다.

處世若大夢, 胡爲勞其生.
所以終日醉, 頹然臥前楹.
覺來眄庭前, 一鳥花間鳴.
借問此何時, 春風語流鶯.
感之欲歎息, 對酒還自傾.
浩歌待明月, 曲盡已忘情.

흘러가는 시간 때문에 어쩔 수 없이 늙어야만 할 인생을 느끼며 이 백은 술을 마시는 것이다. 이백은 술에 취하여 자연 속에 자기 몸을 잊고 내어맡김으로써, 모든 인생의 고뇌로부터 해방되고 싶었던 것이다. 도연명이 자연을 사랑하여 인간 본연의 자세로 돌아가기 위하여 술을 마시던 순수한 태도보다 이백의 음주하는 기분이 복잡해진 것은, 시대가 그만큼 복잡해졌다는 것을 뜻하는 것일 게다. Florence Ayscough와 Amy Lowell 두 사람이 함께 번역한 "Fir-flower Tablets"에는 이 시를 다음과 같이 영역(英譯)하고 있다.

A STATEMENT OF RESOLUTIONS AFTER BEING DRUNK ON
A SPRING DAY BY LI T'AI-PO

This time of ours
Is like a great, confused dream.
Why should one spend one's life in toil?
Thinking this, I have been drunk all day.
I fell down and lay prone by the pillars in front of the house.
When I woke up, I gazed for a long time
At the courtyard before me.

A bird sings among the flowers.
May I ask what season this is?
Spring wind,
The bright oriole of the water-flowing flight calls.
My feelings make me want to sigh.
The mine is still here, I will throw back my head and drink.
I sing splendidly,
I wait for the bright moon.
Already, by the end of the song, I have forgotten my feelings.

이러한 이백의 시에서 보이는 멋과 위세는 중국시에서만 맛볼 수 있는 묘미의 하나이다. 낭만적인 색채를 띤 다른 시인들의 시에서는 이러한 맛과 묘미가 발견되기는 하지만, 이백만큼 짙고 뜨거운 경우는 드물 것이다. 최호(崔顥, 704?~754)의 유명한 「황학루(黃鶴樓)」 시를 한 수 예로 든다.

옛 사람은 이미 노란 학 타고 가 버렸는데
이 고장엔 공연히 황학루만 남았고나.
노란 학은 한 번 가 버린 뒤 다시 돌아오지 않는데
흰 구름만 천 년 동안 부질없이 떠 있고나.
맑은 강물 저쪽으로 한양의 나무들 역력히 보이고
강물 가운데 앵무주엔 푸른 풀만 무성하다.
해는 지는데 고향은 어느 곳인가?
안개 낀 강물은 나그네 시름만 더해 준다.

昔人已乘黃鶴去, 此地空餘黃鶴樓.
黃鶴一去不復返, 白雲千載空悠悠.
晴川歷歷漢陽樹, 芳草萋萋鸚鵡洲.
日暮鄉關何處是, 煙波江上使人愁.

옛날 선인이 노란 학을 타고 날아갔다는 전설이 있는 황학루에 올라서 느낀 감회를 적은 것이다. 정말로 신선이 있는지 모르지만 누런 학은 한번 가 버린 뒤 다시는 나타나지 않고, 시간만 쉬는 일 없이 흘러 가고 있다. 시간이 옮아가고 있다는 숙명의 굴레로부터 벗어날 수 없는 것이 사람이다. 그래도 강 저편으로 나무와 풀이 무성하여 생명의 존재를 느끼면서 떠나온 고향을 생각한다. 송나라 엄우(嚴羽, 1200전후) 같은 사람은 당대 시인의 칠언율시(七言律詩) 가운데에서 가장 잘 된 시가 이것이라 하였다(『滄浪詩話』). 그런데 이 시에서도 이백의 시에서 느껴진 기세와 멋이 느껴진다. 중점적으로 강조된 표현에서 오는 기세는 크게 말하면 시뿐만 아니라 중국의 글 전체가 지니는 특징이라고 할 수도 있는 것이다. 다만, 그 기세가 시에서 더욱 뚜렷하고 작자에 따라 강약이 있기는 하지만 중국시의 묘미라 말할 수 있기 때문에 여기에 드는 것이다.

3. 두보와 사회시

두보는 성실하게 인간을 바라보고 인간을 위해 그의 정열을 발산하였다. 그의 거의 모든 시에 우수가 깃들어 있는 것은, 세상이 어지러웠다는 것을 생각하면, 그가 지닌 인간애 때문에 어쩔 수가 없는 일이었을 것이다. 이백이 어지러운 속인들의 세계를 초극하여 인간 본연의 순수하고 참된 세계를 노래한 데 비하여, 두보는 속인들의 어지러운 세상 속으로 뛰어들어 그들과 함께 느끼며 괴로와했다. 이백이 거세고 뜨거운 인간의 성격을 표현하고 있다면, 두보는 성실하고 꼼꼼한 인간의 성격을 표현하고 있다고도 할 수 있다. 그렇기에 사회의 여러 가지 모순은 성실한 두보의 인격을 통하여 시로서 노래되고 있다. 「석호리(石壕吏)」란 제명이 붙은 두보의 시를 읽어보자.

저녁에 석호촌에 투숙했는데
관리가 밤에 사람을 붙들러 왔대나.
할아버지는 담을 넘어 달아나고
할머니가 문으로 나가 보는데,
관리의 호통 한결같이 노여웁고
할머니 울음 얼마나 구슬프든지!

할머니가 앞으로 나가 아뢰는 말이 ;

세 아들 모두 업성으로 수자리 살러 갔는데,
맏아들이 인편에 보낸 편지에
둘째 아들이 최근에 전사했다오.
살아 있는 사람들은 구차하게라도 살아간다지만
죽어버린 사람은 영영 그만이지요.
집안엔 다른 사람이라곤 없고
오직 젖먹는 손자가 있을 뿐인데,
손자가 있어 어미는 갈 수 없고
나들이할 온전한 치마조차도 없다오.
늙은 할미 기력은 쇠하였다지만
내가 나으리 따라가게 해 주구려.
아쉬운 대로 하양의 전쟁터에 나가면
그런대로 아침밥은 지을 수 있을거요.
밤이 깊자 말소리 끊어졌는데
흐느껴 우는 소리 같은 것만 들렸네.
날이 밝아 길 나설 때에는
다만 할아버지만이 나와 작별하였다네.

暮投石壕村, 有吏夜捉人.
老翁踰牆走, 老婦出門看.
吏呼一何怒, 婦啼一何苦.
聽婦前致詞, 三男鄴城戍,
一男附書至, 二男新戰死.
存者且偷生, 死者長已矣.
室中更無人, 惟有乳下孫.
有孫母未去, 出入無完裙.
老嫗力雖衰, 請從吏夜歸.
急應河陽役, 猶得備晨炊.
夜久語聲絶, 如聞泣幽咽.
天明登前途, 獨與老翁別.

특히 두보가 〈안녹산(安祿山)의 난〉 이후 처참한 내란의 실상을 직접 보고 체험한 경험은 그로 하여금 여러 편의 사실적인 사회시를 쓰게 하였다. 「병거행(兵車行)」·「여인행(麗人行)」·「북정(北征)」·「신안리(新安吏)」·「동관리(潼關吏)」·「수로별(垂老別)」·「무가별(無家別)」·「신혼별(新婚別)」·「춘망(春望)」 같은 시들이 모두 전란 속에 어지러워진 사회를 배경으로 한 작품들이다. 시가 사회를 바로잡고 천하를 올바로 다스리는 데 커다란 효용이 있다 한다면 바로 이러한 두보의 시를 두고 한 말이 아닌가 생각케 될 정도이다. 그러나 두보시의 진짜 면목은 고시에서보다 율시(律詩)에서 더욱 발휘된다. 〈달밤에 아우를 생각함(月夜憶舍弟)〉이란 시는 난리 통에 가족을 떠나 낯선 땅을 방랑하면서의 간절한 집 생각을 노래한 것이다.

수루(戍樓)의 북은 사람들 통행을 끊고
변경의 가을 외기러기 소리 구슬프다.
오늘밤은 이슬이 희어진다는 백로절(白露節)인데
달은 고향에서 보던 달처럼 밝기만 하다.
형제들은 모두 흩어져 버려
죽었는지 살았는지 물어볼 집조차 없다.
편지를 부쳐도 내내 들어가지 않고
전쟁은 더욱 끝날 줄을 모른다.

戍鼓斷人行, 邊秋一雁聲.
露從今夜白, 月是故鄉明.
有弟皆分散, 無家問死生.
寄書長不達, 況乃未休兵.

이 시는 〈안녹산의 난〉 뒤로 그가 첫번째로 방랑했던 서쪽의 변경지방인 감숙성(甘肅省)에서 지은 것이라 한다. 백로절(白露節)이 양력 구월 팔일경이니 가을바람이 쌀쌀한 계절이다. 인적 끊인 적막한 가을 밤, 외기러기 소리를 들으며 전란 속에 서로 헤어져 버린 채 소식 모르는 집안 식구를 그리던 사람은 두보 한 사람만이 아니었을 것이다. 두보는 아우를 생각하는 자기의 간절한 정을 통하여, 어지러운 사회와 비참한 전쟁을 고발하고 있는 것이다. 그는 자기의 슬픔, 자기의 괴로움을 자기 한 사람만의 슬픔이나 괴로움으로써가 아니라, 이러한 슬픔이나 괴로움을 겪었거나 이해하는 모든 사람들의 슬픔이나 괴로움으로써 노래하였다. 그가 만년에 사천성(四川省) 성도(成都)의 초당(草堂)에 묻혀 살 때 지은「초가집이 가을바람에 무너짐을 노래함(茅屋爲秋風所破歌)」이란 시를 보자.

팔월달 가을은 깊어 바람 사납게 불더니
우리 지붕 위의 세 겹 이엉을 말아 올렸네.
이엉은 강건너로 날아가 강가에 흩어지는데
높은 것은 긴 나뭇가지 끝에 걸리고
낮은 것은 맴돌면서 웅덩이에 가라앉네.
남촌의 여러 아이들은 내가 늙어 힘없음을 업신여기고
버젓이 보는 앞에서 도둑질하네.
공공연히 이엉을 안고 대밭으로 들어가는데
입술 타고 입 말라 소리조차 칠 수 없네.
돌아와 지팡이에 기대어 스스로 탄식하노라니
얼마 안 있어 바람은 잤으나 검은 구름 깔려 있고
가을 하늘엔 자욱히 어둠 더해 가네.
이불은 여러 해 덮어 차갑기 쇠와 같은데
아이들의 험한 잠에 밟히어 찢어졌네.
집은 곳곳이 새어 마른 곳이란 없고
삼대 같은 빗발은 아직도 끊이지 않네.
난리를 겪은 뒤로는 잠을 제대로 못 잤는데
긴 밤을 축축한 속에서 어떻게 새야 하나!
어찌하면 천만 칸 되는 넓은 집을 얻어
천하의 가난한 선비들을 크게 가려 주어 함께 기쁜 얼굴 지을까?
비바람에도 안정된 산처럼 꿈쩍 않는,
아아! 언제나 눈앞에 불쑥 그러한 집이 나타날까?
내 움막쯤이야 허물어져 얼어죽게 된다 해도 만족하련만!

八月秋高風怒號, 卷我屋上三重茅.
茅飛渡江洒江郊, 高者掛罥長林梢,
下者飄轉沉塘坳.
南村群童欺我老無力, 忍能對面爲盜賊,
公然抱茅入竹去, 脣焦口燥呼不得,
歸來倚杖自歎息.
俄頃風定雲黑色, 秋天漠漠向昏黑.

布衾多年冷如鐵, 嬌兒惡臥踏裏裂.
床頭屋漏無乾處, 雨腳如麻未斷絕.
自經喪亂少睡眠, 長夜沾濕何由徹.
安得廣廈千萬間, 大庇天下寒士俱歡顏?
風雨不動安如山.
嗚呼! 何時眼前突兀見此屋?
吾廬獨破受凍死亦足!

가을바람에 초가 지붕을 덮은 이엉이 다 날아간 집에서, 비가 새어 축축한 방안에 다 떨어진 이불을 덮고 있는 늙은 시인 두보의 노경이 처절하다. 그는 이처럼 헐벗었지만, 천하의 빈한한 선비들을 위하여 비바람에도 끔쩍 않는 넓다란 집을 생각한다. 두보는 온 세상 사람들을 위하여 온 세상 사람들의 감정으로 노래부른 것이다. "아아! 언제나 눈 앞에 불쑥 그러한 집이 나타날까?" 하는 노래는 두보 개인의 소망이기 보다는 온 인류의 이상이요 소망이라 봄이 옳을 것이다. 자기의 괴로움을 통하여 다른 여러 사람들의 괴로움을 느끼고, 자기의 소망을 통하여 온 인류의 소망을 이룩하려는 것이다.

이백이 흘러가는 시간을 통하여 어쩔 수 없는 숙명적인 슬픔을 느끼고 될 수 있는 대로 술 마시며 즐기려던 것과는 달리, 두보는 흐르는 세월을 통하여서도 언제나 어지러워진 사회와 살기 어려워진 백성들을 먼저 느꼈다. 시간이 흐른다는 사실은 똑같이 두 시인들에게 심각한 우수를 안겨 주었다. 그러나 이백이 그러한 인간적인 본질에서 오는 슬픔을 그대로 인정한 데 비하여, 두보는 인간의 모든 가능성을 동원하여 그 슬픔에 저항하려고 노력하였다. 「강남에서 이구년을 만남(江南逢李龜年)」이란 두보의 시가 있다. 이구년은 현종(玄宗) 황제를 모시던 일대의 명악공(名樂工)이었다. 〈안녹산의 난〉을 피해 호남(湖南) 근처를 떠다니던 두보가 우연히 이구년을 만나 그 감회를 읊은 것이다.

기왕(岐王) 댁에서 늘 보았었고
최구네 대청 앞에서 몇 번 들었었지.
바로 강남땅 풍경도 좋은
꽃지는 철에 또 그대를 만났구려.

岐王宅裏尋常見, 崔九堂前幾度聞.
正是江南好風景, 落花時節又逢君.

기왕(岐王)은 풍류 천자인 현종의 아우이며, 최구(崔九)는 최척(崔滌)이란 귀족이라 한다(아홉번째 최씨네 아들이라서 '구'자를 붙인 것이다).

이구년이라면 당나라 왕족이나 귀족 집안에 잔치가 있으면 언제나 불리어가 노래를 부르거나 악기를 연주하던 명인이었다. 임금과 왕족, 귀족들의 총애를 독차지했던 화려한 경력을 지난 이구년도, 지금은 자기나 마찬가지로 강남땅을 떠돌아다니고 있는 것이다. 이것은 모두 태평의 꿈을 하루 아침에 부셔 버린 안녹산의 반란 때문이다. 지금 강남 땅은 풍경도 아름답거니와 또 꽃지는 좋은 시절이다. 이 아름다운 풍경과 좋은 철은 마치 화려했던 이구년의 궁중 생활처럼 화사하기만 하다. 자연의 가버린 철은 이처럼 다시 화려하게 되돌아오는데, 사람의 과거는 흘러가 버리면 다시는 돌아올 줄 모른다. 이구년은 말할 것도 없고 모든 사람들은 지난 날을 추억 속에만 간직하고 있는 것이다. 시의 내용은 옛날 왕족이나 귀족의 집에서 자주 보던 유명한 악공인 이구년을, 아름다운 강남땅에서 만났다는 간단한 줄거리이다. 그러나 간단한 이 말 뒤에는 전쟁이 사람들을 얼마나 비참하게 만드는가, 또 자연은 이처럼 아름다운데 사람들의 현실은 왜 이렇게 어지러운가 하는 한탄이 숨어 있다. 두보의 한탄은 그 개인의 한탄이 아니라 온 인류의 한탄인 것이다.

4. 이백·두보와 자연

이백은 술과 함께 달을 좋아하였다. 전설에 의하면 채석기(采石磯)라는 강가에서 뱃놀이를 하다가, 술취한 김에 물에 비친 달을 건지려고 물에 뛰어들어 죽었다 한다. 우리나라 민요에까지 "달아 달아 밝은 달아, 이태백이 놀던 달아!" 하고 노래불리워 진 정도이니, 달과 이백은 떼어 놓고 얘기할 수 없다. 「술잔을 들고 달에게 묻는다(把酒問月)」는 이백의 시를 읽어보자.

푸른 하늘에 달은 언제부터 있는가?

내 지금 술잔 멈추고 한 번 물어보네.
사람이 밝은 달에 기어오르려도 안 될 일이지만
달은 도리어 사람이 걸으면 따라다니네.
희기 나는 거울같이 붉은 궁궐 위에 떠서
푸른 안개 다 없어지면 맑은 빛을 발하네.
다만 저녁이면 바다 위로 떠오르는 것만 보았으니
어찌 새벽이면 구름 사이로 들어가는 것을 알겠는가?
달에서 흰 토끼가 약초를 찧고 있는 사이 봄 가을이 바뀌는데
달의 선녀 항아(姮娥)는 외로이 누구와 이웃하여 살고 있는가?
지금 사람들은 옛 달을 보지 못했지만
지금 달은 옛사람들 비치었겠지.
옛사람이나 지금 사람이나 흐르는 물 같으니
다같이 밝은 달 보며 모두 이렇게 생각했으리.
오직 바라는 것은 노래하며 술잔 대할 때만이라도
달빛이 언제나 금 술통 안에 비치어 있기를!

青天有月來幾時? 我今停杯一問之.
人攀明月不可得, 月行却與人相隨.
皎如飛鏡臨丹闕, 綠烟滅盡清輝發.
但見宵從海上來, 寧知曉向雲間沒?
白兎擣藥秋復春, 嫦娥孤棲與誰隣?
今人不見古時月, 今月曾經照古人.
古人今人若流水, 共看明月皆如此.
惟願當歌對酒時, 月光長照金樽裏.

이백은 맑고 아름다운 달을 사랑했지만, 또한 달을 보면서도 언제나 시간의 흐름 속에 늙어 죽는 인생의 숙명을 느꼈다. 사람은 늙어 죽지만 달은 예나 지금이나 변함없이 아름답다. "지금 사람들은 옛 달을 보지 못했지만, 지금 달은 옛사람들을 비추었겠지" 하는 생각에는 벗어날 수 없는 사람으로서의 시름이 짙게 느껴진다. 그는 모순되고 어지러운 사람들 세상에 대한 분만을 술로 씻어 버리고, 자연 속에 자기를 잊고 융화하려는 몸부림에서, 달을 변함없는 자기 이상의 상징으로 생각했는지도 모른다. 그렇기에 「달빛 아래 홀로 술마시다(月下獨酌)」란 시에서 노래한 것처럼 자기

그림자와 달을 벗삼아 술에 취하여 "영원한 정없는 놀이를 맺을 수(永結無情遊)" 있었을 것이다. 그러나 달은 언제나 이백에게 흐르는 시간을 느끼게 하고 아울러 숙명적인 시름을 일깨워 준다. "포장 걷고 달을 바라보며 공연히 길게 탄식한다(卷帷望月空長歎)." 「長相思」, "머리 들어 산에 걸린 달을 바라보고, 머리 숙여 고향을 생각한다(擧頭望山月, 低頭思故鄕)." 「靜夜思」, "지금은 오직 서강의 달만이 있지만, 일찍이 오나라 임금 궁안 사람들을 비췄으리라(只今惟有西江月, 曾照吳王宮裏人)." 「蘇臺覽古」는 등 이백의 시에 무수히 나오는 달은, 모두 슬픔이 깃들인 달이라고 보아도 좋을 것이다. 두보의 우수가 사회나 사람들에 대한 성실한 배려에서 우러나온 것인 데 비해, 이백의 슬픔은 사람의 숙명에 대한 개인적인 각성에서 생겨난 것이다.

달은 이백에게 있어서는 자연을 상징하는 것이라 보아도 좋을 것이다. 자연의 영원함과 아름다움을 달을 통해서 집약적으로 그는 느끼고 있었던 것이다. 따라서 달은 그에게 시름을 안겨 주기도 하지만 한편 영원한 벗도 되고 귀의처도 되는 것이었다. 「벗과 함께 묵다(友人會 宿)」란 시를 보자.

> 천고의 시름 씻어내고자
> 머뭇머뭇 백 병의 술을 마신다.
> 좋은 밤은 맑은 얘기하기 알맞은데
> 밝은 달 있어 잠잘 수가 없구나.
> 취하여 빈 산에 누우니
> 하늘과 땅이 바로 이불과 베개된다.
>
> 滌湯千古愁, 留連百壺飮.
> 良宵宜清談, 皓月未能寢.
> 醉來臥空山, 天地即衾枕.

달이 있었기에 좋은 밤(良宵)이었을 게고, 달로 인하여 인생의 천고의 시름(千古愁)을 뼈저리게 느끼고 술을 한없이 마셨을 것이다. 그리고 취한 자기의 몸을 맡긴 곳은 또 달이 있는 자연 속이었다. 사람이 사람 특유의 감정이나 욕심을 다 씻어 버렸을 때, 비로소 자연 속에 시름없이 자연과 융화될 수가 있을 것이다. 「산 속에서 속인들에게 답함(山中答俗人)」이란 그의 시를 보면 그의 그러한 태도를 잘 이해할 수 있을 것이다.

내게 무슨 뜻으로 푸른 산에 사는가 묻지만,
웃으며 대답하지 않아도 내 마음 스스로 한가하다.
복사꽃잎 뜬 강물 아득히 흘러가고 있으니
사람들 세계 아닌 다른 세상 예 있구나.

問余何意棲碧山, 笑而不答心自閑.
桃花流水窅然去, 別有天地非人間.

왜 자기가 푸른 산 속에 사는가 대답하지 않는다고 했지만, 대답은 이미 하고 있는 것이다. 복사꽃잎이 떠 흐르는 시냇물이 있는 아름다운 산 속에는 인간 세계의 더러움이나 어지러움이 없기 때문인 것이다. 이런 자연 속에 몸을 두고 자신을 잃어버렸을 때, 비로소 참되고 순수한 자기의 경지를 발견하게 되는 것이다. 「경정산에 홀로 앉아서(獨坐敬亭山)」란 시도 자연 속에 자신을 융화시키려는 그의 이상을 보여주는 작품이다.

뭇새들은 높이 다 날아가 버리고
외로운 구름만이 한가히 떠간다.
서로 바라보아 모두 싫증나지 않는 것은
오직 경정산이 있을 뿐이다.

衆鳥高飛盡, 孤雲獨去閑.
相看兩不厭, 只有敬亭山.

경정산은 안휘성(安徽省) 선성현(宣城縣) 북쪽에 있는 유명한 산이다. 이 아름다운 산을 바라보고 있노라면, 자기가 산을 바라보듯 산도 자기를 바라보고 있어 마침내는 자기와 산의 경계까지 잊게 된다. 언제나 바라보아도 서로 싫증이 나지 않는다는 것은, 자기와 산이 하나로 융화된 순수한 경지를 못하는 것이다.

이에 비하여 두보는 착실하게 자연을 관찰한다. 세상의 불합리와 불공평에 대한 가슴 속에 서린 분만이, 자연에 대하여도 성실하고 자세하게 관찰하도록 만들었을 것이다. 두보는 이처럼 성실한 관찰을 통하여 자연을 보고 노래했기 때문에, 그의 시는 바로 자연과 장엄한 아름다움을 다투는 듯이 보이기도 한다. 「태산을 바라봄(望嶽)」이란 그의 시를 읽어보자.

태산은 그 어떠한가?
산동 지방 저 멀리 푸르름 끊임없이 뻗었네.
조물주는 신묘함과 빼어남 모아 놓았고
산의 앞쪽과 뒤쪽은 저녁과 새벽으로 갈라지네.
가슴 후련히 뭉게구름 피어오르고
눈길이 째질 만큼 왼편에서 오른편으로 멀리 새가 날아가네.
저 맨 꼭대기에 오르게 되면
한눈에 뭇산들이 자질구레하게 보이리라.

岱宗夫如何, 齊魯靑未了.
造化鍾神秀, 陰陽割昏曉.
蕩胸生曾雲, 決眥入歸鳥.
會當凌絕頂, 一覽衆山小.

대종(岱宗)은 태산(泰山)의 별명이다. 산동성(山東省) 태안현(泰安縣) 북쪽 5리되는 곳에 있으며, 옛부터 사악(四岳) 중에서도 으뜸가는 산으로서 그 웅장한 모습은 사람들의 외경(畏敬)의 대상이 되어 왔다. 그리고 태산의 남쪽은 옛날의 노(魯)나라고 북쪽은 제(齊)나라여서, "제로"라 한 것은 태산 남북쪽의 산동성 지방을 가리킨다. 남북으로 끝없이 푸르게 펼쳐 있는 태산의 웅장한 모습이 잘 표현되어 있다. 조물주가 신묘함과 빼어남을 모아놓은 듯이 산이 웅장하고 묘하게 생겼고, 햇빛을 가리어 "산의 남쪽 북쪽이 아침과 저녁으로 갈리우게" 만들고 있다. "가슴을 후련하게" 하는 구름이나 "눈길을" 찢을 만큼 먼 거리를 가로 나는 새가 바라보인다는 표현 같은 것은 표현의 묘를 다한 것이라 하겠다. 이 시를 읽노라면 시의 표현이 마치 태산의 장중하고 높고 큰 모습과 그 위세를 다투는 듯이 느껴진다. 이백이 속정(俗情)을 초월하여 가벼운 마음으로 자연을 대하고 그 속에 취한 자신을 던져 버리던 태도와는 정

반대의 기풍이다. 두보는 성실한 자기의 인격을 통하여 자연을 보고 그것을 시로 읊었으므로 단숨에 감정을 쏟아내어 놓은 이백의 시와는 달리 문구에도 땀 흘려 다듬고 깎은 흔적이 느껴진다. 두보는 시를 위하여 그가 대하고 있는 자연과 목숨을 건 싸움을 하고 있는 듯하다. 따라서 어떤 때에는 자연보다도 오히려 색채가 곱고 여운이 아름다운 작품도 짓게 된다. 「절구(絶句)」라 제목을 붙인 시를 한 수 들어 본다.

> 강이 파라니 새는 더욱 희고
> 산이 푸르니 꽃은 타오르는 듯하다.
> 이 봄도 막 지나가 버리려는데
> 언제나 돌아갈 수 있게 되려나?
>
> 江碧鳥逾白, 山青花欲然.
> 今春看又過, 何日是歸年.

이 시는 만년에 강남땅을 방랑하면서 지은 시일 것이다. '강'이라면 본래는 남쪽에 있는 장강(長江)의 고유명사였다. 이 시에서도 장강의 본류나 지류의 한 가닥을 가리키는 것이다. 장강은 우리 나라 강과는 비길 수도 없을 만큼 넓다. 그리고 남쪽의 강물들은 북쪽의 강물보다 더욱 짙푸르다. 이 짙푸른 강물을 배경으로 새하얀 새가 날아간다. 이 시의 첫구에선 파란 빛(碧)과 흰 빛이 아름다운 한 폭의 수채화를 그리고 있다. 다섯 자밖에 안 되는 짧은 구절이지만 이 색깔의 대조는 상상 속의 아름다운 자연을 극점에 이르도록 이끌어 준다. 둘째 구에서도 푸른 산 속에 붉게 피어 있는 꽃이 색깔의 대조를 이룬다. 붉은 꽃을 "타오르는 듯하다"고 표현한 데서 두보의 뜨거운 정과 강렬한 사랑 같은 것이 느껴진다. 이 첫째 구절의 열 자는 짙은 색깔로 그려진 서양의 풍경화를 연상케 한다. 동양의 산수화로서는 두보의 이 싯구처럼 짙은 색깔과 음영을 표현하지 못할 것이다.

아름다운 자연을 대한 두보는 이백이나 마찬가지로 역시 흘러가는 시간을 느낀다. 아름다운 봄철도 또다시 지나가고 있으니 자기는 또 그만큼 고향으로 돌아가게 될 건가 하는 탄식은 당연한 우수라 할 것이다. 이백이나 두보뿐만 아니라 중국의 시인들은 거의 모두 아름다운 자연을 대하면 늙어 죽을 수밖에 없는 사람의 숙명을 느꼈다. 완전한 질서 속에 운행되는 자연 앞에서, 그들은 너무나도 불완전한 인간을 느꼈던 것이다. 자연은 철에 따라 꽃이 피고 잎이 우거지고 단풍이 들고 또 눈이 덮이며, 그때그때 아름다움을 마음껏 발산한다. 자연의 철은 흘러가 버리는 것이 아니라 순환하는 것이다. 이에 비하여 사람의 시간은 뱃물처럼 흘러가 버린다. 아름다운 시절 즐거운 순간도 용서없이 시간과 함께 흘러가 사라진다. 그렇기에 자연이 아름다울수록 이를 대하는 사람들의 가슴은 우수어린 감격으로 벅차게 되는 것이다. 많은 사람들이 자기의 정이나 자기의 존재를 잊고 자연 속에 융화되어 보려고 한 것도, 자연의 영원한 섭리를 동경했기 때문이다. 자신을 잊고 자연과 동화될 때 비로소 영원한 진실을 얻을 수 있다고 생각했다.

두보는 자연을 성실한 태도로 대하고 노래했지만 자기를 잊으려는 노력은 별로 하지 않았다. 오히려 완전한 자연 속에서 불완전한 자기의 존재를 의식하고, 언제나 여러 사람들 모두를 걱정하였다. “언제나 돌아갈 수 있게 되려나?” 하는 탄식 속에서 개인의 불행보다도 태평스런 세상에 대한 갈망이 더욱 짙게 느껴지는 것도 두보의 인격 탓이라 할 것이다. H. A. Giles는 이 두보의 시를 다음과 같이 영역하였다.

White gleam the gulls across the darkling tide,
On the green hills the red flower seem to burn;
Alas! I see another spring had died …
When will it come — the day of my return!
〈Chinese Literature, p. 153〉

이 시와 견줄 만한 것으로 서양 작가의 작품 가운데서 영국계 아일랜드 시인 William Allingham의 “Four Ducks On a Pond”가 생각난다.

못 위에 네 마리 오리
저 멀리 풀둑,
봄의 파란 하늘,
날아가는 흰 구름,
얼마나 사소한 것인가
오래도록 기억하기엔 —
눈물로 기억하기엔!『이재호 번역,『장미와 나이팅게일』에서』

Four ducks on a pond,
A grass bank beyond,
The blue sky of spring,
White clouds on the wing;
What a little thing
To remember for years —
To remember with tears!

시상이나 표현 방법이 두보의 시와 아주 비슷하다. 못 위에 떠있는 네 마리의 오리와 풀이 파란 언덕, 푸른 하늘과 흰 구름이 두보의 첫 구절처럼 색깔의 대조를 이룬다. 그리고 마지막엔 두보처럼 시간의 흐름을 상기하면서 눈 앞의 자연을 느껴본다. 그러나 두보와 윌리엄 알링감의 시를 비교해 볼 때 오히려 앞의 것이 기름물감으로 그린 서양 풍경화에 가깝고, 뒤의 것이 물감으로 그린 자연 풍경에 가깝다. 두보의 정열과 성실성이 이처럼 짙은 색깔의 풍경을 시로 그려내게 한 것이 아닌가 생각된다.

두보의 시집을 보면 이 시는 「절구 이수(絶句二首)」란 제목 아래 다음과 같은 시가 한 수 앞에 더 붙어 있다. 같은 때에 지은 작품이라 보아야 할 것이다.

해는 긴데 강산은 아름답고
봄바람에 꽃풀이 향그럽다.
녹은 진흙 문 제비들 날고
따스한 모래밭엔 원앙새가 졸고 있다.

遲日江山麗, 春風花草香.
泥融飛燕子, 沙暖睡鴛鴦.

강산의 풍경은 눈에 아름답고, 꽃이나 풀은 냄새도 싱그럽다. 제비들은 집을 지으려고 진흙을 물어 나르고, 따스한 모래밭엔 원앙새 한 쌍이 다정히 졸고 앉았다. 자연은 이처럼 조화되고 평화롭다. 두보는 사람들이 사는 세상도 이처럼 아름답고 평화로운 세상이 될 수 있다고 믿으며 이 시를 읊었을 것이다.

5. 중국 시와 독음

한자로 쓰인 중국시는 한 개의 음절이 한 가지 개념을 나타내고 있기 때문에 성음은 그들끼리 조화되어야 할뿐더러 또 사상과도 어울리는 것이어야 한다. 성음의 조화는 시뿐만이 아니라 산문에 있어서도 옛부터 많은 관심이 기울여졌었음은 앞에서 이미 지적한 바이다. 여기서는 두보의 경우를 중심으로 하여 독음과 시상의 관계만을 얘기하기로 한다.

중국에서 글귀를 깎고 다듬는다는 것은 뜻에 있어서 멋진 표현을 추구하는 한편 그 글귀의 독음이 글귀의 뜻과 잘 들어맞는 것을 찾는 것을 의미하기도 한다. 따라서 알맞는 글귀를 찾아 성실하게 시를 써 온 두보의 시를 보면 〈독음〉이 시에서 차지하는 묘미를 잘 이해할 수 있게 된다. 우선 앞에 든 두보의 〈절구〉 시 첫 두 귀의 독음을 중고대(中古代)의 음으로 환원시켜(董同和『中國語音史』의거) 이를 대체적 으로 로마자로 다시 옮겨 본다.

江강 碧벽 鳥조 逾유 白백
Kong Piuk tjao iu puak
山산 青청 花화 欲욕 然연
Shan chiong hua iok Rian

만국 발음기호를 쓰지 않고 대체적으로 옮겨 쓴 것이라 정확하지는 않겠지만, 지금 우리 나라의 한자음과 거의 비슷함을 알 것이다. 이러한 오언시는 한 구절이 다시 두 자와 석 자, 곧 "강벽"과 "조유백", "산청"과 "화욕연"으로 갈라진다. 따라서 읽을 때에도 두 자 석 자로 나뉘어진다. 이 두 귀의 시를 소리내어 읽어보면 한 자 한 자의 음성에서 매우 강렬한 인상을 느끼게 될 것이다. 첫 귀는 '강'이란 여운이 있는 첫째 소리에 '벽'이란 짧게 끊어지는 소리가 붙어 강렬한 조화를 이룬다. 그 뒤 석 자도 '조유'라는 평탄한 소리에 다시 '백'이라는 짧고 격한 소리가 붙어서 같은 효과를 낸다. 그리고 뜻에 있어서 "강은 파랗고" "새는 희다"는 색깔의 대조가 강조되고 있는 것처럼 소리에 있어서도 "강벽"과 "조유백"은 소리의 강렬한 대조를 이룬다. 이 시는 벌써 독음 자체가 음악적인 구성으로써 시의 뜻을 표현하고 있는 것이다. 둘째

귀를 보면 "산청"이란 부드럽고 여운 있는 소리 뒤에 '화'란 평탄한 소리가 붙고 다시 '욕'이란 격한 소리에 이어 '연'이란 여운 있는 소리가 뒤따른다. "산청"이란 음은 산의 푸르고 평화로운 색깔과 어울리고, "화욕연"란 여러 가지 성격의 소리의 결합은 격렬한 타는 듯이 붉은 색깔과 어울린다. 그리고 "산청, 화욕연"이란 귀절을 보면 아름다운 자연을 대하고 느껴지는 격한 우수를 나타내는 입성인 '욕'자가 있고, 끝의 '연'자의 여운은 뒤의 봄도 다 가고 있는데 언제나 돌아가게 되려나 하는 고향을 생각하는 슬픔이 담겨 있다. 따라서 이 시를 소리내어 읽어보면 한 자 한 자의 음성이 시의 뜻과 어울려 묘한 맛을 느끼게 하여 줄 것이다.

다시 유명한 두보의 「춘망(春望)」 시를 예로 들어 본다.

나라는 깨어졌어도 강과 산은 의연하고
성 안엔 봄이 와 풀과 나무 우거졌네.
철을 느끼니 꽃에도 눈물을 뿌리고
이별을 한하니 새에도 마음을 놀래이네.
봉화가 석 달 연이어 오르니
집의 편지는 만금 값으로 여겨지네.
흰머리는 긁을수록 더욱 짧아져
전혀 비녀를 지탱하지도 못할 듯이 되었네.

國破山河在, 城春草木深.
感時花濺淚, 恨別鳥驚心.
烽火連三月, 家書抵萬金.
白頭搔更短, 渾欲不勝簪.

이 시는 〈안록산의 난〉이 일어나 임금과 조정은 피난을 가고 집안 식구와도 헤어져, 두보 홀로 반란군 진영에 잡혀 있는 동안 지었다는 유명한 율시이다. 우선 이 시의 전반을 우리나라 음으로 읽어보자.

국파산하재, 성춘초목섬.
감시화천루, 한별조경심.

먼저 이 시의 운자인 '심'이란 울림이 있으면서도 안으로 싸여지는 듯한 소리가 시국에 대한 한탄과 집 생각, 늙어가는 자신에 대한 슬픔 같은 것을 노래한 이 시의 시상과 잘 들어맞는다. 다시 첫귀를 읽어 보면 "국파"란 격렬한 음이 갑자기 혼란에 빠진 조국과 어지러운 백성들의 처지를 생각하는 두보의 격렬한 감정을 잘 나타내 준다. "산하재"란 음에서 '재'는 중국음으로는 내려오면서 짧게 끊어지게 발음되는 소리이며, 부드러운 "산하"란 소리 뒤에 붙어 사람들이 잘못하여 "나라는 깨어져 버렸지만 자연은 의구하다."는 뜻을 단정적으로 표현한다. "성춘초목심"도 '목'이란 입성자가 들어 있기는 하지만, 전체적으로 어지러운 세상에 아랑곳없이 의연한 아름다운 자연과 아름다운 자연에 대한 반사로서 느껴지는 슬픔이 배어 있는 소리이다. 다음의 "감시"는 음 자체가 벌써 "시국을 느끼는 듯"한 기분을 느끼게 하며, "화천루"란 변화 많은 소리는 "꽃을 보고도 눈물을 흘린다."는 애수의 파동을 느끼게 한다. "한별"의 '별'은 본시 '볏'으로 짧게 끊어지는 소리여서, "한볏"은 "이별이 한이 된다."는 감정과 똑같은 기분을 느끼게 하고, "조경심"은 '한' 뒤에 오는 착잡한 감정을 나타내는 듯하다.

필자의 이상과 같은 설명은 정확하지 못한 대체적인 설명에 그쳤는지도 모른다. 그러나 중국시에 있어서 한 자 한 자의 음이 시에서 차지하고 있는 지위가 얼마나 중요한 것인가는 이해할 수 있을 것으로 믿는다. 따라서 "국파산하재" 하고 소리내어 시를 읽음으로써 독음을 통해서도 인간의 불행에 대하여 초연한 강산을 느낄 수 있어야만 한다. 그러므로, 중국시는 소리내어 읽어 보아야 진실한 시의 맛을 이해할 수 있다. 다행히 우리나라 한자의 독음은 중국의 한자음과 큰 차이가 없으니, 우리나라 식으로라도 중국시는 소리내어 읽어야 한다. 그러나 우리나라 음으로 읽으면 한자의 성조 곧 음의 높고 낮음과 변화를 표현하지 못한다는 결함이 있다. 따라서, 중국음으로 읽으면 우리나라 식으로 읽는 것보다 훨씬 시의 맛을 알게 되고, 다시 이를 중고대인 당시의 음으로 환원시켜 읽는다면, 정확한 시상과 맛을 파악할 수 있게 될 것이다. 그러나 이 시들을 중고대 음으로 환원시킨다는 것은 번잡하고도 성운학(聲韻學)의 기초 지식이 필요하므로 전문가가 아니면 힘이 드는 일이고 중국어를 아는 사람도 제한되어 있다. 우리 나라 음으로 읽어도 어느 정도의 맛은 거듭 읽은 동안에 파악할 수 있는 것이니, 최소한 우리나라 음으로라도 중국시는 소리내어 읽도록 하여야 할 것이다. 그래야만 중국시의 이백처럼 거침없는 시원한 멋이나 두보처럼 존엄하고 위대한 맛을 제대로 감상하게 된다. 특히 두보는 독음의 음악적인 효과를 다른 어떤 시인보다도 잘 살리고 있다.

IX. 풍유(諷諭)·한적(閒適)·감상(感傷)
— 백거이(白居易)를 중심으로

1. 풍유·한적·감상의 뜻

당대의 시인 백거이(白居易, 772~846)는 그의 벗 원진(元稹, 779~831)에게 보낸 편지 「여원구서(與元九書)」에서 자신의 시에 대한 견해를 다음과 같이 밝히고 있다.

> "옛사람이 말하기를 뜻을 얻지 못하면 홀로 그의 몸을 잘 간수하고, 뜻을 얻으면 아울러 천하를 바로 다스린다 하였소. 나는 비록 못났지만 언제나 이 말을 스승으로 받드오. 대장부로서 지켜야 할 바는 도이며, 기다려야 할 바는 때요. 때가 오면 구름 탄 용이 되고 바람 탄 붕(鵬)새가 되어 힘차고 용감하게 힘을 다해 나가는 것이오. 때가 오지 않으면 안개 속의 표범이 되고 어둠 속의 기러기 되어 고요하고 조용하게 몸을 받들어 물러나 있는 것이오. 나아가고 물러나고 나서고 들어박혀 있음에, 무엇을 하더라도 뜻대로 되지 않을 리가 있겠소? 그래서 나의 뜻은 아울러 '천하를 바로 다스림(兼濟)'에 있고, 행동은 홀로 '몸을 잘 간수함(獨善)'에 있는 것이오. 이것을 받들어 처음부터 끝까지 지키면 곧 도가 되고 이것을 말로 표현하여 밝혀 내면 시가 되는 것이오. 그 중에서 〈풍유시(諷諭詩)〉라 이르는 것은 '아울러 천하를 바로 다스리려는 뜻'이요, 〈한적시(閒適詩)〉라 이르는 것은 '홀로 몸을 잘 간수하려는 뜻'을 지닌 것이오. 그러므로, 나의 시를 보면 나의 도를 알 수 있을 것이오. 그 밖에 〈잡률시(雜律詩)〉는 혹은 한때 한 사물에 끌리어 한번의 웃음이나 한번의 읊조림으로 나온 것으로, 갑자기 이룬 글이며 평생 두고 숭상한 것이 아니오. 다만 친한 벗들과 모이거나 헤어질 때 한된 마음을 풀거나 기쁨을 도우려는 것이었소."
>
> 古人云 ; 窮則獨善其身, 達則兼濟天下. 僕雖不肖, 常師此語. 大丈夫所守者道, 所待者時. 時之來也, 爲雲龍, 爲風鵬, 勃然突然, 陳力以出. 時之不來也, 爲霧豹爲冥鴻, 寂兮寥兮, 奉身而退. 進退出處, 何往而不自得哉? 故僕志在兼濟, 行在獨善. 奉而始終之則爲道, 言而發明之, 則爲詩. 謂之諷諭詩, 兼濟之志也 ; 謂之閒適詩, 獨善之義也. 故覽僕詩, 知僕之道焉. 其餘雜律詩, 或誘於一時一物, 發於一笑一吟, 率然成章, 非平生所尙者. 但以親朋合散之際, 取其釋恨佐懽.

백거이는 이 글에서 자신의 시를 〈풍유시〉·〈한적시〉·〈잡률시〉의 세 가지로 나누고 있다. 이곳에는 인용만 했지만 이 글 앞에서 다시 〈감상시(感傷詩)〉가 있다 하였다. 백거이 자신이 편집한 자기의 시집에 의하면 〈신악부(新樂府)〉를 비롯한 잘못된 정치나 그릇된 사회를 비평한 〈풍유시〉 172수가 맨 앞머리에 놓여 있고, 술이나 금을 즐기며 한적한 생활을 하는 자신의 풍취를 읊은 〈한적시〉가 234수, 그 밖의 일반적인 서정을 읊은 〈감상시〉가 234수 들어 있다. 그리고 만년에 다시 편집한 『속편(續篇)』을 보면, 이러한 구분이 되어 있지는 않지만, 〈한적시〉에 해당하는 작품들이 대부분을 점유한다. 여기에서 〈잡률시〉는 뒤의 〈감상시〉와 같은 범주에 넣어 이해해도 괜찮을 것이다. 앞에 인용한 「여원구서(與元九書)」에서 스스로 말한 것처럼, 백거이는 이 세 가지 중에서도 〈풍유시〉와 〈한적시〉를 올바른 자신의 시작이라 생각하였다. 그중에서도 백거이가 가장 소중히 여긴 것은 〈풍유시〉이다. 백거이는 시가 천하를 올바로 다스리는 데 커다란 효용을 지닌다는 중국의 전통적인 문학관을 이어받고 있었다. 「여원구서」의 앞부분에서

> "하늘과 땅과 사람의 삼재(三才)는 모두 무늬를 갖고 있는데, 하늘의 무늬에선 빛(光)이 으뜸이고 땅의 무늬에서는 물자(材)가 으뜸이고 사람의 무늬 중에서는 경서(經)가 으뜸이다. 그리고 육경(六經) 가운데에선 다시 시(詩)가 으뜸이 된다."

고 말하였다. '시'는 성인으로부터 어리석은 사람에 이르기까지, 짐승들로부터 귀신에 이르기까지 그들이 지닌 마음과 정을 움직이고 계발시킬 수 있는 것이기 때문이라는 것이다.

이처럼 시가 정치에 기여해야 한다는 것은, 그 정도와 방향의 차이는 있지만 중국의 문언 거의 모두가 지니고 있던 전통적인 생각이다. 백거이는 이백과 두보가 중국 시의 금자탑을 쌓아올린 성당(盛唐, 713~755) 바로 뒤의 중당(中唐, 756~835)을 대표하는 시인이다. 중당이란 시대 〈안녹산의 난〉으로 말미암아 당나라의 위세가 기울어지기 시작하고 심한 전란을 통해 사회 질서에 많은 혼란과 변혁이 일어났던 시대이다. 이러한 정치적인 혼란과 사회 질서의 파괴가, 이 시대의 대표적인 시인 백거이로 하여금 정치와 사회에 대한 관심을 더욱 기울이도록 했을 것이다. 많은 중국의 평론

가들이 이백과 두보의 시를 두고 가릴 수 없는 우열을 따져 논란을 벌여왔지만, 백거이는 두 사람의 재능을 비슷하다고 여기면서도 단연 두보의 시를 훨씬 높이 평가했는데, 그것은 두보가 시를 통하여 보여준 사회에의 관심 때문이었다. 〈안녹산의 난〉이란 사회의 혼란 속에 창작된 두보의 〈사회시〉가 중당에 이르러 백거이의 〈풍유시〉로 발전했다고 볼 수 있을 것이다. 따라서 필자는 『중국문학사』(신아사 2016 개정판)에서 당대 문학의 시기구분을 함에 있어서 〈안록산의 난(755~763)〉 이후를 '중당'이라 보고, 이백은 성당(713~755) 시인, 두보는 중당(756~835)의 시인이라고 달리 논술하고 있다.

〈풍유시〉가 온 세상 사람들의 행복을 위한 것이라면, 〈한적시〉는 작가 개인의 행복을 위한 것이라고도 할 수 있을 것이다. 그러나 앞에 든 원진에게 보낸 편지에서 인용한 "뜻을 얻지 못하면 홀로 그의 몸을 잘 간수한다"는 말이, 덕치주의에 있어서 소극적인 의미의 사회 교화에의 참여가 된다면, 백거이 자신은 처음부터 〈한적시〉가 개인을 위하는 것 뿐이라고만 생각하지는 않았을 것이다. 백거이는 이백이나 두보를 비롯한 많은 그 시대의 문인처럼, 정치에의 뜻을 지니면서도 정치가로서 불우한 생활만을 했던 것은 아니다. 그는 가난한 지방 관리의 자식으로 태어났으면서도 일찍이 과거에 급제한 뒤, 교서랑(校書郞)·좌습유(左拾遺)를 거쳐 여러 지방의 장관을 역임했고, 마침내는 형부시랑(刑部待郞)을 거쳐 지금의 법무장관에 해당하는 형부상서(刑部尙書)로서 벼슬을 물러나 낙양(洛陽)에 은거하면서 일흔 다섯이란 많은 수를 누리었다. 그는 자신이 어지럽다고 생각하는 사회 속에서도 이처럼 정치 생활에 있어 행운을 누렸기 때문에 개인적으로는 조용하고 즐거운 생활에 힘썼던 것 같다. 그가 술과 금과 시의 세 가지는 자기의 벗이라고 스스로 말했던 것도 개인 생활에서의 행복의 추구를 뜻하는 말인 듯하다. 자기의 거처에서 깨끗하고 조용한 생활을 즐기려는 백거이의 태도는, 정도의 차이는 있지만 자연 속으로 자기의 몸과 마음을 던져버렸던 도연명의 사상과도 일맥 상통하는 것이라 할 것이다. 백거이의 〈풍유〉와 〈한적〉은 "뜻을 얻으면 나아가 일을 하고, 뜻을 얻지 못하면 물러나 깨끗이 산다."는 중국 사람들의 전통적인 철학의 일변을 대변하고 있는 것이다.

백거이는 또 한편으로는 위대한 애정의 시인이다. 그는 백성들을 생각하고 그들을 대변하여 시를 쓰는 동안에 따스한 애정을 지니게 된 것 같다. 이백이나 두보처럼 정열적이지 않고 따스한 애정을 지녔다는 것은 그의 생애가 비교적 평탄했었기 때문인지도 모른다. 따라서 앞에 든 원진에게 보낸 편지에서 자신이 별로 높이 평가하지 않은 〈감상시〉 가운데에도 그의 시를 대표할 만한 빼어난 훌륭한 작품들이 적잖다.

한편, 그는 평민들을 생각하며 시를 썼기 때문에 알기 쉬운 말들을 사용하기에 힘썼다. 그는 평민들의 속어까지 써 가며 시를 썼기 때문에 그의 시는 많은 독자를 얻었다. 그의 시집은 서점에서 날개 돋친 듯 나갔고, 학교나 관청은 말할 것도 없고, 어디를 가나 높고 낮은 사람의 구별없이 그의 시가 외워지고 읽혀졌다(〈與元九書〉 및 『白居易詩集』의 元稹의 序文 참조). 그의 친한 벗 원진은 문학에 대한 견해에 있어서도 그와 완전히 같았으므로, 세상 사람들은 그들을 〈원백(元白)〉이라 불렀고, 그들의 시체를 〈원화체(元和體)〉라 불렀다. 백거이는 「여원구서」에서 또 이런 말을 하고 있다.

> "지금 나의 시에서 사람들이 좋아하는 것은 모두 잡률시와 장한가 이하의 것들에 불과하오. 시대가 중히 여기는 것은 내가 가벼이 여기는 것이오."
> 今僕之詩, 人所愛者, 悉不過雜律詩, 與長恨歌已下耳. 時之所重, 僕之所輕.

사람들은 백거이의 시 중에서 자기들이 일상 사용하는 말로 쓴 아름다운 서정시를을 좋아했기 때문이다. "「장한가」 이하의 것들"이란 〈감상시〉를 뜻한다.

2. 풍유시(諷諭詩)

백거이는 『여원구서』에서 다음과 같이 자기의 문학관을 요약하고 있다.

> "문장은 마땅히 시국을 위하여 지어야 되고, 시가는 마땅히 일을 위하여 만들어야 한다."
> 文章合爲時而著, 歌詩合爲事而作.

이것은 그가 시는 온 세상을 위하여 공헌할 수 있는 것이라야 한다는 생각을 가졌음을 말하는 것이다. 그렇기에 그의 작품에 〈풍유시〉와 〈한적시〉 및 〈감상시〉가 있다고 했지만, 백거이 자신이 가장 무게를 둔 것이 〈풍유시〉임은 말할 것도 없다.

백거이의 풍유시의 중심을 이루는 것은 〈신악부(新樂府)〉 오십 편이다. 〈신악부〉란 "새로운 악부시"란 뜻으로, 옛날의 알기 쉬운 가곡인 악부시와 같은 체로서 새로운 내용의 현실을 풍자한 노래들을 적은 것이다. 〈신악부〉에서 「숯파는 노인(賣炭翁)」이란 작품을 읽어보자.

숯파는 노인은
나무 베고 숯굽기를 남산에서 하는데
온 얼굴이 먼지와 재와 연기와 불빛일세.
양 귀밑머리 희끗희끗하고 열손가락 새까맣게 해 가지고
숯 팔아 생기는 돈으로 무엇을 하는가?
몸에 걸치는 옷과 입으로 들어가는 음식인데
가엾게도 몸의 옷이라곤 홑것뿐일세.
마음으론 숯값 싸질까 걱정되어 날씨 춥기 바라는데
밤 사이 성 밖에 한 자 눈이 내렸네.
새벽에 숯 실은 수레 몰고 언 길을 나서니
소는 지치고 사람은 배고픈데 해는 벌써 높이 있네.
저자 남쪽 문 밖 진흙 가운데 쉬노라니
두 말 탄 사람이 나는 듯 달려오는데 누구일까?
누런 옷 걸친 사자(使者)와 흰 저고리 입은 사나이인데
손엔 문서 들고 입으로 칙명이라 소리치며
수레 돌리고 소를 몰아대며 북쪽으로 끌고 가네.
한 수레의 숯은 천 근이 넘는데,
관리인 사자가 몰고 간다고 애석히 여긴들 어쩌는 수 없는 것.
반 필의 홍사(紅紗)와 열 자 길이의 비단을
소머리에 매어 주고 숯값으로 셈하네.

賣炭翁, 伐薪燒炭南山中, 滿面塵灰煙火色.
兩鬢蒼蒼十指黑, 賣炭得錢何所營?
身上衣裳口中食, 可憐身上衣正單.
心憂炭賤願天寒, 夜來城外一尺雪.
曉駕炭車輾冰轍, 牛困人飢日已高.

市南門外泥中歇, 翩翩兩騎來是誰?
黃衣使者白衫兒, 手把文書口稱敕.
廻車叱牛牽向北.
一車炭, 千餘斤,
官使驅將惜不得,
半匹紅紗一丈綾, 繫向牛頭充炭直.

이처럼 민중들 편에 서서 민중들의 비참한 처지를 읊어 낸 작가는 일찍이 없었다. 굶주리고 헐벗으면서도 하루도 쉬지 않고 일만 해야 하는 사람들을 대신하여 항의하는 것이다. 백거이는 이 시의 제목 아래 "관시(官市)의 고충을 읊음(苦官市也)"이라 설명을 붙이고 있다. '관시'란 궁중 또는 관청에서 필요한 물건들을 강제로 사들이는 기관인데 정당한 값도 안 주는 이들의 횡포는 백성들을 굉장히 괴롭혔다 한다. 이 시에서도 천 근이 넘는 한 수레의 숯 대가로 짧은 비단 반필과 비단 열 자, 굶주리고 헐벗는 숯굽는 노인에게는 절실하지도 않은 물건이려니와 이걸 팔아도 몇 푼되지 않을 것은 뻔한 일이다. '관시'는 〈궁시(宮市)〉로 된 판본도 있다. 〈신악부〉에는 농부들의 어려운 처지를 노래한 「두릉영감(杜陵叟)」이란 작품도 있다.

두릉영감 두릉에 사는데
일 년에 메마른 땅 일경(頃) 남짓이 농사짓는다.
삼월달엔 비 안 오고 가뭄에 바람만 일어
보리싹은 패지 못하고 거의 누렇게 죽었고,
구월달엔 서리가 내려 가을 일찍이 추위 닥치니
벼 이삭 익기도 전에 모두 파랗게 말랐다.
관리들은 잘 알면서도 구제할 것을 상신하지 않고
서둘러 사납게 세금만 거둬들이려 한다.
누에를 잡히고 땅을 팔아 관청 세금 내니
내년 먹고 입을 것은 어떻게 하려는 건지?
내 몸에 걸친 비단을 벗겨 가고
내 입 속의 곡식을 뺏아 가니,
사람을 학대하고 물건을 해치는 것은 바로 승냥이나 이리,
어쩌면 갈구리 같은 발톱과 톱니 같은 이빨로 사람 고기를 먹는가?

어느 누군가가 임금님께 아뢰니
임금님 마음 측은히 사람들의 폐해를 아시고,
흰 창호지에 덕된 말씀 쓰시어
경기(京畿) 지방은 모두 올해 세금을 면제시켰단다.
어제서야 마을 서기가 문 앞으로 와서
손에 한 자되는 패쪽 들고 마을에 광고했는데,
열 집이면 아홉 집의 세금은 다 거둬 간 뒤라
우리 임금님께서 면제해 주신 은혜도 헛되이 받은 거라네.

杜陵叟, 杜陵居, 歲種薄田一頃餘.
三月無雨旱風起, 麥苗不秀多黃死.
九月降霜秋早寒, 禾穗未熟皆靑乾.
長吏明知不申破, 急斂暴徵求考課.
典桑賣地納官租, 明年衣食將何如?
剝我身上帛, 奪我口中粟.
虐人害物卽豺狼, 何必鉤爪鋸牙食人肉?
不知何人奏皇帝, 帝心惻隱知人弊.
白麻紙上書德音, 京畿盡放今年稅.
昨日里胥方到門, 手持尺牒榜鄕村.
十家租稅九家畢, 虛受吾君蠲免恩.

일년 내내 땀흘리며 농사를 지어도 관리들에게 다 빼앗기고 제대로 먹고 살지도 못하는 가난한 농민을 읊은 것이다. 더구나 흉년이라도 드는 날이면 얼마 안 되는 땅일망정 팔아먹지 않고는 세금조차도 갚지 못하는 처참한 형편이다.

이처럼 백거이가 어려운 농민들이나 가난한 숯장사 같은 평민들에게 눈을 돌렸다는 것은, 그가 산 시대의 역사적인 배경에도 까닭이 있다. 당나라는 〈안녹산의 난〉을 계기로 대대로 세도를 누려 오던 북방의 대족(大族)들이 일시에 망해 버렸다. 그리고 전란을 통하여 사대부들은 평민들 못지 않는 고초를 겪는 사이에 사회 계급의 차별이 크게 흔들렸다. 낮은 계층으로부터 상류 지배 계급으로 뛰어오른 사람들도 많이 생겨났다. 한편, 어지러운 사회 속에 교묘한 수단으로 돈을 번 상인들이 많이 생기고, 전란에 휩쓸리지 않은 남방의 도시들을 중심으로 상업이 발달하기 시작했다. 이에 옛날에는 천한 계급에 속하던 상인들을 필두로 한 평민들 사이에 이른바 시민의식 같은 것이 싹트기 시작하였다. 평민들의 시민의식은 자기들의 노래나 연극 같은 자기들의 오락을 찾게 되었고, 사대부나 문학가들은 이들 평민에게 눈을 돌리지 않을 수가 없게 되었다.

백거이가 평민들을 위해 시를 쓰던 시대에는 〈변문(變文)〉이 한창 유행하였고, 본격적인 소설인 〈전기(傳奇)〉가 창작되었으며, 한유(韓愈, 768~824)의 고문운동(古文運動)이 무르익고 있었다. 〈사〉라는 새로운 민가형식의 시도 창작되기 시작하였다. 〈변문〉은 인도로부터 들어온 강창(講唱)의 일종이지만, 이것은 바로 민중들의 얘기를 듣고 즐기려는 욕구와 합치되었다. 〈전기소설〉은 민간의 설화(說話)의 영향 아래 이루어진 것이라 볼 수 있으며, 얘기의 소재를 보면 사회에서 신분 때문에 손해를 보는 기생 같은 약한 사람들이 주제로 된 것이 많다. 그리고 산문의 형식적인 아름다움을 추구한 〈변려문(駢儷文)〉을 반대한 〈고문운동〉은 쉽고 솔직하게 생각하는 대로 표현한다는 점에서 평민들의 〈시민의식〉과 상통하는 것이라 하겠다. 그리고 〈사〉는 시가 형식화 또는 귀족화하자 민간가요에서 발굴해 낸 새로운 형식의 시이다. 이 〈사〉는 송대에 크게 성행한다. 여하튼 민중들이 자기 자신에 대하여 각성하기 시작한 시대이므로, 백거이가 평민들의 쉬운 말투를 써서 평민들을 대변하는 시를 쓰려 노력했다는 것은 극히 자연스러운 일이었다.

백거이의 친구 원진(元稹)에게도 〈신악부〉에 해당할 〈악부고제(樂府古題)〉가 있다. 〈악부고제〉란 〈악부시〉의 옛 제목을 빌어 현실을 풍자 하려는 뜻이 포함되었음을 자신이 서문에서 밝히고 있다. 「전가사(田家詞)」란 제목의 〈악부고제〉 속에 든 작품만 읽어봐도, 원진은 백거이와 거의 같은 뜻에서 시를 썼음을 알 수 있을 것이다. 어떤 판본에는 「전가행(田家行)」으로도 되어 있다.

소는 헐떡헐떡
밭은 데굴데굴,
마른 흙덩이 소 발굽에 부딪쳐 토독토독,
농사지어 관청 창고에 구슬알 같은 곡식 채우네.
육십 년 동안 줄곧 전쟁 찾으니
다달이 식량 실어 나르는 수레 소리 덜컹덜컹,
어느 날 관군이 나라 땅을 되찾으니

소 몰아 수레 끌다 쇠고기 먹네.
돌아와 되얻은 건 쇠뿔 두 개뿐이나,
다시 쇠 녹여 호미 보습 만들고 도끼 괭이도 만드네.
시어머니는 방아찧고 며느리는 메어다가 관청에 바치는데,
관청에 바칠 것 모자라 돌아와선 집을 파네.
바라건대 관군은 어서 이기고 적은 빨리 멸망하기를!
농사꾼 죽으면 자식이 있고 소에게는 송아지가 있으니
관군의 식량 모자라게 보내지는 말아야 한다는 걸세.

牛吒吒, 田确确,
旱塊敲牛蹄趵趵, 種得官倉珠顆穀.
六十年來兵蔟蔟, 月月食糧車轆轆.
一日官軍收海服, 驅牛駕車食牛肉.
歸來收得牛兩角, 重鑄鋤犁作斤劚.
姑舂婦擔去輸官, 輸官不足歸賣屋.
願官早勝讎早覆, 農死有兒牛有犢.
誓不遣官軍糧不足.

농민들은 메마른 땅에 예측할 수 없는 날씨와 싸워가면서 농사를 짓는다. 그러나 수확을 하고 보면 대부분의 곡식은 관청에서 여러 가지 명목으로 뺏아간다. 더욱이 일단 전쟁만 일어나면 농민들은 군량미를 대어야 한다. 전쟁이 끝났는가 싶으면 군인들의 행패는 소까지 빼앗아, 잡아먹어 버린다. 그렇지만 피난 나갔다 돌아온 농민들은 헐벗고 굶주리면서라도 폐허 위에 다시 씨를 뿌린다. 그리고 농사 지은 곡식은 다시 전부 관청에 세금조로 빼앗기게 되는데 심지어 세금 낼 곡식이 모자라 집까지 팔아먹는다. 그래도 농민들은 전쟁통에 겪은 쓰라림을 기억하고, 관군들이 어서 반란군을 쳐부수고 평화를 되찾아주길 빈다. 농민들에게는 자식이 있고 소에게는 송아지가 있으니, 농민들이 죽을 지경에 놓이고 소를 빼앗기는 한이 있더라도 군량미만은 제대로 보내 주어야만 한다는 것이다.

의지할 곳 없는 농민들의 고난이 처참하기 짝이 없다. 이 시를 읽고도 마음이 움직이지 않는 사람은 드물 것이다. 이러한 직접적인 풍자를 통하여 사회를 올바로 이끌려는 것이 〈풍유시〉의 목표이다. 두보도 사회시를 썼지만 백거이나 원진에 이르러,

그것은 더욱 서민의 입장에서 서민을 이해하는 내용과 형식의 시로 발전하였다.

3. 한적시(閒適詩)

백거이의 〈한적〉을 보면 역시 도연명의 〈망아지경(忘我之境)〉과 통하는 정적이 있다. 앞에서 〈풍유시〉가 세상 모든 사람들의 행복을 추구하는 것이라면 〈한적시〉는 자기 개인의 행복을 추구하는 것이라 하였다. 그러나 그의 행복은 속세에서 말하는 부귀영화에 있지 아니하였다. 「한거(閑居)」 시를 보면 이렇게 읊고 있다.

> 마음에 흡족하면 곧 그것이 부(富)이고
> 몸이 한가한 것이 바로 귀(貴)가 된다.
>
> 心足卽爲富 身閑乃當貴.

다음의 「안석에 기대어서(隱几)」란 시는 백거이의 '한적'에 대한 태도를 잘 설명해 준다.

> 몸이 쾌적하면 사지(四支)를 잊고
> 마음이 쾌적하면 시비를 잊네.
> 쾌적한 뒤에 또 쾌적함을 잊으니
> 내가 누구인지 알지를 못하네.
> 온 몸이 마른 나무같이
> 멍하니 아무것도 모르고,
> 마음은 다 탄 재와 같아서
> 고요히 아무것도 생각 않네.
> 오늘도 그리고 다시 내일도
> 몸과 마음 모두 서로 버리네.
> 나이 서른 아홉 살의
> 한 해 다 가고 날 저문 때,
> 마흔 살이면 마음이 움직이지 않는다 했는데,
> 나는 지금 거의 그렇게 되어 있네.

身適忘四支, 心適忘是非.
旣適又忘適, 不知吾是誰.
百體如槁木, 兀然無所知.
方寸如死灰, 寂然無所思.
今日復明日, 身心忽兩遺.
行年三十九, 歲暮日斜時.
四十心不動, 吾今其庶幾.

이 시는 『장자(莊子)』 제물론(齊物論) 첫머리의 다음과 같은 일단을 생각케 한다.

"남곽자기(南郭子綦)가 안석에 기대어 앉아 있었는데, 하늘을 우러러 입으로 숨을 쉬는 것이 맥없이 몸에서 정신이 떠나간 것 같았다. 안성자유(顔成子游)가 앞에 서서 시중하고 있다가 말하였다.

어떻게 이렇게 하고 계십니까? 형체는 굳어져 마른 나무와 같게 할 수 있고 마음은 굳어져 죽은 재와 같게 할 수 있다시더니 그것입니까?"

南郭子綦隱机而坐, 仰天而噓, 荅焉似喪其耦. 顔成子遊立侍乎前, 曰 ; 何居乎? 形固可使如槁木, 而心固可使如死灰乎?

백거이는 또 「여름날(夏日)」이란 시에서

하루종일 앉았다 누었다
방안을 떠나지 않는데,
마음 속에 본시 거리낌 없으니
또한 문을 나갔던 거나 같네.

盡日坐復臥, 不離一室中.
中心本無繫, 亦與出門同.

자기가 처한 곳에서 자기 자신을 잊으려는 것은 도연명이나 이백의 '망아(忘我)'나 '망정(忘情)'과도 통한다. 그는 어디 서나 몸을 편히 하고 마음의 정욕을 털어버리면 '무위이자연(無爲而自然)'의 도가적인 경지에 이를 수 있다고 믿었다. 다만 도연명이나 이백은 자기 주위의 사물들, 산수나 달 같은 데 관심을 많이 두고 그 아름답고 참된 자연 속에 자신을 융화시키려 하였지만, 백거이는 언제나 관심이 자신의 몸과 마음가짐에 있었다. 그런 점에서 도연명이나 이백보다도 백거이에게는 개인의 '행복의 추구'란 말이 잘 어울린다. 다음의 「식후(食後)」란 시를 보면 백거이가 "홀로 자기 몸을 잘 간수하려는(獨善其身)" 태도를 잘 알 수 있게 될 것이다.

점심 먹고 나서 한잠 자고
일어나 두 잔의 차를 들고,
머리 들어 햇빛을 보니
또 다시 서남쪽으로 기울였구나.
즐기는 사람은 해가 빠름을 아쉬워하고
근심하는 사람은 해가 긺을 싫증 내겠지만,
근심도 즐거움도 없는 사람은
길든 짧든 살아가는 대로 맡겨둔다.

食罷一覺睡, 起來兩甌茶.
擧頭看日影, 已復西南斜.
樂人惜日促, 憂人厭年賒.
無憂無樂者, 長短任生涯.

고요하고 깨끗하게 자기 생활을 간수하려는 작자의 태도가 티없이 맑다. 몸과 마음을 번거롭히지 않는다는 그의 생활 철학은 자신의 이름을 "쉽게 살아간다(居易)"는 뜻을 지니게 하였고, 자는 "하늘을 즐긴다."는 뜻으로 낙천(樂天)이라 부르게 하였다. "하늘을 즐긴다."는 것은 속세의 "근심이나 즐거움이 없는" 그런 생활을 뜻하는 것이다. 그의 〈한적시〉는 몸과 마음을 번거롭히지 않는다는 것이 출발점이기 때문에 어떻게 보면 마치 "게으름의 찬미" 같은 느낌조차 든다. 「상락리에 한가히 살며 우연히 십륙운의 시를 지음(常樂里閑居偶題十六韻)」이라 전제하고, 아울러 "자기 친구 여러 사람들에게 부친다."는 긴 제목이 붙은 시를 보면 이렇게 읊고 있다.

임금 계신 도읍은 명리를 다투는 고장이어서
닭울음 소리에 편안히 살 곳 없다.

오직 게으른 사람들만이
해가 높이 떠도 머리도 못 빗고 있는데,
교묘하고 졸렬함은 성격의 다름 때문이어서
나아가고 물러나는 행동도 마침내 달라진다.
帝都名利場, 雞鳴無安居.
獨有嬾慢者, 日高頭未梳.
工拙性不同, 進退蹟遂殊.

고 솔직히 '게으름'이 시끄러운 세상에서 편히 살아가는 방법임을 찬미한 것이다. 그의 〈한적시〉 중의 「초당중제(草堂重題)」란 작품을 한 수만 더 읽어 보기로 한다.

해는 높이 뜨고 잠은 흡족한데도 여전히 일어나기 싫어지는데,
조그만 누각 안의 겹이불은 추위도 두렵지 않다.
유애사의 종소리를 베개 벤 채 듣고
향로봉의 눈을 발을 젖히고 본다.
여산(廬山)은 바로 명리로부터 도망쳐 살 땅이요
사마(司馬)란 또한 노년을 보낼 벼슬이다.
마음 편하고 몸 편안함이 바로 목표하는 일이니
고향이야 어찌 장안에만 있어야 하겠는가?

日高睡足猶慵起, 小閣重衾不怕寒.
遺愛寺鐘欹枕聽, 香爐峰雪撥簾看.
匡廬便是逃名地, 司馬仍爲送老官.
心泰身寧是歸處, 故鄕可獨在長安.

잠을 실컷 자고서도 해가 높이 있는데 따뜻한 이불 속에서 게으름을 핀다. 절에서 울려오는 종소리를 이불 속에서 들으면서 누운 채로 젖히고 앞산의 눈 덮인 봉우리를 구경한다. 이 시는 강주(江州) 땅에서 벼슬을 하는 동안 강주 교외의 명산인 여산에 초당(草堂)을 짓고 살면서 읊은 시이다. 이 시에 나오는 '광려(匡廬)'는 '여산'의 별명이며, '향로봉(香爐峰)'은 '여산'의 봉우리 이름, '유애사(遺愛寺)'는 '향로봉' 북쪽에 있는 절 이름이다. 백거이의 초당은 '유애사' 서쪽에 있었다 한다. 원진은 시풍이나 용어 등 백거이와 비슷한 점이 많다고 하지만, 이러한 〈한적〉의 여유는 따르지 못하

고 있다.

4. 감상시(感傷詩)

백거이는 위대한 애정의 시인이다. 자신은 〈감상〉이라 표현한 서정시들을 가장 낮게 평가했지만, 많은 사람들이 달콤한 그의 시정을 좋아하였다. 그의 〈감상시〉들은 그의 작품들 중에서도 가장 아름다울 뿐만 아니라, 중국시 전체를 놓고 보더라도 가장 빼어난 시들이라 할 것이다.

백거이는 시가 지니는 가치에 대한 자각과 주장 아래 작품을 썼다. 따라서 서정시라 하더라도 일시적인 감정의 충격이 아니라 퍽 다양한 내용들을 정리하여 서술적으로 읊고 있다. 이백이나 두보의 시가 한 장의 그림 같다면, 백거이의 시는 그림이 연결되는 주마등(走馬燈)과 같다고 할까? 퍽 설명적이고 서술이 위곡하다. 거기에 쉬운 말로 시구를 이루고 있어 그의 시는 다분히 산문화한 경향을 띠고 있다. 따라서, 달콤한 문구에 아름다운 얘기와 시정이 담긴 「장한가(長恨歌)」·「비파행(琵琶行)」 같은 시들은 중국시의 새로운 일면을 개척한 작품이라 할 것이다. 이런 시들을 통하여 비로소 그가 이백·두보와 함께 당시를 대표할 만한 위대한 시인임을 절실히 느끼게 됨은, 자신의 시에 대한 자각에 비해 아이러니라 할 수 있을런지도 모른다.

「장한가」와 「비파행」은 자신은 서정시라 할 〈감상시〉 속에 넣고 있지만 사실은 서사시의 체제로 쓴 작품이다. 「장한가」는 백거이가 생존했던 바로 전 세대의 임금인 현종(玄宗)과 양귀비(楊貴妃)의 얘기를 노래한 것이다. 현종은 이백과 두보가 살았던 시대의 영명한 황제였다. 그가 임금 자리에 있던 45년이란 긴 세월 동안 전반기는 당나라 제국의 국세를 극성기로 이끌어 올렸고, 후반기는 문화의 난숙으로 말미암아 다시 국세가 아래로 기울어졌다. 백거이가 노래한 양귀비는 바로 그 문화의 난숙과 국세의 쇠약을 대표할 만한 미인이다. 양귀비와 사랑에 빠져 나랏일을 어지럽게 만든 끝에, 오랑캐 장군 안록산(安祿山)을 끌어들여 온 나라를 뒤엎는 반란을 일으키게 만들었다. 이 난리통에 현종은 임금자리를 물러났고, 양귀비는 피난길에 무지한 군인들의 손에 목숨을 잃었지만, 현종의 양귀비에 대한 사랑은 양귀비가 죽은 뒤에도 애닮게 이어진다. 이 시는 원화(元和) 오년(805), 그가 35세 때 지은 120구 840자나 되는 긴 시이다.

당나라 임금은 여자를 중히 여기어 뛰어난 미인 생각하였으나
천하를 다스린 지 여러 해 되도록 구하지 못하고 있었다.
양(楊)씨 집 안에 딸이 막 장성하였는데,
깊은 규방(閨房)에 길리어져 사람들은 알지도 못하였다.
그러나 하늘이 낳은 고운 바탕은 스스로 버리기 어려워
하루아침에 뽑히어 임금님 곁에 있게 되었다.
눈길 돌려 한번 웃으면 갖가지 아리따움 피어나니
여섯 궁전의 곱게 단장한 후궁(後宮)들은 얼굴빛을 잃었다.
봄 날씨 쌀쌀한데 여산(驪山) 화청궁(華淸宮)에서 목욕하게 하시니
온천 물은 매끄러이 엉긴 기름처럼 고운 살갗을 씻었다.
시중하는 아이가 부축해 세워도 아리따이 힘없는 모습은
처음 은총을 받든 때문이었다.
구름 같은 머리에 꽃 같은 얼굴 황금머리 장식,
부용 수놓인 따스한 장막 안에 봄 밤을 지내는데,
봄 밤은 괴롭게도 짧아 어느덧 해 높이 뜨니
이로부터 임금은 아침 조회(朝會)를 보시지 않았다.
기꺼움 받들어 잔치 시중하기에 한가한 틈 없고
봄이면 봄놀이 따르고 밤이면 온 밤을 독차지하였다.
후궁의 아리땁고 고운 여자 삼천 명인데,
삼천의 총애를 한 몸에 모았었다.
황금 방에서 화장하고는 아리따이 밤 시중 들고
구슬 누각에 잔치 파하고는 취하여 봄처럼 화합하였다.
여자 형제 남자 형제들 모두 땅을 떼어 받으니
아름다운 광채가 집안을 빛나게 하였다.
마침내는 세상 부모들의 마음으로 하여금
아들 낳는 것 중히 여기지 않고 딸 낳는 것 중히 여기게 하였다.
여산 별궁(別宮) 높은 꼭대기는 푸른 구름 위로 솟았는데
신선의 음악이 바람에 실리어 곳곳에 들린다.
느린 곡조의 노래와 조용한 춤에 여러 가지 악기 소리 곁들이고
종일토록 임금은 만족할 줄 모르고 쳐다본다.
갑자기 어양(漁陽) 땅에 반란군 일어나 북소리 땅 울리며 몰려와

임금이 즐기던 예상우의곡의 고운 가락을 놀라 깨어지게 하였다.
아홉 겹 궁궐에 연기와 먼지 일어나고
수많은 수레에 수만 기병이 호위하는 임금의 행렬이 서남쪽으로 피난나섰다.
비취깃 장식한 깃대 흔들흔들 가다가는 다시 멎더니
도성문을 서쪽으로 나와 백여 리 되는 곳에서,
온 군사들 나아가지 않고 나라 망한 책임 추궁하니 어쩌는 수 없이
아리따운 미인 양귀비는 군사들 말 앞에 죽어갔다.
꽃비녀 땅에 버려져도 거두는 사람 없고
비취 장식이며 금머리꽂개며 구슬 장식도 그대로 버려졌다.
임금도 얼굴을 가린 채 구해내지 못하니
돌아보는 눈에는 피눈물이 섞여 흘렀다.
누런 먼지 자욱하고 바람은 쓸쓸한데
높은 사다리길 꾸불꾸불 사천(四川)으로 들어가는 검각(劍閣)을 오른다.
성도(成都) 남쪽 아미산 아래는 다니는 사람 적고
깃발들은 빛 잃고 햇빛도 엷어진다.
사천 땅 강물은 푸르고 사천 땅 산은 파란데
임금님은 아침마다 저녁마다 양귀비 그리는 정 태웠다.
파난 땅 궁전에서 보는 달은 마음 아픈 빛이었고
밤비 속에 들리는 말방울은 창자 저미는 소리였다.
하늘 돌고 땅 굴러 세상 바뀌자 수레 돌려 되돌아오는데
이곳에 이르러는 머뭇머뭇 떠나지를 못한다.
마외(馬嵬)의 언덕 아래 진흙 가운데
구슬 같은 얼굴 뵈지 않고 공연히 죽은 곳만이 있다.
임금과 신하들 서로 돌아보며 모두 옷깃 적시며
동녘 도읍 문 향해 말에 몸 맡긴 채 돌아간다.
돌아와 보니 못과 정원 모두 옛과 같아서
태액(太液)못 연꽃이며 미앙(未央)궁 버드나무 의연하다.
연꽃은 그리운 이 얼굴 같고 버들 잎은 눈썹 같으니
이를 대하고 어찌 눈물 흘리지 않으리?
봄바람에 복숭아 오얏꽃 피는 날이며
가을비에 오동잎 지는 때면 그리움 더욱 사무친다.

상황(上皇)되어 사는 서궁과 남내에는 가을풀만 무성하고
낙엽이 섬돌 가득히 붉어도 쓸지 않았다.
이원(梨園)의 악공들도 흰 머리가 돋았고
황후의 궁전 궁녀들의 젊던 모습도 이젠 늙었다.
저녁 궁전엔 반딧불 날면 생각 더욱 슬퍼지고
외로운 등불 심지 다 타도록 돋우며 잠못 이룬다.
느릿느릿 시각 알리는 종소리 북소리는 처음으로 긴 밤 느끼게 하고
훤한 은하수만이 지새는 밤하늘에 걸려 있다.
원앙새 모양 기왓장은 싸늘한데 서릿발 짙고
비취새 수놓인 이불은 찬데 누구와 더불어 자야 하나?
아득히 삶과 죽음의 이별은 해를 거듭하나
혼령조차도 한번 꿈에 나타나 주지 않는다.
임공 땅의 도사 홍도객이란 사람이
정성으로 혼백을 부를 수 있단다.
상황께서 잠 못 이루고 뒤척이는 사랑에 감동하였기 때문에
마침내 도사로 하여금 정성껏 찾아보게 하였다.
허공을 밀치고 바람을 타고 번개처럼 달리어
하늘로 올라가고 땅으로 들어가고 하며 두루 찾았다.
위로는 하늘 끝 아래로는 황천까지 다 다녔으나
어느 곳에고 아득히 전혀 보이지 않았다.
문득 바다 속 신선들이 사는 산 있는데
산은 허무하고 까마득한 사이에 있다는 말을 들었다.
그곳엔 누각이 영롱하고 오색의 구름 이는데
그 속에 아리따운 선녀들이 많다고 한다.
그 가운데 한 사람이 있는데 자(字)는 태진(太眞)
눈 같은 살결 꽃같은 모습이 거의 비슷했다.
금장식한 문 달린 서쪽 행랑채로 가서 옥 문 두드려
하녀 소옥(小玉)에게 말하니 다시 하녀 쌍성(雙成)에게 알린다.
당나라 천자의 사신이 왔다는 말을 듣고
화려한 장막 안의 꿈꾸던 혼령이 놀란다.
옷자락 잡고 베개 밀치고 일어나 왔다갔다 하는데
구슬 발 은고리가 슬며시 열려진다.
구름 같은 머리는 기울어져 잠자다 방금 캔 듯하고 꽃 장식 매만지지

도 않은 채 대청을 내려온다.
바람에 불리어 선의(仙衣) 소맷자락 펄렁펄렁 들리니
마치 예상우의무를 추는 것만 같다.
구슬 같은 얼굴에 쓸쓸한 눈물 줄줄 흐르니
배꽃 한 가지가 봄비에 젖는 듯하다.
정을 머금은 응시하는 눈으로 임금님께 감사드리며
한 번 이별하니 소식이고 모습이고 서로 까마득하게 되었단다.
소양전(昭陽殿)에서 속삭인 사랑은 끊어지고
신선 사는 궁전 안은 세월만이 길단다.
머리 돌려 아래쪽 사람들 사는 고장 바라보면
장안은 보이지 않고 먼지와 안개만 보이더란다.
오직 옛 물건으로 깊은 정을 표시하고자 하여
자개 상자와 금비녀를 보내겠단다.
비녀는 한 갈래 남기고 상자는 한쪽을 남겼으니
비녀의 황금 나뉘어지고 상자의 자개 쪼개졌다.
다만 마음을 금이나 자개처럼 굳게 가져준다면
하늘 위나 이 세상에서나 반드시 만나게 되리라.
떠나올 때 은근히 거듭 말을 전하는데
말 가운데 맹세가 있어 두 마음만이 안단다.
칠월 칠일 칠석날 장생전
밤중 아무도 없는 곳에서 속삭일 때,
하늘에선 나래 붙은 두 마리 새가 되고
땅에선 가지 붙은 두 나무 되자 하였단다.
하늘은 영원하고 땅은 오래 가지만 다하는 때 있으리나
이 한만은 끊임없이 다할 날 없으리라.

漢皇重色思傾國, 御宇多年求不得.
楊家有女初長成, 養在深閨人未識.
天生麗質難自棄, 一朝選在君王側.
廻眸一笑百媚生, 六宮粉黛無顏色.
春寒賜浴華清池, 溫泉水滑洗凝脂.
侍兒扶起嬌無力, 始是新承恩澤時.
雲鬢花顏金步搖, 芙蓉帳暖度春宵.
春宵苦短日高起, 從此君王不早朝.

承歡侍宴無閒暇, 春從春遊夜專夜.
後宮佳麗三千人, 三千寵愛在一身.
金屋粧成嬌侍夜, 玉樓宴罷醉和春.
姊妹弟兄皆裂土, 可憐光彩生門戶.
遂令天下父母心, 不重生男重生女.
驪宮高處入青雲, 仙樂風飄處處聞.
緩歌慢舞凝絲竹, 盡日君王看不足.
漁陽鼙鼓動地來, 驚破霓裳羽衣曲.
九重城闕煙塵生, 千乘萬騎西南行.
翠華搖搖行復止, 西出都門百餘里.
六軍不發無奈何, 宛轉蛾眉馬前死.
花鈿委地無人收, 翠翹金雀玉搔頭.
君王掩面救不得, 廻看血淚相和流.
黃埃散漫風蕭索, 雲棧縈紆登劍閣.
峨嵋山下少人行, 旌旗無光日色薄.
蜀江水碧蜀山青, 聖主朝朝暮暮情.
行宮見月傷心色, 夜雨聞鈴腸斷聲.
天旋地轉迴龍馭, 到此躊躇不能去.
馬嵬坡下泥土中, 不見玉顏空死處.
君臣相顧盡沾衣, 東望都門信馬歸.
歸來池苑皆依舊, 太液芙蓉未央柳.
芙蓉如面柳如眉, 對此如何不淚垂?
春風桃李花開日, 秋雨梧桐葉落時.
西宮南內多秋草, 落葉滿階紅不掃.
梨園弟子白髮新, 椒房阿監青娥老.
夕殿螢飛思悄然, 孤燈挑盡未成眠.
遲遲鐘鼓初長夜, 耿耿星河欲曙天.
鴛鴦瓦冷霜華重, 翡翠衾寒誰與共?
悠悠生死別經年, 魂魄不曾來入夢.
臨邛道士鴻都客, 能以精誠致魂魄.
爲感君王展轉思, 遂教方士殷勤覓.
排空馭氣奔如電, 升天入地求之遍.
上窮碧落下黃泉, 兩處茫茫皆不見.

忽聞海上有仙山, 山在虛無縹緲間.
樓閣玲瓏五雲起, 其中綽約多仙子.
中有一人字太眞, 雪膚花貌參差是.
金闕西廂叩玉扃, 轉教小玉報雙成.
聞道漢家天子使, 九華帳裏夢魂驚.
攬衣推枕起徘徊, 珠箔銀鉤迤邐開.
雲髻半偏新睡覺, 花冠不整下堂來.
風吹仙袂飄颻擧, 猶似霓裳羽衣舞.
玉容寂寞淚闌干, 梨花一枝春帶雨.
含情凝睇謝君王, 一別音容兩渺茫.
昭陽殿裏恩愛絶, 蓬萊宮中日月長.
回頭下望人寰處, 不見長安見塵霧.
唯將舊物表深情, 鈿合金釵寄將去.
釵留一股合一扇, 釵擘黃金合分鈿.
但教心似金鈿堅, 天上人間會相見.
臨別殷勤重寄詞, 詞中有誓兩心知.
七月七日長生殿, 夜半無人私語時.
在天願作比翼鳥, 在地願爲連理枝.
天長地久有時盡, 此恨綿綿無絶期.

이 장편의 시는 백거이의 작품 중에서도 가장 널리 읽혀지는 아름다운 서사시이다. 서사시이면서도 당나라 현종과 양귀비의 멋지고도 애틋한 사랑의 전말을 읊은 것이기에 〈감상〉속에 들어갈 수 있는 것이다.

그의 친구 진홍(陳鴻, 813 전후)은 이 시가 이루어지자, 이를 근거로 소설체의 『장한가전(長恨歌傳)』을 썼다. 이 밖에도 현종과 양귀비의 사랑 애기는 원대에 이르러는 백박(白樸, 1226~?)에 의하여 『오동우(梧桐雨)』라는 잡극(雜劇)의 대표작을 이루었고, 다시 청대에 이르러는 홍승(洪昇, ?~1704)에 의하여 『장생전(長生殿)』이란 전기(傳奇)의 대표작을 이루었다. 후세에 이처럼 현종과 양귀비의 사랑 얘기가 훌륭한 문학 작품으로 만들어져 나왔다는 것은, 백거이의 「장한가」의 자극을 크게 평가해야 할 것이다. 그것은 백거이의 또 다른 장편의 〈감상〉 서사시 「비파행(琵琶行)」의 얘기가 원대 마치원(馬致遠, 1251 전후)에 의해 『청삼루(靑衫淚)』란 잡극으로, 청대 장사전(蔣士銓,

1725~1785)에 의하여 『사현추(四絃秋)』란 대표작으로 만들어진 것과 같다.

이 밖에 짧은 〈감상시〉들에도 좋은 작품이 많다. 「감정(感情)」이란 시를 한 수 들어 본다.

마당 가운데 옷가지를 널다가
문득 고향 신을 발견했네.
옛날 내게 보내준 이 누구던고?
동편 예쁜 이웃 처녀였지.
신 보니 내게 줄 때 한 말 생각나는데
이로써 영원한 사랑 맺으려는 거였지.
영원히 들메끈처럼
쌍쌍이 다니다간 쌍쌍이 멎자 했네.
나는 강주 땅으로 귀양간 이래
삼천리 길을 돌아다녔지만,
긴 정을 지닌 사랑에 감동되었기에
이를 지니고 함께 이에 이른 거지.
오늘 아침 한 번 쓰린 마음 느끼고는
거듭거듭 끊임없이 바라보네.
사람은 외톨인데 신은 여전히 한 쌍이니
어쩌면 이토록 달라졌나!
한스럽고도 가석한 것은
비단 겉에 안을 수놓아 댄 것일세.
더욱이 봄비 맞으며 온 바람에
빛 흐려지고 꽃과 풀 죽어버렸으니!

中庭曬服翫, 忽見故鄕履.
昔贈我者誰? 東隣嬋娟子.
因思贈時語, 特用結終始.
永願如履綦, 雙行復雙止.
自吾謫江郡, 漂蕩三千里.
爲感長情人, 提携同到此.
今朝一惆悵, 反覆看未已.
人隻履猶雙, 何曾得相似.

可嗟復可惜, 錦表繡爲裏.
況經梅雨來, 色暗花草死.

객지에서 봄비에 젖은 짐보따리를 볕에 내어 말리다가, 여러 해 전에 사랑하던 아가씨로부터 선물로 받은 예쁜 여자의 신을 한 켤레 발견하였다. 이웃에 살던 그 아가씨는 지금 어떻게 되었는지 알 길이 없지만 사랑의 정표로 받았던 한 켤레의 신을 통하여 옛사랑을 되새긴다. 지금은 완전히 헤어져 버린 사랑에 대한 아쉬운 정이 아름답게 서술적으로 표현되어 있다. 이처럼 자신은 대단치 않게 여겼지만 백거이의 길고 짧은 〈감상시〉들은 중국시의 아름다운 주옥편을 이루고 있다.

한편 많은 사람들이 "원진은 가볍고 백거이는 속되다."(元輕 白俗. ~ 蘇軾「祭柳子玉文」고도 하고, "백거이는 얕고 원진은 음미(淫靡)하다."(「唐國史補」 卷下)고도 하면서 그들의 시를 평하고 있다.

그들의 시집을 보면 확실히 아름다운 서정이 지나쳐서 음란한 경지에 가까이 간 〈감상시〉들도 상당히 많다. 일반적으로 중국문학사에서는 이들의 〈풍유시〉를 중심으로 하는 사회시는 높이 평가하면서, 그러한 서정시는 가벼이 보는 경향이 많다. 그러나 이러한 〈감상시〉는 아름다운 서정의 경지를 이룩하고 있을 뿐만 아니라, 그들의 서민에 대한 관심이 그런 경향의 작품을 낳게 한 듯하다. 백거이와 원진은 시의 표현에 있어 서민들의 평이한 말들을 썼을 뿐만이 아니라, 내용에 있어서는 서민들이 좋아하는 유행가 같은 서정을 추구했기 때문이라 여겨진다. 따라서 백거이의 시는 〈풍유시〉 뿐만이 아니라 〈감상시〉까지도 새로운 평가를 해야만 할 것이다.

5. 맺는 말

이상 얘기한 것처럼 백거이의 시는 〈풍유〉·〈한적〉·〈감상〉의 세 가지로 크게 나뉘어진다. 그리고 백거이는 자신의 시작의 무게를 사회나 정치를 풍자하는 데 중점을 둔 〈풍유〉시에 두었다. 그런데 사실은 백거이의 시뿐만 아니라, 성격은 다르지만 중국시 전체를 그와 같이 세 가지로 분류할 수 있을 것이다. 그리고 유미주의적인 문학 풍조가 문단을 지배했던 시대도 있기는 하지만, 중국에선 전통적으로 시에 있어서 사회 의식이 중시되었다. 그것은 『시경』 이래로 중국시가 사회를 교화하는 데 커다란 효용이 있다는 데서 높이 평가받아 왔기 때문이다. 그러나 순수 문학적인 업적은 도리어 〈한적〉시나 〈감상〉시에서 이루어지고 있다는 점에도 주의해야 할 것이다. 그리고 〈감상시〉의 서민적인 성향도 소홀히 할 수는 없는 것이다.

『시경』에서 이미 〈풍유〉적인 시의 뜻을 강조했음에도 불구하고, 국풍(國風) 속에는 〈한적〉이나 〈감상〉에 속할 아름다운 서정을 노래한 시들이 더 많은 것이다. 중국의 문인들은 논리적으로는 문학의 사회 교화를 위한 공용을 중시하면서도, 처음부터 아름다운 서정이 이루는 예술성을 감지했던 듯하다. 그 때문에 중국 정통문학은 〈풍유〉적인 사회시보다도 〈한적〉과 〈감상〉에 속하는 서정시가 그 주류를 이루고 있는 것이다. 백거이의 시론과 그의 시는 그러한 중국시의 성격을 가장 잘 대변하고 있다.

X. 설리(說理)와 시
— 송시(宋詩)의 발전

1. 서술의 섬세화와 미문(美文)·묘문(妙文)의 기피

걸상 옮기며 맑은 햇빛 즐기노라니
어언듯 세상 걱정 스러지네.
벌레는 줄에 매달리어 내려왔다 다시 올라가고
참새들은 싸우면서 떨어졌다 날아가네.
참새들은 어울리어 찬 대숲으로 들어가고
벌레는 줄 거두고 해 기운 대문 아래 매달리네.
아무도 고요한 이 정경 알아주는 이 없는데
이끼 빛만이 나의 옷에 되비쳐오네.

移榻愛晴暉, 翛然世慮微.
懸蟲低復上, 鬥雀墮還飛.
相趁入寒竹, 自收當晚闈.
無人知靜景, 苔色照人衣.

「가을날 집에서(秋日家居)」란 제목의 북송(北宋, 960~1127) 매요신(梅堯臣, 1002~1060)의 시이다. 당(618~907)대의 시에서는 보지 못했던 섬세한 감각이 산뜻한 시정을 안겨준다. 그전 시인들은 넓고 큰 범위의 정서를 중점적으로 표현하려고 노력했다면, 이 시에서는 분석적이고 이지적인 감각의 서정을 느끼게 한다. 당나라 시인이라면 한가히 집에 앉아 있다 하더라도, 줄에 매달린 벌레(거미)나 멋대로 날아다니는 참새들의 묘사가 그때 짓는 시구의 반을 차지할 수는 없을 것이다. 당나라 시인들은 산이나 강물 또는 구름이나 꽃을 읊기는 하였지만, 그것은 자연의 위대한 섭리나 인간의 숙명과의 관계 같은 것을 전제로 한 것이었다. 송대를 대표하는 문호 소식(蘇軾, 1036~1101)의 다음 시를 읽어보면 송시가 개척한 중국시의 새로운 면모를 더 잘 느끼게 될 것이다.

배 속에서 밤에 일어나(舟中夜起)

소슬바람 솔솔 갈대와 부들에 불어
비 오는가 하여 문 열고 밖을 보니 달빛이 호수에 넘치네.
뱃사람과 물새는 다함께 꿈속에 잠겨 있고
큰 물고기가 놀란 듯이 헤엄치는 게 달아나는 여우 같네.
밤 깊자 사람과 만물 서로 상관없게 되었는데
나만 홀로 몸과 그림자 어울리어 서로 즐겨 노네.
어둠 속에 물결이 물가에 일면서 차가운 지렁이 소리를 감싸주고
기운 달이 버들가지에 걸리어 매달려 있는 거미가 보이네.
내 삶 총총히 근심 걱정 속에 보내다 보니
맑은 경치 눈에 담기는 것은 잠깐뿐일세.
닭 울고 종소리 울리어 여러 새들 흩어져 나니
뱃머리에서도 북을 치며 서로 소리 지르네.

微風蕭蕭吹菰蒲, 開門看雨月滿湖.
舟人水鳥兩同夢, 大魚驚竄如奔狐.
夜深人物不相管, 我獨形影相嬉娛.
暗潮生渚弔寒蚓, 落月挂柳看懸蛛.
此生忽忽憂患裏, 淸境過眼能須臾.
雞鳴鐘動百鳥散, 船頭擊鼓還相呼.

배 속에서 하룻밤을 지내며 느끼고 본 정경을 노래한 것이 이 시이다. 물가에 자란 부들과 갈대에 부는 바람소리에 잠이 깨어, 비가 오는 게 아닌가 생각하면서 밖을 내다보니, 뜻밖에도 밝은 달빛이 호수에 넘치고 있다. 때는 사람이고 물새고 꿈속에 잠긴 깊은 밤, 큰 물고기만이 가끔 놀란 듯이 헤엄쳐 저쪽으로 달아나는 게 보인다. 이런 고요하고 아름다운 밤을 그대로 보낼 수 없어 홀로 달빛 아래 풍경을 즐긴다. "어둠 속에 물결이 물가에 일면서 차가운 지렁이 소리를 감싸준다."는 청각을 통하여 느끼는 섬세한 감정이나, "기운 달이 버들가지에 걸리어 매달려 있는 거미가 보인다."는 시각을 통한 세밀한 관찰은, 송대 이전의 시인에게서는 찾아보기 어려운 것이다. 결국 시인은 맑은 경치가 아쉬워 날이 새도록 밤경치를 홀로 즐긴다.

송시의 이러한 섬세한 감각은 문장면에 있어서도 당시와 커다란 차이를 보여준다.

앞에서 이미 읽어봤지만, 이백이나 두보를 비롯한 당대 시인들의 작품은, 한마디로 말해서 표현이 화려하다. 말로써 이룩할 수 있는 멋과 아름다움을 다한 느낌이 있다.

당대에는 성당(盛唐, 713~755) 이후 중당(中唐, 756~835)에 이르러 문학사상 새로운 문학운동이 전개되고 많은 변화가 얼어난다. 한유(韓愈)·유종원(柳宗元)의 고문운동(古文運動)이 있었고, 새로운 문체의 전기(傳奇)소설·강창(講唱) 형식의 변문(變文)·민가를 본뜬 사(詞)라는 새로운 시가가 생겨나는 것이다. 시에 있어서도 백거이와 원진의 신악부(新樂府) 및 평이한 시의 표현, 한유(韓愈)·맹교(孟郊) 등의 괴탄파(怪誕派)라 불리우는 개성적인 시의 표현을 위한 노력 등은 모두 그 시대 문학운동의 일환으로 생겨난 것이다.

중당시대의 그러한 문학개혁운동은 고문(古文)이나 강창·사 뿐만이 아니라 시에 있어서도 송대로 계승되어, 중국시를 다시 한 단계 높은 경지로 발전시키게 되는 것이다. 특히 송시의 문장표현상의 새로운 발전은 백거이·원진과 한유·맹교 등의 영향에 큰 주의를 기울여야 올바로 이해하게 될 것이다.

송시는 문장의 아름다움이나 멋을 피하고 일상생활에서 경험하는 실질적인 감각을 빠짐없이 포착하기에 힘썼다. 자기의 생각, 자기의 감정을 잘 살리기 위하여 옛날 사람들은 시에 쓰지 않았던 말들을 발굴하여 썼다. 그리고 쓸데없는 수식을 피했다. 송시를 평한 많은 사람들이(송나라 사람들 자신을 포함하여) 송시를 '떫다(澀)'든가 '딱딱하다(硬)'는 말로 평한 것도 시인들의 개성적인 표현 때문인 것이다. 독특한 음절과 단련된 구법으로 〈강서파(江西派)〉란 시파를 이룩했던 황정견(黃庭堅, 1045~1105)의 시를 예로 들어보자.「지구에서 비바람 때문에 사흘 머물다(池口風雨留三日)」란 제목의 시다.

외로운 성에 사흘 동안 바람 불며 비 날리니
작은 고을 사람들은 오직 채소밖에 먹을 게 없게 됐다.
물 멀고 산 깊으니 한 쌍의 들오리 날아가는 게 부럽고
몸은 한가롭고 마음은 괴로운데 한 마리의 황새가 내 모습 같다.
영감이 옆집에서 나와 고기 그물을 걷는데
나는 마침 못 앞에 있으되 물고기가 부럽지 않다.
서성대는 동안에 이미 모두 지난 일 되어 버리고
저녁 창 앞에 돌아와 앉아 나머지 책을 읽는다.

孤城三日風吹雨, 小市人家只菜蔬.
水遠山長雙屬玉, 身閒心苦一春鉏.
翁從旁舍來收網, 我適臨淵不羨魚.
俯仰之間已陳迹, 暮窗歸了讀殘書.

이백이나 두보의 시에 비해 읽기에 〈딱딱하고〉 맛이 〈떫기만〉 하다. 우선 동사가 한 자도 들어 있지 않은 구절이 세 구절이나 있어 해석에 당황하지 않을 수가 없다. "小市人家只菜蔬소시인가지채소"·"水遠山長雙屬玉수원산장쌍촉옥"·"身閒心苦一春鉏신한심고일용조"의 세 구절이 그것이다. 앞에서 필자는 최선을 다하여 해석해 보았지만 옳게 풀이되었다고 자신을 가질 수가 없는 것은, 시구의 문법적인 성격 때문에 불가피하다. 이 구절들은 문법으로 따져보면 문장이 성립되지 못한다. 술어동사는 고사하고 술부로 보여지는 "只菜蔬지채소"·"雙屬玉쌍촉옥"·"一春鉏일용조"가 모두 명사구이니, 해석은 읽는 사람에 따라 달라지는 수밖에 없을 것이다. 거기에다 화려한 외형의 아름다움을 추구한 것 같지도 않은데, 적잖은 전고(典故)가 쓰이고 있다. 첫째, 둘째 구절은 당나라 두보(杜甫)의 시에서 따온 것이며, 다섯째, 여섯째 구절은 한 나라 동중서(董仲舒)의 글에서, 일곱째 구절은 동진(東晉)의 서예가로 이름난 왕희지(王羲之)의 글에서 따온 것이다. 이 밖의 구절들도 출전(出典)이 있는지 모른다. 외형이 화려하지도 않으면서 이토록 많은 전고까지 썼다는 것은 시구를 많이 다졌음을 뜻하며, 이것은 시를 더욱 딱딱하고 떫게 만들어 주고 있다.

그러나 이러한 개성적인 시의 조어(造語)는 반대로 쉬운 속어 또는 구어(口語)까지도 사양하지 않고 쓰게 하고 있다. 옛날 문학 평론가들에게는 이러한 속어나 구어도 '딱딱하고' '떫은' 맛을 느끼게 하였겠지만, 일반 평민들이나 지금 우리에게는 친근미를 느끼게 하는 작품들을 낳게 하였다. 남송의 양만리(楊萬里, 1124~1206)를 보기로 들어본다.

저녁에 길가던 도중 묵다(暮宿中塗)

아침 해는 내 동쪽에 있더니
저녁 해는 내 서쪽에 있네.

내가 가면 해도 가더니
해는 돌아갔는데 나만 못돌아갔네.
형세가 여인숙을 찾아들어야만 하게 되었는데,
먼 곳에 있는지 가까운 데 있는지 전혀 알 수 없네.
내 평생 너무 멋대로 놀다 보니
똑똑한 듯하면서도 바보만 같네.
어찌하면 오늘 길을 가는데
이불과 베개가 따르지 않는가?
다행히 약간 포근한 봄날 만났으니
머리 끌어박고 옷입은 채 자리라.
설사 오늘 저녁이 춥다 하더라도
내가 취하면 역시 아지 못하리라.

朝日在我東, 夕日在我西.
我行日亦行, 日歸我未歸.
勢須就人宿, 遠近或難期.
平生太疎放, 似黠亦似癡.
如何今日行, 不以衾枕隨.
幸逢春小暄, 倒睡莫解衣.
借令今夕寒, 我醉亦不知.

위에서 말한 송시의 섬세한 묘사나 세밀한 감각, 또는 개성적인 표현의 추구는, 당시에 비해 송시가 '딱딱하고' '떫은' 맛을 느끼게 한다 하더라도 훨씬 현대화한 경향을 말해 주는 것이라 하겠다. 특히 양만리 같은 시인들이 쉽고 속된 말로써 개성적인 표현을 추구하여, 독특한 풍격의 시를 이룩하는 데 성공했다는 것은, 중국시의 또다른 가능성을 보여준 것이라 하겠다. 당대에도 백거이(白居易)와 원진(元稹)이 평이한 말로 시를 쓰기에 힘썼으나, 거기에서는 딱딱하고 떫은 맛이 느껴지지 않는다. 양만리의 시가 '딱딱하고' '떫은' 표현을 찾아 쉽고 속된 말로 시를 지은 것과는 성질이 다른 것이다.

2. 성리학(性理學)과 시 — 논리적·철학적

송대는 〈성리학〉이 성행한 시대이다. 〈성리학〉은 〈이학(理學)〉 또는 〈도학(道學)〉이라고도 부르며, 유가의 경전에 대한 새로운 해석과 평가를 바탕으로 전통적인 중국의 사상을 체계화한 것이다. 〈성리학〉에 이르러 유학은 중국의 대표적인 철학사상으로 대성했다고도 할 수 있다. 그런데 송나라의 대표적인 시인인 구양수(歐陽修)·왕안석(王安石)·소식(蘇軾)·양만리(楊萬里) 같은 사람들이 모두 적잖은 유가 경전에 대한 주석(注釋)을 남기고 있고, 주희(朱熹)를 비롯한 성리학자들이 많든 적든 모두 시를 지었다는 것을 생각할 때, 〈성리학〉의 철학적인 사유가 시에 영향을 미치지 않을 수가 없었을 것이다.

중국의 옛 평론가들은 송시를 두고 흔히 "논리로써 시를 지었다" 하였다. 송나라의 엄우(嚴羽)는 "송나라에선 이(理)를 숭상했다(本朝尙理)" 하였고(『滄浪詩話』), 명나라의 하대복(何大復)은 "송시는 이를 말한다(宋詩言理)" 하였으며(『漢魏詩序』), 진자룡(陳子龍)은 "이를 말하고 정을 말하지 않는다(言理而不言情)" 하였는데(『與人論詩』), 모두 송시의 〈논리성〉을 지적한 것이다.

이러한 경향은 송대를 대표하는 대시인 소식(蘇軾)을 보아도 두드러진다. 「자유의 면지회구 시에 화작한다(和子由澠池懷舊)」는 제목의 시를 읽어 보자. 자유는 그의 아우 소철(蘇轍)의 자이며, 소철이 지은 「면지회구」 시에 화작(和作)한다는 뜻이다.

> 인생의 모든 면이 무엇과 같은지 아는가?
> 꼭 나는 기러기가 눈 진흙 밟아 놓은 것 같지.
> 진흙 위에 우연히 발자국 남겼다 하더라도
> 기러기 난 뒤 어찌 다시 동쪽으로 갔는지 서쪽으로 갔는지 알겠는가?
> 옛 늙은 중은 죽고 새로운 탑 섰으니
> 벽 허물어져 옛날 적어 놓은 시 볼 길 없게 되었구나.
> 옛날 혼났던 일 아직도 기억하고 있는가?
> 길은 멀고 사람은 지쳤는데 절름거리는 나귀는 울부짖었었지.
>
> 人生到處知何似? 應似飛鴻踏雪泥.
> 泥上偶然留指爪, 鴻飛那復計東西?

老僧已死成新塔, 壞壁無由見舊題.
往日崎嶇還記否? 路長人困蹇驢嘶.

끝 귀에 스스로 주를 달기를 "옛날 말이 이릉에서 죽어 나귀를 타고 면지에 갔었다(往歲馬死於二陵. 騎驢至澠池)" 하였다. 그리고 소철의 「면지회구」 시의 자주(自注)에 의하면, 형인 소식과 과거를 보러가다 숙현(宿縣)의 절에 들러 늙은 중이 있는 절 벽에 시를 적어 놓은 일이 있다 한다. 지금도 이 시에서 따온 "설니홍조(雪泥鴻爪)"란 말은 사람들이 남기고 온 과거의 발자취를 가리키는 말로 쓰인다. 지난날의 어려웠던 일들을 돌아보는 소식의 태도가 거시적이다. 그리고 앞 네 귀의 설리적인 경향은 당시에서는 보기 힘든 것이다. 이보다도 더 철학적인 경향을 보여주는 시도 있다. 그가 마흔 다섯 살 되던 해 황주(黃州)로 귀양가서 지은 「임고정으로 옮아 삶(遷居臨皐亭)」이란 시가 그것이다.

내가 천지 사이에 살고 있다는 것은
한 마리의 개미가 큰 맷돌에 붙은 것 같다.
애써 오른편으로 가려 하는데도
바람 이는 맷돌바퀴 왼편으로 돎을 어쩌는 수 없다.
비록 어짐과 의로움으로 나가고자 한다지만
아직도 헐벗음과 굶주림을 면치 못한다.
칼로 쌀 벌면 위태로이 밥먹게 될 테고
바늘 담뇨엔 앉아 봐야 편안치 못하리라.
어찌 아름다운 산수가 없으랴만
눈이 빌렸는가 하면 비바람이 지나간다.
전원으로 돌아감에 늙기를 기다리지 않는
용단을 내리는 이 모두 몇이나 있는가?
다행히도 이 버려지고 나머지 같은 나는
지친 말이 안장과 짐을 푼 것 같다.
온 집안이 강가 역사(驛舍) 차지하니
절경을 하늘이 깨어내어 준 듯하다.
굶주림 가난함과 서로 합쳐 생각하니
슬퍼해야 할지 축하해야 할지 알 수 없다.

담담히 근심도 즐거움도 없고 보니
괴로운 말은 전혀 이루어지지 않는다.

我生天地間, 一蟻寄大磨.
區區欲右行, 不救風輪左.
雖云走仁義, 未免違寒餓.
劍米有危炊, 鍼氈無穩坐.
豈無佳山水, 借眼風雨過.
歸田不待老, 勇決凡幾個?
幸茲廢棄餘, 疲馬解鞍馱.
全家占江驛, 絶境天爲破.
飢貧相乘除, 未見可弔賀.
澹然無憂樂, 苦語不成些.

소식은 40여 년의 자기 생애를 통해 절실한 인생의 모순을 느끼고 있다. 자기는 이제껏 올바로 살아보려고 애써 왔는데도 아직 가난 속에 허덕이고 있다. 그렇다고 싸움으로 생활을 쟁취하자니 생활 자체가 불안해질 테고, 자연을 즐기며 살려 해도 자연이란 잠시동안 눈을 즐겁게 해줄 뿐이다. 그렇기에 젊은 나이에 전원으로 숨어버리는 용감한 사람은 많지 않은 것이다. 그런데, 지금 자기는 다행히도 산수가 아름다운 황주(黃州) 땅으로 귀양을 오고보니 마치 지친 말이 등에 얹혀 있던 안장과 짐을 풀어놓은 듯 홀가분한 기분이다. 더욱이 자기 식구들이 살게 된 집이 아름다운 경치 속에 있다. 자기가 귀양 온 게 볼행인지, 이런 좋은 곳에 살게 된 게 다행인지 따질 수가 없다. 그러니, 운영을 감수하면서 담담히 살아가자는 것이다.

자기의 인생을 돌아가는 커다란 맷돌 위에 붙은 개미나 같다고 보는 초연한 태도며, 귀양살이의 불행을 행복으로 지양시키는 거시적인 태도는 마치 『장자(莊子)』의 제물론(齊物論)이라도 읽는 듯한 감을 느끼게 한다. 이러한 폭넓은 인생관, 생활관이 바탕이 되어 그의 시가 송시의 최고봉을 이루었을 것이다.

이러한 '논리적'이고 '철학적'인 경향은 송시의 일반적인 조류였다. 심지어 이백과 같은 거리낌없는 서정과 두보와 같은 정열을 지니고 황정견의 〈강서시파(江西詩派)〉처럼 시를 딱딱하게 만들기를 꺼렸던 남송의 시인 육유(陸游, 1125~1210) 같은 시인에게까지도 철학적인 경향을 띤 시가 적지 않다. 「문을 닫고서(閉戶)」란 제목의 시를 든다.

가난한 살림에 공연히 근심을 감당 못하겠다 하지만
문 닫고는 홀로 자연의 오묘한 섭리 따라 노닌다.
편안함과 즐거움은 본시 일 없음으로써 얻어지는 것,
공로와 명예는 언제나 구하는 마음 있음을 꺼린다.
원수에 대한 원한을 씻어 버리고 개인의 이익 위한 내란을 잊고
번쩍이는 칼 거둬들이니 보검의 정기도 잠잠해진다.
아이가 아뢰기를 침대 머리맡의 봄 술독 익었다 하니
인간 만사가 끝없이 굴러감을 느낀다.

簞瓢虛道不堪憂, 閉戶方從造物遊.
安樂本因無事得, 功名常忌有心求.
洗除仇怨忘蠻觸, 收斂光芒靜斗牛.
兒報牀頭春甕熟, 人間萬事轉悠悠.

화전(和戰) 양파의 내분 속에 빼앗긴 강산도 찾지 못하고 있는 조국을 생각하는 울분도 꾹 참으면서, 문닫고 들어앉아 정적 속에 자연의 위대한 섭리에 몸을 내맡기고 있는 육유의 달관이 느껴진다. "인간 만사가 끝없이 굴러간다."는 것은 역사의 흐름을 거부하지 않고 올바른 길을 찾아 안분(安分)하는 그의 인생 철학이다.

성리학을 대성시킨 주희(朱熹, 1130~1200)는 시인 주송(朱松)의 아들이어서, 그 자신이 훌륭한 시를 여러 편 남겼거니와, 본격적인 자기의 철학을 읊은 시들이 적잖게 있다. 「재거감흥(齋居感興)」 시 두 수의 첫 편을 보기로 든다.

멍멍한 우주는 커서 밖이 없고
아득히 밑으로도 깊고 넓다.
음양은 고동을 멈추지 않고
추위와 더위는 서로 왔다갔다 한다.
복희(伏犧)씨라는 옛 성인은
한 번 내려보고 올려보고는 팔괘(八卦)를 만들었다.

용마(龍馬)나 하도(河圖)를 보지 않고서도
이미 인문은 밝게 베풀어 놓았다.
혼연히 한 가지 이치로 관철되면서
밝게 드러나 애매하지 않게 되었다.
진귀하고 소중한 주염계(周濂溪) 선생께서는
나를 위해 거듭 환히 가르쳐 주셨다.

昆侖大無外, 旁薄下深廣.
陰陽無停機, 寒暑互來往.
皇犧古神聖, 妙契一俯仰.
不待窺馬圖, 人文已宣朗.
渾然一理貫, 昭晰非象罔.
珍重無極翁, 爲我重指掌.

여기에서 "혼륜(昆侖)"은 우주가 넓고 커서 분명치 않은 모양이며, "방박(旁薄)"은 우주가 널리 펼쳐 있는 모양이다. "황희(皇犧)"는 "복희"씨를 가리키며, 이 귀절은 복희씨가 하늘의 무늬와 땅의 법도를 관찰하고 이를 따라 문자의 출발점이라 할 수 있는 〈팔괘〉를 만들었음을 말한다(『易』 繫辭). 그리고 "마도(馬圖)"는 복희 시대에 황하로부터 나타났다는 〈용마(龍馬)〉와 〈하도(河圖)〉를 말하는데, 『서경(書經)』의 고명(顧命)편 공안국전(孔安國傳)에 의하면 복희씨는 〈용마〉의 무늬를 본받아 〈팔괘〉를 만들었는데, 그것을 〈하도〉라 한다 하였다. 학자에 따라 여러 가지 설이 있지만 〈용마〉와 〈하도〉는 복희씨가 인류 문화의 시발인 문자의 원형을 만드는 데 참고가 된 신기한 도표이다. 끝으로, "무극옹(無極翁)"은 『태극도설(太極圖說)』을 지은 성리학의 창시자인 주돈이(周敦頤, 1017~1073)를 가리킨다. 주돈이는 주희가 스승으로 받든 분이며, 만년에는 이름을 염계(濂溪)라고도 했다. 이 시는 "혼연히 한 가지 이치로 관철된다."는 주희의 성리학자로서의 철학을 노래한 것이다. 송대의 성리학으로 말미암은 철학적인 사고방식이, 송대 시로 하여금 철학적인 내용을 담게 하였다고 보는 게 옳을 것이다. 그러한 경향은 성리학의 선구자인 소옹(邵雍, 1011~1077) 같은 이의 작품에 더욱 뚜렷하다. 성리학자들이 그들의 철학을 시로 읊었다는 것은 조금도 이상할 게 없는 것이다.

3. 서술적·산문적·공용적(功用的)

왕안석(王安石, 1021~1086)은 정치의 개혁을 주장하여 소식(蘇軾)의 보수파와 당쟁을 벌인 혁신파의 수령으로서도 유명하지만, 시나 산문은 물론 경학(經學)에 대하여도 높은 수준의 업적을 남긴 학자다. 그의 시 가운데엔 일품들이 허다하지만, 다음의 한나라의 미녀 왕소군(王昭君)의 얘기를 읊은 「명비곡(明妃曲)」은 특히 유명하다.

명비가 옛날 한나라 궁전을 나갈 때
눈물은 봄바람에 젖고 머리는 아래로 늘어졌었지.
머뭇거리며 그림자 돌아보는 핏기 잃은 얼굴빛
그 모습에 임금은 어쩔 줄 몰랐었지.
돌아와서야 명비 초상 그린 자를 수상히 여겼는데,
그렇게 눈에 드는 여자 평생에 처음이었네.
고운 자태란 본시부터 그려낼 수 없는 것,
그런데도 공연히 모연수란 화공을 죽였지.
한 번 가면 마음 속으로 다시 못 돌아올 것 알았으니
가엾게도 한나라 궁전 옷은 그때가 마지막이었네.
말을 걸어 국경 남쪽 한나라 일을 물어보고자 해도
오직 해마다 기러기만 날아갈 따름이었네.
집 식구 있는 만리 저쪽에 전하고자 한 소식은
오랑캐 도성에 잘 있으니 생각하지 말라는 것이었네.
그대는 가까운 장문궁(長門宮)에 갇혀 있던 아교(阿嬌)를 보지 못했는가?
사람이 나서 뜻을 잃음엔 남북이 없는 법일세.

明妃初出漢宮時, 淚濕春風鬢脚垂.
低徊顧影無顔色, 尙得君王不自持.
歸來却怪丹青手, 入眼平生幾曾有.
意態由來畫不成, 當時枉殺毛延壽.
一去心知更不歸, 可憐著盡漢宮衣.
寄聲欲問塞南事, 祇有年年鴻雁飛.
家人萬里傳消息, 好在氈城莫相憶.
君不見, 咫尺長門閉阿嬌? 人生失意無南北.

〈명비〉란 한나라의 왕소군(王昭君)을 말한다. 한나라 유흠(劉歆, B.C. 53? ~ A.D. 23)이 지었다는 『서경잡기(西京雜記)』에는 왕장(王嬙, 왕소군의 이름)에 관한 다음과 같은 기록이 있다.

> "원제(元帝, B.C. 48~ B.C. 33 在位)에게는 후궁이 너무 많아 언제나 그들을 친히 볼 수가 없었다. 이에 화공으로 하여금 초상화를 그리게 하고는, 초상화를 보고 불러 사랑을 베풀었다. 궁녀들은 모두 화공에게 뇌물을 바쳤는데 오직 왕장만이 바치려 들지 않았으므로 마침내 임금을 뵈올 수가 없었다.
>
> 이때 흉노(凶奴)가 입조하여 자기네 왕비를 삼고자 미인을 요구하였다. 이에 임금은 초상화를 보고 소군을 골라 보내도록 하였다. 떠날 때에 불러보니 생김새가 후궁에서 첫째 갈 미인이었고, 말도 잘하고 행동도 우아했다. 임금은 이렇게 된 것을 뉘우치고 사건을 조사한 뒤 화공들을 모두 저자에 내다 목 잘랐다.…… 화공에 두릉(杜陵) 사는 모연수(毛延壽)가 있었다."
>
> 그리고 끝에 보이는 아교(阿嬌)는 한무제(漢武帝)의 진황후(陳皇后)의 이름이며, 만년엔 황후자리에서 밀려나 장문궁(長門宮)에 살았었다(『漢武故事』).

이 시에 매요신(梅堯臣)과 구양수(歐陽修)가 모두 한 두 수씩 화작(和作) 하고 있는 것으로 보아, 그 시대에 이미 명성이 높았던 작품인 듯하다. 이 시의 특징은 타의의 실수에 의해 당하는 왕소군의 불행을 서술적으로 노래하고 있다는 것이다. 더구나 임금은 왕소군의 불행의 책임을 화공인 모연수에게 돌리고 그를 죽여버렸지만, 실제적인 책임은 임금 자신이 져야 한다는 것이다. 왕소군이나 아교처럼 본인은 소리 한 마디 못 지르고 평생을 불행과 바꾼 여인들의 입장에서 시를 썼다는 점이 이 시의 성가를 더욱 높여주었을 것 같다.

이처럼 시가 '서술적'이라는 것은 송시의 또 다른 특징의 하나라고 할 수 있다. 청대의 오교(吳喬)가 『위로시화(圍爐詩話)』에서 송시를 논하여 "송나라 사람들은 산문으로 시를 지었다(宋人以文爲詩)"고 말한 것도 이러한 송시의 '서술적'인 특징을 두고 한 말이다. '서술적'으로 담담히 시를 쓴다는 것은, 필연적으로 문장의 '산문화'를 뜻하게 된다. 소식의 「머물러 살고 있는 정혜원의 동쪽엔 여러 꽃이 산에 가득한 가운데 해당화가 한 그루 있는데, 그 지방 사람들은 귀한 줄을 모르더라(寓居定惠院之東, 雜花滿山, 有海棠一株, 土人不知貴也.)」는 긴 제목의 시를 한 수 읽어보자.

강을 낀 황주땅은 무더운 기 성하여 초목 무성한데,
오직 명화 한 그루 있어 적적함과 외로움을 괴로와한다.
생긋 한 번 웃는 듯한 모습 대 울타리 사이로 보이는데
복숭아 오얏꽃은 산에 질펀해도 모두 거칠고 속되기만 하다.
역시 조물주께선 깊은 뜻 있으심 알겠으니
일부러 미인을 텅 빈 골짜기로 보내신 거로다.
자연스럽게 부하고 귀한 모습은 타고난 바탕에서 나온 것이니
금쟁반에 담아 화려한 집에 모셔놓을 것도 없다.
붉은 입술 술 마시어 발그레 양 볼 상기되고,
파란 소매의 엷은 비단 말아 올리니 붉게 살이 비친다.
숲은 깊고 안개 자욱하여 새벽빛 더디게 비치는데
날 따스하고 바람 가벼워 봄 잠 실컷 잔다.
비 속엔 눈물 있어 더 슬픔을 느끼게 하고
달빛 아래 아무도 없으면 더욱 맑고 깨끗하다.
선생은 배 부르게 먹고 할 일 하나도 없어
왔다갔다 거닐면서 자기 배를 문지른다.
남의 집이건 절간이건 물어보지도 않고
지팡이 짚고 가 문 두드리고 길게 자란 대를 구경한다.
갑자기 다시 없는 아름다움이 쇠하고 시든 몸 비추니
탄식하며 말 없이 병든 눈만 닦는다.
천한 고장에 어디로부터 이 꽃이 생겨났을까?
호사가(好事家)가 서촉땅으로부터 옮겨 온 게 아닐까?
한 치의 뿌리라도 천리 길을 가져오기 쉽지 않으리니
씨를 물고 날아온 건 틀림없이 따오기일 게다.
하늘 가에 흘러 떨어졌으니 다같이 외로운 처지라,
한 잔의 술 마시며 이 노래를 부른다.
내 일 아침 술 깨어 다시 홀로 와 볼 때
눈 내리듯 펄펄 떨어질 꽃잎을 어찌 차마 대하리!

江城地瘴蕃草木, 只有名花苦幽獨.
嫣然一笑竹籬間, 桃李漫山總麤俗.
也知造物有深意, 故遣佳人在空谷.
自然富貴出天姿, 不待金盤薦華屋.
朱脣得酒暈生臉, 翠袖卷紗紅映肉.

林深霧暗綠光遲, 日暖風輕春睡足.
雨中有淚亦悽愴, 月下無人更淸淑.
先生食飽無一事, 散步逍遙自捫腹.
不問人家與僧舍, 拄杖敲門看修竹.
忽逢絶艶照衰朽, 歎息無言揩病目.
陋邦何處得此花, 無乃好事移西蜀.
寸根千里不易致, 銜子飛來定鴻鵠.
天涯流落具可念, 爲飮一尊歌此曲.
明朝酒醒還獨來, 雪落紛紛那忍觸.

송나라 시인들은 이처럼 '서술적'인 경향의 시를 많이 지었다. 그들은 옛날 사람들은 시어가 되지 못한다고 생각했던 말들을 시에 사용했고, 산문으로나 써야 할 내용들을 시로 읊었다. 당시에 비해 시의 내용이나 형식이 확대된 것이라 할 것이다. 송나라 시인들은 자기들이 생활 속에서 경험한 일이나 감정을 차근차근이 읊어 내려갔다. 당시처럼 감정이 압축되어 있는 묘구들을 보기 어렵게 된 것은 이 때문이다.

이러한 시의 '서술성'은 한편 당대의 두보나 백거이의 사회시와 통하는 점이 있음을 발견하게 된다. 그것은 사회의 모순된 일이나 비참한 민중의 생활을 노래하자면 자연히 서술적으로 사실들을 그대로 묘사해야 하기 때문이다. 따라서, 시의 내용에 있어서도 이들은 어느 정도의 공통성이 있게 된다. 물론 당시에서는 〈사회시〉를 위해 서술성이 발휘되었고, 송시에 있어서는 서술성 때문에 사회문제를 다룬 내용의 시가 씌어질 수 있었다는 순서의 차이는 있을는지 모른다. 여하튼 일반적으로 시의 사회적인 공용성은 송대에 이르러 더 일반화되었다고 볼 수 있다. 소식의 시를 한 수 더 읽어보자. 제목은 「오중전부탄(吳中田婦歎)」이다.

올해는 벼 익는 게 늦어 마음 괴로우니,
서릿바람 불어올 때가 얼마 남지 않은 것 같다.
서릿바람 불어오려는데 비는 물을 쏟는 듯하고,
도리깨 머리엔 곰팡이 슬고 낫엔 녹이 덮인다.
눈 마르고 눈물 다해도 비는 그치지 않아
누런 이삭 푸른 진흙 속에 누운 것 차마 볼 수가 없다!

풀 베어 움막 짓고 한 달을 논둔덕에 묵으면서
날이 개자 벼 거두어 가지고 수레 따라 돌아온다.
땀 흘리고 어깨 부풀리며 저자로 지고 들어와 보면
값이 싸서 구걸하다시피 넘겨주니 겨나 싸라기 같다.
소 팔아 세금 물고 집 헐어 불을 때니
생각이 얕아 내년의 굶주림을 돌보지 않는 걸까?
관청에선 지금 돈이나 받지 쌀은 받지 않으니
서북 만 리 넓은 땅에 오랑캐 불러들였기 때문이다.
고관들은 조정에 가득하지만 백성들은 더욱 고달프니
차라리 물귀신에게 시집가는 것만도 못할까 보다.

今年粳稻熟苦遲, 庶見霜風來幾時.
霜風來時雨如瀉, 杷頭出菌鐮生衣.
眼枯淚盡雨不盡, 忍見黃穗臥青泥.
茅苫一月隴上宿, 天晴穫稻隨車歸.
汗流肩赬載入市, 價賤乞與如糠粞.
賣牛納稅拆屋炊, 慮淺不及明年饑.
官今要錢不要米, 西北萬裏招羌兒.
龔黃滿朝人更苦, 不如卻作河伯婦.

요(遼)나라와 금(金)나라의 압력을 끊임없이 받아오던 송나라에서 농민들이 얼마나 괴로움을 당했는가 이 시를 통해 짐작이 간다. “물귀신 하백(河伯)에게 시집가는 게 낫겠다.”는 말은 “차라리 물에라도 빠져 죽어 버리는 게 좋을 것 같다.”는 말이다.

매요신(梅堯臣)은 배욱(裵煜)에게 답하는 시에서 『시경』의 소아(小雅)·대아(大雅)처럼 사회를 비평하는 시를 지을 것을 밝히고 있다. 그가 지은 여러 수의 사회시 가운데에서 「조그만 마을(小村)」이란 작품을 보기로 든다.

회수(淮水) 넓어 섬 많은 중에 갑자기 마을 보이는데
가시울타리 성글게 무너졌고 아무렇게나 문 나 있네.
추워 뵈는 닭은 먹을 것을 찾아 스스로 짝을 부르고
늙은 영감은 옷도 없는데, 그래도 손자는 안고 있네.
들판가 배엔 새가 맴돌고 있지만, 오직 끊어진 밧줄뿐이고 마른 뽕나무는 물에 휩쓸리어 위태로운 뿌리만 있네.
아아, 생계가 모두 이와 같은 꼴인데도
백성으로 잘못 쳐져 후스에 올라 세금만 내는가!

淮闊洲多忽有村, 棘籬疎敗漫爲門.
寒鷄得食自呼伴, 老叟無衣猶抱孫.
野艇鳥翹唯斷纜, 枯桑水齧只危根.
嗟哉生計一如此, 謬入王民版籍論.

더구나 남송 초기는 오랑캐 금나라에게 나라 땅을 거의 모두 빼앗긴 직후라, 많은 시인들이 애국적인 울분을 시를 통해 터뜨렸다. 앞(제4장)에서 이미 이 시기에는 신기질(辛棄疾)을 비롯한 많은 애국적인 사인(詞人)들이 나왔음을 얘기했다. 여기서는 육유(陸游)의 「봄밤에 책을 읽다 느낌(春夜讀書感懷)」이란 시를 보기로 든다.

거친 숲에선 올빼미 외로이 울고
들 물에선 거위떼가 우는데,
나는 봉창 아래 앉아서
책 읽는 소리로 이에 답한다.
슬프다. 흰머리 늙은이여!
세상 일 이미 실컷 모두 겪고도,
한 몸 스스로 걱정할 줄 모르고
나라 걱정에 눈물 줄줄 흘린다.
옛날 당나라 천보 말년을 생각해 봐도
이광필(李光弼) 곽자의(郭子儀)가 나와 군사를 다스림에,
하북 땅까진 비록 빼앗지 못했어도
그래도 동경(東京) 서경(西京)은 되찾았었잖나!
삼천의 뜻과 행동 같이 하는 선비 있고
백만의 금군(禁軍)이 있는데,
세월이 육십 년이나 흐르도록
오랑캐 먼지 맑아짐을 보지 못하다니 !
적의 두목은 실로 유약한 임금이요,
적의 장수는 사람이 영명하지 못한데,

어찌하여 이 때를 놓치고
앉아서 간사한 영웅 나오기를 기다리려는가?
나 죽으면 뼈조차 썩어 버리고
청사엔 이름조차 남지 않으리니,
이 시도 만약 짓지 않는다면
붉은 마음 또한 누가 밝혀 주리?

荒林梟獨嘯, 野水鵝羣鳴.
我坐蓬窗下, 答以讀書聲.
悲哉白髮翁, 世事已飽更.
一身不自恤, 憂國涕縱橫.
永懷天寶末, 李郭出治兵.
河北雖未下, 要是復兩京.
三千同德士, 百萬羽林營.
歲周一甲子, 不見胡塵清.
賊酋實孱王, 賊將非人英.
如何失此時, 坐待奸雄生.
我死骨旣朽, 青史亦無名.
此詩倘不作, 丹心尚誰明?

밤중에 일어나 앉아서 나라를 걱정하는 늙은 시인의 마음이 뜨겁다. 송대 시의 사회에의 관심이 당시와 다른 점은 육유의 경우에서 볼 수 있는 것처럼, 그것이 자기의 일상생활 속에서 포착된 사회에의 관심이라는 것이다. 두보의 전쟁을 배경으로 한 사회시나 백거이의 평민들의 생활을 노래한 시들은 작자의 일상생활과 직접적인 관련이 짙은 것은 아니지만, 송대 시인들의 것은 훨씬 작자들의 생활에 밀착되어 있다. 왕안석(王安石)의 「억지로 일어남(强起)」이란 시를 읽어보면 더욱 그러한 경향을 느낄 수 있을 것이다.

싸늘한 방은 말똥말똥 잠 못이루게 하는데
덜컹덜컹 수레 지나는 소리 들린다.
어느 집 사람인지 알 수 없지만
나보다 먼저 서리 위를 가는구나.

탄식해도 밤은 다 새지 않아
등불 가져와 앞 기둥에 걸게 하고,
베개 밀치고 억지로 일어나려고
물어 보니 별이 아직도 밝게 빛나고 있단다.
새벽은 성인이 힘쓰던 시각
시경(詩經) 제풍(齊風)엔 계명(鷄鳴) 시가 있었지.
아아, 나는 훔쳐 먹고 사는 거나 같으니
더욱 평생을 그르쳤다고 느껴진다.

寒堂耿不寐, 轆轆聞車聲.
不知誰家兒, 先我行霜上.
歎息夜未央, 呼燈置前楹.
推枕欲強起, 問知星正明.
昧旦聖所勉, 齊詩有雞鳴.
嗟予以竊食, 更覺負平生.

벼슬아치로서 나라를 위한 충실한 봉사자가 되고자 하는 왕안석의 성심을 노래한 것이다. 『시경』의 계명 시는 어진 부인이 새벽에 일찍이 남편에게 입조(入朝)하기를 권하는 내용이다. 그의 정치 개혁의 이상이 이러한 성실성에서 우러나왔기 때문에, 그의 이념이 근래로 오면서 더욱 각광을 받고 있는 것이다. 일상생활을 통해 자기 개인뿐만 아니라, 다른 사람들 전체를 위한다는 것이, 송나라 지식인들에게서는 보편화된 생각이었다.

4. 생활에의 밀착과 자연시의 부정

자기 생활과 밀착되어 있다는 것은 송시의 또 다른 특징의 하나라 할 수 있다. 송나라 시인들은 특별한 감정이나 경치보다도, 일상생활을 통하여 보고 느끼는 조그마한 일들도 빠뜨리지 않고 세밀히 읊어내기를 좋아한 듯하다. 이러한 경향은 송시의 새로운 성격을 개척한 구양수(歐陽修)·매요신(梅堯臣) 및 소순흠(蘇舜欽, 1008~1048) 등의 시에도 이미 뚜렷하다. 소순흠의 「하중(夏中)」이란 시를 한 수 보기로 든다.

집 외지고 발 깊숙이 쳐 있어 낮 경치 텅 빈 듯하고,
가벼운 바람에 때때로 장대 위 까마귀 움직이는 게 보인다.
못 가운데엔 푸르름 가득하니 물고기 새끼들 놀고,
뜰 아래엔 그늘 많으니 제비가 새끼 끌고 다닌다.
비 온 뒤라 아이들이 떨어진 과일 다투어 줍는 게 보이고,
날이 맑아지니 손님 힘 빌어 낡은 책을 볕에 내어 말린다.
그윽히 살려 해도 티끌 세상일에 끌려감을 면하지 못하니
술병으로 자신과 세상을 잊어본다.

院僻簾深晝景虛, 輕風時見動竿烏.
池中綠滿魚留子, 庭下陰多燕引雛.
雨後看兒爭墜果, 天晴因客曝殘書.
幽棲未免牽塵事, 身世相忘在酒壺.

당나라 시인이라면 자기의 생활주변에 이토록 세심한 주의를 기울일 수가 없었을 것이다. "대막대 위의 까마귀(竿烏)"는 옛날의 풍향기(風向器)의 일종으로 까마귀 모양의 것이 바람의 방향에 따라 돌게 만들어진 것이라고도 한다(臺灣大學 鄭騫 敎授의 말). 어떻든 바람에 조금씩 움직이는 까마귀. 수초 아래 우글거리는 물고기 새끼, 자기 새끼를 이끌고 그늘 찾아 날아다니는 제비들, 비바람에 떨어진 풋과일을 줍는 아이들, 이러한 자기 생활주변의 사물들이 시를 통해 다정하게 느껴진다. 소식의 「소아(小兒)」라는 시도 그러한 경향을 더욱 뚜렷이 보여준다.

아이는 시름을 알지 못하고
앉았다 일어서는 내 옷을 잡는다.
내가 아이를 꾸짖으려니
늙은 처가 아이의 어리석음 들며 말린다.
아이도 어리석다지만, 당신은 더욱 심한데,
즐기지 않고 시름하는 건 무엇 때문이오?
자리로 돌아와 이 말을 부끄러워하는데
잔을 씻어다 내 앞에 놓는다.
옛날 남편 술 못 먹게 한 유령(劉伶)의 처보단 훨씬 훌륭하니,
구구하게 술값을 따져야 되겠는가?

小兒不識愁, 起坐牽我衣.
我欲嗔小兒, 老妻勸兒癡.
兒癡君更甚, 不樂愁何爲?
還坐愧此言, 洗盞當我前.
大勝劉伶婦, 區區爲酒錢.

자기 집안에서 자식과 처를 중심으로 일어난 별로 중요하지도 않은 일상적인 일을 담담히 서술하고 있다. 유령(劉伶)은 진(晋)나라 사람으로 유명한 〈죽림칠현(竹林七賢)〉 가운데 한 사람이다. 그는 대숲에 숨어 술과 청담(淸談)으로 세월을 잊었지만, 그의 처는 남편이 술을 너무 마신다고 두고두고 바가지를 긁었다 한다.

심지어는 짧은 절구(絶句)들을 보아도 송시는 당시보다 더욱 일상생활의 기미를 짙게 지니고 있다. 왕안석(王安石)의 시에서 「죽리(竹裏)」란 작품을 읽어보기로 한다.

대숲 속에 초가를 돌뿌리에 기대어 엮으니,
대줄기 성근 사이로 앞 마을이 보이네.
한가히 잠자도 하루종일 찾아오는 이 없고
스스로 봄바람 일어 문 앞을 쓸어주네.

竹裏編茅倚石根, 竹莖疎處見前村.
閑眠盡日無人到, 自有春風爲掃門.

절구는 네 귀절로 이루어지는 것이어서 순간적인 격한 감정을 표현하는데 알맞는 시형이다. 그러나 송인들은 이렇게 절구를 가지고도 생활 주변의 얘기를 하고 있는 것이다.

송시가 이처럼 생활과 밀접한 관계 아래 인간에 대한 짙은 흥미를 보여주고 있다는 것은, 한편으로 산문적이며 섬세하고 서술적이라는 특징을 지니게 했다. 그리고 다시 자연에 대하여는 약간 냉담하게 만들었다. 그렇기에 송나라에는 남북조(南北朝) 시대의 사령운(謝靈運), 당대의 왕유(王維)·맹호연(孟浩然)·위응물(韋應物)·유종원(柳宗元) 같은 자연의 아름다움을 전문적으로 읊은 〈산수시인〉이 없다. 자연을 읊는다 하더라도 옛사람들처럼 인간의 약점이나 불행 때문에 자신을 잊고 자연으로 동화되어 버리려는 태도는 보기 힘들다. 송대 시인은 사람 본위의 자연을 노래했다. 「살구꽃(杏花)」을 노래한 왕안석의 시를 읽어보자.

> 돌다리 넓은 공중에 걸쳐 있고
> 초가집 맑고 빛나는 강물에 임해 있네.
> 몸 굽히어 아리땁고 풍성한 살구꽃 보니
> 본 꽃이 물에 비친 그림자만 못한 것 같네.
> 아름답기 진(陳)나라의 경양비가
> 웃음 머금고 궁중 우물에 빠져 있는 듯하네.
> 가슴 아프게도 잔물결 있어,
> 흐려진 화장 무너뜨리어 어지럽게 만드네.
>
> 石梁度空曠, 茅屋臨清炯.
> 俯窺嬌饒杏, 未覺身勝影.
> 嫣如景陽妃, 含笑墮宮井.
> 怊悵有微波, 殘妝壞難整.

경양비(景陽妃)는 진후주(陳後主, 583~588 在位)의 비(妃) 장려화(張麗華)와 공귀빈(孔貴嬪)을 말한다. 수(隋)나라 군사가 쳐들어왔을 때, 이들은 진후주와 함께 군사들을 피해 경양궁(景陽宮) 우물 가운데 숨었다. 그리하여, 이들을 '경양비'라 부르게 되었다. 물에 비친 살구꽃을 우물 속의 '경양비'에 비긴 구상이 기발하다. 「양걸을 보냄(送楊傑)」이란 소식의 시에는 하늘의 해를 묘사한 다음과 같은 대목이 있다.

> 천문에서 새벽에 뜨는 해 맞이하니
> 만 리 붉은 물결에 하늘 반쪽이 빨갛다.
> 평지로 돌아와 공 같은 해 보니
> 한 점의 황금으로 부어 낸 가을 귤 같다.
>
> 天門夜上賓出日, 萬里紅波半天赤.
> 歸來平地看跳丸, 一點黃金鑄秋橘.

웅장한 해뜨는 풍경에도 압도당하지 않고 자기의 해학적인 기분을 살리는 평정한 분위기는, 당시에선 도저히 찾아볼 수 없는 것이다. 송대 시인들은 자연의 신비스러움이나 영원한 섭리에 압도당하는 일 없이 언제나 사람의 입장에서 자연을 대했다. 왕안석이 그의 재능을 인정하고 처제를 주었다는 왕령(王令, 1032~1059)의 시들은 그러한 경향이 더욱 뚜렷하다. 「가을밤(秋夜)」이란 제목의 시를 읽어보자.

가을 밤은 날 샐 줄 모르고
여러 벌레들만 일제히 운다.
시절이 마침 그렇게 만드는 것이라
옆구리를 두드려 봐도 소리가 난다.
시끄럽게 다투며 쥐들은 도둑질하고
바삭바삭 뱀은 슬며시 다닌다.
오직 동쪽 집 닭만이
날 밝음을 위해 마음을 쓴다.

秋夕不自曉, 百蟲齊一鳴.
時節適使然, 鼓脅亦有聲.
爭喧鼠公盜, 悉窣蛇陰行.
獨有東家鷄, 苦心爲昏明.

가을 밤 벌레소리를 들으면서 지은 시 치고는 너무 '딱딱하고' '떫은 맛'을 느끼게 한다. 여기에 나오는 쥐나 뱀은 세상에 많은 악인들에게 비유한 것이며 닭은 사회를 위해 일하는 훌륭한 사람을 가리키는 듯하다. 가을 밤 풀벌레 소리를 들으면서 이처럼 도학자적인 생각을 했다는 것은, 송시가 사람 또는 사람들의 생활과 얼마나 밀착되어 있었나를 말해 주는 것이라 믿는다. 따라서, 송대의 자연시는 모두 자기를 중심으로 하여 자기 생활주변의 풍경들을 생활인의 담담한 감정으로 포착하여 표현한 것이다. 이런 면에서 당시를 사람의 정감의 발현이라 한다면 송시는 사람들의 생활의 발현이라 할 수 있을 것이다. 송시에 농촌 풍경을 노래한 작품이 많은 것도 거의 모든 시인들이 농촌에 한동안이라도 살 기회를 가졌었음을 생각할 때 송시의 생활과의 밀접한 관계로써 설명될 수 있을 것이다. 보기로 남송 범성대(范成大, 1126~1193)의 「사시전원잡흥(四時田園雜興)」 십육 수(十六首) 가운데서 봄의 노래 두 수를 앞에서 뽑아보겠다.

버들꽃 핀 깊은 골목엔 낮닭 소리 들리고
뽕잎은 뾰족이 돋았지만 파래지지는 않았다.
앉아서 졸다 깨어도 할 일 아무것도 없어,
창 가득한 맑은 햇빛 아래 누에 고물거리는 걸 본다.

柳花深巷午雞聲, 桑葉尖新綠未成.
坐睡覺來無一事, 滿窗晴日看蠶生.

흙 기름져 움직일 듯이 보이도록 비가 자주 재촉하니
온갖 풀과 갖가지 꽃이 한꺼번에 피어난다.
집 뒤 거친 밭 둔덕엔 푸른 대 뻗었는데,
이웃 집에선 죽순을 담 너머로 보내온다.

土膏欲動雨頻催, 萬草千花一餉開.
舍後荒畦猶綠秀, 鄰家鞭筍過牆來.

5. 평담화(平淡化)와 비애의 극복

송시의 건설자 가운데 한 사람이라 할 수 있는 매요신(梅堯臣)은 자신의 시 가운데에서 다음과 같은 말을 하였다.

읊는 것이 감정과 본성에 들어맞도록
되도록이면 평담해지려 하고 있다.
因吟通情性, 稍欲到平淡. (「和晏公相」)

시를 지음에는 고금 없이
오직 평담하게 짓기가 어렵다.
作詩無古今, 惟造平淡難. (「讀邵學士詩卷」)

매요신은 이처럼 시의 〈평담(平淡)〉을 주장했기 때문에, 그의 시는 모두 〈평담〉을 느끼게 한다. 「노산의 산길을 가다(魯山山行)」란 시를 보기로 든다.

마침 들의 정취 마음에 상쾌한데,
여러 산들 높아졌다 낮아졌다 한다.
좋은 봉우리 곳곳이 바뀌어지고
그윽한 오솔길은 홀로 가다 잃겠다.
서리 내리니 곰이 나무에 오르고
숲은 텅 빈 듯한데 사슴이 시냇물을 마신다.
인가는 어디쯤 있을까?
구름 밖에서 외마디 닭울음 소리 들려온다.

適與野情愜, 千山高復低.
好峰隨處改, 幽徑獨行迷.
霜落熊升樹, 林空鹿飮溪.
人家在何許? 雲外一聲雞.

이 〈평담〉은 매요신에게서 시작해 뒤에는 송시의 일반적인 특징의 하나로 변했다. '논리적'이고 '철학적'인 경향도 〈평담〉 아닌 격한 감정 아래로선 얻어질 수 없는 것이며, 〈생활과의 밀착〉도 〈평담〉한 발판 없이는 이루어질 수 없는 것이다. 〈평담〉하다는 것은 산문적인 전개를 뜻하는 것이어서 시로서는 무릎을 탁 치게 만드는 '멋'이나 가슴을 후련하게 만드는 '맛'은 없음을 뜻한다. 그러나 이 〈평담〉이라는 송시의 특징이 이루어놓은 또 다른 한 가지 일은, 당시 이전의 시들에서 흔히 보이던 '흘러가는 세월'과 '늙어 죽어야만 하는 인간의 숙명'에서 오는 '슬픔'을 없앴다는 것이다. 시는 아니지만 유명한 소식의 「전적벽부(前赤壁賦)」를 읽어보면, 그러한 '슬픔'에 대한 소식의 태도가 잘 나타나 있다.

…… 손 가운데 퉁소를 부는 사람 있어 노래를 따라 화하니 그 소리 흐느끼면서 원망하듯 사모하듯 우는 듯 호소하듯 여음(餘音)이 가냘프게 실처럼 끊이지 않았다. 그윽한 골짜기의 잠겨 있는 용도 춤추게 하고, 외로운 배 속의 과부를 울리는 듯하였다.
소자(蘇子)가 얼굴빛을 바꾸고 옷자락을 여미며 앉은 자리를 바로잡으면서 손에게 물었다.
"어째서 그런 소리를 내오?" 손이 대답했다.
"달 밝으니 별 희미하고, 까막까치는 남쪽으로 날아간다 한 것은 조조(曹操)의 시가 아닙니까? 서편으로 하구를 바라보고 동편으로 무창을 바라보니, 산과 냇물이 서로 얽히어 무성하고 푸른데, 이곳이 바로 조조가 주유(周瑜)에게 혼났던 곳이 아닙니까? 막 그가 형주를 깨치고 강릉을 함락시킨 뒤, 흐름 따라 동쪽으로 내려올 적에는 배가 꼬리에 꼬리를 물어 천 리나 뻗었고, 깃발들이 하늘을 가리웠습니다. 술잔을 들고 강물을 대하여, 창을 비껴든 채 시를 읊었으니, 본시가 일세의 영웅이었지요. 그러나 지금 어디에 있습니까? 더욱이 저와 선생님은 강가에서 고기잡이와 땔나무를 하면서 물고기와 새우를 짝하고 고라니와 사슴을 벗하고 있습니다. 한 나뭇잎 같은 조각 배를 타고 술잔을 들어 서로 권하면서 하루살이 같은 목숨을 천지에 기탁하고 있으니 아득하기 푸른 바닷속의 한 알의 좁쌀 같습니다. 저의 삶이 짧은 것을 슬퍼하며, 긴 강의 무궁함을 부러워하노라니, 나는 신선 같은 학을 끼고서 멋대로 노닐고 밝은 달을 안고서 영원히 끝까지 함께 지내고 싶지만, 갑자기 될 수 없는 것임을 알기에 가락을 슬픈 바람에 기탁해 본 것입니다."

소자가 말했다.

"손께서도 역시 물과 달을 아시겠지요? 가고 있는 것은 이와 같지만 가 버린 일이 없고, 차고 기우는 것은 저와 같지만 끝내 없어지고 자라나고 한 것은 없습니다. 대체로 그 변하는 입장으로부터 본다면 곧 천지는 일찍부터 일순간도 가만히 있을 수가 없는 것이며, 변하지 않는 입장으로부터 본다면 곧 만물과 내가 모두 다함이 없는 것입니다. 그런데, 또 무엇을 부러워합니까? 또한 하늘과 땅 사이에는 물건에 모두 주인이 있어서, 진실로 내 소유가 아니라면 한 개의 터럭이라 하더라도 가져서는 안 됩니다. 오직 강물 위의 맑은 바람과 산 사이의 밝은 달은, 귀가 그것들을 잡으면 소리를 이루고 눈이 그것들을 대하면 빛깔을 이루며, 가져도 금하는 이 없고 써도 다함이 없습니다. 이것은 조물주가 다함 없도록 저장해 둔 것이며, 저와 선생께서 함께 즐기는 바입니다."

……客有吹洞蕭者, 依歌而和之. 其聲嗚嗚然, 如怨如慕, 如泣如訴, 餘音嫋嫋, 不絶如縷. 舞幽壑之潛蛟, 泣孤舟之嫠婦. 蘇子愀然, 正襟危坐而問客曰 ; 何爲其然也? 客曰 ; 月明星稀, 烏鵲南飛. 此非曹孟德之詩乎? 西望夏口, 東望武昌. 山川相繆, 鬱乎蒼蒼. 此非孟德之困於周郎者乎? 方其破荊州, 下江陵, 順流而東也, 艫舳千里, 旌旗蔽空, 釃酒臨江, 橫槊賦詩. 固一世之雄也, 而今安在哉? 況吾與子漁樵於江渚之上, 侶魚蝦而友麋鹿. 駕一葉之片舟, 擧匏樽以相屬, 寄蜉蝣於天地, 渺滄海之一粟. 哀吾生之須臾, 羨長江之無窮. 挾飛仙以遨游, 抱明月而長終, 知不可乎驟得, 託遺響於悲風.

蘇子曰 ; 客亦知夫水與月乎? 逝者如斯, 而未嘗往也. 盈虛者如彼, 而卒莫消長也. 蓋將自其變者而觀之, 則天地曾不能一瞬. 自其不變者而觀之, 則物與我皆無盡也.

而又何羨乎? 且夫天地之間, 物各有主. 苟非吾之所有, 雖一毫而莫取. 惟江上之清風, 與山間之明月, 耳得之而爲聲, 目遇之而成色. 取之無禁, 用之不竭. 是造物者之無盡藏也, 而吾與子之所共適.

이전의 시인들은 이곳의 '손님'처럼 무궁한 대자연 앞에 초라하고 순간적인 사람의 모습을 절감하고 슬퍼했다. 조식(曹植, 192~232)이 이렇게 읊었다.

하늘과 땅은 영원무궁히
음과 양이 서로 바뀌며 돌아가는데,
사람이 한 세상 사는 것은
문득 바람이 먼지 날리는 거와 같네.

天地無窮極, 陰陽轉相因.
人居一世間, 忽若風吹塵. (「薤露行」)

이러한 조식의 정감은 당대 시인들에게까지 그대로 전승되었다. 이백(李白)이 "지금 사람들은 옛 달을 보지 못했지만, 지금 달은 일찍이 옛 사람들을 비추었네(今人不見古時月, 今月曾經照古人)." (「把酒問月」), "천고의 시름을 씻어내려고 연이어 백 병을 마신다(滌蕩千古愁, 留連百壺飮)." (「友人會宿」), "세상에 삶이 큰 꿈과 같다(處世若大夢)." (「春日醉起言志」) 하고 읊은 시들의 밑바닥에 깔려 있는 슬픔이 바로 그것이다.

그러나 「적벽부」의 소자(蘇子)의 말에서 알 수 있듯이, 송나라 시인들은 언제나 현실에 입각해 다각적인 눈으로 사회나 자연을 보았기 때문에, 사람의 존재가 그처럼 가벼운 것이라고 느껴지지 않았다. 오히려 세부적으로 사람들의 생활을 파고들어, 사람과 사람을 둘러싸고 있는 주위의 모양을 파악했기 때문에, 인간으로서는 거시적인 철학을 지닐 수 있었다. 그들은 한 순간도 쉬지 않고 흐르는 시간 앞에 고개를 숙이기보다는, 좀더 높은 차원에서 사람을 위하고 사회를 위할 것을 생각하기에 여념이 없었다. 옛 사람들처럼 인생을 운명의 지배 아래 놓여 있는 보잘것 없는 존재로 보지 않고, 뜻 있는 생활을 창조해 나갈 수 있는 영속적인 존재라 생각했다. 그들은 새로이 인간의 가능성을 발견하고 성실히 그것을 추구하기 시작한 것이다. 우주의 만물이란 "그 불변하는 것으로부터 본다면 곧 물건과 내가 모두 다함이 없는 것이다."는 새로운 인생 철학의 발판을 터득한 것이다. 그렇기에 그들은 아무런 슬픔 없이 밝은 달과 맑은 물이 흐르는 대자연을 즐길 수가 있었던 것이다. 소식의 「권야(倦夜)」란 오언율시(五言律詩)를 읽어보자.

베개가 권태로우니 긴 밤이 싫은데
조그만 창은 끝내 밝을 줄 모른다.
외로운 마을에 개 한 마리 짖는데
그믐달 아래 누가 가고 있는 걸까?
쇠한 머리 이미 흰 지 오래인데
나그네 정은 부질없이 스스로 맑다.
거친 정원엔 베짱이가 있어,
공연히 베짜는 소리내지만 결국 무엇이 이루어지는가?

倦枕厭長夜, 小窗終未明.
孤村一犬吠, 殘月幾人行?
衰鬢久已白, 旅懷空自清.
荒園有絡緯, 虛織竟何成.

적막한 밤, 멀리서 개짖는 소리가 들려오고 문앞에서 베짱이가 시끄럽게 울 때, 늙은 자신을 생각했다면 으레 슬픔이 우러나왔을 터이지만, 소식은 "나그네 정은 부질없이 스스로 맑다."고 하였다. 그리고, 공연히 울고 있는 베짱이를 오히려 탓한다. 소식이 간직한 인간은 밤의 적막이나 벌레소리에 눌려 버리거나, 늙는 자신을 서러워하는 미소한 인간이 아니다. 적막속에 맑은 마음을 지닐 줄 아는 무한한 가능성을 지닌 인간인 것이다. 왕안석의 「젊은이가 한 봄을 보다(少年見青春)」란 시는 송인들의 시간의 흐름을 대하는 태도를 잘 나타내 보인다.

젊은이가 한봄을 보면
만물이 모두 아름답다.
자신이 비록 술마시지 않는다 하더라도
즐겨 손님들과 취한다.
한 번 머리가 희어지기만 하면
아무것을 보아도 기뻐할 게 없어진다.

마음이 옛날과 같지 아니하고
더욱 세월의 흐름 느껴진다.
기쁜 일을 들어도 이미 가기 싫어지고
배부르고 나면 또 잠잘 생각만 한다.
봄이 간대도 다만 꿈만 같아
다시는 슬픔에 초췌해지지 않는다.
젊은이들에게 말 전하노니
힘써 봄일을 하라.
그리고 노쇠한 노인을 이상히 여기지 말 것이니
쇠약함과 강건함은 본시 다른 법이니라.

少年見青春, 萬物皆嫵媚.
身雖不飮酒, 樂與賓客醉.
一從鬢上白, 百不見可喜.
心腸非故時, 更覺日月駛.
聞歡已倦往, 得飽還思睡.
春歸只如夢, 不復悲憔悴.
寄言少年子, 努力作春事.
亦勿怪衰翁, 衰強自然異.

젊었을 적에는 세월 흐르는 게 안타깝지만, 오히려 늙고 보면 봄이 가 버리는 것도 꿈만 같다고 한다. 이것이 늙어 죽어야만 하는 사람의 숙명을 슬퍼하기보다는 뜻있는 일을 하려는 생활인으로서의 정열이 그렇게 만든다고 보여진다. 경학·정치·문학 모든 면에서 눈부신 업적을 남긴 왕안석이라면 당연한 일이지만, 그 밖의 송나라 사람들 모두가 이런 생각을 가졌던 것 같다. 여기에서 젊은이들에게 봄일에 노력하라고 하는 것은 '뜻있고 보람 있는 일'을 많이 하라는 말로 받아들여진다. 선한 것으로 이해되는 사람의 본성(本性)을 찾고, 우주의 기본 원리인 이(理)를 추구하려는 성리학은 그 출발부터가 인간을 낙관적인 것으로 이해한 것이라 믿어진다. 〈성〉과 〈이〉를 바탕으로 하여 인생을 볼 때, 그것은 영속적인 것이 되는 것이다. 송대의 시인들은 인간의 존엄성과 가능성의 추구에 슬픔을 느끼고 있을 여념이 없었다.

6. 송(宋)대 사람들이 드러낸 전대(前代) 시인

송시가 지닌 사회 의식은 이미 『시경』시대부터 이룩되어 전승되어 온 중국시의 전통이라고 말할 수 있을 것이다. 그러나 송시가 이전의 사회시들보다도 더욱 작가의 생활에 밀착한 그 주위의 사물이나 정서를 섬세하게 묘사하고 있다는 것은, 옛날에는 보지 못하던 발전이라 할 것이다. 말을 바꾸면 송시는 당시에 비하여 한 단계 더 높은 발전을 이룩한 것이라 할 수 있다. 그러나 중국시의 특징을 감정의 집약이나 형식적인 아름다움에서 찾을 때, 송시는 당시만큼 시의 멋이나 맛을 느끼게 하기는 어려울 것이다.

당대 시인 중에서도 두보(杜甫)는 송대 시인들이 가장 추켜세운 시인이었다. 당대로부터 송초에 이르기까지는 두보는 시인으로서 최고의 지위에 확정되지 못하였는데, 왕안석·소식·황정견·육유 같은 시인들에 의해 두보의 참된 가치가 발굴되어 바로 오늘 우리가 생각하는 것 같은 지위를 차지하게 된 것이다. 중국문학사상 송대 시인들이 두보의 가치를 인식하고 두보를 존중했다는 것은 중요한 일의 하나이다.

두보 다음으로 송대 시인들이 존중한 것은 한유(韓愈)와 백거이(白居易)였다. 구양수(歐陽修)는 한유의 형식미를 초월한 작풍을 인식하여, 송대의 새로운 시풍을 건설하는 데 이바지했다. 그리고 백거이는 그의 〈사회시〉와 꾸밈없는 서술적인 표현이 송인들의 마음을 잡았을 것이다.

그리고 옛날 시인 가운데에선 도연명(陶淵明)이 특히 소식에 의하여 존숭되었다. 그가 도연명의 시 전부에 차운(次韻)하여 유명한 「동파화도시(東坡和陶詩)」를 쓰고 있다는 것은 경도(傾到)의 정도를 설명해 준다고 생각된다.

결국 송대의 시인들은 두보의 성실성에 도연명의 청신한 감각을 보탠 위에, 백거이의 현실감각 및 서민적인 표현과 내용의 추구, 한유의 바르고도 개성적인 시정과 시어의 추구를 더욱 발전시키어 새롭고도 다양한 송시를 이룩했다고 볼 수 있다. 그 중에서도 송대 시인들에게 가장 큰 영향을 끼친 작가는 한유라 할 수 있다. 이상 얘기한 여러 가지 송시의 특징은 모두 한유의 시에 바탕으로 발전한 결과라고 할 수도 있다.

XI. 소설과 오락
— 중국 소설의 특징

1. 중국 소설의 오락성

중국의 고대 소설은 민중의 〈오락〉으로서 존재하였다. 뤄진탕(羅錦堂) 교수가 "The Changing Attitude Toward Chinese Fiction"에서 지적한 것처럼 〈소설〉이란 말은 별로 가치도 없고 중요하지 않은 여러 가지 얘기라는 뜻에서 '작은 것'이라 보고 '소(小)' 자가 붙여졌고, '설(說)'은 물론 '얘기'란 뜻을 나타내고 있다. 그러나 '얘기' 또는 '말' 이란 뜻을 나타내는 여러 글자들, 보기를 들면 '어(語)'·'언(言)'·'화(話)'·'담(談)'·'논(論)'·'강(講)' 등의 글자가 많은데도 어째서 '설(說)'자를 쓰게 되었느냐 하는 것이 문제가 된다. 그것은 '설'자가 '기쁘다'는 뜻을 지닌 '열(悅)'자와도 통하기 때문이라고 본다. 『논어(論語)』 첫머리 학이(學而)편에 "不亦說乎"라는 구절이 보이는 데, "불역열호"라 읽고 "매우 기쁘지 아니한가?"로 해석하는 것은 그 좋은 예이다(Chinese Culture Vol. IX, No.1 p. 39~40).

〈소설〉이란 말의 '설'자가 '기쁨'의 뜻도 지니고 있다는 것은, 그것이 사람들에게 '기쁨'을 주는 '오락'적인 성격을 띠고 있음을 뜻한다고 본다. 중국의 본격적인 고대 소설은 송대의 〈화본(話本)〉에서 비롯되는데 〈화본〉이란 이야기군(說話人)이 노래를 섞어 가면서 여러 사람들에게 이야기한 것을 기록으로 옮긴 얘기의 대본이다. 왕꿔웨이(王國維, 1877~1927)가 그의 명저 『송원희곡고(宋元戲曲考)』에서

> "송대의 소설은 저술을 일삼지 않고, 강연을 일삼았다."
> 宋之小說, 不以著述爲事, 而以講演爲事.

고 말한 것도, 송대 소설의 바탕인 〈설화(說話)〉가 여러 사람들 앞에서 이야기꾼이 노래와 이야기를 엇섞어가면서 연출하던 이른바 〈강창(講唱)〉의 일종이었음을 지적

한 것이다.

송대는 민중 오락으로서 〈강창〉이 매우 발달했던 시대이다. 〈강창〉은 당대의 〈속강(俗講)〉으로부터 발달해 온 것으로서, 송대엔 도진(陶眞)·애사(涯詞)·고자사(鼓子詞)·제궁조(諸宮調)·복잠(覆賺) 같은 여러 종류의 강창이 유행하였다. 이 〈강창〉들도 기록으로 보면 노래인 운문의 성분이 많기는 하지만 소설에 가까운 것이다. 오자목(吳自牧, 1270 전후)의 『몽량록(夢粱錄)』에 의하면 설화는 〈설변(舌辯)〉이라고도 했는데, 남녀 간의 연애나 귀신 또는 이상한 얘기를 다룬 〈은자아(銀字兒)〉, 사회문제를 다룬 〈설공안(說公案)〉, 전쟁 이야기를 다룬 〈설철기아(說鐵騎兒)〉, 불경 얘기를 다룬 〈설경(說經)〉, 불교 이외의 종교 얘기를 다룬 〈설참청(說參請)〉 및 〈설원경(說諢經)〉, 역사 얘기를 다룬 〈강사서(講史書)〉 등이 있었다(卷二十 小說講經史, 周密의 『武林舊事』, 耐得翁의 『都城紀勝』 등에도 비슷한 기록이 있음). 이러한 설화들이 뒤에는 〈시화(詩話)〉나 〈사화(詞話)〉로 형태를 정비하면서 명대에 이르러는 『삼국지(三國志)』·『수호전(水滸傳)』·『서유기(西遊記)』·『금병매(金瓶梅)』 같은 〈장회소설(章回小說)〉을 이룩한 것이다. 그리고 한편 명·청대를 거쳐 현재에 이르기까지 이 민중 오락으로서의 설화는 〈탄사(彈詞)〉나 〈고사(鼓詞)〉 같은 강창으로 계승되고 있다.

중국 소설의 오락적인 성격은 그 고사에도 잘 나타나 있다. 소설이 오락적인 목적을 위하여 씌어졌기 때문에, 그 얘기는 재미가 있지 않으면 안된다. 명대 말기에 이르러 소설의 사회적인 공용성을 인정하는 문학자가 늘어나고, 청대 말엽에는 소설을 빌어 지식인들이 어지러운 사회와 망해 가는 나를 바로잡으려 했지만, 그것도 모두 소설이 오락성을 통하여 민중 사이에 파고드는 힘을 크게 평가했었기 때문이다. 따라서, 소설의 공용성을 전제로 한다 하더라도 소설은 재미가 있어야만 한다는 생각에는 변동이 생기지 않는다.

오락적인 재미를 위해 만들어진 얘기들이 갖는 눈에 띄는 특징은, 그것이 우연히 생겨난 사건이거나 기이한 사건이라는 것이다. 우연하고 기이한 얘기들을 통해 읽는 사람들의 호기심을 자극하는 것이다. 현실적인 일반 사람들의 생활 속에서는 경험하기 어려운 일들이어서 사람들에게 환상과 꿈을 안겨 주고, 그 환상적인 소설의 재미에 사람들은 사로잡히고 마는 것이다. 그러나 현실적인 경험으로서 존재하기 어려운 일들이지만, 소설 속에서는 정말로 일어났던 사건처럼 사실성이 강조된다.

이러한 사실들은 송대 화본의 일종인 『경본통속소설(京本通俗小說)』에 실려 있는 작품 몇 개만 읽어봐도 알 수 있다.

『전옥관음(碾玉觀音)』이란 작품을 보면 함안군왕(咸安郡王)의 부중(府中)에 얌전한 아가씨 수수(秀秀)가 팔려와 살고 있고, 옥공(玉工)인 최녕(崔寧)은 군왕(郡王)의 부탁으로 임금에게 바칠 관음(觀音)을 옥으로 만들어 올린 덕분에 군왕 부중을 드나든다. 그러던 어느날 군왕 부중에 화재가 발생한다. 부중으로 달려간 최녕은 그곳에서 우연히 수수를 만나 자기 집으로 데려온다. 젊은 남녀는 수수의 유혹으로 그 날 밤 부부가 된다. 이들은 이튿날로 멀리 담주(潭州)까지 도망가서 옥공 노릇을 하면서 살아간다.

군왕은 화재가 난 날 밤, 이들 두 남녀가 없어진 것을 알고 찾는다. 마침 공무로 담주 땅을 지나던 군왕의 부하가 이들을 발견하여 군왕에게 보고한다. 군왕은 즉시 이들을 잡아다 칼로 목을 베려 든다. 군왕의 부인이 만류하여 최녕만은 정식 재판을 받도록 임안부(臨安府)로 보내어진다. 수수의 유혹으로 부부가 된 사실을 안 관리들은 최녕을 무죄 방면한다.

풀려 나온 최녕은 우연히 길에서 다시 수수를 만나 건강(建康) 땅으로 가 행복하게 산다. 이들은 당당한 부부가 된 셈이므로, 그의 늙은 장인과 장모까지 모셔다 함께 산다. 그러나 다시 이들은 전번 군왕의 부하에게 발견된다. 군왕의 부하는 다시 군왕에게 달려가 귀신을 보았노라고 보고한다. 실은 수수는 이미 군왕부에서 매를 맞고 죽어 땅에 묻은 지 오래 되었고, 그의 부모는 딸의 죽음을 알고는 물에 몸을 던져 죽어 버린 터였다. 군왕은 수수를 본 게 사실이라면 그를 데려오라고 명령한다. 부하는 즉시 가마를 챙기어 수수에게로 달려가 그를 태워 가지고 군왕에게로 달려와 수수를 데려왔다고 보고한다. 그러나 가마 문을 열어 보니 수수는 온데간데 없고 물통이 굴러 나온다. 군왕은 노하여 자기를 농락한 부하에게 형벌을 가한다. 최영이 수수가 귀신임을 알고 집으로 돌아와 사실을 물으니, 장인과 장모도 달려나가 강물로 뛰어들어가 버린다. 그제서야 최녕은 이들이 모두 귀신이었음을 안다.

이상의 얘기들을 보면 두 남녀가 부부가 되는 대목까지는 그대로 있을 수 있는 우연인 것 같지만, 먼 곳으로 달아나 살고 있는 부부를 똑같은 한 사람의 군왕의 부하가 두 번이나 발견한다는 일은 우연도 대단하다. 게다가 최녕이 뒤에는 귀신인 수수와 장인 장모를 모시고 함께 살았다는 일은 현실적인 경험으로서는 있을 수 없는 일일 것이다. 『지성장주관(至誠張主管)』이란 작품에서도 귀신이 된 장원외(張員外)의 소부인(小夫人)이 생전에 좋아하던 점원 장승(張勝)에게 나타나 한 동안 함께 지낸다. 『전옥관음』의 끝 대목에서 수수를 잡아 가마에 태워 가지고 군왕 앞에 데려와 가마문을 열자 물통이 굴러나오는 데서는 얘기의 재미가 절정에 달한다.

얘기의 오락적인 효과를 위하여 이처럼 귀신이 많이 이용되었다. 『서산일굴귀(西山一窟鬼)』를 보면 남자 주인공 오홍(吳洪)을 중심으로 하여 나타나는 중매장이 왕파(王婆)와 진건낭(陳乾娘), 부인이 된 이요냥(李樂娘)과 몸종 금아(錦兒), 청명(淸明)날 서산(西山)에서 만나는 여러 사람들이 뒤에는 모두 귀신으로 판명된다. 사람들은 이러한 괴상한 얘기들을 통해 오락적인 재미를 느꼈을 것이다.

소설의 오락성은 그 서술 방식에도 엿보인다. 아름다운 미인이라든가 특수한 경치나 감정 같은 것을 묘사함에 운문을 사용해 효과를 강조하고 있는 것도 그 예의 한 가지이다. 이 운문을 설화인들은 노래불렀을 것이다. 『지성장주관』에서 소부인의 모습을 묘사한 대목을 예로 든다.

> 눈썹은 초승달이 걸려 있는 듯
> 얼굴은 봄 복숭아꽃이 스친 듯,
> 모습은 그윽한 꽃처럼 빼어나게 곱고
> 살갗은 부드러운 옥처럼 빛이 난다.
> 만 가지 예쁜 모습 말로 다할 수 없고
> 천 가지 고운 모습 그려낼 수도 없다.
> 무산(巫山) 선녀인들 무엇이 더하리?
> 바로 봉래전(蓬萊殿)의 선녀 같은 모습인 것을.
>
> 新月籠眉, 春桃拂臉.
> 意態幽花殊麗, 肌膚嫩玉生光.
> 說不盡萬種妖嬈, 畵不出千般艶冶.
> 何須楚峽雲飛過, 便是蓬萊殿裏人.

그리고, 다시 문장에는 왜곡(委曲)된 서술에 풍자를 섞어가면서 재미를 돋운다. 이

소부인이 장원외에게 시집와서 그가 늙은 신랑에게 속아서 출가했다는 사실을 확인하는 대목을 보자.

> "한 달이 지난 어느날 한 사람이 찾아와 인사를 하면서 말했다. 오늘은 원외님 생신이기에 축하하는 글과 선물을 가져왔습니다."

원외는 결혼한 지 달 반 되는 날이 육순이 되는 생일이어서 축하를 받게 되어 있었던 것이다. 그때 소부인이 글을 펴 보다가는 후두둑 두 줄기 눈물을 흘렸으니 원외의 나이가 이미 예순임을 알았기 때문이었다. 그는 두 사람의 중매장이를 원망하면서 자기 평생을 그르쳤다고 생각했다. 장원외를 볼 것 같으면 요 며칠 동안에 다음과 같은 너덧 가지 일이 더 불어나고 있었다.

> 허리에는 아픔이 더하여졌고
> 눈에는 눈물이 더하여졌고
> 귀는 안 들리는 게 더하여졌고
> 코에는 콧물이 더하여졌다.
>
> 腰便添疼, 眼便添淚,
> 耳便添聾, 鼻便添涕.

이처럼 시큰한 풍자가 섞인 친절한 서술도, 소설의 오락으로서의 조건이 된다.

그리고 현실로부터 동떨어진 얘기지만 소설에서는 사실로 있었던 일인 것처럼 얘기를 펴나간다. 『서산일굴귀』는 수많은 귀신들이 등장하는 실제로는 있을 수 없는 얘기지만 얘기의 시작은,

> "각설(却說)하고 소흥(紹興) 10년(1140)에 한 수재(秀才)가 있었는데, 복주(福州) 위무군(威武軍) 사람이며, 성이 오(吳)씨이고, 이름은 홍(洪)이었다. 그는 고향을 떠나 임안부(臨安府)로 과거를 보러 왔다."

하고 실제의 연대와 이름과 땅까지 대어 준다. 다른 작품들도 모두 그 러하다. 실제로 있는 땅 이름과 연대까지 대면서 허황된 얘기지만 정말로 있었던 일인 것처럼 믿

게 하려는 것이다. 이것은 산문에 있어서 사실의 기록을 중히 여기던 중국 사람들의 생각에 둘러맞추려는 의도였을 것이다.

송대 화본에는 정식 얘기로 들어가기에 앞서 〈입화(入話)〉·〈개화(開話)〉 또는 〈득승두회(得勝頭廻)〉라 부르는 일단의 얘기 또는 노래(詩·詞)가 들어 있다. 예를 들면, 『요상공(拗相公)』이란 왕안석(王安石)의 신법(新法)을 욕한 작품을 보면 얘기에 들어가기 전에 〈입화〉로서 임금을 도와 정치를 잘한 주공(周公)과 뒤에는 왕위까지 자기가 차지한 왕망(王莽)의 얘기를 대조시켜 전개시킨다. 이것은 설화인이 얘기를 시작하기 전에 먼저 짧은 얘기에 노래를 섞어가면서 듣는 사람들의 흥미를 집중시키기 위해 붙여진 것일 것이다. 송대 소설에 이러한 〈득승두회〉가 붙어 있다는 것은 소설이 오락으로서 존재했음을 뚜렷이 말해 주는 것이다.

명대의 『사대기서(四大奇書)』, 곧 『삼국지』·『수호전』·『서유기』·『금병매』 같은 장편의 장회소설들은 송대의 화본들에 비해 훨씬 읽는 소설로 발전한 것이지만, 앞에서 말한 오락적인 조건들은 모두 그대로 간직되고 있다. 심지어 '읽는 소설'에는 필요하지 않은 〈득승두회〉까지도 소설의 맨 앞머리에 한 수의 노래(詩·詞)로서 그 흔적을 남기고 있는 것이다. 그리고 장편소설이지만, 실은 한 회(回, 또는 章)가 독립된 얘기로 이루어져 있어, 얘기의 변화를 통한 재미를 돋우어 주고도 있다. 따라서 중국 소설 가운데에는 읽어서 재미없는 소설이 있을 수가 없는 것이다.

문언(文言)으로 된 소설들을 보면 기괴한 견문의 기록들이 한대부터 있었고, 당대에는 본격적인 소설이라 할 수 있을 〈전기(傳奇)〉가 나왔다. 이들은 모두 단편인 것이 특징이며, 청대에 이르도록 이 문언 소설들은 사대부들 사이에 계승되었다. 이것들은 한대부터 사대부들이 소견(消遣)을 위하여 적고 읽고 하여 온 것이어서, 사대부들의 오락으로서의 성격이 짙은 것이었다. 당대 〈전기〉의 계통을 이은 것들 이외의 문언 소설들은 모두 소설의 체제도 갖추지 않고 보고들은 얘기를 한 두 줄 또는 여러 줄 멋대로 적어 놓은 것이어서, 소설이라 부르기조차도 힘든 것이 대부분이지만, 어떻든 이것도 소설의 오락으로서의 존재를 더욱 강조해 주는 것이라고 볼 수 있을 것이다.

중국 소설은 이처럼 오락적인 성격 아래 존재하여 왔기 때문에, 중국 사람들은 그것을 글(文)이나 책(書)으로서 인정하려 들지 않았다. 곧 소설은 문학으로서의 지위를 얻지 못하고, 문화적인 것이 못되는 것으로 대우를 받아 온 것이다. 소설이 문학으로 인정받기 시작한 것은 명대 말엽의 일이다.

2. 소설의 비문화성

소설이 문화적인 것이 못 된다는 생각은 그 소설이란 말 자체에서도 엿볼 수 있다. 중국의 옛 책에서 소설이란 말이 가장 먼저 쓰인 곳은 『장자(莊子)』이다. 그 외물(外物)편을 보면 이런 말이 보인다.

> "소설을 꾸미어 높은 벼슬을 구하는 것은 큰 도에 통함에는 또한 먼 것이다."
> 飾小說以干縣令, 其於大達, 亦遠矣.

'현(縣)'은 '현(懸)'과도 통하여 "현령(縣令)"은 "높은 벼슬"의 뜻이다. '달(達)'은 '통(通)'과도 통하여, "대달(大達)"은 "대도(大道)" 또는 "대도에 통달함"을 뜻한다. 여기에서는 '대도'와 거리가 먼 '잔 논설'의 뜻으로 〈소설〉이란 말이 씌였으며, 『순자(荀子)』 정명(正名)편에 보이는 〈소가진설(小家珍說)〉과도 같은 뜻으로 보여진다. 『논어(論語)』 자장(子張)편에는 이런 말이 보인다.

> "비록 〈소도〉라 할지라도 반드시 볼 만한 것이 있다."
> 雖小道, 必有可觀者焉.

정현(鄭玄, 127~200)은 여기의 '소도'를 다음과 같이 풀이하고 있다.

> "소도란 지금의 제자서와 같은 것이다."
> 小道, 如今諸子書.

그렇다면 〈소설〉·〈소가진설〉 및 〈소도〉는 모두 같은 말이라 할 것이며, 본시는 문학과 별 상관이 없는 말이었다.

유향(劉向, B.C. 77~B.C. 6)의 『칠략(七略)』을 바탕으로 하여 쓴 반고(班固, 32~92)의 『한

서(漢書)』 예문지(藝文志)를 보면 제자(諸子) 십가(十家) 가운데 소설가(小說家)가 끼어 있는데, "제자 십가 가운 데 볼 만한 것(可觀者)은 구가(九家) 뿐"이라 말하면서, 〈소설가〉는 보잘것없는 것이라 제쳐놓고 있다. 그는 〈소설가〉의 원류에 대하여 다음과 같이 상세한 설명을 가하고 있다.

> "소설가의 무리는 대개 패관(稗官, 顔師古에 의하면 小官의 뜻)에서 나왔으니, 길거리나 골목의 잡담이나 길가에서 주워듣거나 지껄이는 것으로서 이루어진 것이다. 공자께서 말씀하시기를, 비록 소도라 할지라도 반드시 볼 만한 것이 있으나, 멀리까지 따라간다면 집착하게 될까 두려워서 군자는 손대지 않는 것이라고 하셨다. 그러나 또한 없어지지 않는 것이다. 마을의 조그만 지혜를 지닌 자들의 하는 짓이나 역시 잊지 않도록 하려는 것이니, 간혹 한마디 취할 만한 말이 있다 해도, 이것 역시 나무꾼이나 건달들의 의논인 것이다."
>
> 小說家者流, 蓋出於稗官. 街談巷語, 道聽途說者之所造也. 孔子曰 ; 雖小道, 必有可觀者焉 ; 致遠恐泥, 是以君子弗爲也. 然亦弗滅也. 閭里小知者之所及, 亦使綴而不忘, 如或一言可采, 此亦芻蕘狂夫之議也.

그리고, 『이윤설(伊尹說)』·『육자설(鬻子說)』·『주고(周考)』·『청사자(靑史子)』·『사광(師曠)』·『무성자(務成子)』·『송자(宋子)』·『천을(天乙)』·『황제설(黃帝說)』·『봉선방설(封禪方說)』·『대조신요심술(待詔臣饒心術)』·『대조신안성미앙술(待詔臣安成未央術)』·『신수주기(臣壽周紀)』·『우초주설(虞初周說)』·『백가(百家)』 등 열 다섯 가지 〈소설가〉의 책들을 적고 있는데, 그 이름으로 볼 때 여러 가지 야사(野史)나 전설 같은 데서 따온 근거없는 잡설들을 모아놓은 책들인 듯하다. 불행히 이들 책들은 하나도 지금까지 전하는 게 없다. 따라서 한나라 이전의 소설의 성격을 확실히 알 수는 없다. 다만 〈소설가〉가 그래도 제자 속에 끼었다는 것은 전혀 가치없는 것은 아니었음을 느끼게 한다.

『소명문전(昭明文選)』 권 31의 이선(李善, ?~689)의 주(注)에 인용된 환담(桓譚, B.C. ?~A.D. 25?)의 『신론(新論)』에는 옛사람들의 소설에 대한 개념을 알려주는 다음과 같은 말이 있다.

> "소설가 같은 거로 말하면, 하찮은 작은 말들을 주워모아 가까이 비유를 취해 짧은

글을 지은 것인데, 몸을 간수하고 집안을 다스리는 데 볼 만한 말이 있다."
若其小說家, 合叢殘小語, 近取譬諭, 以作短書, 治身理家有可觀之辭.

"볼 만한 말이 있다."는 말은 "보잘것없는 내용이 대부분이다."는 뜻으로도 받아들여진다.

이러한 환담 같은 소설에 대한 개념은 중국 문화에 있어서는 근대에 이르기까지 계승되어 왔다. 〈소설〉은 "보잘것없는 작은 말들을 주워모아 적어 놓은 것"이라는 생각은 바로 성인의 '대도'와는 거리가 먼 '소도'라는 옛날의 〈소설〉이란 말의 뜻을 계승 발전시킨 것이다. 중국 문화에서 소설이 문학으로서 또는 글로서의 대접을 못 받은 원인을 우선 여기에서 발견할 수 있을 것이다.

중국에서 소설이 문화의 영역 안에 어울리는 대접을 받지 못한 것은, 소설의 '가공성' 또는 '비현실성'에도 큰 책임이 있다. 중국 소설은 오락으로서 존재해 왔기 때문에, 재미를 위하여 현실적인 경험으로서는 얻기 힘든 자극을 위한 조작이 가해지게 된다. 따라서 중국 소설의 '가공성'은 서양 소설보다도 우연이나 기괴의 요소가 더욱 짙어진다.

그러나 사실과 경험을 중히 여기던 중국 사람들은, 산문에 있어서는 사실을 기록하는 〈기사(紀事)〉와 세상을 바로잡을 사상과 경륜을 기록하는 〈입언(立言)〉의 정신을 중시했다. 중국 사람들의 글이란 '주어진 것' 또는 그렇게 되도록 '만들어진 것'의 기록이지, 현실에 근거없는 허황된 내용을 써서는 안 되는 것이었다. 그것이 현실을 떠날 때, 이미 그것은 기록이나 글로서의 가치를 인정받기 어려운 처지에 놓이게 된다.

그러나 중국 소설은 〈소설〉이란 개념이 형성되기 시작한 한대로부터 남북조(南北朝)에 이르기까지, 모두가 작자가 주워들은 "귀선이나 괴상 한 일에 관한 기록"들이다. 진(晋)나라 간보(干寶, 317 전후)의 『수신기(搜神記)』를 보더라도 모두 다음과 같은 괴상한 일에 관한 짧은 얘기들을 주워모아 놓은 것이다.

"사규(謝糺)가 일찍이 음식을 먹는데, 손님이 붉은 부적을 우물 안에 던지니 한쌍의 잉어가 튀어나와 곧 회를 치게 해 가지고 그 자리에 있던 여러 사람들이 함께 먹었다."

"남해(南海) 밖에 교인(鮫人)이 물고기처럼 물에 살고 있는데, 길쌈을 쉬지 않는다. 그들의 눈에서는 울면 진주가 나온다 한다."

실제 인물을 다룬『한무제내전(漢武帝內傳, 班固가 지었다 하나 후세 사람의 위작이 분명함)』을 보더라도 처음부터 끝까지 서왕모(西王母)가 선계(仙界)로부터 한무제를 찾아와 천도(天挑)를 바치면서 함께 잔치를 즐기는 것 같은 허황된 내용의 연속이다.

심지어 후세의 역사소설인 〈연의소설〉들을 보아도, 거기에는 사실과 동떨어진 재미를 위한 허구적인 얘기들이 연속되고 있다.『삼국지』를 예로 들더라도 거기에 나오는 조조(曹操)나 관우(關羽)·장비(張飛) 등의 인간상이, 정사(正史)인 진수(陳壽, 233~297)의『삼국지』의 것과 상당한 거리가 있다는 것은 이미 여러 사람들에 의해 논란되었었다. 심지어는 주창(周倉)이나 방통(龐統) 같은 가공적인 인물들까지 섞여 있어 많은 사람들이 혼동을 일으키고 있다. 원(元)나라 노정(魯貞)은 관우(關羽)의 비문(碑文)에 "적토(赤菟, 말 이름)를 타고 주창(周倉)을 쫓는다."는 귀절을 써 넣어 웃음거리가 되었고, 청대의 대시인인 왕사정(王士禎)은 낙봉파(落鳳坡)를 지나다가 방통(龐統)을 조상하는 시를 지어 조롱감이 되고 있다.

소설이 문학으로서 인정받지 못하고 있었다는 것은 이러한 허구성이나 비현실성이, 사실과 경험을 중히 여기는 중국 사람들의 산문 정신과 합치되지 못했기 때문이었다.

소설이 중국의 문화층으로부터 소외당한 또 하나의 이유는, 그것이 주로 백화인 구어체로 씌어졌다는 것이다. 중국의 문장은 처음부터 구어와는 달리 형식적인 또는 음악적인 수식이 가해진 특수한 절도와 균형을 지닌 글이었다.『서경』이나『역경』같은 산문으로 쓰인 문장에도 운을 밟으면서 다듬어진 귀절들로 이루어진 대목들이 많다는 것은 이 점을 잘 설명해 준다. 게다가 사람들은 고전을 중히 여기고, 옛날의 형식과 수법을 이어받아 글을 써 왔으므로, 문언과 구어의 차이는 심한 것이었다. 어떻게 보면 중국말의 언어 구조와 한자의 특유한 성질 때문에, 말하는 식으로 써서 문장을 이룩한다는 일은 매우 곤란한 일이라고도 할 수 있다. 〈구어체〉로 글을 쓴다 하더라도 문자들이 지니는 음절의 절도와 균형 및 형식적인 수식을 위하여는 세련된 방법에 의한 정리를 필요로 한다.

그렇기 때문에 문언이야말로 균형과 수식을 전제로 하여 글을 씀에 있어서 가장 완전한 형식의 것이 된다. 게다가 이 문언을 읽고 쓸 줄 아는 지식인이란 사회적으로는 바로 지배 계급인 사대부에 속하는 사 람들이다. 벼슬을 하거나 할 자격을 갖춘 사대부란 계급은 무엇보다도 이 문언의 사용 능력에 의해 결정된다고도 볼 수 있을 것이다. 문언을 안다는 것은 성인들의 가르침이 쓰인 옛날의 경전을 아는 것이 되며, 경전을 안다는 것은 세상을 올바로 이끌어 나갈 지도자적인 견식을 갖추었음을 뜻한다.

문언은 훌륭한 내용이 적혀 있는 데다가 간결하고 멋지고 균형이 잡혀 있다. 반대로 구어는 하잘것없는 무식한 사람들의 견문을 적은 것인데다가 너절하고 멋이 없고 짜임새가 없다. 개중에는 문언으로 쓰인 소설들도 있었던 것은 사실이지만, 그러나 그것이 소설의 문장으로서 주류를 이루었던 것은 아니다. 그리고 다 같은 문언이라 하더라도 소설의 것은 덜 간결하고 덜 멋진 문언이다. 왜냐하면 소설의 문장은 간결보다도 복잡한 사건의 전개를 빠짐없이 드러내야 하고 멋보다는 빈틈없는 사건 진전의 묘사를 필요로 하기 때문이다. 중국에 있어서는 다듬어지지 않은 말을 그대로 기록한 것은 문장이 아닌 저속한 것이라 여겨졌다. 소설은 그 문장 때문에도 중국 사회에선 존경받을 수가 없는 비문화적인 것으로 인정되지 않을 수가 없었다.

3. 소설과 도덕

소설은 도덕적인 면에서도 도학(道學)적인 예교 사상의 배척을 받았다. 예교적인 면에서 배척을 받았다는 것은 적어도 소설이 공공연히 세상에 유행되는 데엔 커다란 지장을 주었을 것이다. 소설을 통한 민중들의 관심이 아무래도 사회 생활에서 큰 문제가 되는 남녀 관계나 사회악 같은 면으로 기울어지지 않을 수가 없으므로, '권선징악(勸善懲惡)'의 내용을 담은 소설이라 하더라도 어느 대목에 있어서는 도학자들의 눈살을 찌푸리게 하는 남녀 관계나 악인의 행적 같은 것을 그려내지 않을 수가 없게 된다. 이런 점에서 소설이 이른바 〈대아지당(大雅之堂)〉에 오르지 못하고, 사대부들의 예교적인 지탄을 받았던 것은 어쩔 수 없는 숙명이었다고 하는 수밖에 없을 것이다. 중국 소설은 명대부터 일부 지식인들에 의하여 그 가치를 인정받게 되면서 크게 성행하였다. 그리하여 소설에 대한 도덕적인 반응은, 정부에서도 민감하게 나타내고 있다. 명나라 신종(神宗) 만력(萬曆) 30년(1602) 12월에는 황제에게 상주하는 글에 "소설의 속된 말(小說俚語)"을 인용하면 안 된다는 금령이 내려졌고(『大明神宗顯

皇帝實錄』 卷 379), 숭정(崇禎) 15년(1642) 6월에는 『수호전』의 민간 장서나 원판을 숨기지 말고 모두 태워 버리라는 명령이 내려졌었다(『明淸內閣史料』 上冊). 청대로 들어와서는 거의 임금마다 되풀이해 가면서 소설을 금하는 명령을 내렸다. 세종(世宗)의 옹정(雍正) 6년(1728)에 호군참령(護軍參領)이란 벼슬을 하던 낭곤(郎坤)이란 사람이, "밝기가 제갈양(諸葛亮) 같은 이도 마속(馬謖)을 잘못 썼거늘 신이 어찌 감히 함부로 천거하겠습니까?" 하는 말을 상주문에 한 귀절 넣었다가, 『삼국지』 얘기를 인용한 것이라 하여 파면당한 일은(『雍正上諭內閣』 雍正六年二月), 소설을 대하는 집정자들의 태도를 웅변적으로 말해주는 것이다.

이러한 소설에 대한 편견은 집정자들뿐만 아니라, 일부 사대부들 사이에는 최근에 이르기까지 간직되었었다. 청대의 유명한 고증학자의 한 사람인 전대흔(錢大昕, 1728~1804)의 『잠연당문집(潛硏堂文集)』 권 17에 실린 「정속(正俗)」이란 글은 그러한 경향을 잘 설명해 준다.

> "옛날에는 유교·불교·도교의 세 가지 교(敎)가 있었는데, 명대 이래로 또 한 가지 교가 늘었으니 소설이라 하는 것이다. 소설연의란 책은 스스로 가르친다(敎)고 생각한 적은 없지만, 사대부나 농부·공인·상인이 이를 익히고 듣지 않는 이 없으며, 아이·부녀자나 무식자에 이르기까지도 모두 직접 보는거나 마찬가지로 그것을 듣는다. 이리하여 그 교(敎)는 유교·불교·도교에 비해 더욱 넓은 것이 되었다.
>
> 불교나 도교는 사람들에게 선을 권하지만, 소설은 오로지 사람들을 악으로 인도한다. 간사함·사악함·음탕함·도적질 같은 유교·불교·도교의 책에서는 차마 대놓고 말하지 못하는 일들도 거기서는 반드시 형편을 다 그리고 모양을 추궁하여 재미나는 듯이 얘기하기를 즐겨한다. 사람 죽이는 자를 호걸이라 하고, 여자 낚는 짓을 멋이라 하며, 마음을 잃고 미친 병에 걸려 꺼리는 바가 없다. 자제들 가운데엔 편안히 살면서 교육을 받지 못하는 자들이 많은데, 거기에 이러한 책들이 있어 그들을 유혹한다면 그들이 금수에 가까와지는 게 무엇이 이상하겠는가?
>
> 세상 사람들은 습관이 되어 살피지 못하고, 언제나 형벌이 날로 번거로이 쓰이고 있음과 도적이 날로 더해가고 있음을 이상히 여긴다. 소설이 인심과 풍속 속으로 파고들고 있는 것이 이미 일조일석의 일이 아닌 때문임을 어찌 알랴! 세상을 깨우치고 백성들을 인도할 책임이 있는 사람들은 속히 그것을 태워 버려 퍼지지 않도록 하여야만 한다. 안으로는 경사(京師)로부터 밖으로는 직성(直省)에 이르기까지, 고을이나 마을들을 엄히 살피어 인쇄하여 파는 자가 있으면 법을 어긴 죄목으로 다스려야 한다. 수십

년 지나면 반드시 도적이 끊이고 형벌을 생략하게 될 효과가 있을 것이다. 혹 내 말이 사정에 멀다고 꾸짖는 이가 있다면, 그것은 눈앞만 보는 견해인 것이다."

古有儒釋道三教, 自明以來, 又多一教, 曰小說. 小說演義之書, 未嘗自以爲教也, 而士大夫農工商賈, 無不習聞之, 以至兒童婦女不識字者, 亦皆聞而如見之, 是其教較之儒釋道而更廣也.

釋道猶勸人以善, 小說專導人以惡, 姦邪淫盜之事, 儒釋道書所不忍斥言者, 彼必盡相窮形, 津津樂道, 以殺人爲好漢, 以漁色爲風流, 喪心病狂, 無所忌憚. 子弟之逸居無教者多矣, 而又有此等書以誘之, 曷怪其近於禽獸乎?

世人習而不察, 輒怪刑獄之日繁, 盜賊之日熾, 豈知小說之中於人心風俗者, 已非一朝一夕之故也. 有覺世牖民之責者, 亟宜焚而棄之, 勿使流播. 內自京色, 外達直省, 嚴察坊市, 有刷印鬻售者, 科以違制之罪行, 數十年必有弭盜省刑之效. 或訾吾言爲迂遠闊事情, 是目睫之見也.

건륭(乾隆) 19년(1754)에는 『수호전』을 금하는 명령을 내렸는데, 그 바탕이 된 복건도감찰어사(福建道監察御使) 호정(胡定)의 상주문에는 다음과 같은 대목이 있다.

"방각(坊刻) 수호전을 보면, 흉악하고 사나운 짓을 하는 자를 호한(好漢)이라 하고, 법과 윤리를 거스리는 자를 기이한 능력을 가진 자라 하면서, 멋대로 날뛰는데도 법망으로부터 새어 아무런 제재도 없다. 그리고 악박(惡薄)하고 미친 듯이 경망한, 일찍이 올바른 법의 제재를 거친 김성탄(金聖歎)이 함부로 찬미를 가하고, 배우와 악공(梨園子弟)들이 다시 연극으로 상연하니, 시정의 무뢰한들은 이것을 보고서, 호한이란 이름을 흠모하고 잘못을 본뜨려는 뜻을 지니게 되며, 이에 무리를 모아 흉악한 짓을 함으로써 아름다운 일이라 생각한다. 그러니 〈수호전〉은 실로 법을 범하도록 가르치고 이끄는 책인 것이다."

閱坊刻水滸傳, 以兇猛爲好漢, 以悖逆爲奇能, 跳梁漏網, 懲創蔑如, 乃惡薄輕狂, 曾經正法之金聖歎, 妄加贊美, 梨園子弟, 更演爲戲劇. 市井無賴見之, 輒慕好漢之名, 啓效尤之志, 爰以聚黨逞兇爲美事. 則水滸實爲教誘犯法之書也. (江西按察司衙門刊『定例彙編』卷三)

이토록 소설은 도덕적으로 사회에 나쁜 영향을 끼치는 물건이기 때문에 없애 버려야 한다는 여론이 사대부들 사이엔 유행했다. 청나라 여치(余治)의 『득일록(得一錄)』 권 11의 1에 수록된 〈수훼음서국장정(收燬淫書局章程)〉에 의하면 소설의 해를 들어,

첫째 사람들의 품행을 그르치고, 둘째 집안 여자들을 망치고, 셋째 자제들에게 해를 끼치게 되고, 넷째 나쁜 병에 많이 걸린다 하면서 그 보기를 일일이 들고 있다. 항주(抗州)의 주사마(朱司馬)라는 사람은 젊어서 소설을 좋아했던 덕분에 신장에 풍담(風痰)이 생겨 나이 오십이 되자 죽어 버렸다 한다.

심지어 소설을 쓰거나 좋아하는 사람들은 죽어서도 저승에 가서 심한 고통을 받거나 천벌을 받는다는 저주에 가까운 소문까지도 유행했다. 명대 왕기(王圻, 1580 전후)의 『속문헌통고(續文獻通考)』 권 177에 의하면 『수호전』을 쓴 나관중(羅寬中)은 천벌을 받아 자손 삼대가 모두 벙어리였다고 했다. 또 『홍루몽(紅樓夢)』을 쓴 조설근(曹雪芹)은 죽어서 지옥으로 가 심한 괴로움을 당하고 있고(淸 毛慶臻 『一亭雜記』) 그의 자손들도 벌을 받아 후손이 끊이었는데(淸 伊園主人 『談異錄』 卷2), 모두 터무니없는 얘기로 사회의 풍교(風敎)를 해친 벌이라는 것이다. 그리고 소설 희곡의 가치를 높이 평가하고 선전한 김성탄(金聖歎)은 경박한 재주로 나쁜 짓을 권장한 셈이 되어, 엉뚱하게도 형벌을 받고 죽었다 한다(『一亭雜記』). 심지어 옛글을 함부로 다루면서 소설 희곡을 즐기어도 벌을 받게 된다는 얘기조차 있다. 청나라 전영(錢泳, 1759~1844)의 『이원총화(履園叢話)』 권 17에는 다음과 같은 대목이 있다.

> "광릉(廣陵)에 소금장수 딸이 있었는데 매우 예뻤다. 일찍이 평산당(平山堂)엘 놀러 갔다가 강도(江都)의 수령(守令)을 만났는데, 수령은 이미 취해 이 여자를 기생으로 알고 앞뒤를 가리지 않고 매를 쳤다. 여자는 울면서 집으로 돌아갔다. 그의 부형들은 노하여 태수(太守)에게 이 일을 알리려 하였다. 이날 밤 꿈에 신이 그에게 말하였다.
>
> 그대는 평소 옛 책갈피에는 수실을 끼워놓고서 소설이나 희곡을 보아왔으며, 멋대로 잠자리 사이에 놓고 그 위에 앉거나 누웠다. 음사(陰司)는 그대의 복이 두터움을 알고 특히 취한 수령의 손을 빌어 약간의 징벌을 보여줬던 것이다. 행동을 고치지 않으면 목숨을 재촉하게 될 것이다. 그리하여 사건은 그대로 끝났다. 뒤에는 깊이 스스로 회개하고 남편이 귀하게 되어 작봉(爵封)을 받았다 한다. 옹정(雍正) 초년(1723)의 일이다."
>
> 廣陵有鹺商女, 甚美. 嘗遊平山堂, 遇江都令, 令已醉, 認此女爲娼也, 不由分辨, 遂笞之. 女號泣卽回家, 其父兄怒, 欲白太守. 是夜, 夢神語之曰 ; 汝平日將舊書冊夾繡線, 且看小說曲文, 隨手置床褥間, 坐臥其上. 陰司以汝福厚, 特假醉令手, 以示薄懲. 否則, 當促壽也. 後痛自悔改, 以夫貴受封. 雍正初年事.

이처럼 소설의 작자는 물론 소설을 높이 평가하거나 소설을 좋아하는 사람들까지도 저주의 대상이 되어 왔기 때문에, 소설은 중국 사회에서 사대부들이 지배하는 문화권 안에는 끼어들 여지가 없었다. 청나라 건륭(乾隆) 황제가 천하의 책을 다 모아 놓은 『사고전서(四庫全書)』의 『총목제요(總目提要)』를 보아도 소설은 한 권도 들어 있지 않으며, 소수의 예외를 제하고는 여러 학자들의 『장서목록(藏書目錄)』에도 소설이 기록되어 있지 않다는 사실도, 소설에 대한 지식인들의 평가를 얘기해 주는 것이다.

이러한 경시와 억압 아래 소설이 시들어 갔는가 하면 오히려 그 반대이다. 사대부들이 눈살을 찌푸리는 윤리에 어긋나는 남녀 관계나 거리낌없이 법을 어기는 행동은 바로 민중들의 가려운 마음을 시원하게 긁어 주는 요소였으며, 사대부들이 멸시하는 구어체의 문장이나 얘기의 허구성 또는 비현실성은, 현실에서 천대와 억눌림 아래 살아가는 민중의 기호에 들어맞았다. 이 소설의 얘기는 민간에 탄사(彈詞)나 고사(鼓詞) 같은 속강(俗講)이나 연극으로 널리 공연되었다. 그리하여 소설의 얘기는 중국 민중들에게 매우 익숙한 것이 되었다. 무식한 노동자나 부녀자들 또는 애들까지도 여러가지 공연을 통해서 『삼국지』나 『수호전』의 얘기를 모르는 사람이 없게 된 것이다.

민중뿐만 아니라 사실은 사대부들 사이에도 소설은 끊임없이 파고 들었다. 그것은 민중들의 요구에 의한 것이라 하더라도, 사대부 계급의 지식인이 아니면 중국말이나 문자의 특성 때문에 소설을 쓸 수가 없다는 데도 원인이 있을 것이다. 소설의 문체가 아무리 서민적인 구어로 쓰인 것이라 하더라도, 중국에서는 세련된 수법과 수식 없이는 글을 이룰 수가 없기 때문에, 문장 능력이 있는 사대부들의 손을 빌지 않으면 소설이 이루어지지 않는다. 그리하여 대부분의 소설들이 이름을 숨기는 사대부들의 손에 의해 씌어졌거나, 과거에 급제 못하고 몰락한 이름없는 지식인의 손을 거친 것이었다. 청나라 강여순(强汝詢)이 『구익재문집(求益齊文集)』 권 5에서, "글을 읽어 글을 쓸 줄 알게 된 사람이 세상에 도움될 글은 쓰지 못하고 저술로서 이름을 나타내려고 급급히 행동하는 것도 비루한 짓이거늘, 무슨 할 짓이 없어 타락하여 소설을 쓰는 지경에 이르는가?" 하고 한탄한 것도 그 때문이다. 청나라 건륭(乾隆) 연간에 간행된 『원색편(遠色編)』 권중(卷中)에서도 〈문인들에게 권한다〉는 조목 아래 "근거없는 소설이나 희곡을 써서 사람들을 악하게 만들지 말라. 그런 짓을 하면 재앙을 받게 될 거다."라는 내용의 글이 씌어 있다.

어떻든 사대부들은 겉으로는 도학적인 윤리관으로 연막을 짙게 쳤지만, 날이 갈수록 더 많은 소설들을 썼다. 사대부들에 의해 날로 많은 소설이 씌어졌다는 것은, 한편 사대부들이 날이 갈수록 더 많은 소설을 읽게 되었음을 뜻하기도 한다. 강희(康熙) 53년(1714)에 소설의 금령을 내리면서 이런 말을 하고 있다.

> "소설과 음탕한 글들은 허황되고도 저속하여 올바른 도리가 절대로 아니다. 어리석은 백성들을 유혹할 뿐만 아니라 귀족이나 선비들까지도 한번 보고는 마음이 어지러워짐을 면치 못한다."
>
> 小說淫詞, 荒唐俚鄙, 殊非正理. 不但誘惑愚民, 卽縉紳士子, 未免遊目而蠱惑焉. (『大淸聖祖仁皇帝實錄』 卷 258)

하였고, 청대 황정원(黃正元)의 『욕해자항소년의계(慾海慈航少年宜守戒)』에선 소설에 대하여 이런 말을 하고 있다.

> "언제나 보면 좋은 집 자제들이 어린 나이에 사춘기만 되면 간혹 음서나 소설을 몰래 보게 된다."
>
> 每見人家子弟, 年方髫稚, 情竇初開, 或偸看淫書小說.

앞에서도 인용한 전대흔(錢大昕)의 『잠연당문집(潛研堂文集)』 권 17에는 이런 말이 보인다.

> "소설연의의 책은 스스로 가르친다고 여긴 일은 없으나 사대부·농부·공인·상인들이 익히 그것을 듣지 않은 이가 없다."
>
> 小說演義之書, 未嘗自以爲敎也, 而士大夫農工商賈, 無不習聞之.

이것은 모두 역대로 위정자와 수많은 도학자들이 소설의 유행을 막으려고 무한히 애들을 썼지만, 소설은 아랑곳없이 더 큰 세력을 이루면서 사대부들 사이에까지도 파고들었음을 말해주는 것이다.

4. 소설의 가치 인정

소설은 도학적인 권위와 정치적인 법의 힘에 끊임없이 억압당했으나, 이러한 외부의 간섭에는 아랑곳없이 날로 세력이 커져서 민중은 물론 사대부들 사이에서도 무시할 수 없는 존재가 되어 버렸다. 그리하여 마침내 명말에 이르러는 소설의 문학적인 지위를 인정하는 문학자들이 나왔는데, 이처럼 소설이 문인들의 인정을 받게 된 가장 큰 이유는 소설이 중국 사회에 파고든 세력으로 말미암아 그것이 사회에 미치는 영향력 곧 그 공용성이 크게 평가되었기 때문이다. 명말에 소설과 희곡의 권위를 높이는 데 크게 공헌한 풍몽룡(馮夢龍, ?~1645)은 〈삼언소설(三言小說)〉이라 부르는 『유세명언(喩世明言)』·『경세통언(警世通言)』·『성세항언(醒世恒言)』의 세 가지 단편소설집을 내었는데, 『성세항언』의 서문에서는 이 〈삼언소설〉의 명칭에 대해 다음과 같은 설명을 하고 있다.

> "'명'(明言의 明)이란 것은 그것이 어리석음을 인도할 수 있다는 데서 취한 것이고, '통'(通言의 通)이라는 것은 그것이 세속에 통할 수 있다는 데서 취한 것이고, '항'(恒言의 恒)은 그것을 익혀도 싫증이 나지 않고 그것을 전하면 오래갈 수 있다는 것이다. 세 가지 책이 이름은 다르지만 그 뜻은 한 가지인 것이다."
>
> 明者取其可以導愚也, 通者取其可以通俗也, 恒則習之而不厭, 傳之而可久. 三刻殊名, 其義一耳.

곧 〈삼언소설〉은 "세상을 깨우쳐 어리석음을 밝히고(喩世明言)", "세상을 경계시켜 세속을 도로 통케 하며(警世通言)", "세상을 각성시켜 오래도록 올바르게 한다(醒世恒言)"는 뜻에서 각각 붙여진 이름이라는 것이다. 이미 이들 소설집의 책명을 통해서도 작자가 얼마나 소설의 공용성을 인정하고 있었나 알 수 있을 것이다.

명말 청초의 대학자 고염무(顧炎武, 1613~1682)는 그의 『일지록(日知錄)』 권 19에서 다음과 같이 논하고 있다.

> "글이 하늘과 땅 사이에서 끊이어서 안 될 이유는 그것이 도(道)를 밝히고 정사를 기록하고 백성들의 숨은 사정을 살피게 하고 사람들의 선함을 얘기하기를 즐기기 때문이다. 이와 같은 것은 천하에 유익하고 장래에 유익하여, 한편이 더 많으면 한편만큼

의 이익이 더 있게 되는 것이다. 괴상하고 힘을 겨루고 어지럽고 귀신이 나오는 일이나, 허황된 말과 남의 것을 베낀 논설이나 아첨하는 글과 같은 것은 자기에게 손해가 되고 남에게도 이익은 없는 것이어서, 한편이 더 많으면 한편만큼의 손해가 있게 되는 것이다."

文之不可絶於天地間者, 曰明道也, 紀政事也, 察民隱也, 樂道人之善也. 若此者有益於天下, 有益於將來, 多一篇, 多一篇之益矣.

若夫怪力亂神之事, 無稽之言, 剿襲之說, 諛佞之文, 若此者, 有損於己, 無益於人, 多一篇, 多一篇之損矣.

여기에서 "백성들의 숨은 사정을 살피게 하고 사람들의 선함을 얘기하기를 즐긴다."고 말한 것은 소설의 '권선징악'의 기능을 말한 것으로 볼 수도 있다. 고염무는 근엄한 학자였지만 소설에 있어서도 그 공용성에 의해 좋은 것과 나쁜 것을 가리었던 것 같다.

특히 청말에 외족의 지배 아래 있는 자기네 조국이 열강들의 침략에 의해 걸레처럼 조각이나 떨어져가고 있는데도, 위정자들은 어지러운 기강 속에 자기네 이익만을 추구하고 있는 꼴을 보자, 뜻있는 지성인들은 조국을 걱정하는 울분을 억누르지 못했다. 이들은 어떻게든 백성들과 위정자들을 깨우쳐 망해가는 조국을 구하지 않으면 안 된다고 생각했다. 이때 이들은 중국 사회에 깊숙이 파고들어 커다란 세력을 이루고 있는 소설의 힘을 생각했다. 그리하여 이들은 소설을 빌어 사회의 모든 어지러운 모양을 들추어내어 천하에 고발함으로써, 국민을 깨우쳐 나라를 구하려 하였다. 그 결과 쏟아져 나온 무수한 소설들이, 루신(魯迅, 1881~1936)이 그의 『중국소설사략(中國小說史略)』에서 견책소설(譴責小說)이란 이름으로 불러준 것들이다. 이보가(李寶嘉, 1867~1906)의 『관장현형기(官場現形記)』, 오옥요(吳沃堯, 1867~1910)의 『이십년 목도지괴현상(二十年目覩之怪現狀)』, 유악(劉鶚, 1850?~1910)의 『노잔유기(老殘遊記)』 등이 그 대표작이다. 청말 최후의 이십 년 동안에 『함분루신서분류목록(涵芬樓新書分類目錄)』을 보면 오백여 종의 소설의 번역과 창작이 쏟아져 나왔다. 그것은 이 때의 문인들이 망해가는 조국 사회를 깨우치는 목탁을 자처하면서, 관계(官界)의 어두운 면이나 사회의 여러 가지 모순을 소설의 형식을 빌어 고발한 데 큰 원인이 있다. 량치차오(梁啓超, 1873~1929)가 자신이 주간한 『신소설(新小說)』 창간호에 쓴 「소설과 정치의 관계를 논함(論小說與群治之關係)」이란 글을 보면, 이 때 지식인들의 소설관을 짐작할 수 있게 될 것이다.

> "한 나라의 백성을 새롭게 하려면 먼저 한 나라의 소설을 새롭게 하지 않으면 안 된다. 그러므로 도덕을 새롭게 하려면 반드시 소설을 새롭게 해야 하고, 종교를 새롭게 하려면 반드시 소설을 새롭게 해야 하고, 정치를 새롭게 하려면 반드시 소설을 새롭게 해야 하고, 풍속을 새롭게 하려면 반드시 소설을 새롭게 하여야 하고, 학예를 새롭게 하려면 반드시 소설을 새롭게 해야 하며, 사람들의 마음을 새롭게 하려하거나 인격을 새롭게 하려 하는 것까지도 반드시 소설을 새롭게 하여야 한다. 어째서 그런가 하면 소설은 불가사의의 힘이 있어서 인도를 지배하기 때문인 것이다."
>
> 欲新一國之民, 不可不先新一國之小說. 故欲新道德, 必新小說, 欲新宗教, 必新小說, 欲新政治, 必新小說: 欲新風俗, 必新小說: 欲新學藝, 必新小說. 乃至欲新人心, 欲新人格, 必新小說. 何以故? 小說有不可思議之力, 支配人道故也.

소설의 공용이 이보다 더 크게 평가될 수는 없을 것이다.

중국 현대 문학이 서양 문학의 개념을 받아들여 문학 혁명의 깃발을 내걸은 뒤에도 이러한 소설에 대한 전통적인 관념은 씻어질 수 없었다. 중국 현대 소설을 출발시킨 루신(鲁迅, 1881~1936)이 『광인일기(狂人日記)』·『아큐정전(阿Q正傳)』·『약(藥)』 같은 대표적인 소설과 산문들을 통하여, 어리석은 백성들을 깨우치려고 애썼던 것도 소설의 공용성이 그의 머리를 지배했기 때문이라 할 수 있다. 더 심하게 말하면, 후스(胡適)가 주장한 '문학 개량'이 바로 조국의 재건을 전제로 하는 문학 혁명으로 비약할 수 있었던 것도 중국의 전통적인 문학관이 크게 바탕이 되어 준 때문이라 할 것이다. 그리고 현재까지도 자유중국과 중공이 다같이 문학의 정치적인 선전 효과를 중시하고 있는 것도 여기에 적잖은 원인이 있다고 할 것이다.

그렇다고 순수한 문학적인 각성이 전혀 없었던 것은 아니다. 명말의 원굉도(袁宏道, 1568~ 1610)를 중심으로 한 〈공안파(公安派)〉에 속하는 문학인들과 그들의 선구자인 서위(徐渭, 1521~1593)·이지(李贄, 1567 전후) 같은 진보적인 문인들은 소설과 희극의 가치를 순수한 문학적인 입장에서 인정하고 있었다. 이지의 『이씨분서(李氏焚書)』 권3의 「동심설(童心說)」에는 다음과 같은 대목이 있다.

"독특한 글이 없는 시대는 없고, 독특한 글이 없는 사람은 없으며, 새로 창조된 형식의 문장이면서 글이 아닌 것은 하나도 없다. 시에 있어서는 무엇 때문에 반드시 옛것을 고르는가? 산문에 있어서는 무엇 때문에 반드시 진(秦)나라 이전의 것이어야 하는가? 그것이 내려와 육조(六朝)에 이르렀으며 변하여 근체(近體)가 되었고, 다시 변하여 전기(傳奇)가 되었으며, 변하여 원본(院本)이 되었고, 잡극(雜劇)이 되었고 서상기(西廂記)가 되었고 수호전이 되었다. … 모두가 고금의 지극한 글이니 시세의 앞뒤로서 논할 수는 없는 것이다."

無時不文, 無人不文, 無一樣創造體格文者而非文者. 詩何必古選, 文何必先秦. 降而爲六朝, 變而爲近體, 又變而爲傳奇, 變而爲院本, 爲雜劇, 爲西廂曲, 爲水滸傳. 皆古今至文, 不可得而時勢先後論也.

그는「동심설」이란 글 제목이 말해주듯이 〈아이들 마음〉 같은 깨끗하고 참된 입장에서 역대의 문학을 논하려 한 것 같다.『수호전』이나 〈잡극〉과『서상기』같은 소설 희곡들을, 진(秦)나라 이전 시대의 산문(경서와 제자백가의 글)이나 옛날 시들과 똑같은 위치에 놓고 보았다는 것은, 중국문학사상 혁명적인 행동이 아닐 수가 없다. 원굉도가『상정(觴政)』이란 글의 〈장고(掌故)〉란 조목 아래(『袁中郞隨筆』) 전기(傳奇)에 있어서는『수호전(水滸傳)』·『金瓶梅』등이 빼어난 전적(典籍)이라고 말한 것도 그의 스승과 통하는 생각이었을 것이다.

그러나 이들의 혁명적인 문학 사상은 명나라의 멸망과 함께 사라져 버리고 침체한 중국 문단에 문예 부흥을 이룩하지 못했다. 아무래도 본격적인 순수한 문학으로서의 소설의 인정은 서양 문학에 의한, 중화 민국 이후의 문학 이념의 전환에 힘입지 않으면 안 되었다.

5. 맺는 말

중국 소설은 명대 말엽에 이르러 그 공용성이 크게 인정되었고, 일부 문학인에 의해는 순수한 문학으로서의 지위가 시인되기도 하였다. 그러나 전체적으로 볼 때 중국의 고대 소설은 그 오락적인 요소를 크게 벗어나지 못한다. 공용성으로 말미암은 소설의 인정도 소설이 그 오락성으로 말미암아 온 국민 생활에 깊숙이 파고든 세력의 덕이 컸을 것이다. 따라서 중국의 고대소설은 재미가 있어야 한다는 게 첫째 조건이 된다. 그러나 소설이 재미를 통해 거의 중국 국민의 생활화가 되었으므로 소설은 무엇보다도 중국 사람들의 생활 습성과 시대 정신을 잘 반영하고 있다. 소설의 얘기가 허구이면서도, 그것은 한편 사람들의 생활과 뗄 수 없는 관계에 놓였기 때문에, 무엇보다도 현실의 추이에 민감하지 않으면 안 되었다. 곧 가공적이고 비현실적인 얘기지만 그것은 사람들의 현실적인 고민을 해결하고 욕망을 충족시켜 주는 것이 아니면 안 되었다. 이 때문에 중국문학계에서는 작품의 분량이나 역대 문학 사조상의 위치로 보아서는 분에 넘친다고 생각될 만큼 고대 소설의 연구에 열을 올리고 있는지도 모른다. 예로 『홍루몽(紅樓夢)』 한 작품만을 보더라도 1920년대 초기부터 수많은 중국문학자들의 활발한 연구와 논쟁이 전개되어 지금에 이르렀으므로, '홍학(紅學)'이라는 말이 생겨날 지경인 것이다.

XII. 희곡과 민중

1. 희곡 음악의 민중성

현재 중국 사회에서 가장 보편적인 민중 예술로서는 옛날 희극의 후신인 〈경희(京戱)〉를 들 수 있다. 이 경희는 옛날 희극의 수법을 그대로 계승한 것이어서. '창(唱, 노래)'·'과(科, 동작)'·'백(白, 대화)'의 세 가지 요소로써 한 가지 고사를 입체적으로 연출하는 것이다. 얼핏 보면 서양의 '가극(Opera)'과 비슷하다. 따라서 여기에는 여러 가지 악기의 반주도 끼게 된다.

만약 〈경희〉를 처음 듣는 사람이 경희를 상연하는 극장에 들어갔다면, 더구나 그것이 전쟁과 관련 있는 '무장(武場)'이라면, 사정없이 두들겨댄 징·북 같은 타악기 소리에 정신을 못차릴 지경일 것이다. 〈경희〉의 음악에는 북과 징이 많이 쓰이는 〈무패자(武牌子)〉와 관현(管絃)이 주로 쓰이는 〈청패자(淸牌子)〉와 이들이 어울려 쓰이는 〈혼패자(混牌子)〉가 있지만, 〈청패자〉에서도 타악기들의 지위나 역할은 매우 중요하다. 서양 음악에 익숙해진 귀로 〈경희〉를 들으면 처음에는 이것도 음악인가 싶을 정도로 시끄럽기만 한다. 연주 악기에는 소리가 고운 현악기가 있지만, 이들 관현은 제각기 타악기들과 동떨어져서 소리를 내는 것 같게만 들릴 것이다. 그러나 참고 몇 번 들어보면 〈청패자〉라 할지라도 징과 북이 희곡 음악의 절주와 연극의 기복을 나타내고 있음을 알 것이다. 더욱이 〈혼패자〉나 〈무패자〉의 경우에는 타악기들의 소리가 관현의 소리 위에서 묘한 작용을 나타내면서, 사건의 변화와 기세의 굴곡을 나타냄을 알게 된다. 그리고는 어떤 미세한 악기 소리보다도 직접적으로 징소리를 통해 극정의 기쁨이나 노여움 같은 감정을 느끼거나 북소리를 통하여 감동이나 놀라움 같은 감정을 느끼게 될 것이다.

며칠 전 Disney Land라는 텔레비전 영화에서 음악의 기원을 설명하는 가운데, 모든 음악은 '삐삐 베베 팅팅 통통'으로 이루어진다고 하는 말을 들은 적이 있다. 그것은 대략 '삐삐'하는 피리처럼 혀가 달린 관악기와 '베베'하는 퉁소 같은 관악기와 '팅팅'하는 현악기와 '통통'하는 타악기의 소리로 이루어진다는 것이다. 서양 음악이나 우리나라 아악(雅樂)을 들으면 이들이 화음을 이루어, 어디까지가 '삐삐'나 '베베'이고 어디까지가 '팅팅'이나 '통통'인지 구별이 되지 않는다. 그러나 '경희'의 음악은 수많은 악기들이 연주되고 있는데도 '삐삐'와 '베베'와 '팅팅'이 제각기 독립된 소리로서 기묘하게 어울리어 자기 기능들을 발휘하고 있다. 어떤 이는 서양 음악이 '복음'인데 비해 중국 음악은 '단음'이라고 한다. 앞에서 말한 '혼패자' 같은 데엔 복음이 있는 것이 사실이나 이 말은 상당한 근거가 있는 것이다.

〈경희〉에서 '삐삐 베베 팅팅 통통'이 독립된 소리를 낸다는 것은 그것이 '단음'임을 말한다. '단음'은 '복음'보다 분명하고 간단하게 연극의 표정을 나타내 주기 때문에, 대중 예술의 음악으로서는 효과가 더 직접적이다. 〈경희〉에서 관현을 연주하는 악사들은 도중에 쉬고 왔다갔다 할 사이가 있어도 북재비는 처음부터 끝까지 자리를 지켜야 하며, 북재비가 안 나타나면 연극을 할 수도 없다는 사실은, 간단한 북소리인 〈통통〉이 얼마나 연극에서 중요한 역할을 하고 있는가 말해주는 것이다. 이처럼 음악이 단순한 소리로서 극정을 전달하고 있다는 것은 〈경희〉의 대중성을 설명해 준다.

실제로 〈경희〉는 지금도 무식한 막벌이꾼으로부터 고등 교육을 받은 대학 교수에 이르는 온 대중을 관객으로 잡고 있다. 무식한 사람이나 고등 교육을 받은 사람이나 모두가 다같이 이것을 즐길 수 있다는 것은 그것이 상징적인 음악과 춤으로 극정을 표현하지만, 가장 단순하고 분명한 방법을 사용하여 누구나 그것을 이해할 수 있다는 데 원인이 있을 것이다. 〈경희〉의 청중들은 어느 때든 '삐' 또는 '베', '팅' 또는 '통' 하는 악기 소리 하나만 들어도 그것이 무엇을 뜻하며, 지금은 무슨 연극을 하고 다음에는 어떤 소리가 뒤따르며 배우는 어떤 행동을 한다는 것을 눈을 감고도 알아내게 된다. 그들은 잘 아는 음악과 얘기에 친근한 감정으로 연극 속에 융화되어 그것을 감상하며 즐기는 것이다. 그것은 마치 누구나가 다 잘 아는 얘기인 『삼국지』나 『서유기』 같은 소설을 되풀이하여 읽는 거와 같다.

그렇기에 중국의 희곡은 대중들의 호흡 속에 발생하여 대중들의 생활과 함께 변화하여 왔다. 희곡 음악의 변천 과정만 대체적으로 훑어 보더라도, 희곡이 대중들의 기호에 무척 민감했음을 알 수 있다. 중국에서는 남송(南宋) 때에 여러 가지 가무희

(歌舞戲)와 강창(講唱) 및 잡희(雜戲) 등이 종합 발달하여 〈희문(戲文)〉이 형성되었다. 음악적으로 〈희문〉은 '남방의 음악'이란 뜻에서 〈남곡(南曲)〉이라 부른다. 그러나 송나라가 망하고 금(金)나라에 이어 북방 민족인 원나라가 중원 땅을 지배하게 되자, 〈남곡〉은 북방 민족의 음악적인 성격에 맞지 않았으므로, 다시 〈북곡(北曲)〉인 〈잡극(雜劇)〉이 유행하여 〈희문〉은 자취를 거의 감추고 명맥만을 부지하게 된다. 〈남곡〉과 〈북곡〉의 차이는 남방과 북방의 문학·미술·사상 등 모든 면에 나타나는 것처럼, 〈남곡〉은 부드럽고 서정적인 데 비하여 〈북곡〉은 힘있고 웅장하다. 따라서 〈남곡〉은 대체로 템포가 느리고 〈북곡〉은 템포가 빠르다. 그리고 북쪽의 것은 합창에 어울리고 남방의 것은 독창에 어울리며, 북쪽의 것은 거칠어지기 쉽고 남쪽의 것은 약해지기 쉽다. 또 기후의 차이 때문에 북쪽은 기후가 건조하여 현악기가 많이 쓰이지만 남쪽에서는 습기 때문에 현악기가 제 기능을 발휘하지 못하므로 많이 나는 대나무로 만든 관악기가 중심이 된다.

그러나 북방의 오랑캐 민족이 망하고 명나라가 일어나자 다시 〈남곡〉이 부흥하여 〈전기(傳奇)〉를 이룬다. 명나라 초기에는 〈해염강(海鹽腔)·〈여요강(餘姚腔)〉·〈익양강(弋陽腔)〉 등 여러 지방의 특성을 지닌 희곡 음악들이 유행했으나, 가정(嘉靖) 년간(1522~1566)에 곤산(崑山) 사람 위량보(魏良輔)가 나와 이들보다 더욱 아름다운 〈곤강(崑腔)〉을 개발하여 〈남곡〉의 음악을 결정지웠다. 〈곤강〉은 〈곤산강(崑山腔)〉 또는 〈곤곡(崑曲)〉이라고도 부르는데, 청나라 초기까지 희곡 음악을 완전히 휩쓸었다. 그러나 이 〈곤곡〉은 오랜동안 곡단에 군림하는 사이에, 사대부인 문인들에 의해 작품이 창작되면서 문장이나 음악이 너무 고아해져 일반 민중들은 이해하기 어려운 것으로 변화했다.

이에 민중들은 청나라 건륭(乾隆) 년간(1736~1795)에 각 지방의 토속적인 음악을 사용한 〈화부희(花部戲)〉를 크게 유행시키기 시작하였다. 〈곤곡〉에 대한 반동으로 곡문은 매우 이속(俚俗)한 것이어서 보잘것없었지만, 이것은 민중들의 기호로부터 이룩된 것이었다. 〈화부희〉는 〈난탄(亂彈)〉이라고도 불렀는데, 그 음악의 저속으로 말미암아 붙여진 이름인 듯하다. 〈화부희〉에는 지방마다 제각기 다른 여러 가지 강조(腔調)의 음악들이 유행했는데, 마침내는 베이징(北京) 지방을 중심으로 여러 지방희의 장점들을 취해 〈경희〉가 이룩되면서, 가장 널리 전국에 유행하게 되어 오늘에 이른 것이다.

이처럼 중국의 희곡 음악이 역대로 민중들의 성향에 따라 변화해 왔다는 것은, 그것의 민중 예술로서의 성격을 잘 보여주는 것이다. 그러나 〈경희〉가 문인들에 의해 문장의 세련을 거칠 겨를도 없이, 서양 문화의 도입으로 말미암아 중국문학의 조류가 현대 문학으로 전환하여 버렸다는 일은, 중국 희곡을 위하여는 불행한 일이라고 할 수도 있을 것이다.

2. 희곡의 형성

중국의 희곡은 앞에서도 말한 것처럼 여러 가지 〈가무희〉·〈강창〉·〈잡희〉 같은 민중 예술이 종합 발달하여 이룩된 민중 예술이다. 그러나 그중에서도 희곡에 가장 가까운 조상을 찾는다면 아무래도 〈가무희〉가 될 것이니, 옛 〈가무희〉로부터 희곡의 근원을 찾아봐야 할 것이다. 〈가무희〉는 희곡 이전에도 이미 중국극의 삼대 요소인 〈창(唱)〉·〈과(科)〉·〈백(白)〉을 다 지니고서, 간단한 정절의 얘기를 연출했던 것이다. 〈가무희〉 가운데의 일부는 〈가무극〉이라 말하는 게 더 타당하리라 생각되는 것도 있었다.

옛부터 "위대한 음악은 천지와 함께 조화되는 것(大樂與天地同和)"이라 생각했기 때문에 훌륭한 임금들은 백성들의 마음을 바로잡고 세상을 올바로 다스리기 위하여 음악을 제정했다(『禮記』 卷37 樂記). 반고(班固, 32~92)는 『백호통의(白虎通義)』에서 『예기』를 인용하여 이런 옛 음악에 대한 설명을 하고 있다.

> "황제(黃帝)의 음악은 함지(咸池)라 하고, 전욱(顓頊)의 음악은 육경(六莖)이라 하고, 제곡(帝嚳)의 음악은 오영(五英)이라 하고, 요(堯)의 음악은 대장(大章)이라 하고, 순(舜)의 음악은 소소(簫韶)라 하고, 우(禹)의 음악은 대하(大夏)라 하고, 탕(湯)의 음악은 대호(大濩)라 하고, 주(周)나라 음악은 대무(大武)라 한다."

게다가 『예기』 권31 명당위(明堂位)에 의하면 묘당(廟堂)의 의식으로서 〈대무〉와 〈대하〉를 춤춘 다음엔 동쪽 오랑캐의 음악인 〈매(昧)〉와 남쪽 오랑캐의 음악인 〈임(任)〉을 추었다 했다. 이에 의하면 주(周)나라 때에 이미 외국의 음악까지 수입되어 의식에 쓰였는데, 이 때의 음악이란 모두 춤과 악기의 반주에 노래까지 포함된 것이었다.

『예기』 권39 악기(樂記)에는 공자가 〈대무〉에 대해 다음과 같은 설명을 하고 있는 대목이 있다.

> "대저 음악이라는 것은 상징으로 이루어지는 것이다. 방패를 들고 우뚝 서 있는 것은 무왕(武王)의 일이요, 소매를 들고 휘두르며 발을 구르는 것은 태공(太公)의 뜻이요, 춤추던 대열이 어지러워지면서 모두 앉는 것은 주공(周公)과 소공(召公)의 다스림인 것이다.
>
> 또한 무무(武舞)는 처음에는 북쪽으로 나갔다가 이장 연주(再成)에는 상(商)나라를 멸망시키고, 삼장 연주(三成)에는 남쪽으로 내려 가고, 사장 연주(四成)에는 남쪽 나라들이 안정되고, 오장 연주(五成)에는 섬주(陜州)가 나뉘어져 주공은 왼편 소공은 오른편을 다스리게 되고, 육장 연주(六成)에는 제자리로 돌아와 자리를 채우는 것이다. 천자와 대장이 방울을 흔들면서 춤을 지휘하여 네 번 치고 찌르고 하는 것은 '중국의 위세가 극성함'을 뜻한다. 부서에 따라 나뉘어 나가는 것은 일이 일찍 끝났음을 뜻한다. 제자리에 오래 서 있는 것은 제후의 옴을 기다리는 것이다."
>
> 夫樂者, 象成者也. 摠干而山立, 武王之事也. 發揚蹈厲, 太公之志也. 武亂皆坐, 周召之治也.
>
> 且夫武始而北出, 再成而滅商, 三成而南, 四成而南國是疆, 五成而分陜, 周公左, 召公右, 六成復綴以崇. 天子夾振之, 而駟伐, 盛威於中國也. 分夾而進, 事蚤濟也. 久立於綴. 以待諸侯之至也.

이에 의하면 〈대무〉는 무왕이 은(殷)나라 주왕(紂王)을 쳐부신 일로부터 시작하여 온 중국을 평정시키고, 주나라의 옛땅에 주공과 소공을 봉(封)하여 온 천하를 평화롭게 한 덕을 춤과 음악으로 표현한 것이다. 육장으로 이루어진 이 악무는 상당히 복잡한 정절을 표현하고 있다.

〈대무〉 뿐만 아니라 옛 임금들의 음악 모두가 이러한 성격의 악무였다고 생각된다. 순임금의 음악 소소(簫韶)는 〈구성(九成)〉이라 했으니 〈대무〉보다 정절이 더 복잡했을 가능성이 많다. 이런 옛 임금들의 음악은 덕을 세상에 편다는 공용적인 이유에서 상연된 것이지만, 오랑캐들의 음악이나 민간의 가무들은 오락적인 성격의 것이었기 때문에 그 내용이 더욱 다양했을 것이다. 『주례(周禮)』 권24 춘관종백하(春官宗

伯下)에 〈모인(旄人)〉은 〈산악(散樂)〉과 〈이악(夷樂)〉의 춤을 관장하고 가르친다 하였다. 〈이악〉은 말할 것도 없이 사방의 오랑캐들, 곧 다른 민족들의 음악이며, 〈산악〉은 정현(鄭玄, 127~200)의 주에 "야인(野人)이 하는 음악 가운데 훌륭한 것"이라 설명하고 있으니 민중 음악임이 틀림없다. 그러나 옛날의 〈이악〉이나 〈산악〉에 어떤 수준의 가무가 있었는지 아무런 기록이 없으니 우리는 임금들의 음악에 못지않은 희극적인 성격을 띤 가무들이 있었을 것이라고 짐작하는 수 밖에는 없다. 〈산악〉 속에는 〈가무희〉라 불러도 좋을 내용의 가무들이 있었으리라 상상이 되나, 확인할 도리는 없다.

진한(秦漢) 시대에도 가무희가 있었을 것이다. 한대 장형(張衡, 78~139)의 『서경부(西京賦)』에는 〈동해황공(東海黃公)〉 같은 가무희를 비롯하여 여러 가지 산악의 명칭이 보이나, 그 가무의 내용은 알아볼 수가 없다. 가무희의 내용에 대한 자료는 남북조(南北朝) 시대로 내려와서야 비로소 발견된다. 당나라 최령흠(崔令欽, 749 전후)의 『교방기(敎坊記)』에는 북제(北齊, 550~577) 때에 시작됐다는 〈답요낭(踏搖娘)〉과 〈난릉왕(蘭陵王)〉이란 가무희에 대한 기록이 있고, 단안절(段安節, 890 전후)의 『악부잡록(樂府雜錄)』에는 〈난릉왕〉과 후주(後周, 557~581)에서 비롯되었다는 〈소중랑(蘇中郎)〉에 관한 기록이 있다. 『교방기』에 수록된 〈답요낭〉에 관한 기록을 보기로 들어보자.

> "북제(北齊)에 한 사람이 있었는데 성은 소(蘇)씨이고, 부푼 코를 달고 있었다. 실은 벼슬하지 않았으면서도 스스로 낭중(郎中)이라 불렀다. 술을 좋아하여 지나치게 마시고 취했을 때마다 그의 처를 때렸다. 처는 슬픔을 머금고 이웃에 호소하였다. 이 때 사람들이 이를 각색하여, 남자가 부인의 옷을 입고 더딘 걸음으로 입장하여 거닐면서 노래하게 했다. 일절이 끝날 때마다 곁의 사람들이 같은 소리로 화하여 말하기를 '답요(踏搖)야, 화하자! 답요랑은 괴롭다, 화하자!' 하였다. 그것은 거닐면서 노래했기 때문에 '답요'라 말한 것이다. 그것이 원통함을 호소했기 때문에 괴롭다고 말한 것이다. 그의 남편이 오면 곧 치며 싸우는 시늉을 하고 웃고 즐기였다."
>
> 北齊有人, 姓蘇, 皰鼻, 實不仕, 而自號爲郎中. 嗜飮酗酒, 每醉輒毆其妻, 妻銜悲, 訴於鄰里. 時人弄之, 丈夫著婦人衣, 徐步入場, 行歌. 每一疊, 旁人齊聲和之云, 踏謠, 和來! 踏謠娘苦, 和來! 以其且步且歌, 故謂之踏謠. 以其稱冤, 故言苦. 及其夫至, 則作毆鬪之狀, 以爲笑樂.

이것은 분명히 술주정뱅이 남편을 주제로 한 부부 싸움을 가무희화 한 것이다. 나머지 것도 이런 정도의 간단한 정절을 가무로 연출한 것이다. 그러나 이것들은 모두 당나라 사람들의 기록이니 믿을 수가 없다. 양(梁)나라 주사(周捨, 469~524)에게 「상운악(上雲樂)」이란 시가 있는데 〈郭茂倩 『樂府詩集』 卷 51 淸商曲辭〉, 이것은 「상운악」이란 가무희 상연의 정경을 노래한 것으로 보여진다. 양나라 무제(武帝, 502 ~549 在位)의 「상운악」도 『악부시집』에 함께 실려 있는데, 그것은 선경을 노래한 일곱 수의 시인 것으로 보아 「상운악」에서 직접 노래불리워지던 가사인 듯하다. 주사의 「상운악」 시는 다음과 같은 것이다.

서쪽의 늙은 오랑캐,	西方老胡,
그 이름은 문강인데	厥名文康,
천지 사방을 노닐며	遨遊六合,
삼황에게도 오만하게 구네.	傲誕三皇.
서쪽으로 해지는 몽사를 구경하고	西觀濛汜,
동쪽으로 해뜨는 부상에 노닐며,	東戲扶桑.
남쪽으로 남극해에 배를 띄우고	南泛大蒙之海,
북쪽으로 북극 불모지에 갔었네.	北至無通之鄉.
옛날엔 신선인 약사와 벗하였고	昔與若士爲友,
오래 산 팽조와 함께 자랐다네.	共弄彭祖扶床.
왕년에 잠시 곤륜산에 갔다가	往年暫到崑崙,
다시 요지에서 술자리를 만났는데,	復値瑤池擧觴,
주나라 황제가 맞이하여 윗자리에 앉히고	周帝迎以上席,
서왕모는 불사약 옥장(玉漿)을 대접했네.	王母贈以玉漿.
그리하여 목숨은 남산처럼 되었고	故乃壽如南山,
뜻은 금강처럼 되었다네.	志若金剛.
파란 눈 아련하고	青眼貿貿,
흰머리 기다랗고,	白髮長長,
가는 눈썹 수염께까지 뻗었고	蛾眉臨髭,
높은 코 입 위로 처져 있네.	高鼻垂口.
놀이만 잘할 뿐 아니라	非直能俳,
술도 잘 마신다네.	又善飮酒.
피리와 저가 앞에서 울고	簫管鳴前,

제자들이 뒤따르는데, 門徒從後.
여럿이 질서 있게 움직이며 濟濟翼翼,
각기 맡은 부서가 있네. 各有分部.
봉황새는 늙은 오랑캐 집 닭이요, 鳳凰是老胡家鷄,
사자는 늙은 오랑캐 집 개라네. 獅子是老胡家狗.
천자께서 어지러운 세상 바로 다스리시어 陛下撥亂反正,
해와 달과 별이 다시 밝아지고, 再朗三光,
은택은 비오듯 베풀어지고 澤與雨施,
교화는 바람에 나부끼듯 이루어졌네. 化與風翔.
천기(天機)를 살피고서 覘雲候呂,
양나라에 노닐 뜻을 세워, 志遊大梁,
수레에 사마(駟馬)를 겹으로 하고 길을 닦은 뒤 重駟修路,
비로소 천자님 도읍에 다달았네. 始屆帝鄉.
궁전 앞에 엎드려 절하고 伏拜金闕,
옥당을 우러르는데, 仰瞻玉堂,
따라온 하인들이 從者小子,
줄지어 늘어섰네. 羅列成行.
모두 염치와 절의를 알고 悉知廉節,
모두 의로운 법도를 안다네. 皆識義方.
풍악소리 은은하고 歌管愔愔,
북소리 덩덩 울리며, 鏗鼓鏘鏘,
울림은 하늘에 진동하고 響振鈞天,
소리는 봉황새 울음과 같네. 聲若鵷皇.
나서고 물러섬이 법도에 맞고 前却中規矩,
나아가고 물러감이 가락에 맞네. 進退得宮商.
모든 재주를 다 잘 하지만 擧技無不佳,
오랑캐 춤을 가장 잘 추네. 胡舞最所長.
늙은 오랑캐가 부쳐온 상자 중에는 老胡寄篋中,
더 기이한 악장들이 있다네. 復有寄樂章.
수 만리 길을 가져다가 齎持數萬里,
성황께 바치고자 하는 걸세. 願以奉聖皇.
이걸 차례대로 얘기하고자 해도 乃欲次第說,
늙어서 잊은 것이 많다네. 老耄多所忘.

다만 바라기는 밝으신 폐하께서	但願明陛下,
천만 년 수하시고	壽千萬歲,
즐거움 다함이 없으시기를!	觀樂未渠央.

이것은 '문강(文康)'이란 늙은 오랑캐가 중국 천자의 덕을 흠모하여 찾아뵈러 온다는 줄거리의 가무희이다. 그는 신선들과 어울리고 신선과 같은 성질을 지니고 있으며, 술 잘 먹고 우스꽝스런 놀이를 잘해 사람들을 웃겨 준다. 파란 눈에 긴 눈썹, 긴 코는 가면을 써서 나타냈으리라 여겨진다.

육조 시대의 여러 가지 가무희들은 그대로 당나라에까지 전승되었다. 앞에서 말한 〈답요랑〉·〈난릉왕〉·〈소중랑〉 같은 것은 당대에 유행하던 가무희이기 때문에, 당나라 사람들이 그 내력을 기록하여 놓아 우리는 그 대강의 모양을 지금 알게 된 것이다. 「상운악」도 이백(李百 702~762)과 이하(李賀, 791~817)에게 각기 「상운악」 시가 있는 것으로 보아 당대에까지도 유행한 게 틀림없다. 당대에는 이 밖에도 〈서량기(西凉伎)〉·〈소막차(蘇莫遮)〉·〈번쾌배군난(樊噲排君難)〉 및 〈참군희(參軍戲)〉·〈괴뢰희(傀儡戲)〉 같은 것이 있었다. 〈번쾌배군난〉 같은 것은 한나라 고조(高祖)가 홍문(鴻門)에서 항우(項羽)를 만났을 때, 고조를 죽이려고 추는 항장(項莊)의 칼춤을 비롯한 여러 가지 어려운 고비를 번쾌(樊噲)가 용맹스런 행동으로써 넘기게 한다는 유명한 〈홍문지회(鴻門之會)〉를 각색한 것이므로, 상당한 정절의 기복이 있었을 것이다. 그리하여 가무희라는 말보다는 가무극이란 말이 더 어울리는 내용의 가무조차 적지 않았던 것 같다.

이러한 당대의 가무희는, 송대로 와서는 〈대곡(大曲)〉·〈곡파(曲破)〉·〈전답(轉踏, 또는 纏達)〉 등 여러 가지 형식으로 더욱 발전한다. 거기에 송대는 민중 예술이 극도로 발전했던 시대여서, 여러 가지 〈골계희(滑稽戲)〉와 〈강창희(講唱戲)〉가 아울러 성행한다. 〈골계희〉는 당대의 〈참군희〉가 발전한 것으로 우스운 내용에 풍자를 섞은 오락적인 놀이여서, 〈괴뢰희〉나 〈영희(影戲)〉도 (사람이 직접 연출하지 않는 것이 원칙이지만) 이에 포함시킬 수가 있을 것이다. 〈강창희〉에는 〈고자사(鼓子詞)〉·〈제궁조(諸宮調)〉·〈잠사(賺詞)〉·〈설화(說話)〉 같은 것이 있었는데, 대개 한 두 사람이 간단한 악기의 반주를 곁들여 노래와 강설을 섞어가면서 한 가지 고사를 얘기하는 것이었다. 이들은 노래와 강설의 성분에 차이가 있고, 노래의 성격도 모두 달랐지만 〈제궁조〉 같은 것은 음악적으로나 문학적으로나 〈희곡〉에 매우 가까운 것이었다. 다만 이것은 한 사람이 청중 앞에서 노래와 얘기를 섞어가면서 연출하는 것이어서, 등장하는 여러 인물로 사람들이 분장하고 나오는 연극과는 아주 다른 성격의 것이기는 하다.

그러나 이러한 여러 가지 송대의 민중 예술들은 〈가무희〉를 중심으로 하여 〈골계희〉와 〈강창희〉가 종합되어 남송의 〈잡극(雜劇)〉과 금나라의 〈원본(院本)〉을 이루었다. 〈잡극〉과 〈원본〉은 연출방식이 비슷한 것이었으며(元 鍾嗣成의 『輟耕錄』 卷25), 고사의 연출보다는 사람들을 즐겁게 하는 오락적인 내용이 중심이었다. 그러나 뒤에는 여기에서 고사의 연출을 중심으로 하는 본격적인 희곡인 〈원본〉과 〈잡극〉이 발전하여 나왔다.

〈원본〉이나 〈잡극〉을 막론하고 중국의 고극(古劇)에는 〈창〉·〈과〉·〈백〉의 삼 요소가 있다고 하였지만, 이 세 가지 중에서도 대화나 독백인 〈백〉은 가장 소홀히 취급되었다. 명대 장진숙(臧晉叔, 1598 전후) 같은 희곡의 전문가도 이렇게 주장하고 있다.

> "잡극에 있어서 작자가 스스로 지은 것은 다만 곡사뿐이고 그 대화(白)는 극을 상연할 때 배우들이 스스로 알아서 하였다."
> 雜劇作者所自作, 僅有曲辭 ; 其賓白, 則演劇時伶人自爲之. (『元曲選』 序)

이것은 사리에 맞지 않는 말이기는 하지만, 중국의 옛 연극에서 얼마나 대화가 소홀히 취급되었나를 설명해 주기에는 충분하다. 또 〈백〉은 위의 장진숙처럼 〈빈백(賓白)〉이라고도 말했는데, 서위(徐渭, 1521~1593)는 이를 노래가 주인(主)이고 〈백〉은 손님(賓)이나 같은 것이기 때문에 〈빈백〉이라 한다고 풀이하고 있다(『南詞敍錄』). 어떻든 중국극에서 대화를 이처럼 경시한 것은, 그것이 오랜 옛날로부터 민간에 전해 내려오는 〈가무희〉로부터 발달한 것이기 때문일 것이다. 〈가무희〉는 〈창〉과 〈과〉가 중심이 되며, 〈백〉은 거의 없는 것이었다.

어떻든 중국극은 가무희를 중심으로 한 여러 가지 민중 예술이 종합 발전한 순수한 민중 예술인 것이다.

3. 잡극(雜劇)과 전기(傳奇)

중국의 고극(古劇)은 원대의 〈잡극〉과 명대의 〈전기〉가 가장 대표적인 것이다. 음악적으로 볼 때에 〈잡극〉은 북곡에 속하는 것이고, 〈전기〉는 남곡에 속하는 것이다. 그러나 명대 중엽 이후로는 〈남곡〉과 〈북곡〉을 섞은 〈남북합투(南北合套)〉도 많이 쓰였으므로, 후세의 경우 에는 엄격한 규정이 되지는 못한다. 중국극의 성격과 형식을 이해하기 위하여는 이 〈잡극〉과 〈전기〉를 비교해 보는 것도 한 방법이 될 것이다.

첫째 체재상으로 볼 때 뚜렷하게 눈에 띄는 것은 〈잡극〉은 한 작품 이 사절(四折)로 이루어진 데 비하여, 〈전기〉는 수십 착(齣)의 장편이라는 점이다. 〈절〉이나 〈착〉은 현대 연극의 한 막(幕)이나 장(場)으로 보면 될 것이다. 〈잡극〉의 대표작인 관한경(關漢卿, 1246 전후)의 『두아원(竇娥冤)』·『구풍진(救風塵)』, 마치원(馬致遠, 1251 전후)의 『한궁추(漢宮秋)』,백박(白樸, 1226~?)의 『오동우(梧桐雨)』 등이 모두 사절로 되어 있다. 간혹 극정의 소개나 절과 절 사이의 얘기의 연결을 위하여, 간단한 〈설자(楔子)〉를 맨 앞이나 절과 절 사이에 넣기도 한다. 〈잡극〉에도 왕실보(王實甫, 1234 前後)의 『서상기(西廂記)』 같은 장편의 것이 있지만, 따져보면 그것도 사절로 이루어진 다섯 개의 〈잡극〉이 모여 큰 작품을 이루고 있는 것이다. 이에 비해 〈전기〉의 대표작인 고명(高明, 1354 전후)의 『비파기(琵琶記)』는 42착, 시혜(施惠, 1295 전후)가 지었다는 『배월정(拜月亭)』은 40착, 탕현조(湯顯祖, 1550~1617)의 『환혼기(還魂記)』는 55착 등의 장편이다.

둘째로 음악면에 있어 〈잡극〉은 각 절마다 쓰이는 악곡들에 일정한 순서와 격식이 있는 데 비해, 〈전기〉는 퍽 자유롭게 극을 지을 수가 있다. 그리고 노래에 있어서도 〈잡극〉은 남자 주인공이나 여자 주인공 한 사람만이 노래불렀는데, 〈전기〉에서는 등장하는 사람들 누구나가 노래부를 수 있었다. 그리고 〈전기〉에서는 독창뿐만 아니라 합창·윤창 등 여러 가지 방법도 쓰였다.

셋째로 문장면으로 볼 때 〈잡극〉은 거의 순수한 구어체로 대화인 〈백〉이 이루어지고 있고, 곡사도 구어체에 가까운 문장을 많이 쓴다. 따라서 속어나 방언도 등장인물들의 성격에 따라 거리낌없이 사용된다. 그러나 〈전기〉에 있어서는 〈백〉이 문언체에 가까와지며, 독백 같은 것은 순수한 변려문(騈儷文)으로 된 것까지 있다. 따라서 〈전기〉에선 속어나 방언을 거의 찾아보기 어렵게 된다. 그것은 〈잡극〉이 순수한 민중 예술이었으며, 극작가들도 거의가 출세 못한 지식인이거나 신분조차 알기 어려운 사람들이었다는 데 원인이 있을 것이다. 반면 〈전기〉는 상류 사회에서도 애호가들을 많이 확보하여, 일류 문학가들에 의하여 작품이 창작된 것이므로 자연 문장이 다듬어지게 되었던 것이다. 문장은 세련되었는지 모르지만 〈전기〉는 민중들로부터 멀어져 가고 있었던 것만은 틀림없는 사실이다.

넷째로 중국극에는 〈잡극〉이나 〈전기〉 또는 현대의 〈경희〉를 막론하고 등장하는 인물들의 각색명(脚色名)이 붙여졌었다. 〈잡극〉에서는 남자 주인공을 〈정말(正末)〉이라 하고, 그 밖의 등장하는 남자들을 소말(小末)·부말(副末)·충말(冲末) 등으로 구별하였다. 여자 주인공은 〈정단(正旦)〉이라 하고 또 등장하는 여자들은 그 성격에 따라 첩단(貼旦)·화단(花旦)·소단(小旦)·노단(老旦)·외단(外旦) 등으로 구별하였다. 따라서 〈잡극〉에서는 〈정말〉이나 〈정단〉 한 사람만이 노래부르게 되므로, 남자 주인공이 노래하는 〈말본(末本)〉과 여자 주인공이 노래하는 〈단본(旦本)〉의 구별이 생긴다. 전체적으로 볼 때 〈잡극〉에는 〈말본〉이 더 많지만, 〈단본〉은 사회적으로 억눌려 있던 여자가 주인공으로 노래하는 작품이므로 사회 문제를 다룬 문제극이 많다는 게 특징이라 할 것이다. 이 밖에도 잡역으로 정(淨)·부정(副淨)·외(外)·축(丑) 같은 각색명이 쓰였다. 〈전기〉에서는 〈잡극〉과 약간 각색의 이름이 달랐는데, 그중에서도 남자 주인공을 〈정말〉이라 하지 않고 〈생(生)〉이라 불렀다는 게 가장 큰 차이라 할 것이다. 따라서 남자 등장 인물에는 소생(小生)이 있게 되었고, 부말(副末)·소말(小末) 등 〈말〉 자가 붙은 각색명도 그대로 쓰였다. 그 밖에도 다른 점이 있으나 조그만 차이므로 설명을 이 정도에서 그치기로 한다.

이상 〈잡극〉과 〈전기〉를 대강 견주어 보았다. 체제나 음악면에 있어서 〈전기〉는 〈잡극〉보다 훨씬 자유롭고 발전된 것이라고 할 수 있을 것이다. 그러나 〈전기〉는 사대부들의 손에 의해 문장이 우아해져 대중들과 멀어진 데다가, 너무나 작품이 길어서 관객이나 독자들이 지루할 것이므로 극의 내용과는 상관없이 배우들의 활동이 격렬한 '열장(熱場, 또는 武場)'과 조용한 '냉장(冷場, 또는 文場)'을 엇섞었음으로 극의 내용이 산만해지기 쉬웠다. 연극면으로나 문학면으로나 〈전기〉가 그처럼 성행했음에도 불구하고 연극으로서는 잡극의 수준을 능가하지 못했던 것은 이 때문일 것이다.

4. 고사와 문장의 대중성

중국극은 대중으로부터 발생하여 대중과 더불어 발전한 것이기 때문에, 극의 고사들을 보더라도 퍽 대중적인 성격을 띠고 있음을 발견하게 된다.

우선 원대 〈잡극〉의 창시자의 한 사람인 관한경(關漢卿, 1246 전후)의 작품을 보면, 그의 작품 64종 가운데서 지금 14종이 전해지고 있는 데, 그 중 여주인공이 노래하는 단본(旦本)이 11종이요 남주인공이 노래하는 말본(末本)이 세 가지이다. 〈잡극〉에서 여자가 노래한다는 것은 앞에서도 말한 것처럼 여자가 중심이 되는 연극임을 뜻하는 것이며, 여자가 사회적으로 남자들에 비하여 많은 압제를 받던 시대이므로, 그것은 사회 문제를 다룬 극임을 뜻하게 된다. 원곡(元曲)의 육대가(六大家)들의 작품을 보아도 관한경 이외에 백박(白樸, 1226~?)은 두 작품 가운데 하나가 단본이고, 왕실보(王實甫, 1234 전후)는 세 가지 가운데 두 가지, 정광조(鄭光祖, 1294 전후)는 네 가지 가운데 두 가지, 교길(喬吉, ?~1345)은 두 가지 가운데 한 가지가 단본이니, 모두 반수 이상이 단본임을 알 수 있다. 다만 마치원(馬致遠, 1251 전후)만 이 일곱 가지 작품 가운데 단본은 하나밖에 없는데, 그것은 그의 작품의 역사 또는 종교적 취향 때문일 것이다. 원대 잡극의 연구로 박사 학위를 획득한 하와이 대학의 뤄진탕(羅錦堂)교수는 그의 『현존원인잡극본사고(現存元人雜劇本事考)』의 제 삼장 「현존원인잡극의 분류」에서 〈잡극〉을 역사극 35종·사회극 24종·가정극 27종·연애극 20종·풍정극(風情劇) 8종·사은극(仕隱劇) 21종·도석극(道釋劇) 22종·신괴극(神怪劇) 4종의 여덟 가지로 나누고 있는데. 〈역사극〉과 〈도석극〉·〈신괴극〉 이외의 것들은 모두가 직접 사회 문제와 관련이 있는 것들이다. 이로서도 〈잡극〉의 작가들의 사회의식을 엿볼 수가 있다. 그리고 그들의 사회의식이란 모두가 민중들에 관한 것이었다. 외족인 원나라의 지배 아래 있던 시대라, 사대부에 속하던 지식인들도 대중과 그들의 호흡을 함께 하지 않을 수가 없었을 것이다.

관한경의 대표작인 『두아원(竇娥寃)』은 두아(竇娥)란 가냘픈 여인이 사회의 모순 속에 짓밟혀 가는 비극을 그린 것이다. 두아는 본시 두천장(竇天章)이란 선비의 딸이었는데, 두천장은 채노파(蔡老婆)란 고리대(高利貸)로 살아가는 할머니에게 진 빚을 갚을 길이 없어 어린 딸을 채노파에게 맡기고 노자까지 얻어 과거를 보러 간다. 두

아는 열 일곱 살이 되자 채노파의 외아들과 결혼했으나 일년도 채 못살고 과부가 되고 만다.

어느날 채노파는 노의원(盧醫員)에게 빌려준 돈을 받으러 간다. 본심이 음흉한 노의원은 채노파의 돈을 갚지 않으려고, 으슥한 곳으로 채노파를 유인해다 목을 졸라 죽이려 한다. 이 때 마침 장노아(張驢兒)와 그의 아비가 나타나 채노파를 구해 준다. 그러나 장노아 부자는 채노파가 돈도 있는 데다가 젊은 과부 며느리와 단둘이 살고 있다는 것을 알고 은혜를 내세우면서 채노파는 아비와, 며느리는 자식인 장노아와 결혼해야 한다고 협박을 한다. 채노파는 여러 가지 이유로 거절을 해 보았으나, 마침내는 협박에 못이겨 그러자고 대답을 하고는 장노아네 부자를 집으로 데려온다.

장노아 부자는 채노파네 집으로 따라 들어왔으나, 두아의 곧은 마음 때문에 이들은 결혼의 뜻을 이루지 못한다. 얼마 안 있어 채노파가 앓아 눕는다. 장노아는 채노파만 죽여버리면 여자 혼자 힘으론 꼼짝 못할 테니 두아는 자기 것이 되리라 생각하고, 노의원을 찾아가 협박하여 독약을 지어온다.

장노아는 채노파에게 가져가는 곰탕에다 독약을 탄다. 그러나 채노 파가 몸이 불편하여 곰탕을 안 먹자 그것을 장노아의 아비가 먹고는 죽어 버린다. 장노아는 자기 아비를 독살하고 말았으나, 간악한 그는 그 죄를 두아에게 뒤집어 씌운다. 처음에는 두아를 점령할 목적으로 죄를 씌우며 협박했으나 끝내 말을 안 듣자 관가에 고발한다. 두아는 불성실한 재판을 통하여 살인죄로 사형을 받는다.

두아는 사형장에서 자기의 결백을 밝히기 위하여 다음 세 가지 소원이 이루어질 것을 빈다. 첫째, 깃대 위에 무명을 한 필 걸어놓고, 자기의 목을 자를 때 피가 한 방울도 땅에 떨어지지 말고 무명으로 튀어 올라 묻어 달라는 것과 둘째, 유월달이지만 눈을 내려 자기 시체를 눈으로 덮이게 하여 달라는 것과 셋째, 이 고장에 3년 동안 가뭄이 들게 해 달라는 것이었다. 두아는 마침내 사형당하고, 두아의 소원은 기적적으로 모두 이루어진다. 어떻든 연약한 두아는 사회의 악한 조류속에 피어나 보지도 못하고 꺾여 버리는 것이다.

『구풍진(救風塵)』도 송인장(宋引章)이란 기생이 주사(周舍)란 건달의 달콤한 꾀임수에 빠져 진실로 사랑하는 가난한 서생 안수재(安秀才)를 버리고 시집을 갔다가 죽을 고생만 하고 기생 조반아(趙盼兒)의 도움으로 겨우 도망쳐 나온다는 얘기이다. 이처럼 적극적으로 사회에서 학대받는 계층 속으로 파고들며 사회의 모순을 고발한 문학 작품은 중국에 일찍이 없었던 것이다.

〈잡극〉에는 또 역사극이 적지 않은데 이것은 모두 『삼국지』의 얘기나 주공(周公)·양귀비(楊貴妃)·왕소군(王昭君)의 얘기처럼 민간에 익혀 알려진 고사들을 다룬 것들이다. 이것은 송대의 설화인들에 의해 역사 얘기를 다룬 〈평화(平話)〉가 유행했던 것처럼, 옛날 얘기를 듣고 즐기려는 민중의 오락적인 요청과 사실을 중히 여기는 중국 사회의 전통에 부응한 것이었다. 그리고 이들 역사극에는 흔히 시대적인 모순에 대한 풍자와 민족적인 울분의 발산 같은 것이 포함되고 있었다.

마치원(馬致遠)의 『한궁추(漢宮秋)』는 왕소군의 얘기를 다룬 것이다. 왕소군은 천하의 절색이면서도 후궁(後宮)으로 뽑혀 들어가 모연수(毛延壽)란 화공(畵工)의 탐욕 때문에 임금의 얼굴조차도 구경 못하고 쓸쓸한 나날을 보낸다. 그러다가 우연히 임금(漢 元帝)을 만나 사랑을 받게 되지만, 다시 모연수의 간계(奸計)로 흉노(匈奴) 선우(單于)에게 시집가게 된다. 한나라 원제는 왕소군을 사랑하면서도 흉노들의 무력에 눌리어 그를 빼앗기고, 한나라 대신들은 싸울 염두도 못내고 임금이 사랑하는 왕소군을 선우에게 바침으로써 강화의 길을 찾으려 든다. 오히려 연약한 왕소군은 나라와 백성들을 위하여 임금의 곁을 떠나 거친 오랑캐 땅으로 가서, 자기의 책임을 완수하고는 자결해 버린다. 현대 학자인 둥페이(童斐)는 『한궁추잡극제요(漢宮秋雜劇提要)』에서 마치원이 조국이 오랑캐 원나라 사람들에게 짓밟히고 있는 현실을 풍자하면서 자기의 울분을 쏟아내 놓은 것이 이 작품이라 평했다. 이 밖에도 양귀비의 얘기에서는 개인의 안일 때문에 조국을 외족에게 빼앗기도록 만든 임금들에 대한 원망을, 『삼국지』에 나오는 영웅들을 주제로 한 작품에서는 외족의 침입을 쳐부술 영웅적인 장군에 대한 갈망을 느끼게 된다.

이처럼 〈잡극〉의 내용들은 모두가 대중성을 띤 것들이다. 명대 〈전기〉에도 『배월정(拜月亭)』·『비파기(琵琶記)』 등 초기의 작품들에는 대중성이 강한 작품들이 많았으나, 차차 그것이 귀족과 사대부들의 취향에 의해 창작됨에 따라 고사조차도 대중들의 요구로부터 멀어져 갔다.

원대 〈잡극〉에서는 문장에서도 대중들의 체취와 호흡이 그대로 느껴진다. 『두아원』에서 장노아 부자가 채노파를 살려주고는 협박하는 장면을 보기로 들어보자.

〔장노아〕 아버지, 이 할머니 자칫하다간 목졸려 죽을 뻔했어요.

〔노 인〕 여보, 할머니! 당신은 어데 사는 누구요? 무엇 때문에 그 사람이 당신을 목졸라 죽이려 했소?

〔노 파〕 저는 성이 채가고, 성안에 삽니다. 과부 며느리와 단둘이 살아가고 있어요. 노의원이란 자가 내게 스무냥을 빌려갔었는데, 오늘 그에게 돈을 받으러 갔었지요. 뜻밖에도 그는 나를 속여 아무도 없는 곳으로 데려와서는 나를 목졸라 죽이고 그 돈을 거져 먹으려 했던 거예요. 만약 노인과 젊은이를 만나지 못했더라면 늙은 목숨을 어이 부지했겠소?

〔장노아〕 아버지 ! 말하는 거 들었지요? 그의 집엔 또 며느리가 있대요. 목숨을 살려줬으니 어떻게든 우리에게 보답하려 들텐데, 아버지는 이 할머니를 차지하시고 저는 그 며느리를 차지하면 얼마나 모두 좋겠어요? 아버지께서 말해봐요!

〔노 인〕 여보, 할머니! 당신은 영감이 없고 나는 마누라가 없소. 내 마누라가 되어 주구려. 어떻소?

〔노 파〕 무슨 말씀을! 내 집으로 가서 많은 돈으로 은혜에 보답하리이다.

〔장노아〕 감히 말을 안 듣고 돈으로 우릴 속여 넘기려는 거지? 노의원이 목조르던 새끼줄이 여기 있으니 그대로 당신을 목졸라 주지! (새끼줄을 접어든다.)

〔노 파〕 젊은이, 좀 두고 생각해 봅시다!

〔장노아〕 무얼 생각하겠다는 거요? 당신은 우리 노친에게 가고, 나는 당신 며느리를 차지하면 그만인걸.

〔노 파〕 (혼자말로) 말을 안 들으면 나를 죽여버릴 테고 할 수 없다. 두 분 다 나와 우리집으로 가십시다.

張驢兒 云; 爹, 是個婆婆爭些勒殺了.

孛 老 云; 兀那婆婆, 你是那裏人氏, 姓甚名誰. 因甚看這個人將你勒死.

卜 兒 云; 老身姓蔡, 在城人氏, 止有箇寡媳婦兒, 相守過日. 因爲賽盧醫少我二十兩銀子, 今日與他取討, 誰想他賺我到無人去處, 要勒死我, 賴這銀子. 若不是遇著老的和哥哥呵, 那得老身性命來?

張驢兒 云; 爹, 你聽的他說麼. 他家還有箇媳婦哩! 救了他性命, 他少不得要謝我. 不若你要這婆子, 我要他媳婦兒, 何等兩便! 你和他說去.

孛 老 云; 元那婆婆! 你無丈夫, 我無渾家, 你肯與我做個老婆, 意下如何?

卜 兒 云; 是何言語? 待我回家, 多備些錢鈔相謝.

張驢兒 云; 你敢是不肯, 故意將錢哄我! 賽盧醫的繩子還在, 我仍舊勒死了你

罷. (做拿繩科)
卜 兒 云； 哥哥, 待我慢慢地尋思咱.
張驢兒 云； 你尋思些甚麼？你隨我老子, 我便要你媳婦兒.
卜兒背 云； 我不依他, 他又勒殺我. 罷罷罷, 你爺兒兩個隨我到家中去來.

명대 초기의 전기도 그러했다. 작자가 불명한 『살구기(殺狗記)』에서 손대가(孫大哥)가 집 문앞에 놓여 있는 사람의 시체(사실은 개 죽은 것)를 치워달라고, 그를 따라다니며 온갖 나쁜 짓만 해온 똘만이 유용경(柳龍卿)을 찾아가 부탁하는 장면이다.

〔손대가〕 동생, 문 열어!
〔유용경〕 (안에서) 누구요?
〔손대가〕 나야, 동생 !
〔유용경〕 나가요! (문을 열어 준다). 어! 형님! 들어가 앉읍시다. 술이나 마셔요.
〔손대가〕 술 안 마셔! 한 가지 다급한 일이 생겼어.
〔유용경〕 똥마려우시면 누고 오시구려.
〔손대가〕 아니야. 급한 일이 있어 일부러 네게 부탁하러 온거야.
〔유용경〕 형님, 어떻든 술이나 먹읍시다. 죽을 죄라 하더라도 이 내가 형님 대신 죽을 거니까.
〔손대가〕 동생, 잘 들어보게. 지난밤 동생이 나를 집으로 데려다 준 뒤, 앞문이 닫혔길래 뒷문으로 들어가려니까 누구 짓인지는 몰라도 사람을 죽여다 우리 집 뒷문간에 갖다놨지 않겠나.
〔유용경〕 형님은 그래 어떻게 하시려는 거예요.
〔손대가〕 동생이 좀 죽은 사람을 메어다가 묻어 주게.
〔유용경〕 그것 문제 없어요. 내 들어가 새끼줄을 가져오리다. 아, 형님, 안되겠어요!
〔손대가〕 무슨 소리야?
〔유용경〕 형님, 전 어릴 때 놀라 병을 앓았는데, 놀라기만 하면 또 아파져요. 지금 형님께서 사람을 죽였다는 소리를 들으니 또 아파오는군요. 아이고, 아이고!
〔손대가〕 동생! 어쩔 수가 없어, 일이 다급해!
〔유용경〕 난 너무 아파서 못 가겠어요.
〔손대가〕 빨리 좀 가 줘!

〔유용경〕 형님, 형님이 그럴수록 더 아파져요!

生； 兄弟. 開門!
淨； (內應介) 是誰?
生； 是我, 兄弟.
淨； 來了! (開門介) 呀, 元來是孫大哥. 裏邊請坐, 吃酒去!
生； 不是, 有一件急事.
淨； 急屎, 去撤了來!
生； 不是, 有件急事, 特來央你!
淨； 哥哥! 且吃酒不妨, 便有死罪, 有我在此替哥哥.
生； 好敎兄弟得知. 夜來兄弟送我到家, 前門閉了, 從後門進去, 不知什麽人殺死一人在後門.
淨； 哥哥如今要如何?
生； 相煩兄弟把死人擡去埋了.
淨； 這個不打緊, 待我進去, 拿了繩索了來. 阿哥, 不好了!
生； 怎麽說?
淨； 哥哥, 我小時犯驚心病. 若是驚了就發作起來. 如今聽大哥殺了人, 又疼起來了, 呵喲, 呵喲!
生； 兄弟, 沒奈何, 事已急了!
淨； 我疼得緊, 去不得!
生； 兄弟, 快些便好!
淨； 阿哥. 你越叫, 我越疼了!

이처럼 생기 있는 문장들도 사대부들의 손으로 창작의 바통이 넘겨지자 곧 그 문장이 다듬고 깎여져 생명 잃은 조각품처럼 변해갔다. 심지어 대화조차도 문언문으로 변한 것이다. 도륭(屠隆, 1592 전후)의 『채호기(綵毫記)』 사착(四齣)의 한 토막을 보기로 들어본다.

〔무 악〕 소인은 평생을 호협(豪俠)으로 삽니다. 한 큰 원수를 이미 한 칼로 베히었는데, 또 한 큰 은인이 있어 천금(千金)으로 보답코자 합니다. 듣건대 선생께선 재물을 가벼이 여기고 의를 중히 여긴다기에 일부러 찾아뵙습니다. 혹 응낙하심을 입는다면 제 일은 끝납니다. (사람의 머리를 내놓으면

서) 원수의 머리가 지금 여기 있습니다.
〔이태백〕 이건 증거가 없으니 참말인지 거짓인지 어찌 압니까?
〔무　악〕 (노하여 일어나면서) 이 호걸 무악이 어찌 사람을 속이겠소? 소인의 의심만 받았으니 속히 떠나야겠구려!
〔이태백〕 (만류하면서) 열사(烈士)는 남을 속이지 않음을 소인은 알지 못했으니 호걸께서 탓하지 마십시오. 여봐라! 어서 천금을 가져다올려라!

〔小外〕 小子生平豪俠, 有大讎人, 業已一劍行誅. 又有一大恩人, 思得千金爲報. 聞先生輕財重義, 特爾相投. 倘蒙慨然, 吾事畢矣. (出人頭介) 仇人頭顱現在此.
〔生〕 這個沒憑據, 焉知眞假?
〔小外〕(怒起介) 我武十七好漢, 怎肯欺人? 旣爲小人所疑, 合當速去!
〔生〕(挽科) 烈士不欺人, 小人無知, 豪傑不必介懷, 左右 快取千金爲贈.

극히 짧은 한 토막이지만 이를 통해 대화조차도 완전히 문언문으로 변했고, 극의 내용도 대중 생활과는 거리가 멀어졌음을 느낄 수가 있을 것이다. 이런 극을 상연해 보았자, 여간 유식한 사람이 아니면 극의 내용을 이해하기 어려웠을 것이며, 또 안다 하더라도 대중들은 자기네 생활과는 너무 다른 세계라서 절실한 감흥을 느끼지는 못했을 것이다.

그리하여 청대의 건륭(乾隆, 1736~1795)년간부터 민중들은 제각기 자기 지방의 토속적인 음악을 써서, 자기들이 즐길 수 있는 연극을 발전시켰다. 이를 〈화부희(花部戲)〉라 부르는데, 〈화부희〉에는 〈경강(京腔)〉·〈이황(二黃)〉·〈진강(秦腔)〉·〈서피(西皮)〉·〈방자강(梆子腔)〉 등이 각 지방에 유행했으며, 뒤에는 베이징을 중심으로 유행한 〈경희〉가 가장 대표적인 연극으로 발전하였다. 이것은 민중들의 요구에 응하여 생겨나 발전한 것이기 때문에 음악이나 또는 문장이 민중의 취향과 합치되는 것임에 틀림없다. 그러나 문학적인 면에서 볼 때엔 문장이나 구성이 너무 거칠어 〈잡극〉이나 전기에 비해 오히려 퇴보한 것이라고도 할 수 있는 성질의 것이다.

5. 맺는 말

이상 보아온 바와 같이, 중국극은 민중과 더불어 생겨나 민중과 더불어 발전한 것이다. 명대와 청나라 초기에는 민중들로부터 멀어진 때도 있었으나, 중국극은 결국 다시 민중들의 품으로 돌아오고 말았다. 그리하여 지금도 중국고극은 상류사회로부터 하류 사회에 걸친 광범한 관중들을 중국에선 장악하고 있는 것이다. 중국의 고극이 이처럼 대중성을 띠고 대중 속에 파고들고 있다. 중국문학에 있어서는 시·소설·희곡을 막론하고 사회적인 공용성은 전통이며 숙명인 듯하다.

사대부들이 문학의 전통을 계승해 온 중국에 이처럼 민중과 밀착된 문학이 존재했다는 것은 무엇보다도 다행한 일이다.

XIII. 비극의 부정
— 소설·희곡의 윤리

1. 선악(善惡)의 기본 개념

중국의 소설이나 희곡을 읽어보면 비극이란 거의 없다. 이른바 〈대단원(大團圓)〉 곧 해피 앤드로 끝난다는 것이 정석이 되어 있다. 그러면 중국 소설, 희곡들은 어떻게 이처럼 비극을 부정하게 되었을까? 그 원인은 중국 사람들의 선악에 대한 개념의 출발부터 밝혀 보아야만 할 것이다.

맹자(孟子)는 고자상(告子上)편에서 다음과 같이 유가의 정통설인 〈성선설(性善說)〉을 주장하고 있다.

> "사람의 성(性)의 선함은 마치 물이 아래로 흘러가는 것 같다. 사람은 선하지 않음이 있지 아니하며, 물은 내려가지 않음이 있지 아니하다."
> 人性之善也, 猶水之就下也. 人無有不善, 水無有不下.

물이 낮은 곳으로 흘러가듯 사람의 성은 본시 선한 것인데, 후천적인 여러 가지 조 건으로 말미암아 달라진다는 것이다. 다시 『중용(中庸)』의 첫머리에서는 다음과 같이 말하고 있다.

> "하늘이 명한 것을 '성(性)'이라 하고, 성을 따르는 것을 '도'라 한다."
> 天命之謂性, 率性之謂道.

곧 하늘로부터 타고난 것을 '성'이라 하는데, 그 순수한 성을 따르는 것이 바로 올바른 도라는 것이다. 사람의 성이란 본시 선한 것이라 보았기 때문에 이러한 논리가 성립된다.

당대 공영달(孔穎達, 574~648)은 '하늘이 명한 것'이란 말에 대하여 그의 『소(疏)』에서 다음과 같이 풀이하고 있다.

> "하늘은 본시 형체가 없으며, 또한 말로써 명하는 일이 없다."
> 天本無體, 亦無言語之命.

송대 주희(朱熹, 1130~1200)는 『중용장구(中庸章句)』에서 다음과 같이 이 '하늘'에 대하여 설명을 가하고 있다.

> "하늘은 음양오행으로써 만물을 변화 생성케 한다."
> 天以陰陽五行, 化生萬物.

이로서 보면 '하늘'이란 형 체가 없는 '음양오행'을 운행케 하는 우주의 기본이 되는 섭리인 것이다. 따라서 우주의 기본 섭리에 의해 사람에게 주어진 것이 '성'이며, 그 '성'은 본시가 선한 것이라고 이해된다.

다시 『중용』에는 다음과 같은 '정성됨'에 관한 설명이 보인다.

> "'정성'된 것은 하늘의 도이고, '정성'되게 하는 것은 사람의 도이다."
> 誠者, 天之道也 ; 誠之者, 人之道也.

또 '지극한 정성'과 사람의 '성'의 관계와 그 작용에 대하여 설명한 다음과 같은 대목도 있다.

> "오직 천하의 '지극한 정성'은 그 '성'을 다할 수 있게 된다. 그 '성'을 다할 수 있으면 곧 '사람의 성'을 다할 수 있는 것이며, '사람의 성'을 다할 수 있으면 곧 '만물의 성'을 다할 수 있으며, '만물의 성'을 다할 수 있으면 곧 하늘과 땅의 변화와 생육을 도울 수 있게 되며, 하늘과 땅의 변화와 생육을 도울 수 있으면 곧 하늘과 땅과 더불어 대등하게 변화에 참여할 수 있게 된다."
> 唯天下至誠, 爲能盡其性. 能盡其性, 則能盡人之性. 能盡人之性, 則能盡物之性. 能盡物之性, 則可以贊天地之化育. 可以贊天地化育, 則可以與天地參矣.

'천하의 지극한 정성'이란 주희의 설명을 빌릴 것도 없이 성인의 덕의 내용인 것이다. '정성되게 하는 것'이 '사람의 도'이고 '정성된 것' 그 자체는 '하늘의 도'라면, '사람의 도'는 결국 '하늘의 도'와 통하는 것이다. 그렇기에 '지극한 정성'을 지닌 성인이란 바로 자기의 성을 다하는 사람이라는 것이다. 자기의 성을 다하면 그것은 만물의 성을 다하게 되고, 더 널리 하늘과 땅의 생성과 변화에까지 참여하게 된다는 것이다. 그것은 사람의 '성'이란 자연의 섭리에 의해 주어진 것이어서, '성'을 다한다는 것은 바로 자연의 섭리에 합치되는 일이기 때문인 것이다.

「서경」 순전(舜典)에 요 임금이 순을 시험하기 위하여 폭풍우가 부는 날, 큰 숲속에 순을 넣어 보았으나, 그는 조금도 방향을 잃지 않았다는 기록이 있다. 또 금등(金縢)편을 보면 성왕(成王)이 주공(周公)의 충성을 오해하자 폭풍이 일어 잘 익은 곡식들과 나무들을 넘어뜨리고, 성왕이 자기의 잘못을 뉘우치자 반대 방향의 바람이 일어 넘어진 곡식들을 다시 일으켜 세웠다는 기록이 있다. 이것은 모두 순과 주공 같은 성인들의 정성된 행동이 하늘의 도에까지도 통하여, 초인적인 기적을 낳게 한 것이라고 이해된다.

『서경』이나 『시경』을 보면 중국에는 옛날부터 천명사상(天命思想)이 있었다. 그것은 덕을 많이 닦은 성인이 하늘의 명을 받아 세상을 다스리는 천자가 된다는 생각이다. '천명'은 일단 어떤 사람에게 내려졌다가도, 그 사람이 덕을 잃으면 다시 다른 덕 많은 사람에게로 옮아가 그 사람이 새로운 천자가 된다. 이것이 이른바 '혁명(革命)'이며 서양의 'Revolution'과는 완전히 개념이 다르다.

여기에서 '하늘'도 바로 우주의 최고 섭리 그 자체를 가리킨다. 사람이 덕을 많이 닦으면 자연히 하늘의 도에 통하게 되어, 우주의 섭리를 따라 그에게 명이 내려지게 되는 것이며, 그가 덕을 잃으면 자연히 섭리에 의해 다른 덕 많은 사람에게로 명이 옮아가게 되는 것이다. 가뭄이 들고 홍수가 진다거나 지진이 일어나고 혜성이 나타나는 것 같은 특수한 자연 현상을, 모두 사람들이 정치를 잘못하여 우주의 섭리를 어긴 데서 일어나는 현상이라 생각했던 것도 같은 하늘에 대한 개념에서 출발한 것이었다.

우주의 섭리인 하늘로부터 타고난 사람의 '성'이 선하다는 것은, 우주의 섭리는 선한 방향으로만 작용하고 있음을 말하는 것이다. 따라서 '악'이란 우주의 섭리에 어긋나는 것이 된다. 사람들에게는 여러 가지 서로 다른 기절과 환경이 주어지기 때문에, 사회에는 그 주어진 기질과 환경의 갈등으로 말미암아 악이 생기게 된다. 그리고 어떤 사람은 악해져서 악한 짓을 일삼게도 된다. 그러나 사람의 힘으로는 우주의 섭리를 어찌 하는 수가 없는 것이기 때문에 아무리 악한 자들이 세상에 많다 하더라도 결국 세상은 우주의 섭리를 따라 선한 방향으로 움직여 간다. 따라서 최후에는 반드시 '선'이 '악'을 이기게 된다. 그래서 중국 사람들에게는 착한 사람이 끝내 불행에 빠지고 마는 '비극'은 용납될 수가 없는 것이었다. 중국의 소설이나 희곡에 비극이 없는 것은 이러한 선과 악에 대한 개념에서 출발하고 있다. 한동안은 악의 작용 때문에 선한 사람이 어려움을 당한다 하더라도, 마침내는 '대단원'을 이루게 된다는 것은 우주의 섭리에 의한 당연한 결말인 것이다.

젊은 남녀의 연애 얘기를 다룬 소설이나 희곡들을 읽어보면, 거의 모두가 재주 있고 잘생긴 '재자(才子)'와 현숙하고 아름다운 '가인(佳人)'이 만나 서로 사랑하게 되지만, 사회적인 여건이나 특수한 사정 때문에 여러 가지 파란을 겪다가 마침내는 다시 행복하게 결합하여 잘 살게 된다는 것이 상투이다. "아리따운 숙녀는 군자의 좋은 짝(窈窕淑女, 君子好逑)"이라고 『시경』의 첫머리에서 노래했듯이, '재자'와 '가인'이 결합한다는 것은 하늘의 뜻에 맞는 당연한 결과라고 생각했기 때문이다. 심지어 사랑하는 어느 한편이 죽게 되면 정광조(鄭光祖, 1294 전후)의 『천녀이혼(倩女離魂)』이나 탕현조(湯顯祖, 1550~1617)의 『환혼기(還魂紀)』에서 보는 것처럼 영혼이라도 다시 나타나 결합하는 것이 옳은 일이라 생각했다. 그렇기에 사람의 힘으로 어쩔 수 없는 죽음이 설령 닥친다 하더라도, 비극을 이룬다는 일은 용납될 수가 없었던 것이다.

2. 권선징악(勸善懲惡)에 대하여

중국의 소설이나 희곡은 비극을 거부하고 있을 뿐만 아니라 좀더 적극적으로 '선을 권장하고 악을 징계한다'는 '권선징악'의 경향을 띠고 있다. 순전한 민중의 오락이었던 송대 화본(話本)을 보더라도 『지성장주관(志誠張主管)』 같은 소설에서는 이렇게 끝머리에서 말하고 있다.

"다만 소부인(小夫人)은 생전에 장승(張勝)에게 마음이 매우 쏠렸었기 때문에, 죽은 뒤에도 그렇게 따랐던 것이다. 장승은 마음가짐이 지극히 성실했기 때문에, 끝내 손을 대지 않아 그 화를 입지 아니하고 초연히 탈이 없을 수가 있었다. 지금 재물과 여색에 미혹된 사람들이 허다하니, 장승 같은 사람은 만에 하나도 없을 것이다."

只因小夫人生前甚有張勝之心，死後猶然相從. 虧殺張勝立心至誠, 到底不曾有染, 所以不受其禍, 超然無累. 如今財色迷人者, 紛紛皆是. 如張勝者, 萬中無一.

이처럼 노골적으로 '권선징악'의 뜻을 밝히고 있음은 무엇보다도 좋은 본보기일 것이다. 『풍옥매단원(馮玉梅團圓)』이란 화본에서도 끝머리를 이렇게 맺고 있다.

"뒷사람들이 평하여 말했다. 범추아(范鰍兒)는 반역 도당 속에 섞여 있으면서도 물들지 않고, 남을 돕기 좋아하여 많은 사람들의 목숨을 구했다. 오늘날 죽음을 면하고 살아남아 부부가 다시 결합된 것은 곧 남몰래 은덕을 베풀고 선한 짓을 쌓아온 보답인 것이다."

後人評論, 范鰍兒在逆黨中涅而不淄, 好行方便, 救了許多人性命. 今日死裏逃生, 夫妻再合, 乃陰德積善之報也.

역시 여기에서도 '권선징악'의 발언을 노골적으로 하고 있다. 명대 『수호전』에 '충의(忠義)'라는 말을 덧붙였던 것이며, 풍몽룡(馮夢龍, ?~1646)이 그의 〈삼언소설(三言小說)〉이란 소설집의 이름을 세상을 깨우치는 밝은 말이란 뜻의 『유세명언(喩世明言)』, 세상을 각성시키는 영원한 말이란 뜻의 『성세항언(醒世恒言)』, 세상을 경계시키는 어디에나 통용되는 말이란 뜻의 『경세통언(警世通言)』이라 각각 붙였던 것도, 모두 〈권선징악〉을 통한 소설의 효능을 설명해 주는 것이다.

원대 〈잡극〉도 맨끝에 있는 〈제목(題目)〉·〈정명(正名)〉만 보더라도 그 〈권선징악〉적인 경향을 엿볼 수 있게 된다. 다음에 그 보기를 몇 개 든다.

※ **관한경(關漢卿) 작 『두아원(竇娥冤)』**

제목 ; 거울 들고 저울 잡은 듯한 염방사(廉訪使)의 법
정명 ; 하늘을 감동시키고 땅을 움직인 두아의 원한
題目 ; 秉鑑持衡廉訪法
正名 ; 感天動地竇娥冤

※ 왕실보(王實甫) 작 『서상기(西廂記)』 제오본(第五本)

정목 ; 정아내가 교묘한 계략을 펴고, 노부인은 혼인을 뉘우치지만
두장군이 크게 단안을 내리고, 장군서는 두 단원을 이룬다.
正目 ; 鄭衙內施巧計
老夫人悔姻緣
杜將軍大斷案
張君瑞兩團圓

※ 무한신(武漢臣) 작 『노생아(老生兒)』

정목 ; 거친 땅을 가리키며 본처를 간절히 타이르고
집안 재물로 사람들 구제하여 하늘이 노년에 아들을 낳게 해준다.
正目 ; 指絶地苦勸糟糠妻
散家財天賜老生兒

※ 무명씨(無名氏) 작 『살구권부(殺狗勸夫)』

정목 ; 왕소연이 사악함을 내치고 올바름으로 돌아오게 하고,
어진 부인이 개를 죽이어 남편을 타이른다.
正目 ; 王翛然屛邪歸正
賢達婦殺狗勸夫

이처럼 중국 소설과 희곡이 '권선징악'의 경향을 띠고 있는 것은, 두 가지 면에서 이해될 수 있다. 하나는 중국문학의 전통적인 '공용성'의 면에서, 소설이나 희곡을 통해 세상에 착한 행동을 권장함으로써 올바른 사회를 만들려는 의식적인 행동이다. 다른 하나는 좀더 높은 차원에서, 우주의 섭리는 선한 것이기 때문에 '선을 권장하고 악을 징계한다'는 일은 하늘의 뜻에 부합되는 당연한 일이라 생각했다고 보는 것이다.

어떻든 의식적이든 무의식적이든 간에 중국의 소설과 희곡에는 비극이 없고 '권선징악'적인 경향이 짙다.

3. 명대 이후의 금령

명대로 들어와서는 '권선징악'은 예교적인 생각에서 거의 강요되다시피 했다. 『대명률직해(大明律直解)』 권 26 반주잡극(搬做雜劇)조엔 다음과 같은 금령이 실려 있다.

> "무릇 악인(樂人)들이 잡극(雜劇)이나 희문(戲文)을 연출할 때에, 역대제왕·후비·충신·열사·옛 성인·옛 현인·신의 형상을 분장하는 것을 허락치 않는다. 위반자는 장(杖) 일백 대를 가한다. 관원이나 백성의 집에서 그러한 분장을 허용한 자도 죄가 같다. 신선·도사 및 의부·절부·효자·효순한 자손을 분장하는 것과 사람들에게 선한 짓을 할 것을 권하는 것은 금하는 데 들지 아니한다."
>
> 凡樂人搬做雜劇戲文, 不許粧扮歷代帝王后妃忠臣烈士先聖先賢神象, 違者杖一百. 官民之家, 容令粧扮者與同罪. 其神仙道扮及義夫節婦孝子順孫勸人為善者, 不在禁限.

그리고 홍무(洪武 22년, 1389)에도 군인들에게 신선·의부·절부·효자·효순한 자손·사람들에게 선한 짓을 권하는 것·태평을 즐기는 것 이외의 내용의 연극은 금한다는 법령이 공포되었었다(〈淸 董含『三岡識略』卷一 引『遯園贅語』). 다시 영락(永樂) 9년(1411)에도 일반 백성들에게 이와 비슷한 내용의 금령을 반포했다(〈明 顧起元『客座贅語』卷十). 여기에서는 한술 더 떠서 그러한 사회에 이익을 주지 못하는(?) 연극의 상연을 금했을 뿐만 아니라, 그러한 희곡을 갖고 있거나 외우거나 출판하지도 못하게 했다. 심지어 방(榜)이 나붙은 뒤 닷새 뒤에도 그런 책을 갖고 있는 자가 있으면 온 집안을 몰살시키겠다고 했다. 나라의 법령이 아니라 도적들의 방문을 연상케 할 만큼 무자비한 법령이다. 『대청률례(大淸律例)』 권 34에도 앞에 인용한 『대명률직해』와 같은 내용의 금령이 실려 있으니, 연극에 대한 정치적인 규제는 청나라 시대까지도 계속되었다고 보여진다.

소설에 대하여는 연극과 같은 전반적인 규제는 눈에 띄지 않는다. 그것은 소설이 연극만큼 일찍이 성행하지 못한 데다가, 공공연히 귀족 사회에까지 침투하지 못했으므로, 사대부들이 형식적으로는 이를 무시한 데 원인이 있을 것이다. 그러나 명말로부터 시작하여 청대에 이르는 동안에, 『금병매』 같은 음서나 『수호전』 같은 도적들을 주제로 한 소설들에 대한 엄한 금령이 수없이 내려졌던 일을 생각하면, 소설에 대해도 명대부터는 연극과 비슷한 윤리적인 평가를 가하고 있었다고 말해도 좋을 것이다. 일반적으로 소설을 무시하기는 했지만, 은연중에 유행하고 있는 그 세력을 느끼게 되자, 직접 사회에 나쁜 영향을 끼친다고 생각된 『금병매』나 『수호전』 종류의 소설들은 금해야겠다고 생각했던 것이다.

이렇게 보면, 명대부터는 소설이나 희곡의 '권선징악'이, 작가들의 사회에의 '공용성'에 대한 자각이나 선악에 대한 기본 개념보다도 형식적인 예교 사상에 직접 지배당한 결과라고 보여진다. 『금병매』 이후로 노골적인 음서인 『수탑야사(繡榻野史)』·『의춘향질(宜春香質)』 등 전에 없던 종류의 책들이 나온 것도, 예교 사상의 단조로운 강요로부터 벗어나 보려는 발버둥이었는지도 모른다.

중국 소설들을 보면 개인의 영웅적인 행동이나 독특한 성격을 그려내는데 초점을 둔 작품이란 거의 없다. 이것은 '보편적인 감정'을 추구한다는 중국문학의 전통과 상통하는 특징이다. 따라서 한 두 사람의 주인공의 생활이 중심을 이루는 짧은 소설이나 희곡을 보더라도, 그 주인공들은 어떤 개인이라기보다는 사회의 한 부류를 대표할 만한 보편적인 성격의 인간인 경우가 대부분이다. 더구나 장편 소설들을 보면 『삼국지』·『서유기』·『수호전』·『홍루몽(紅樓夢)』·『유림외사(儒林外史)』 등 모두 누가 주인공인지 분간하기 어려울 만큼 많은 수의 인물들이 등장한다. 희곡에 있어서도 장편인 경우에는 『서상기(西廂記)』·『비파기(琵琶記)』·『환혼기(還魂記)』·『도화선(桃花扇)』·『장생전(長生殿)』 등은 모두 여러 명의 주인공들이 등장한다. 그것은 중국의 소설이나 희곡이 특수한 개인의 성격이나 이상의 표현보다도 전체적인 인간 사회에서의 전형적인 인간들의 모습을 그려내기에 더욱 힘을 기울였기 때문이다. 서양의 작가들이 개인적인 문제 의식을 가지고 작품을 썼다면 중국의 작가들은 소설이나 희곡을 통해 어떤 한 부분의 문제보다도 전체 사회, 적어도 사회의 평범한 계층의 문제를 반영시키는 데 힘썼다고 할 수 있겠다. 그리하여 등장 인물들에 있어서 한 두 사람의 주인공에 작품의 초점이 주어지지 않을 뿐만 아니라, 그 고사에 있어서도 한 사건에 초점이 집중되지 않고, 여러 가지 사건들을 종합적으로 다루게 된다.

중국의 작가들도 사회 생활을 통해 적잖은 비극을 듣고 보고 했을 것이다. 그렇기에 이 세상에는 적잖은 비극적인 현상이 존재한다는 것을 그들 자신도 승인할 것이다. 그럼에도 중국의 소설이나 희곡에 비극이 없는 것은 그들은 언제나 어떤 특수한 현상보다도 전반적인 사회상을 그리려고 하였기 때문이다. 특수한 일시적인 현상으로서는 이 세상에 비극이 존재할 수 있지만, 전반적이고 보편적인 현상으로서는 절대로 비극을 인정할 수 없었던 것이다. 그것은 인간 사회도 우주 전체를 지배하는 섭리 아래, 사철이 바뀌고 풀과 나무가 자라나듯이 영원하고 절대적인 방향으로 움직이고 있다고 생각하기 때문이다. 우리와 우주를 지배하는 섭리는 위대하고도 선한 것이다. 그러므로 전체적으로 긴 안목에서 볼 때 비극이란 있을 수가 없게 되는 것이다.

4. 중국 작품 속의 비극

그렇다고 해서 중국의 소설이나 희곡에는 비극이 전혀 없다는 말은 아니다. 원진(元稹, 779~831)의 『앵앵전(鶯鶯傳)』만 보더라도 주인공 앵앵의 장생(張生)과의 사랑은 비극으로 끝나고 있다. 앵앵은 우연히 절에서 장생을 만나 서로 사랑하게 되어, 마침내 밤마다 남의 눈을 속여 가며 밀회하는 사이가 된다. 장생은 앵앵과의 사랑을 한 달 남짓이 즐기다가 과거를 보러 장안으로 간다. 장생은 과거에 급제 못하자 다시 내려와 앵앵과의 밀회를 몇 달 즐기다가 다시 과거보러 장안으로 훌쩍 떠나 버린다. 그런 뒤에 장생은 "앵앵 같은 여자는 요물이니 남자를 망치기 쉽다. 나의 덕으로는 요물을 이기지 못할 터이니 정을 끊어야겠다"는 뜻의 말을 하면서 딴 여자와 결혼해 버린다. 앵앵도 수동적인 입장에서 애끊는 사랑을 불태우나, 결국은 다른 남자에게 출가하고 만다.

현대인의 눈으로 보면 이들의 사랑은 비극적이라 말할 수 있을 것이다. 그러나 『앵앵전』의 끝머리에서 이 시대 사람들은 장생을 평해 "허물을 잘 수습한 사람(善補過者)"이라 평가하면서, 그의 멋진 외도를 칭찬했다 한다. 그리고 장생은 뻔뻔스럽게도 남의 부인이 된 자기가 차버린 옛 애인을 다시 만나러 간다. 이 시대 사대부들은 남자 중심의 윤리관을 지니고 있어서, 여자의 처지 같은 것은 완전히 무시했던 것 같다. 장생의 앵앵과의 사랑을 '허물' 정도로 보아 넘겼으니, 이 시대 사람들에게는 이 소설은 비극이 아니라 희극적인 결말이었을 것 같다.

왕궈웨이(王國維)가 "세계의 대비극 가운데 끼어 놓아도 손색이 없다."(『宋元戲曲考』)고 평한 관한경(關漢卿)의 『두아원(竇娥寃)』은 중국희곡이나 소설 중에서 특수한 보기인지도 모른다. 주인공 두아(竇娥)는 시어머니 채노파(蔡老婆)와 함께 목숨을 살려준 은혜를 내세우며 결혼을 강요하는 장노아(張驢兒) 부자에게 시달림을 받는다. 그러다가 장노아는 시어머니 채노파를 독살하려다 잘못하여 자기 아버지를 죽이고 만다. 장노아는 두아에게 자기 부인이 될 것을 강요하다 실패하자, 자기 아버지를 죽인 혐의를 두아에게 뒤집어 씌운다. 두아는 재판을 거쳐 억울하게도 사형을 당하고 만다.

이 두아의 일생은 확실히 비극으로 끝나고 있다. 그러나 실제로 『두아원』이란 연극은 이렇게 간단히 끝나 버리지 않는다. 〈잡극〉이 절정 을 이루는 제삼절(折)을 보면 억울하게 죽어가는 두아가, 자기의 억울함을 밝히기 위하여 하늘에 기적과 저주를 빈다. 첫째 깃대 위에 흰 무명을 걸어놓고, 자기 목을 치면 한 방울의 피도 땅에 떨어지지 말고 모두 무명천으로 튀어올라 그것을 적셔 달라 했고, 둘째 유월달이지만 눈을 내려 죽은 자기 몸을 덮어 달라 했고, 셋째 자기가 죽은 뒤로 이 초주(楚州) 땅에 삼 년 동안 가뭄이 들게 해 달라고 빌였다. 이 두아의 소원은 빠짐없이 이루어져, 한 여인의 원한 서린 저주가 얼마나 무서운 것인가를 역설해 준다.

그리고 다시 제사절(折)에선 두아를 채노파네 며느리로 팔다시피 맡겨놓고 과거를 보러갔던 두아의 아버지 두천장(竇天章)이, 마침내 과거에 급제하고 높은 벼슬에 올라 염방사(廉訪使)로서 임금의 명을 받들어 지방 행정 시찰을 나온다. 초주 땅에 내려온 두천장은 꿈에 딸 두아를 만나 모든 사실을 알게 된다. 그리하여 다음날로 장노아와 독약을 판 의원이 체포되어 와 모든 곡직(曲直)이 가려진다. 두천장이 장노아를 심문할 때 증거가 없어 고민하게 되자, 두아의 혼이 나타나 장노아를 꼼짝 못하게 만든다. 그 결과 장노아는 극형에 처해지고, 엉터리 재판을 했던 관원은 좌천되고, 엉터리 의원은 종신토록 귀양살이를 당하게 된다.

두아의 일생은 비극으로 끝났지만 『두아원』이란 연극은 끝내 선은 드러나고 악은 멸망한다는 사실을 온 편폭의 반을 넘겨들이면서 강조하고 있다. 연극 전체에서 볼 때엔 이 『두아원』도 '권선징악'의 의식을 벗어나지는 못한 것이다. 두아 같은 아름다운 여자가 억울하게 죽어 버린다는 사실 그대로의 얘기를 중국 사람들은 절대로 용납하지 않을 것이다. 두아란 개인을 놓고 볼 때엔 비극이지만, 연극 전체로 본다면 비극이라 말하기 어려운 내용이다.

또 왕소군(王昭君)의 얘기를 다룬 『한궁추(漢宮秋)』나 양귀비(楊貴妃)의 얘기를 다룬 『오동우(梧桐雨)』 같은 역사극에도 비극이 있다. 왕소군이 오랑캐 땅으로 시집을 가고, 양귀비가 피난 길에 죽는다는 일은 사실이기 때문에, 이러한 연극의 비극성은 어쩔 수가 없는 것이다. 다만 문제가 되는 것은 수많은 역사적인 사건 가운데에서도 무엇 때문에 비극적인 내용의 얘기를 선택했느냐는 것이다. 여기에는 작가의 특별한 의도가 있었던 듯하다. 오랑캐들의 무력에 눌리어 사랑하는 왕소군을 빼앗기는 한나라 원제(元帝)의 처참한 모습을 통해 중원 천지를 오랑캐 원나라에게 빼앗긴 당시의 현실적인 분만을 토로하고, 양귀비와의 호화로운 생활로서 나라를 어지럽히고 마침내는 피난길에 사랑하는 양귀비마저 무지한 병정들에게 빼앗기고 외로운 나날을 보내는 현종을 통해 어지러운 정치로서 조국을 망쳐 버린 임금들을 풍자한 듯이 느껴진다. 역시 중국 작가들의 의식 속에 비극은 용납되지 않는 것이었다고 말해도 좋을 것이다.

5. 맺는 말

이상과 같은 특수한 경우가 있기는 하지만 일반적으로 중국의 소설과 희곡에는 비극이 없다. 비극이 없을 뿐만 아니라 '권선징악'적인 경향이 짙다. 그것은 대체로 선악에 대한 기본 개념과 전통적인 중국문학의 공용성이 그렇게 만든 것이라 하겠다. 그러나 명대에 이르러는 오히려 형식적인 '예교사상'이 소설과 희곡의 그러한 경향을 강요한 듯하다. 그러나 문학에 대한 형식적인 간섭은 문학의 건전한 발전을 위하여는 아무런 도움도 되지 못하는 것이다.

XIV. 성령(性靈)과 시
— 순수 문학 의식의 각성

1. 명대 문학 조류와 원굉도(袁宏道)

원굉도(袁宏道, 1568~ 1610)는 그의 아우 원중도(袁中道)의 시집 서문(敍小修詩 — 『袁中郎全集』)에 다음과 같은 글을 적고 있다.

> "원중도의 발자욱이 이른 곳이 거의 천하의 태반인데, 시문도 이로 말미암아 날로 진보하였다. 대개 홀로 성령(性靈)을 서술하며 격식에 구애받지 않는 것이다. 자기의 가슴 속으로부터 흘러나온 것이 아니면 붓을 대려 하지도 않았으나, 어떤 때 감정과 경계(境界)가 모이면 잠깐 사이에 천 마디 말을 물이 동쪽으로 흐르듯 써내어 사람들의 넋을 빼앗았다. 그 사이에는 좋은 곳도 있고 흠이 되는 곳도 있다. 좋은 곳은 스스로 말할 필요도 없거니와 흠이 되는 것이라 하더라도 본색(本色)을 지닌 홀로 만든 말이 많다. 그런데 나는 곧 그 흠이 되는 곳을 극히 좋아한다. 그러나 이른바 좋은 곳이라는 것은 아직도 수식을 가하고 옛것을 본뜬 것이 한이 되지 않을 수가 없게 한다. 근대 문인들의 기풍을 다 떨쳐 버리지 못하였던 때문이라고 믿어진다."
>
> 足跡所至, 幾半天下, 而詩文亦因之以日進. 大都獨抒性靈, 不拘格套, 非從自己胸臆流出, 不肯下筆. 有時情與境會, 頃刻千言, 如水東注, 令人奪魂. 其間有佳處, 亦有疵處. 佳處自不必言, 卽疵處亦多本色獨造語. 然余則極喜其疵處. 而所謂佳者, 尚不能不以粉飾蹈襲爲恨. 以爲未能盡脫近代文人氣習故也.

이러한 원굉도의 발언은 명(1368~1644)대에 있어서는 혁명적인 견해일 뿐만 아니라 중국문학사상 처음 보는 순수한 문학 의식의 각성이라고도 할 수 있을 것이다. 글에서 "홀로 성령을 서술했다(獨抒性靈)"고 한 데 근거하여 그의 문학적인 주장을 '성령설(性靈說)이라 표현하는 사람이 많다. '성령'이란 이 글을 통해서 엿보여지는 바와 같이, 작가의 본성에서 우러나온 진실한 영감을 말하는 듯하다. 그는 "낡은 격식에 구애받지 않는다(不拘格套)" 했고, 또 "자기의 가슴 속으로부터 흘러나온 것(從自己胸

臆流出).”이라 했고, “감정과 경계가 모이면 잠깐 사이에 천 마디 말을 물이 동쪽으로 흐르듯 써내어 사람들의 넋을 뺏는다(情與境會, 頃刻千言, 如水東注, 令人奪魂).” 했고, 또 “본색을 지닌 홀로 만든 말(本色獨造語)”을 높이 평가하고 있다. 이를 종합해 보면, 옛날 격식에 사로잡히지 않고, 순수한 감정이 향하는 대로 거침없이 표현된 독창적이고 개성적인 문학을 주장한 것임을 알 수 있다. 전통의 형식적인 구속으로부터 벗어나 자기의 인격과 개성을 바탕으로 하여 참된 문학을 창작해야겠다는 의식이 싹튼 것이다.

명대는 오랑캐 원(元, 1206~1368)나라에게 중원 땅을 지배당했던 데 대한 반동인지는 모르지만, 복고주의(復古主義)적인 기풍이 세상을 지배하던 시대였다. 특히 이몽양(李夢陽, 1472~1529) · 하경명(何景明, 1483~1521)을 중심으로 한 전칠자(前七子)들이 “산문은 진한대를 받들고, 시는 반드시 성당을 본뜬다(文崇秦漢 詩必盛唐)”는 주장을 내세우며 문란을 지배했고, 뒤이어는 이반룡(李攀龍, 1514~1570) · 왕세정(王世貞, 1526~1590) 등이 중심이 된 후칠자(後七子)들이 “산문은 반드시 서한, 시는 반드시 성당(文必西漢, 詩必盛唐)”이란 구호를 앞세우며 ‘전칠자’들을 계승하여, 명대는 완전히 옛날을 본뜨려는 노력에서 문단의 조류가 형성됐다. 이들의 옛날 문학을 본뜨려는 노력은, 그 시대 사람들의 열렬한 반향을 일으켰지만, 날이 갈수록 옛사람들의 문학 정신을 본뜨기보다는 옛 사람들의 작품 형식을 흉내내는 방향으로 기울어져 갔었다. 그뿐 아니라, 이들은 이미 형성된 복고적(復古的)인 문학 사조를 바탕으로 파벌을 형성하여, 자기들의 의고적(擬古的)인 문학을 반대하는 사람들을 문단에 발붙일 여지도 주지 않았다. 진전(陳田, 1909전후)이 『명시기사(明詩記事)』에서 이런 말을 하고 있다.

> “천하의 시를 짓는 사람으로서 이(李攀龍) · 왕(王世貞)의 가르침을 받들지 아니하면, 곧 오랑캐들이 법도를 존중하지 않는 것처럼 여겼다.”
> 海內稱詩者, 不奉李王之敎, 則若夷狄之不尊正朔.

명대 문단이 ‘전칠자’와 ‘후칠자’를 중심으로 하여 완전히 의고주의(擬古主義) 일색으로 물들여져 있었음을 강조한 말이다. 의고주의는 내용보다도 옛 사람들의 문학 형식을 흉내내기에 급급한 것이므로, 생명 없는 문학 유희로 타락해 버리기 쉬운 것이다. 그렇기에 청대 주이존(朱彝尊, 1629~1709)이 편찬한 『명시종(明詩綜)』만 보더라도, 그 일백 권 속에 담겨진 명나라 문인들의 시는 수량에 있어 당대나 송대에 조금도 뒤지지 않지만, 중국의 전통 문학사를 논함에 있어 언제나 명대가 거의 무시당하고 있는 것이다.

이러한 시대에 원굉도가 세상을 휩쓸고 있는 의고주의를 반대하고 '성령'을 주장하고 나섰다는 것은, 시대적인 의의가 있는 일이라 보아야 할 것이다. 원굉도는 그의 형 종도(宗道), 아우 중도(中道)와 함께 이 '성령'을 바탕으로 하여, 작가의 개성과 창의를 주장하여 〈공안파(公安派)〉라는 낭만주의적인 문학의 한 유파를 형성하였다. 〈공안파〉의 문학 주장을 요약하면 대체로 다음과 같다.

첫째 ; 창작에 있어 의고적인 경향을 반대한다.
둘째 ; 문학의 시대성을 중시한다.
셋째 ; 개인의 '성령'과 창조 정신을 중히 여긴다.
넷째 ; 소설과 희곡의 문학적인 가치를 인정한다.

낭만주의란 말을 상식적으로 고전주의에 대한 반항과 개성적인 감정의 거침없는 표현으로 이해한다면, 〈공안파〉의 문학은 중국문학사상 유일한 낭만주의적인 문학이 될 것이다. 그리고 중국문학사상 처음으로 현대적인 의미의 순수한 문학 의식을 각성한 사람들이라고도 볼 수 있다. 복고주의적인 명대의 문학 조류는 이처럼 원굉도에 의해 낭만주의적 주장으로 끝머리를 장식했던 것이다.

2 공안파의 선구자들과 성령설

〈공안파〉의 낭만주의적인 문학 이념 뒤에는, 개인의 양지(良知)의 자유를 주장하는 왕양명(王陽明, 1472~1528)의 진보적인 사상이 있었다.

"대저 학문이란 그것을 얻는 마음이 귀한 것이니, 그것을 마음에 구하여서 옳지 않다면 비록 그 말이 공자에게서 나왔다 하더라도 감히 옳다고 할 수 없는 것이다."
夫學貴得之心. 求之心而非也, 雖其言出於孔子, 不敢以為是也. (『傳習錄』)

왕양명은 이처럼 개인의 '마음'을 학문의 출발점으로 하여 전통에 도전했기 때문에, 그의 학문을 〈심학(心學)〉이라고도 부른다. 이러한 자유로운 학문 방법이, 당시의 문단을 휩쓸던 의고주의 문학과 합치될 수 없다는 것은 너무나도 자명한 일이다.

다시 그의 제자 왕간(王艮, 1482~1540)은 〈왕양명좌파(王陽明左派)〉라고도 불리우는 〈태주학파(泰州學派)〉를 창건했는데, 이들은 왕양명의 자유주의적인 학풍을 발전시켜 개인의 양지(良知)와 전통의 부정을 더욱 적극적으로 밀고 나섰다. 군주전제 체제의 종법사회(宗法社會)에서, 이들은 성인의 가르침을 배척하고 세상을 어지럽힌다는 죄명을 뒤집어 씌우고 맹렬한 공격을 받았었다. 그러나 자유로 향하는 일부 사람들의 마음을 잡아 그들에게 큰 영향을 끼칠 수 있었다. 그리고 한편 보수 세력의 탄압은 이들의 사상을 더욱 격렬하게 만들기도 했다. 이 파의 이지(李贄, 1567 前後)는 이런 주장을 하고 있다.

"대저 하늘이 한 사람을 냈다면 스스로 한 사람의 쓰임이 있을 것이니, 공자께서 주는 것을 취하기를 기다린 뒤에야 족하게 되는 것은 아니다. 만약 반드시 공자에게서 족하게 취하기를 기다린다면, 곧 태고적 이전엔 공자가 없었으니 끝내 사람 노릇을 할 수가 없었을 게 아닌가?"
夫天生一人, 自有一人之用, 不待取給於孔子而後足也. 若必得取足於孔子, 則千古以前無孔子, 終不得爲人乎? (『李卓吾尺牘』答耿中丞)

이는 전통적인 유교사상에 대한 본격적인 반기라 하겠다. 마침 이지는 원굉도 형제들의 스승이었기 때문에, 그의 이러한 격렬한 사상은 원굉도에 의해 문학으로 적용되었다.

"이 아우의 재주 비록 가늘고 엷지만, 이 시대 시의 고루한 풍습을 쓸어내어 말세(末世)의 선구자가 되었고, 구양수(歐陽修)·한유(韓愈)의 극히 원통함을 변호하며, 둔한 도적의 소굴을 들이치는 데 이르러서는, 그 이전에는 선발자가 없었으니, 또한 아우의 득의한 일입니다."

弟才雖綿薄, 至於掃時詩之陋習, 爲末季之先驅, 辯歐韓之極寃, 搗鈍賊之巢穴. 自我以前, 未見有先發者, 亦弟得意事也. (『袁中郞全集』, 答李元善 以下同)

“이 시대 시의 고루한 풍습(時詩之陋習)”이란 이 시대 문단을 휩쓸고 있던 의고주의를 가리킨다. 원굉도가 이처럼 과감히 시대 조류를 바로잡는 선구자로 자처하고 나설 수 있었던 것은, 그의 스승의 영향, 크게는 〈왕양명 좌파〉의 사상적인 영향이라고 하겠다.

또다른 〈공안파〉의 선구자로는 서위(徐渭, 1521~1593)와 탕현조(湯顯祖, 1550~1617)가 있다. 이들은 원굉도가 「매계표를 만남을 기뻐함(喜逢梅季豹)」이란 시에서 다음과 같이 읊고 있는 사람들이다.

“서위가 뛰어난 재주가 많으면서도
신분이 낮은 것은 도를 만나지 못했기 때문이며,
근래엔 탕현조에게
거침없는 좋은 시구가 있다.”

徐渭饒梟才, 身卑道不遇.
近來湯顯祖, 凌厲有佳句.

원굉도는 「서문장전(徐文長傳)」의 앞머리에서, 『궐편(闕編)』이란 제목의 서위의 시집을 처음 대하고는, 놀라 소리치며 읽는 바람에 잠들었던 온 집안 사람들을 깨웠다는 얘기를 적고 있다. 그리고 「서문장전」에는 다음과 같은 말이 보인다.

“선생의 시와 글은 특출해서 근대의 거칠고 더러운 풍습을 일소하였다.”
先生詩文崛起, 一掃近代蕪穢之習.

서위는 〈공안파〉처럼 구체적인 문학 이념을 주장하지는 않았지만, 그의 창작 태도가 어느덧 〈공안파〉의 문학 이론과 통하고 있었음을 알 수 있다.

탕현조는 서위보다 좀더 구체적인 문학에 대한 견해를 문집의 여기 저기에서 보여주고 있다. 「장몽택에게 답함(答張夢澤)」이란 편지에선 이런 말을 하고 있다.

> "우리나라 문학은 송경렴(宋景濂)에서 멈춰진다. 이몽양(李夢陽)은 뜻이 약하니, 이몽양 이하 왕세정(王世貞)에 이르기까지, 기력의 강약과 굵고 가는 것이 같지 않기는 하지만, 가짜 글이나 같은 것들이다."
>
> 我朝文字, 宋學士(宋景濂)而止. 方遜(李夢陽)志已弱, 李夢陽而下至瑯琊(王世貞), 氣力强弱, 巨細不同, 等贋文爾. (『玉茗尺牘』卷四)

전후칠자(前後七子)들의 의고주의 문학을 노골적으로 멸시하고 있다. 그리고 다시 이런 말도 하고 있다.

> "천하의 문장이 생기가 있는 까닭은 전혀 기특한 사람에게 달린 것이다. 사람이 기특하면 곧 마음이 신령스럽고, 마음이 신령스러우면 곧 날 듯이 움직이고, 날 듯이 움직일 수 있다면 곧 하늘과 땅을 오르내리고 고금을 왕래하면서, 굽히고 펴거나 길고 짧게 하는 것과 살고 죽는 것을 뜻대로 할 수 있게 된다. 뜻대로 한다면 곧 이르지 못하는 곳이 있을 수 없게 될 것이다."
>
> 天下文章所以有生氣者, 全在奇士. 士奇則心靈, 心靈則飛動, 能飛動則上下天地, 來去古今, 可以屈伸長短生滅如意. 如意則可以無所不至. (『玉茗文集』卷五 序丘毛伯稿)

이 말을 요약하면 문장이란 개성 있는 마음의 영성(靈性)을 아무런 거리낌없이 발휘해야 하는 것이란 말이 된다. 이것은 원굉 도의 '성령'과 크게 다를 바 없는 문학이론이라 하겠다. 이러한 낭만적인 문학관은, 그로 하여금 『환혼기(還魂記)』를 필두로 하여 『자차기(紫釵記)』·『남가기(南柯記)』·『한단기(邯鄲記)』 등의 희곡 작품을 낳게 하였다. 곡률(曲律)에 얽매이어 옛날 작가들의 수법을 본받기에 여념이 없었던 당시의 곡단에 이들 『사몽기(四夢記)』라 불리우는 개성적인 작품들은 커다란 자극을 주었고, 전기(傳奇) 전체를 대표할 만한 수준의 작품을 이룩하게 한 것이다. 그의 문집을 보면, 시나 산문들도 그 시대의 후칠자들의 작품보다는 개성적이고 생명력을 느끼게 하는 참신한 작품들이 적잖은 것도, 그의 문학적인 이념에 의한 것이었다. 탕현조가 만년에 벼슬을 그만두고 고향으로 돌아갈 때, 원굉도는 그에게 편지를 보내어 그를 새장에 가둘 수가 없는 대붕(大鵬)과 구천(九天)에 날아오르고 구지(九池)로 잠기는 용에 비유했는데 모두 문학 이념의 상통에서 온 존경심의 표현이었을 것이다.

이탁오를 위시한 〈왕양명좌파〉의 사상이 〈공안파〉 문학 이념의 바탕이 되었다면, 서위와 탕현조는 바로 〈공안파〉의 선구자들이라고 할 것이다. 중국문학사에서 순수한 문학 의식의 각성은 너무나 철저했던 명대 의고주의 문학에 대한 반동으로 대두되었다 할 것이다.

3. 성령설의 내용

그러면 〈성령설〉이란 대체 구체적으로 어떠한 성격을 지닌 것인가? 앞에서 〈공안파〉의 주창을 의고주의의 반대, 시대성의 인정, 개성과 창의의 존중, 소설 희곡의 문학성 인정의 네 가지로 요약했다. 〈공안파〉의 문학 이론은 〈성령설〉에 기본을 둔 것이므로, 이에 대한 구체적인 설명은 곧 〈공안파〉의 문학을 이해하는 데도 지름길이 될 것이다. 소설이나 희곡이 시나 산문 못지않은 문학이라는 당연한 주장을 빼놓고, 대체로 위에 말한 세 가지 주장을 순서대로 검토해 보기로 한다.

'성령'의 주장이 복고주의 내지는 의고주의에 대한 반동에서 출발했음은, 앞에서도 이미 여러번 얘기하였다. 맨 앞에서 인용한 「서소수시(敍小修詩)」에서는 다시 다음과 같이 그 시대의 문학 풍조를 공격하고 있다.

> "시문은 근대에 이르러 비천함이 지극해졌다. 문장은 곧 반드시 진한(秦漢)을 본뜨려 하고, 사는 곧 반드시 성당(盛唐)을 본뜨려 하여, 형식을 따르고 흉내냄으로써 모든 작품이 옛것대로 지어졌다. 어떤 사람이 한마디라도 닮지 않은 것이 있는 것을 보면, 곧 다같이 손가락질하면서 들여우의 외도라 했다."
>
> 蓋詩文至近代而卑極矣. 文則必欲準于秦漢, 詩則必欲準於盛唐, 剿襲模擬, 影響步趨. 見人有一語不相肖者, 則共指以爲野狐外道.

그는 한마디로 그 시대의 문학을 극히 비천한 것이라 단정하면서, 의고주의를 배척한 것이다.

그렇다고 해서 옛날 것을 배우려는 올바른 '복고'까지도 배척한 것은 아니다. 옛사람들의 올바른 문학 정신을 배우지 아니하고, 그 형식만을 흉내내려는 폐습을 배격한 것이다. 그는 「설도각집서(雪濤閣集 序)」에서 "지금 사람들은 송시가 당시를 본받지 않았음만을 보고, 송시가 당시로 말미암아 법도를 지니게 된 것임은 알지 못한다"고 책한 뒤에 다음과 같은 말을 하였다.

> "근대의 문인들은 처음엔 복고의 설을 주장하여 옛것보다 훌륭한 것을 만들려하였으니, 복고란 그런 것이다. 그러나 형식을 본뜸을 복고라 함에 이르러서는, 한 구절을 견줘 보고 한 자마다 흉내내며 힘써 끌어다 맞추며, 눈앞의 경치는 버리고 썩고 낡은 말들을 주어 모우게 되었다."
>
> 近代文人, 始爲復古之說以勝之, 夫復古是已. 然至以剿襲爲復古, 句比字擬, 務爲牽合, 棄目前之景, 摭腐濫之辭. (「袁中郎文鈔」)

원굉도는 한유(韓愈)의 〈고문운동(古文運動)〉 같은 올바른 복고주의까지 배척했던 것은 아니다. 앞에 인용한 「답이원선(答李元善)」이란 글에서 "구양수와 한유의 극히 원통함을 변호한다."고 말한 것이 이를 증명해 준다. 그는 옛날을 배우는 것을 반대한 게 아니라, 옛날 문학을 표절하는 그 시대의 풍조를 배척한 것이다. '성령'의 주장은 소극적으로는 의고주의에 빠진 그 시대의 문학 사조를 바로잡는 데 있었다.

앞에 인용한 「서소수시(敍小修詩)」는 다시 다음과 같이 계속된다.

> "문장은 진한을 본뜬다고 하나 진한 사람들이 언제 글자마다 육경을 본받았는가, 시는 성당을 본뜬다고 하나 당나라 사람들이 언제 글자마다 한위(漢魏) 것을 본받았는가를 전혀 알지 못한다. 진한대에 육경을 본받았다면 어찌 다시 진한대의 문장이 있겠는가? 성당이 한위 것을 본받았다면 어찌 다시 성당의 시가 있겠는가? 오직 시대는 올라가고 내려감이 있지만 법도는 서로 따르지 않고, 제각기 그 변화를 다하고 제각기 그 취향을 추궁한다. 그래서 귀하다는 것이니, 본시 우열(優劣)을 논할 수가 없는 것이다."
>
> 曾不知文準秦漢矣, 秦漢人曷嘗字字學六經歟? 詩準盛唐矣, 盛唐人曷嘗字字學漢魏歟? 秦漢而學六經, 豈復有秦漢之文? 盛唐而學漢魏, 豈復有盛唐之詩? 唯夫代有升降, 而法不相沿, 各極其變, 各窮其趣. 所以可貴, 原不可以優劣論也.

곧 어떤 시대든 그 시대의 문학이 있으며, 문학은 시대의 변화와 취향을 추구하는 데에 귀중한 가치가 있다는 것이다. 「설도각집서(雪濤閣集序)」에서도 이런 말을 하고 있다.

"옛날엔 옛날의 때가 있고, 지금은 지금의 때가 있으니, 옛 사람들 말의 자취를 본뜨는 것으로써 옛날을 배우려 한다면, 겨울에 여름 배옷을 입는거나 같다."

夫古有古之時, 今有今之時. 襲古人語言之迹, 而冒以爲古, 是處嚴冬而襲夏之葛者也."

이처럼 옛 문학 형식만을 흉내내는 일은 시대성을 망각한 짓이라는 것이다. 문학이 '성령'의 표현을 앞세운다면, 시대의 변화와 취향에 따라 당연히 그 시대의 새로운 문학이 창작된다고 생각한 것이다. 그리고 문학이 이처럼 시대적인 성격의 차이를 지녔을 때, 성질이 다른 옛것과 후세의 것을 놓고 비교하며 우열을 논한다는 일은 말도 안 되는 짓이라 생각했던 것이다. 이것은 중국 사람들의 상고(尙古)적인 경향을 경고하는 말이라 여겨진다.

원굉도는 많은 옛 문학가들 중에서도 당대 백거이(白居易, 772~846)와 송대 소식(蘇軾, 1037~1101)을 특히 사숙했던 듯하다. 그의 형 원종도는 노골적으로 백거이와 소식을 흠모하여, 그의 서재를 〈백소(白蘇)〉라 이름짓고 자신의 시문집을 〈백소재집(白蘇齋集)〉이라 불렀다. 그런데 원굉도의 「지백수유묵후(識伯修遺墨後)」란 글을 보면 다음과 같은 대목이 있다.

"백수(원종도의 字)는 백거이·소식 두 분을 심히 좋아했는데, 장공(소식)을 더욱 즐겼다. 언제나 퇴근하면 곧 향을 피우고 조용히 앉아 아이 종에게 종이를 펴게 하고는 두 분의 한적시(閒適詩)를 썼다. …… 세상에서 첫째 가는 편의한 일로는 진실로 한적(閒適)보다 더한 것은 없다. 백거이와 소식은 그것을 말하고 형은 그것을 즐기고, 아우는 그것을 행했으니, 모두가 기인이다."

伯修酷愛白蘇二公, 而嗜長公尤甚. 每下直, 輒焚香靜坐, 命小奴伸紙, 書二公閒適詩. …… 世間第一等便宜事, 眞無過閒適者. 白蘇言之, 兄嗜之, 弟行之, 皆奇人也. (『袁中郎隨筆』)

자기 형은 백거이와 소식의 한적시를 즐겼지만, 자기는 그들이 읊은 한적한 생활을 실행한다는 것이다. 그리고 황평천(黃平倩)에게 보낸 편지에서는 "백거이와 소식 같은 분은 대보살(大菩薩)님이 아니겠는가? (如白蘇二公, 豈非大菩薩?)"고 이들의 문학에 대한 숭앙을 표시했다. 『원중랑시집』을 보면 백거이와 소식에 화한 작품들도 몇 개

눈에 띈다. 「방언효백(放言效白)」이란 시에서 이런 말을 하고 있다.

> "원진은 가볍고 백거이는 속되게 시가 이루어지는 대로 맡기였다."
> 元輕白俗任詩成. (『袁中郎全集』)

그는 특히 백거이의 경묘(輕妙)하고 평속(平俗)한 꾸밈새없는 시풍을 좋아한 듯하다. 그리고 소식의 시에 대하여는 이렇게 말하고 있다.

> "황홀히 괴이하게 변하며 정서와 사실이 아닌 게 없다."
> 恍忽變怪, 無非情實. (「答梅客生開府」)
>
> "맑은 하늘의 새 발자욱 같고 수면의 풍랑과 같다."
> 如晴空鳥跡, 如水面風浪. (「識雪照澄卷末」)

이러한 말을 종합해 보면, 소식의 거리낌없이 변화하고 자유로이 표현된 시의 경지를 배우려 한 듯하다. 이로써 원굉도는 옛 것을 무조건 배척한 것이 아니라, 올바른 문학 정신은 잊은 채 옛것을 흉내내기만 하는 의고주의를 반대했음을 알 수 있다.

그러면 〈의고주의〉를 반대하고 문학의 시대성을 시인하는 〈성령설〉은 대체 어떠한 조건들을 지닌 것인가?

첫째 ; 문학이란 작가의 본성에 따라 표현되는 참된 것이어야 한다는 것이다. 그는 『행소원존고인(行素園存稿引)』이란 글에서 이렇게 말하고 있다.

> "옛날의 글을 짓던 사람들은 화려함을 깍아 질(質)을 구하고 정신을 써 그것을 배우되, 오직 참됨을 다하지 못할까 두려워했다."
> 古之爲文者, 刊華而求質, 敝精神而學之, 惟恐眞之不極也.

'질'이란 문학의 내용이며, 훌륭한 작가들은 내용의 진실함을 추구하여 왔다는 뜻이다. 『지장유우잠명후(識張幼于箴銘後)』에선 "성을 따라서 행함을 참된 사람이라 말한다(率性而行, 是謂眞人)." 했으니, '참됨'이란 작가의 성실한 창작 정신을 뜻하는 것이라고 이해된다.

둘째 ; 참된 성정은 자유로이 표현되어야 한다. 곧 "성정을 곧장 서술한 것(直寫性情)."(『叙會太史集』)이어야 한다. 원굉도는 장유우(張幼于)에게 보낸 편지에서, 자기의 시는 "마음 내키는 대로 나오고, 입 놀려지는 대로 얘기한 것(信心而出, 信口而談)"이라 하였고, 『서강륙이공동적고(叙姜陸二公同適稿)』에선 "뜻과 흥이 이르면, 일을 따라 곧장 썼다(意興所至, 隨事直書)." 하였는데, 모두가 성정의 자유로운 표현을 얘기한 것이다.

셋째 ; 작가의 인격과 개성에 의해 씌어져야 한다. 그는 구장유(丘長儒)에게 주는 편지에서 다음과 같은 말을 했다.

> "대개 물건은 참되면 곧 귀한 것이다. 참되면 내 얼굴이 당신의 얼굴과 같을 수 없는 것이니, 하물며 옛 사람의 얼굴 모습이랴? 당대는 자기의 시가 있었으니, 반드시 문선(文選)체가 아니었고, 초당·성당·중당·만당은 모두 자기의 시가 있었으니, 반드시 초당 성당 것만 좋은 게 아니다. 이백·두보·왕유(王維)·잠참(岑參)·전기(錢起)·유장경(劉長卿)과 아래로는 원진(元積)·백거이(白居易)·노동(盧仝)·정곡(鄭谷)에 이르기까지 각자의 시가 있었으니, 반드시 이백·두보만이 훌륭한 게 아니다."
>
> 大抵物眞則貴, 眞則我面不能同君面, 而況古人之面貌乎? 唐自有詩也, 不必選體也. 初盛中晩自有詩也, 不必初盛也. 李杜王岑錢劉, 下迨元白盧鄭, 各自有詩也, 不必李杜也.

문학은 "자기의 가슴으로부터 흘러나온 것(從自己胸臆流出)"(『敍小修詩』)이어야 하며, "자기의 견해에서 나온 것(出己見)."(『敍姜陸二公同適稿』)이어야 한다. 곧 작가의 독특한 인격과 개성의 표현이어야 한다는 것이다. 따라서 한 사람에겐 그 사람의 문학이 있고, 한 시대엔 그 시대의 문학이 있게 되는 것이다. 〈성령〉의 '령(靈)'은 '영감(靈感)'보 다도 이런 개인의 '인격'이나 '개성'에 가까운 뜻의 말인 듯도 하다.

넷째 ; 문학은 따라서 신기하고 변화있는 것이어야 한다. 원굉도는 『문의당기(文漪堂記)』에서 다음과 같은 기술을 하고 있다.

> "무릇 천하의 물건에는 물보다 무늬가 더한 것은 없다. … 그러므로 천하의 지극히 신기하고 지극히 변화하는 것은 물이다. … 뒤에 동정호(洞庭湖)를 건너고 회해(淮海)를 건너고 진택(震澤)을 가로지르고 엄탄(嚴灘)에 배를 띄우며 오설(五泄)에 신기함을

찾고 강해(江海)의 기이한 경치를 다하여, 크고 작은 변화하는 모양을 다한 뒤에 천하의 물을 보니 무늬가 아닌 것이 없었다. 경사에 벼슬을 한 뒤에 문 닫고 들어앉아 사색을 하니 가슴 속이 탁 트이듯이 깨닫는 바가 있는 듯했다. 전날에 본 물 흐르는 형세와 소용돌이치고 물결치는 모양이 갑자기 앞에 나타났다. 그러한 뒤에 사마천(司馬遷)·반고(班固)·두보(杜甫)·이백(李白)·한유(韓愈)·구양수(歐陽修)·소순(蘇洵)·소식(蘇軾) 제공의 작품을 읽어보니, 물의 변화와 괴이함이 모두가 앞에 널려졌다. 혹은 묶이어 골짜기 물을 이루고, 혹은 돌면서 큰 물결을 이루고, 혹은 울면서 샘을 이루고, 혹은 놓여 나서 바다를 이루고, 혹은 미친 듯이 폭포를 이루고, 혹은 모여서 못을 이루고 구불구불 굽이치는 게 물이 아닌 게 없었다. 그러므로 내가 본 글은 모두가 물이었다."

夫天下之物, 莫文于水 …… 故天下之至奇至變者, 水也.…… 已而涉洞庭, 渡淮海, 絶震澤, 放舟嚴灘, 探奇五泄, 極江海之奇觀, 盡大小之變態, 而後見天下之水, 無非文者. 旣官京師, 閉門構思, 胸中浩浩, 若有所觸. 前日所見澎湃之勢, 淵洄淪漣之象, 忽然現前. 然後取遷固甫白愈修洵軾諸公之編而讀之, 而水之變怪, 無不畢陳于前者. 或束而爲峽, 或廻而爲瀾, 或鳴而爲泉, 或放而爲海, 或狂而爲瀑, 或匯而爲澤. 蜿蜿曲折, 無之非水. 故余所見之文, 皆水也.

곧, 문학이란 물이 냇물도 되고 못도 되고 바다도 되면서 물결치고 소용돌이치고 폭포가 되듯이 변화가 있고 또 새로와야 한다는 것이다.

그러나 원굉도가 말한 '신기한 것'이란 단순히 옛것과 모양이 다른 것이 아니라, 자기 〈성령〉에 의해 새로이 만들어진 것을 뜻한다. "당대 문인들은 천년이 가도 새롭고, 지금 문인들은 탈고를 하자마자 낡는다(唐人千歲而新, 今人脫手而舊)." (『江進之敝篋集序』)고 한 것은 그것을 설명한 것이다.

이상을 종합해 보면, 원굉도의 〈성령〉이란 순수한 작가의 개성에서 우러나온 영감의 추구 같은 것을 뜻하는 듯하다. 다만, 이들이 사회문제를 멀리하고 일반 서민들의 생활로부터 머리를 돌린 채 초연히 살려고만 했던 점은, 이들의 진보적인 문학론의 가치를 반감시키는 듯하다.

4. 성령파의 작품과 소품문(小品文)

그러면 원중랑의 〈성령설〉을 바탕으로 하여 만들어낸 작품은 어떠한가? 그는 "시란 취(趣)를 위주로 한다(詩以趣爲主)."(西京稿序) 하였는데, '취(趣)'란 일상적인 경험이나 감각에 의해 파악되는 '멋'이나 '맛' 같은 것인 듯하다. '신운(神韻)'을 주장했던 청대의 왕사정(王士禎, 1634~1711)도 '흥취(興趣)'를 주장했지만, 그는 '흥취'란 경험이나 감각으로 파악될 수 없고, 말로 표현하기 어려운 것이라 하였다. 이들은 모두 남송 엄우(嚴羽)가 『창랑시화(滄浪詩話)』에서 다음과 같이 한 말에 근거를 둔 것이다.

> "시에는 특별한 취(趣)가 있는데, 이(理)와는 상관 없는 것이다."
> 詩有別趣, 非關理也.

그러나 원굉도는 그것을 일상적인 면에서 이해했던 것이다. 보기로 『도중구점(途中口占)』이란 시를 읽어보자. 원굉도의 시집에는 절구에 『도중구점』이란 제목으로 앞쪽에 세 수, 뒤쪽에 여섯 수가 실려 있는데, 여기의 것은 앞의 세 수이다.

1.
팔월달에 장안을 떠나
이월달에 고향으로 돌아오니,
진흙 문 한 쌍의 제비가
옛날처럼 발 쳐진 창 아래 있네.

2.
이월달에 고향으로 돌아왔다
사월달에 먼 길 나서니,
아이들은 골목을 막아서서 구경하고
선비들은 시냇물 저편에서 비웃네.

3.
고생하며 늙도록 수레 타고
이십 년 같은 길을 걸어왔는데,
오늘 백양촌에서
그대는 머물고 나 홀로 가네.

其一
八月離長安, 二月返鄕社
啣泥雙燕兒, 依舊簾櫳下.

其二
二月返鄕社, 四月卽長道.
兒童隘巷觀, 高士隔溪笑.

其三
辛苦老於軒, 廿年同道路.
今日白楊村, 卿留我獨去.

이 시뿐만 아니라, 원굉도의 시집 전체를 통해 느껴지는 인상이, 그는 일상적인 감각과 용어로써 가볍고 평이한 가운데 자기의 〈성령〉에서 우러나오는 감상을 표현하려 한 듯하다. 가벼운 속에도 고향의 그리움, 고향을 등지는 자기의 어리석음, 이별의 슬픔 같은 것을 언외에 잘 나타내고 있다. 이번엔 『아우가 서주에서 보낸 편지를 받다(得舍弟徐州書)』란 제목의 칠언절구 두 수를 읽어보자.

1.
배 타고 떠나온 지 이미 사십여 일,
이제사 서주서 보낸 편지 한 장 받았네.
그 속의 몇 마디 글 매우 희미해져 있어,
보고 나니 시름은 보기 전보다 더하네.

2.
고운 님의 생사는 소식조차 모르니
배꽃 같은 그이 여의고 얼굴에 구름 덮였네.
어제 값진 비단 새로 말라
그대 위해 한 폭의 바지 지어 두네.

一.
開船已是四旬餘, 纔得徐州一紙書.
內中數語朦朧甚, 見了愁於未見初.

二.
佳人生死不知聞, 辜負梨花一面雲.
昨日宮羅新裁剪, 爲伊留得半拖裙.

시가 가볍고 쉽다는 점은 앞의 시나 마찬가지이다. 그는 형식적인 수식은 거부했지만 내용의 교묘한 구성까지도 배척하지는 않은 듯하다. 이 시의 두번째 것에서 보는 것처럼 아우에 대한 사랑을 님 그리는 살뜰한 정에 비유하여 노래한 것은, 내용의 구성을 위해 머리를 썼음을 말해주는 것이다.

원굉도가 의고주의의 메마르고 딱딱한 문학 조류를 바로잡았다는 것은 사실이지만, 지나치게 가볍고 일시적인 감정에 치우쳐 좋은 시를 많이 쓰지 못한 것은 유감이다. 역시 명말에 종성(鍾惺, 1572~ 1624)을 중심으로 한 〈경릉파(竟陵派)〉에 속하는 문학가들이. 〈공안파〉와 원칙적으로는 같은 문학 이념을 지녔으면서도, 그 지나치게 맑고 가벼운 점을 반대하고, 그윽하고 깊으며 우뚝 빼어난 작품을 쓰기를 주장했던 것은(『明史』 文苑傳) 당연했던 일이라 할 것이다.

이들이 "홀로 성령을 서술하고, 격식에 구애받지 않는다(獨抒性靈, 不拘格套.)"는 문학 주장을 잘 실천한 것은, 〈공안파〉나 〈경릉파〉를 막론하고 시보다도 명말에 유행했던 소품문(小品文)이라 불리우는 짤막한 산문에서였다. 이들의 거침없고 가벼운 감정의 표현은, 〈소품문〉의 형식이 가장 알맞은 것이었던 것 같다. 이 시대의 좋은 소품문을 남겨 준 작가로는 원굉도 형제 이외에도, 담원춘(譚元春)·왕사임(王思任)·종성(鍾惺)·이유방(李流芳)·장대(張岱) 같은 사람이 있다. 먼저 원굉도의 작품을 두어 편 읽어보자.

「왕자성(王子聲)에게 부침」

제가 평생의 괴로운 이별을 손꼽아 보니, 오직 젊었을 때 강 위에서 한 아가씨와의 이별과, 지난해 호수 위에서의 한 노인과의 이별과 지금과 합쳐 세 번뿐입니다. 아가씨는 정 때문이었고 노인은 병 때문이었는데, 이번 이별은 정도 아니고 병도 아니지만 또 다시 가슴이 메이는 듯한 굉장함을 느끼니, 저조차도 까닭을 알지 못하겠습니다. 부채 머리의 시를 읽으니 한 글자 한 글자가 눈물을 자아냅니다. 언제나 다시 만나게 될는지, 사람의 창자를 아프게 합니다.

弟屈指平生別苦, 惟少時江上別一女郎, 去年湖上別一老, 合今而三耳. 女郎以情, 長老以病, 此別非病非情, 亦復塡膺之盛, 卽弟亦不知所以也. 讀扇頭詩, 字字涕淚, 再見何期, 令人腸痛.

「감호(鑑湖)」

감호는 옛날엔 팔백 리라 했는데, 지금은 호수라 할 만한 게 없다. 지방 사람들이 말하기를 옛날엔 호수가 밭 위에 있었는데, 지금은 바다에 수문(水門)을 만들어 호수가 모두 밭이 되었단다. 하감지(賀監池)는 도가언(陶家堰)으로부터 이삼 리 되는 곳에 있는데, 너비가 백십 경(頃) 가량이고 거친 풀이 아득히 연기처럼 무성하고, 개구리 소리가 통곡하는 듯하다. 달밤에 이 곳에 배를 띄우니 매우 처량하게 느껴졌다. 취중에 석궤(石簣)에게 말했다. 그대의 거리낌없음은 당나라 하지장(賀知章)만 못하고 술 마시는 것도 하지장만 못한데, 다만 두 눈만은 비슷한 것 같소. 석궤가 그 이유를 묻자 나는 말했다. 하지장은 귀양 온 신선 이백(李白)을 알아봤는데, 그대는 이 원중랑(袁中郎)을 알아봤으니, 눈이 어찌 높지 아니한가! 곁에 앉았던 이들은 말없이 마음 속으로 그 거침없음을 욕하였다.

鑑湖昔聞八百里, 今無所謂湖者. 土人云, 舊時湖在田上, 今作海閘, 湖盡爲田矣. 賀監池去陶家堰二三里, 闊可百十頃, 荒草綿茫如煙, 蛙吹如哭. 月夜泛舟於此, 甚覺凄涼. 醉中謂石簣, 爾狂不如季眞, 飮酒不如季真, 獨兩眼差同耳. 石簣問故, 余曰, 季真識謫仙人, 爾識袁中郎, 眼詎不高與? 四坐嘿然, 心誹其顚. (『袁中郎全集』)

이 〈소품문〉들을 보면 작가의 개성과 감정이 뚜렷하고 문장이 새롭고도 신기하다.

이에 비해, 〈경릉파〉 사람들은 〈공안파〉의 가볍고 얕은 것을 반대했으므로, 좀더 깊고도 빼어난 듯한 〈소품문〉을 지었다. 종성(鍾惺)이 정정한 작자 불명의 「승경(勝境)」이란 제목의 글에서 두어 가지 뽑아 본다.

「바위(巖)」

암석의 형세는 사람에게 떨어질 듯하여, 이를 보면 괴이한 생각이 우러난다. 계수나무가 무더기로 나고 등꽃이 꺼꾸로 매달렸는데, 그 위에 시를 적으니 나의 아득한 생각을 트이게 한다.

巖石之勢, 向人欲落, 見之發怪想.. 叢生桂樹, 倒垂藤花, 題詩其上, 豁我渺思.

「동굴(洞)」

깊숙하고 그윽한 것이 동굴의 운치이다. 옥돌 궁전이나 옥돌 방처럼, 귀신의 도끼와 솜씨로 만든 듯 정의 흔적도 없다. 만 그루의 복사꽃이 피었고, 한 무더기의 찬 구름 떠 있는 속에, 도를 닦는 은사(隱士)들과 더불어 장서를 뒤적이고 형체를 수련(修鍊)하는 법을 얘기한다. 모르는 사이에도 골짜기 시냇물 졸졸 흐르고 솔바람은 씽씽 분다.

窈窕峆岈, 洞之致也. 如瓊宮瑤室, 鬼斧神工, 却無鑱迹. 桃花萬樹, 寒雲一函, 與道流逸士, 繙藏書, 說錬形法. 不覺澗水潺潺, 松風謖謖. (『鍾伯敬祕集十五種』)

이 글을 보면 어려운 말이나 특별한 전고(典故)는 없어도, 원굉도의 글처럼 가볍고 매끄럽지 않고 무겁고 빼어난 듯하다. 그러나 자세히 음미해 보면 역시 작가의 독특한 개성과 새로운 감각을 느끼게 된다.

장대(張岱)처럼 〈공안파〉와 〈경릉파〉를 절충하여, 자기의 독특한 〈소품문〉의 경지를 개척한 사람도 있었다. 「자제소상(自題小像)」이란 자화상에 쓴 글을 보기로 든다.

공명을 좇자니 헛된 일이고, 부귀를 좇자니 꿈과 같은 것이고, 충신이 되자니 아플까 두렵고, 호미 메자니 무거울까 두렵고, 글짓기 이십 년이지만 마침내는 휴지거리나 될 듯하니, 이 사람은 쓸 데가 있는가 쓸 데가 없는가!

功名邪落空, 富貴邪如夢, 忠臣邪怕痛, 鋤頭邪怕重, 著書二十年邪而竟堪覆甕, 之人邪有用莫用? (『瑯嬛文集』 卷五)

장대는 다른 어떤 중국문학 작가보다도 순수한 문학 의식에 의한 창작을 하고 있음을 느낄 것이다.

5. 성령설의 계승

〈공안〉·〈경릉〉 두 파의 낭만적인 문학 운동은, 격렬했던 당시의 기세에도 불구하고 명나라의 멸망과 운명을 같이 하였다. 청(淸)나라로 들어와서는 다시 복고적인 경향을 띠면서 고증학(考證學)이 발달했다. 만주족인 청나라의 지배자들은 한족(漢族)의 지식 계급들을 무마하는 한편 철저한 사상 통제를 가했다. 복고주의 풍조와 사상통제 아래, 자유주의를 바탕으로 하는 〈공안파〉의 문학은 설 자리조차도 잃었던 것은 말할 것도 없다. 이들의 작품은 고전주의적인 여러 문인들의 공격과 모함 아래 금서로 규정되어 불태워지기도 하고 찢기우기도 했다. 이것은 청나라 조정이 자유주의적인 경향을 싫어한 탓도 있지만, 한족의 학자들 자신이 고증학을 바탕으로 하는 고전주의에 빠져 있었기 때문이었다. 그들은 자기네의 문화유산인 고전을 연구 발전시킴으로써, 외족의 지배 아래에서라도 자기네 문화를 보전하면서 자기 자신의 몸도 편히 건사하려 한 것이다.

그렇다고 〈공안〉·〈경릉〉의 낭만주의적인 흐름이 완전히 죽어 버렸던 것은 아니다. 그들의 문학 의식은 꺼지지 않은 채 몇 사람들에게 전승되면서 현대로 들어섰다. 청대에 명말의 낭만주의적인 사상을 가장 먼저 물려받은 이는 김인서(金人瑞, 號聖歎, ?~1661)이다.

그는 먼저 희곡·소설 등 통속 문학의 가치를 높이 평가하고, 『수호전(水滸傳)』·『서상기(四廂記)』를 『이소(離騷)』·『장자(莊子)』·『사기(史記)』·『두시(杜詩)』와 같은 자리에 놓고 〈육재자서(六才子書)〉라 불렀다. 그가 자신이 비평을 가한 『수호전』의 서문에서 다음과 같은 대담한 선언을 하고 있다.

> "천하의 문장은 수호전보다 훌륭한 것이 없고, 천하의 사물의 이치를 추구하는 군자에는 시내암(施耐庵, 수호전 작자) 선생보다 훌륭한 이가 없다.
> 天下之文章, 無有出水滸右者. 天下之格物君子, 無有出施耐庵先生右者.

이러한 말을 한 것은, 〈공안파〉의 문학 이론과 일맥 서로 통하는 것이다. 그는 시에 대하여도 이런 말을 하고 있다.

> "시란 다른 물건이 아니라, 다만 사람들이 마음과 혀로써만 부득이 하여 반드시 말하고자 하는 한 마디의 말을 한 것이다."
> 詩非異物, 只是人人心頭舌尖所萬不獲已必欲說出之一句說話耳. (「與家文昌」)

옛 사람들의 작품을 본떠 깎고 다듬기에 여념이 없던 고전주의 문학가들이 읽으면, 놀라 자빠질 만한 선언이라 할 것이다.

그는 자기의 사형을 앞두고 아들과 결별할 때 다음과 같은 시를 읊조렸다고 한다.

> 하늘은 어머니를 잃고 땅은 부모상을 당했는가
> 만리 강산이 온통 흰 머리일세.
> 내일 태양이 와서 조상을 하면
> 집집마다 첨하엔 눈물 방울 흐르리라.
>
> 天公喪母地丁憂, 萬里江山盡白頭,
> 明日太陽來作弔, 家家簷下淚珠流.

그 날은 눈이 내렸던 모양이다. 그는 고향인 오현(吳縣)에서, 현령(縣令)의 부정에 항거하는 서생들에게 가담하여 억울한 죽음을 당했던 것이다. 그러나 사형장에서도 "머리 잘리는 것은 지독히 아플 테지만 이 김성탄은 뜻밖에 당하게 되었으니 크게 신기하도다!" 하고 웃으며 형을 받았다 한다. 의롭고 낭만적인 명말 자유주의의 재현이라 볼 수 있는 행위가 아닌가!

〈공안파〉의 〈성령설〉을 시로써 계승한 사람으로 또 원매(袁枚, 1716 ~1797)가 있다. 그는 원굉도처럼 참된 감정과 개성의 표현, 문학의 시대적인 진화를 주장했다. 서른세 살에 벼슬을 내던지고, 자유롭고 낭만적인 생활을 추구하면서 시문으로 여생을 마친 문학자이다.

그는 「하남원시서(何南園詩序)」에서 다음과 같이 양성재(楊誠齋)의 말을 인용하여 〈성령〉을 주장하고 있다.

> "양성재가 말하였다. 종래부터 타고난 재능이 저열한 사람은 격조를 얘기하기 좋아하고, 풍취(風趣)를 알지 못한다. 왜 그런가? 격조란 공연한 형식이라서 입만 있으면 그려내기 쉽지만, 풍취란 오로지 성령을 써내는 것이어서 천재가 아니면 분별을 못하기 때문이다. 나는 그 말을 매우 사랑한다."
>
> 楊誠齋曰 ; 從來天分低劣之人, 好談格調而不解風趣. 何也? 格調是空架子, 有腔口易描. 風趣專寫性靈, 非天才不辨. 余深愛其言.

양성재란 남송의 양만리(楊萬里, 1124~1206)로서, 어디에서 인용한 말인지는 몰라도 그의 거침없고 꾸밈없는 개성적인 시풍이 암암리에 이들 〈성령〉파의 문학 이론과 통했던 듯하다. 그리고 원매는 원굉도보다도 〈성령〉에 있어서 감정을 중시했다. 그는 "시는 성정이다(詩, 性情也)." (「童二樹詩序」), "시는 정으로 말미암아 생기는 것이다(詩由情生者也)."(「答蕺園論詩書」), "시란 마음을 오로지 한 것으로, 성정이 흘러 나타난 것이다(詩者, 心之專也, 性情所流露者也)."(「答何水部書」) 하고, 시에 있어서 〈성정〉의 중요함을 강조하고 있다.

〈성정〉이란 사람의 본성에서 우러나오는 진실한 감정을 말한다. 그의 『수원시화(隨園詩話)』 권 3에서는 "문장은 정으로써 생기니, 정이 없으면서도 글이 있는 일은 없다(文以情生, 未有無情而有文者)."고 말하면서, 다시 왕양명(王陽明)의 말을 인용하여 이런 말을 하고 있다.

> "사람의 시문은 먼저 참된 뜻을 취한다."
> 人之詩文, 先取眞意.

곧 진실한 감정의 표현이야말로 살아 있는 싱싱한 글이 된다는 것이다. 그의 『시화보유(詩話補遺)』 권 1에선 "죽은 용보다 산 쥐가 낫다."는 속담을 인용하면서 시나 문장도 그러하다고 했다. 그의 일상 생활주변을 노래한 「조기(早起)」라는 제목의 시를 한 수 읽어 보자.

> 일찍 얼어나면 아직 등불이 있고,
> 문을 닫아 놓으니 지는 해는 더디다.
> 비 오면 매미들이 잠깐 쉬고
> 바람 일면 버드나무가 먼저 안다.
> 병을 빌어 언제나 손을 거절하고
> 잘못을 아니 또 시를 고친다.
> 잠자리는 무뢰하기 짝이 없어
> 가득히 날아다니는데 새와 꽃은 알아본다.
>
> 起早殘燈在, 門關落日遲.
> 雨來蟬小歇, 風到柳先知.
> 借病常辭客, 知非又改詩.
> 蜻蜓無賴甚, 飛滿鳥花知.

이처럼 가볍고도 묘한 풍취는 청대의 다른 시인에게선 맛보기 힘든 것이다. 그의 독특한 문학 이론과 새로운 맛을 풍기는 시들이 있는데도 불구하고, 그의 생활처럼 그의 문학도 지나치게 얕고 매끄럽게만 느껴지는 것은 〈성령〉에 의한 창작이 몇 사람에 의하여 산발적인 시작으로 그쳤기 때문인지도 모른다.

이들의 뒤를 이어 청대 중엽으로부터 말엽을 향해 천진스런 성정과 민중 생활을 시로써 추구했던 정섭(鄭燮, 1691~1764), 참된 성정으로 한없고 덧없는 인생과 그 무한한 애원을 추구했던 황경인(黃景仁, 1749~1783), 참된 자아와 성정의 발견을 위한 시의 편력을 시도했던 장문도(張問陶, 1764~1814) 같이 이들이 전통에 항거하면서 개성있는 시들을 썼다. 이들은 모두 〈성령〉시파라 이름지어 한 계열에 묶어 놓아도 좋을 것이다. 다시 극작가로는 『입옹십종곡(笠翁十種曲)』의 작자 이어(李漁, 1611~1685)가 이 계열에 속한다. 그는 당시의 고전파와는 달리 빈백(賓白)을 중시하고 결구(結構)를 살려 이른바 행가(行家)로서의 면모를 보여 주고 있다. 그는 평속(平俗)한 곡문(曲文) 때문에 지탄을 받기는 했지만, 당시 극단에 새로운 바람을 불어넣었다. 그리고 장사전(蔣士銓, 1722~1784)도 탕현조(湯顯祖)를 사숙하면서 고전적인 극작 관념을 벗어나려고 노력했던 작가이다. 그의 도학자적인 윤리관에도 불구하고 『사현추(四絃秋)』 잡극과 탕현조의 생애를 주제로 한 『임천몽(臨川夢)』 전기에서 보여주는 풍부한 정취는 성령설의 영향이라고 말해도 좋을 것이다.

6. 맺는 말

성령설은 복고주의에 대한 반동에서 자라났고, 한편 그것은 순수문학의 각성을 가져왔다. 그렇기에 명말 〈공안파〉와 〈경릉파〉 이전에도 복고주의에 대한 반발로서 산발적이나마 〈성령〉에 가까운 의식이 있었고, 명나라가 멸망된 뒤로도 그러한 의식은 끊임없이 계승되었다. 그리하여 공용적인 토대 위에 그 가치를 인정받아 온 중국문화에 순수 문학 의식을 통한 신선한 바람을 불어 넣어 주었다.

왕사정(王士禎)의 〈신운설(神韻說)〉이나 왕궈웨이(王國維)의 〈의경론(意境論)〉에서 보여주는 순수문학 의식도 〈성령설〉의 영향이라 볼 수 있을 것이다. '신운'이란 '성령'의 오묘한 표현을 뜻하고, '의경'이란 '취(趣)'의 구체적인 인식이라 설명할 수 있기 때문이다. 이렇게 따져 보면 〈성령설〉의 영향이나 근원은 〈성령파〉라 지목한 작가들 이외에도 광범하게 탐구해 볼 수 있는 문제일 것이다.

다만, 〈성령파〉 시인들이 시종 현실생활로부터 초연한 태도를 취하여, 국가나 사회문제는 외면하고 개인의 정취(情趣) 같은 것만을 강조한 점은 꼭 지적하고 넘어가야 할 점이라 생각한다. 인간과 사회를 떠나서는 순수문학도 존재할 의의가 없어지는 것이기 때문이다.

XV. 문학과 현실
— 견책소설(譴責小說)을 중심으로

1. 견책소설(譴責小說)에 대하여

20세기로 들어서면서 청나라는 밖으로는 열강들의 침략으로 나라 땅이 만신창이 되고, 안으로는 어지러운 정치와 관리들의 부패 및 사회 구석구석에 틀어박혀 있는 봉건적인 요소들이 한데 곪아 엉기어, 나라의 멸망이 눈앞에 다가서 있었다. 이 때 지식인들은 소설의 문학적인 가치와 사회에의 공용을 인식하고 있던 때이므로 망하여 가는 조국을 구하기 위하여는 소설을 통해 백성들을 깨우치고 민심을 인도함으로써 올바른 정치적인 자세를 되찾는 길밖에 없다고 생각했다. 그리하여 이들은 어지러운 당시의 정치 현상이나 사회의 암흑면을 폭로하는, 루신(魯迅)이 그의 『중국소설사략(中國小說史略)』에서 〈견책소설(譴責小說)이라 부른, 수많은 소설들과 이들을 연재하는 소설 잡지들을 냈다. 량치차오(梁启超, 1873~1929)가 1902년 10월에 『신소설(新小說)』이란 소설 잡지를 창간하면서 창간사로서 「소설과 정치의 관계를 논함(論小說與群治之關係)」이란 글을 발표했는데, 이 글은 이 시대 중국 지식인들의 소설관을 단적으로 나타낸 것이라 할 수 있다.

> "한 나라의 백성을 새롭게 하자면 한 나라의 소설을 먼저 새롭게 하지 않으면 안 된다. 그러므로 도덕을 새로이 하려면 반드시 소설을 새로이 해야 하며, 종교를 새로이 하려면 반드시 소설을 새로이 해야 하며, 정치를 새로이 하려면 반드시 소설을 새로이 해야 하며, 풍속을 새로이 하려면 반드시 소설을 새로이 하여야 하며, 학예를 새로이 하려면 반드시 소설을 새로이 하여야 하며, 인심을 새로이 하려 하거나 인격을 새로이 하려 하는 데 이르기까지도 반드시 소설을 새로이 해야 한다. 어째서 그런가? 소설은 불가사의한 힘이 있어서 인도(人道)를 지배하기 때문이다."
>
> 欲新一國之民, 不可不先新一國之小說. 故欲新道德, 必新小說 ; 欲新宗教, 必新小說 ; 欲新政治, 必新小說 ; 欲新風俗, 必新小說 ; 欲新學藝, 必新小說 ; 乃至欲新人心, 欲新人格, 必新小說. 何以故? 小說有不可思議之力, 支配人道故.

이 밖에도 숭츤(松岑)의 「사정 소설과 새 사회의 관계를 논함(論寫情小說與新社會之關係)」이나 천육생(天僇生)의 「소설과 사회 개량의 관계를 논함(論小說與改良社會之關係)」 등, 이 무렵에 나온 평론들은 모두 량치차오와 같은 논조의 글이었다. 그래도 추칭(楚卿)의 「문학상 소설의 위치를 논함(論文學上小說之位置)」이나 샤수이칭(夏穗卿)의 「소설원리(小說原理)」 등에서 소설의 공용성 이외에 그 문학적인 가치도 아울러 강조하고 있는 것은, 청말의 사회 분위기로서는 냉정한 편이라 할 것이다.

이렇게 하여 민중의 오락으로서 출발했던 중국 소설은 마침내 정치를 공격하고 민심을 이끄는 용구로 탈바꿈했다. 이에 앞서, 오경재(吳敬梓, 1701~1754)의 『유림외사(儒林外史)』나 조설근(曹雪芹, 1720?~1763) 의 『홍루몽(江樓夢)』 같은 소설들이 당시의 사회상을 소재로 하여 Fiction으로서의 중국 소설의 위치를 확보했으므로, 지식인들은 소설에 대한 새로운 인식을 지니기 시작했다. 그러나 그 때의 나라 안팎의 정세가 지식인들로 하여금 소설을 이용하여 현실 문제에 참여하도록 만들었던 것이다. 청나라가 망하기 직전 이십 년도 못되는 짧은 기간에, 수백 종에 달하는 〈견책소설〉과 수많은 〈견책소설〉들을 연재하는 잡지들이 나왔다는 사실이 이를 증명한다. 아잉(阿英)은 『만청소설사(晩淸小說史)』에서 이 무렵 나온 소설이 1,000종을 넘을 거라 하였다.

또 한 가지 이 시대의 중요한 현상으로 지나쳐 버릴 수 없는 일은, 소설의 창작 못지 않은 서양 소설의 번역 소개이다. 중국에 서양 소설이 최초로 번역출판된 것은 건륭(乾隆, 1736~1795) 연간이라 한다(劉大杰『中國文學發展史』). 그러나 서양 소설이 본격적으로 번역 출판되기 시작한 것은 1894년에 일어났던 청일전쟁(淸日戰爭) 이후가 될 것이다. 량치차오가 『무술정변기(戊戌政變記)』에서 "중국 사천 년의 꿈을 깨뜨린 것은 실로 청일전쟁이었다."고 말했듯이, 청이라는 대제국이 조그만 일본에게 형편없이 패배당하고 말자, 지식인들은 그것은 일본이 명치유신(明治維新)을 통해 서양 문명을 받아들임으로써 자강해 질 수 있었기 때문이라고 깨닫게 된 것이다. 이에 지식인들의 서양 문명에 대한 동경의 일부로서 문학가들에 의해 대대적인 서양 소설의 번역 소개가 시작되었던 것 같다.

서양 소설 번역의 대표적인 문인으로 임서(林紓, 1852~1924)가 있다. 그는 외국어를 몰랐지만, 외국어를 아는 사람의 구술을 다시 미려한 고문으로 옮겼다. 그의 손을 통하여 나온 번역만도 160여 종이나 된다 하니, 이 시기의 서양 소설에 대한 열정을 알 수 있을 것이다. 이 번역 소개된 서양 소설의 자극이 지식인들로 하여금 더욱 옛 봉건적인 껍질로부터 벗어나기 위한 국민들의 각성의 필요성과 소설의 공용성을 느끼게 했을 것이다. 〈견책소설〉의 유행에는 서양 소설의 영향도 적잖은 역할을 했다고 믿어진다.

2. 국가의 위기와 문인

문학의 공용성은 중국에 있어서는 전통적인 것이었음은 앞에서 이미 여러 번 강조했다. 중국 문인들은 아무리 사회를 등지고 산속에 숨어 산 사람이라 하더라도, 세상을 위해 봉사하려는 마음이나 세상을 걱정하는 마음까지 다 털어 버리지는 못하였다. 세상으로부터 숨어 산다는 것도, 자기 한몸을 위한다기보다는 도를 지킴으로써 참된 사람의 모습을 세상에 남긴다는 소극적이나마 세상을 전제로 한 명분이 있었던 것이다. 「귀거래사(歸去來辭)」를 읊으며 전원으로 들어가 숨어 술과 시로써 여생을 보냈던 도연명(陶淵明)의 시집을 보더라도, 그러한 관심이 눈에 띈다. 「영목(榮木, 365~427)」 시의 끝 부분이다.

옛 스승의 끼치신 교훈을
내 어찌 저버릴까!
마흔 살이 되어도 이름이 알려지지 않으면
이는 두려워할 게 없는 것이라 했다.
내 이름 있는 수레에 기름을 치고
내 명마에 채찍질을 한다면,
천 리 비록 멀다 해도
뉘라서 감히 이르지 못하리?

先師遺訓, 余豈云墜.
四十無聞, 斯不足畏.
脂我名車, 策我名驥,
千里雖遙, 敢孰不至?

유명한 「음주(飮酒)」시에서도 이렇게 읊고 있다.

> 젊었을 적에는 사람들과의 접촉이 드물어
> 노닐고 좋아함이 육경(六經)에 있었거늘,
> 어느덧 나이 사십이 되어 가는데,
> 오랜 동안 마침내 이루어 놓은 것이 없고나.
>
> 少年罕人事, 游好在六經.
> 行行向不惑, 淹留竟無成.

앞 시에서의 '옛 스승(先師)'이란 공자를 가리키며, 뒤에서의 '육경(六經)'이란 공자의 사상이 적혀 있는 유가의 경전을 말한다. 자기 뜻대로 세상에서 물러나 전원에 숨어 거리낌없는 생활을 한 그였지만, 역시 마음 한 구석에는 공자 같은 성인이 가르침을 따라 세상을 바로잡지 못한 데 대한 뉘우침이 있었던 것이다. 두보(杜甫)나 백거이(白居易) 같은 시인은 말할 것도 없고, 이백(李白)이나 왕유(王維) 같은 시인이라 하더라도 정치에 대한 관심이 없었던 시인은 중국에선 찾아보기 힘들다. 문학의 공용성에 대해 크게 관심이 없는 시인이라 하더라도 적어도 개인의 감정이나 경험보다는 보편적인 감정이나 전체 인간의 생활에 관심을 두어 왔던 중국문학가들로서는 피할 수 없는 일이었을 것이다.

중국 문인들은 모두 사회와 국가에 대한 관심을 지니고 있었기 때문에, 옛부터 자기들의 조국이 위기에 빠진다거나 외국으로부터 모욕을 당하게 되면, 앞을 다투어 그러한 사실들을 써냄으로써 백성들을 깨우치어 나라를 구하려 했다. 당나라 시대 〈안사의 난(安史之亂)〉 이후 삼십여 년간 오랑캐 토번(吐蕃)이 농우육주(隴右六州)를 연이어 함락시켰을 때, 백거이(白居易)·원진(元稹)·두목(杜牧)·이익(李益)·장적(張籍)·사공도(司空圖) 등 이 시대의 대표적인 시인들이 모두 「서량시(西涼詩)」·「하황시(河湟詩)」·「변사시(邊思詩)」 등, 이를 고발하는 작품을 쓴 것은 그 좋은 예이다. 북송(北宋)이 금나라에 망하고 남쪽으로 쫓겨가 남송(南宋)이란 명맥을 유지할 때에도 신기질(辛棄疾)·육유(陸游) 등 수많은 시인들이 뜨거운 우국시를 썼었다. 명나라가 외족인 청나라에게 망했을 적에도 많은 지식인들이 시로써 민족의 울분을 토했다. 근인 판중쿠이(潘重規) 교수는 그의 『정림시고색(亭林詩攷索)』의 「정림시발미(亭林詩發

微)」 첫 머리에 다음과 같은 말을 하고 있다.

> "중국이 청나라의 침략으로 점령당한 뒤로, 한족의 무력 혁명은 연이어 실패하였다. 일부의 명나라 유민과 지사들은 어쩔 수 없는 형세 아래, 다만 뜨거운 피와 머리를 짜내어 가슴에 찬 의로운 분노와 반항적인 행동을 글로 적어, 이를 빌어 아직 죽지 않은 인심을 일깨우고, 나라를 되찾으려는 후진들을 격려했다. 불행히도 한족의 원수인 성조(聖祖)·세종(世宗)·고종(高宗)의 세 황제는 모두 높고 깊은 지혜와 악랄한 수단을 지니고 있어서, 혁명적인 무력을 소멸시켰을 뿐만 아니라, 혁명 사상을 통제하고 혁명 사료를 불태워 버려, 민족의 명맥이 거의 말살되어 끊이도록 만들었다. 이에 한족의 지사들은 하는 수 없이 암시적인 시문과 비밀 행동으로써, 끊어지려는 민족의 명맥을 연속시키고 장래의 혁명의 씨를 보존하였다."
>
> 當中國被滿淸侵佔以後, 漢族的革命武力相繼失敗. 一班遺民志士, 迫不得已, 只好使用熱血和腦汁, 將滿腔義憤和反抗行動記述下來, 藉以警惕未死的人心, 號召復國的後進. 不幸, 漢族的敵人 — 康·雍·乾三帝, 都具有高深的智慧, 毒辣的段手, 不但消滅了革命的武力, 而且控制革命思想, 焚燬革命史料, 使得民族的命脈, 幾乎被扼殺斷絕. 於是漢族志士不得不用隱曲的文詞, 祕密的行動, 來延續將絕的民族命脈, 保存未來的革命種子.

'정림'은 명말 청초의 고염무(顧炎武, 1613~1682)의 호이다. 고염무 뿐만 아니라 황종희(黃宗羲)·왕부지(王夫之) 등 이 시대의 문인들은 모두 그들의 우국 정성을 시로 노래했다. 다만 이들의 작품은 청조의 탄압에 의하여 대부분이 없어졌기 때문에 지금 우리가 보기는 쉽지 않다.

청말에 〈견책소설〉이 크게 유행했다는 것은, 이러한 전통적인 근거가 있는 것이다. 다만 이들이 시보다도 소설로서 그 시대를 그려내고 고발한 것은 중국에선 처음 있는 일이었다. 소설은 시보다도 훨씬 구체적으로 자세히 어떤 사건들을 묘사해 낼 수 있으므로, 사회 문제나 정치 문제를 다룬다는 점에서는 무엇보다도 효과적인 것이라고 생각했을 것이다.

3 견책소설의 특징

그러면 〈견책소설〉들은 대체 어떤 내용의 소설들이었을까? 오옥요(吳沃堯, 1867~1910)의 『이십년목도지괴현상(二十年目睹之怪現狀)』에서 주인공을 '구사일생(九死一生)'이라 부르게 된 연유를 다음과 같이 설명하고 있다.

> "나는 착한 사람이어서 평생에 큰 풍파나 큰 어려움을 당한 일도 없었고, 또 나를 체포하기 위하여 십만 량의 상금을 내겠다는 사람도 없었다. 그런데 어찌하여 자기의 훌륭한 이름을 숨기고 〈구사일생〉이라 달리 부르는가? 내가 세상에 나와 살아온 지난 이십 년간을 돌이켜 생각해 보면, 만난 것이라고는 다만 세 가지 물건들이 있었을 뿐이다. 첫째는 뱀·벌레·쥐·개미 따위이고, 둘째는 승냥이·이리·호랑이·표범 따위이고, 셋째는 도깨비 괴물 따위이다. 이십 년이란 오랜 동안에 이 속에서 지나오면서도, 첫째 종류에게 물리지 아니하고, 둘째 종류에게 먹히지 아니하고, 셋째 종류에게 잡히지도 아니하고 무사히 이들을 모두 피하여 왔으니 어찌 〈구사일생〉이라 할 수 없겠는가? 그러니 나의 이 이름은 또한 자신의 기념도 되는 것이다."

세상에는 벌레 같은 인간들과 짐승 같은 인간들과 도깨비 같은 인간들뿐이라는 것이다. 그런 세상이 어찌 어지럽지 않겠으며, 그런 나라가 어찌 망하지 않겠는가? 이 소설 74회의 부미헌(符彌軒)이란 자가 그의 마누라와 함께 자기 할아버지를 학대하는 대목을 읽어보자.

> "나는 베갯머리에서 한바탕 떠드는 소리가 동원(東院)에서 나는 것을 어렴풋이 들었다. …… 한바탕 떠들다가는 한동안 조용해지고, 한동안 조용하다가는 다시 한바탕 떠들썩하였다. 비록 떠드는 말을 알아들을 수는 없었지만, 그러나 귓전이 깨끗하지 못한 것 같이 느껴져 편히 잠을 이루지 못하였다. …… 자명종(自鳴鐘)이 세 시를 알린 뒤에야 겨우 몽롱히 잠들었다. 한숨 자고 일어나니 벌써 아홉 시가 넘었다. 급히 일어나 옷을 주어 입고 객실로 나가 보니 오량신(吳亮臣)·이재자(李在玆)와 두 점원과 한 요리사와 두 잡역부가 한데 둘러서서 수군거리고 있었다. 나는 급히 무슨 일인가 물었다. …… 잡역부 왕삼(王三)이 말했다.
>
> 동원 부(符)대감댁 일입니다. 어제 밤중에 나는 소변을 보려고 일어났다가 동원에서 누가 말다툼하는 소리를 들었지요. …… 곧 더듬더듬 뒤뜰로 가서 …… 안쪽을 훔쳐

> 봤습니다. 보니 부대감과 부씨 부인이 뒤쪽에 마주앉아 있고, 저번에 우리 집으로 밥을 빌러 왔던 노인 영감이 아래쪽에 앉아 있는데, 두 사람은 입을 모아 그 노인을 꾸짖고 있더군요. 그 노인은 머리를 숙이고 울면서 아무 소리도 못합디다. 부씨 부인이 더욱 날카롭게 꾸짖더군요. 사람이 오륙십 세만 살으면 그만 죽어야지, 팔십여 세가 되도록 살아 있는 사람은 보지를 못했어요! 하고 말하더군요. 부대감도 살아있다는 건 그래도 괜찮지, 죽이건 밥이건 있는 대로 좀 먹고 자기 분수를 지키면 그만일 건데, 오늘은 죽이 싫다, 내일은 밥이 싫다고 하니! 잘 먹고 잘 마시고 잘 입으려면 자기 자신이 좀 벌어야 한다는 걸 아셔야 합니다 하고 말합디다. 그 노인이 가엾게도 나는 잘 먹고 잘 마시기를 바란 건 아니다, 장아찌라도 조금 달란 것뿐이다, 하고 말하니까, 부대감은 듣고서 펄쩍 뛰면서 말하더군요. 오늘은 채소 절인 걸 달라, 내일은 고기 절인 걸 달라, 모래는 그러다가 닭이나 거위·생선·오리를 달래고, 더 있다가는 제비집이나 고기지느러미로 만든 귀한 요리를 다 달랠 게 아닙니까? 나는 생기는 것도 없는 가난한 벼슬아치라 드리지 못하겠소! 이렇게 말하고는 탁자를 치고 걸상을 두드리며 크게 욕을 하더군요. …… 한바탕 실컷 욕하고 나니, 하녀가 술상을 차려옵디다. …… 부대감은 두어 잔 마시고 두어 마디 욕을 하고, 부씨 부인은 뼈다귀를 가지고 개만 놀리고 있더군요. 그 노인은 우거지상을 해 가지고 무슨 말을 한마디 했던 모양인데 부대감은 버럭 크게 화를 내면서 그 외발 탁자를 밀어 와르르 탁자 위의 물건을 땅바닥에 엎고서는 큰 소리를 칩디다. 와서 먹어요! 그 노인은 체면도 없이 열심히 땅위를 기어다니면서 주워 먹더군요."

이쯤 되면 사람이 아니라 짐승이나 벌레만도 못한 물건이라 하여도 좋을 것이다. 이 밖에도 정치적 사회적인 여러 가지 어둡고 더러운 현상을 손이 닿는 대로 과장된 표현으로 그려내고 있다.

이 밖에 〈견책소설〉의 대표작으로는 이보가(李寶嘉, 1867~1906)의 『관장현형기(官場現形記)』와 유악(劉鶚, 1857~1919)의 『노잔유기(老殘遊記)』 등을 친다. 『관장현형기』는 그 제목만 보아도 관리들의 부패한 모양을 폭로한 소설임을 알 수 있다. 『노잔유기』도 노잔(老殘)이란 주인공이 중국 각지를 돌아다니면서 보고 겪은 견문을 쓴 것이지만, 그것이 단순한 여행기가 아님은 첫 회만 펼쳐 보아도 바로 알 수 있게 된다.

> "노잔은 덕혜생(德慧生)과 문장백(文章伯)이란 두 친구들과 함께 산동성(山東省) 등주부(登州府)의 명산인 봉래산(蓬萊山)의 봉래각으로 해맞이를 하러 나간다. 이른 새벽 동쪽 바다에 해돋기를 기다리다 노잔은 깜박 잠이 들었다.

꿈에 망원경을 들고 동쪽 바다를 바라보다가 거친 물결 속에 조난 당하고 있는 한 척의 큰 돛배를 발견한다. 망루(舵樓) 위에는 선장이 한 사람 앉아 있고, 그 밑에는 네 사람의 키잡이가 있다. 돛은 모두 여덟 개인데, 여섯 개는 낡은 것이고 나머지 두 개는 새것이다. 배는 많은 물건을 실은 듯이 육중해 보였으며, 배 위에는 수많은 남녀노소들이 비바람도 가리지 못한 채, 북풍에 튀어오르는 물결을 뒤집어쓰면서 공포 속에 추위와 굶주림의 시달림을 받고 있었다. 돛 밑에는 각각 두 사람의 돛줄을 다루는 사람들이 있고 그 밖에 여러 사람의 뱃사람이 눈에 띄었다.

이십여 장(丈)이 넘는 이 큰 돛배는 벌써 여러 곳이 파괴되어 있었다. 특히 동쪽의 삼 장쯤 깨어진 곳과 그 옆의 일 장쯤 깨어진 곳으로 물이 새어 들고 있었다.

그런데 자세히 보니, 여덟 개의 돛을 다루는 사람들은 열심히 일하고 있음에는 틀림없으나, 제각기 제멋대로 움직여 배는 방향을 잡지 못하고 있었다. 그리고 뱃사람들은 사람들 틈을 뛰어다니면서 그들의 양식과 옷을 빼앗아 가기에만 정신이 없었다. 이 때 한 사람이 목청을 높여 연설을 하였다.

여러분은 모두 배삯을 내고 배를 탔소. 그 위에 이 배는 여러분의 조상들로부터 전해 내려오는 회사의 배요. 그런데 지금 뱃사람들은 이 배를 형편없게 만들어 놓았소. 여러분의 목숨은 모두 이 배에 달려 있소. 그런데도 여러분은 가만히 앉아 죽겠소? 이 바보 같은 사람들아!

지금은 돈 없이는 꼼짝도 못하는 세상이오. 여러분이 내게 돈을 거두어 주면 나는 온 힘을 다해 몇 사람이 피를 흘리는 한이 있더라도, 여러분의 재산인 이 배를 보호하여 여러분을 안락하고 자유롭게 해 주겠소.

이 말에 여러 사람들은 손뼉을 치면서 찬성하고, 모두들 돈을 거두어 모아 그 사람에게 주었다. 그러자 그는 돈 보따리를 들고 혼자 안전한 높은 곳으로 올라가 다시 소리친다.

이 바보들아! 키를 쥔 자들을 죽여라! 뱃놈들을 죽여라! 단결해서 한꺼번에 해치워라!

그러자 철모르는 젊은이들이 날뛰다가 도리어 뱃사람들에게 죽음을 당하고 만다.

보다못해 노잔은 그의 친구들과 함께 그들을 구하고자 나침판(羅針盤)을 비롯한 현대적인 항해 기구를 마련해 가지고서, 조그만 어선을 빌려 타고 그 배로 달려간다. 그는 선장을 만나 갖고 간 기구들을 내 주며, 속히 과학적인 방법으로 배를 안전한 곳으로 몰고 갈 것을 권한다. 선장이 고맙다는 치하를 하자,

저자들은 서양놈들의 앞잡이다. 저놈들은 서양놈들과 짜고서 우리 배를 뺏으려는 거다. 저자들을 죽여라.

하고 밑의 사람들이 소리쳤다. 그러자 그들은 닥치는 대로 몽둥이를 들고서 노잔 일행을 내리쳤다. 노잔은 겨우 그들의 손으로부터 빠져 나와, 작은 배로 도망치려다 배가 부서져 바다속으로 가라앉으면서 잠을 깬다."

여기에서 노잔의 친구들이란 작자가 생각나는 도덕과 지혜 및 나라를 구한 문장을 상징한 것이다. 선장은 임금이요, 그 밑의 키를 잡은 네 사람이란 군기대신(軍機大臣)들이다. 여섯 개의 낡은 돛은 옛부터 있던 정부의 육부(六部)를, 새 돛 두 개는 신설한 두 부를 가리킨다. 배의 크기가 23~4장(丈)이라 한 것은 중국의 23~4성(省)을 가리킨다. 동쪽의 깨어진 삼 장이란 외국에 거의 먹혀 버린 만주땅의 동삼성(東三省)을, 그 옆의 일장이란 산동성(山東省)을 가리킨다. 또 뱃사람들은 관리들이며, 배에 타고 있는 남녀노소들이란 백성들이다. 다시 연설을 하고 돈을 긁어보이며 선동만 하는 자는 위선적인 혁신파들이다. 과학적인 방법으로 나라를 바로잡는 방법을 말했다고 오히려 변을 당한다는 것은 작자 유악의 실제 경험을 풍자한 것이다.

이처럼 첫 회부터 중국의 정치 현실을 전체적으로 풍자하고 있다는 것은 『노잔유기』가 단순한 여행기가 아님을 설명해준다. 『노잔유기』 뿐만 아니라 모든 〈견책소설〉들이 노골적이고 거리낌없는 필치로 과격하다고 할 만큼 강조된 현실의 묘사를 하고 있음은 말할 것도 없다. 그들은 이렇게 세상의 어두운 면을 고발하여 사람들로 하여금 반성케 함으로써 망해가는 나라를 구하려 했던 것이다.

4. 현대 문학과 공용성

1917년 후스(胡適, 1891~1962)가 『신청년(新靑年)』 잡지 2권 5호에 「문학개량추의(文學改良芻議)」라는 글을 발표하여, 백화문학(白話文學) 운동을 벌인 이래, 1919년의 〈5·4운동〉을 계기로 중국문학은 완전히 서양문학 이념에 의해 현대문학으로 탈바꿈했다. 그리고 중국의 현대문학을 작품을 통하여 확정시킨 사람은 루신(魯迅, 1881~1936)이었다. 그는 1918년에 중국 현대 문학의 첫 소설 작품인 『광인일기(狂人日記)』를 쓴 뒤로 『공을기(孔乙己)』·『약(藥)』·『풍파(風波)』·『아큐정전(阿Q正傳)』·『시중(示衆)』·『비누(肥皂)』·『고로부자(高老夫子)』·『이혼(離婚)』 등의 대표작을 연이어 발표하였다. 그는 이들 작품에서 중국 민중의 어리석음과 일부 문화인들의 속악성에 대한 공격에 중점을 두었다. 그의 작품들 중에서도 특히 유명한 『아큐정전』을 보면, 그는 이름조차도 애매하기 짝이 없는 〈아큐〉라는 주인공을 내세워 중국인 전체를 대표하는 인물로 설정하고 있다. 〈아큐〉는 자기 의지나 올바른 판단력도 없이 인습과 눈앞의 이익을 쫓아 머리 숙이면서 수모 속에 산 인간이었다. 그는 힘도 없는 데다 약지도 못하여 언제나 남에게 얻어맞기가 일쑤이다. 그러나 아큐는 상대방의 폭력을 불쌍히 여기면서, 손자가 할아버지에게 한 짓이라 마음속으로 생각하며 자기 위안을 한다. 한번은 왕털보란 거지를 얕잡아 보고 욕보이려다가 도리어 자기가 얻어맞게 되는데, 곧 죽어도 그는「군자는 입이나 놀리지 손은 놀리지 않는 거다」고 도학자적인 설교를 한다. 아큐는 윗사람이나 센 사람 앞에서는 비굴하지만, 약한자나 부녀자들 앞에서는 용감해지는 퇴폐적인 인간이다. 아큐는 오천 년의 중국의 문화 전통이 빚어 내놓은 서글픈 성격의 인간이다. 그는 마지막에는 얼떨결에 혁명당으로 낙인찍히고, 자기도 모르는 죄목으로 영문도 모르는 재판을 받고는, 구경꾼들의 갈채 속에 거리로 끌려나가 총살을 당하고 만다.

이 시기란 1911년 청나라 황제가 물러나 중화민국이 성립되기는 했으나, 군벌과 정파 간의 세력 다툼과 사회 여러 면에 남아 있는 퇴폐적인 요소들 때문에 나라가 조금도 잘 되어갈 것 같은 기미가 보이지 않을 때이다. 루신은 민중들이 각성하지 않으면 나라는 올바로 되어질 수가 없는 것이라 생각하고, 서양 소설의 형식과 수법을 빌어 정신적인 투사로 자처하고 나섰던 것이다.

루신뿐만 아니라 그의 아우 저우줘런(周作人)·마오둔(茅盾)·궈샤오위(郭紹虞)·순푸웬(孫伏園)·예샤오쥔(葉紹鈞)·쉬디샨(許地山) 등이 모여 조직했던 중국 최초의 문학결사인 〈문학연구회(文學硏究會)〉가 사실주의적인 '인생을 위한 문학'을 모토로 삼았다는 것도 중국 현대 문학 초기의 작가들이 사람과 관계되는 사회·정치 문제에 많은 관심을 기울였음을 말해준다. 뒤에 일본 유학생을 중심으로 하여 만들어진 〈창조사(創造社)〉가 '예술을 위한 예술'을 주장하기도 했지만, 얼마 안가 그들과 함께 중국 현대 문학의 조류가 문학 혁명으로 지양되었다는 것도 중국 현대 작가들의 사회에 대한 관심도를 증명하는 것이다. 그리고 현재에 있어서도 중화민국은 '반공대륙'을 위한 문화적인 뒷받침으로 문학을 내세우고 있고, 중공에서는 그들의 혁명을 위한 도구로서의 '혁명문학'이 문학의 방향으로 정해져 있다는 것은 더욱 중국문학과 사회 또는 정치와의 관계를 느끼게 한다.

5. 맺는 말

중국문학에선 개성보다도 보편적인 감정이, 창의보다도 전체를 위한 조화가 더 중요시된다는 것은 현대에까지도 전승되고 있는 전통인 것 같다. 중국의 문인들이 현실로부터 눈을 돌리지 않고, 세상을 위하여 봉사한다는 생각을 지니고 있다는 점은 예나 지금이나 다름없다. 그리하여 얼른 중국문학을 보기에는 문학과 정치의 관계가 너무 밀접한 것처럼 느껴진다. 심지어 현대 중국의 경우에는 문학은 정치에 의해 방향이 정해진다고까지도 볼 수 있을 것이다. 그러나 엄격히 말할 때 중국에서도 문학은 정치 이전의 것임에는 틀림이 없다. 정치 이전 단계에서 사람과 세상을 위하는 것이 문학의 이상이었을 것이다. 다만 정치가들이 민중과 문학과의 긴밀한 관계를 이용하여, 문학을 자기네 정치를 선전하는 용구로 삼을 때, 일시적으로 문학이 정치의 지배를 받는 듯이 보일 뿐인 것이다. 그러한 환경 아래에서는 좋은 작품이 생산되기도 어려울 뿐만 아니라, 문학의 발달도 바랄 수가 없는 것이다.

청말의 〈견책소설〉은 다만 이러한 중국의 문학 전통이 절박한 국내의 사정에 의해 강조됨으로써 만들어진 소설들에 불과한 것이다.

김학주

서울대학교 문리대 중문과 졸업
대만대학교 중문연구소(문학석사)
미국 Princeton대학에서 중문학 연구
서울대학교 대학원 문학박사
서울대학교 중문과 교수 역임
서울대학교 명예교수, 대한민국학술원 회원

저서

「중국문학사」, 「중국문학개론」, 「중국문학의 이해」
「漢代의 文人과 詩」, 「樂府詩選」, 「陶淵明시선」 외 다수

중국문학서설
中國文學序說

1판 1쇄 발행 _ 1992년 5월 20일
2판 5쇄 발행 _ 2002년 8월 10일
3판 1쇄 발행 _ 2004년 2월 20일
4판 1쇄 발행 _ 2017년 8월 20일

저　자 · 김 학 주
발행인 · 정 현 걸
발　행 · 신 아 사
인　쇄 · 토탈프로세스
주　소 · 서울특별시 은평구 통일로 59길 4 (2층)
전　화 · (02) 382-6411 팩스 · (02) 382-6401
홈페이지 · www.shinasa.co.kr
E-mail · shinasa@daum.net
출판등록 · 1956년 1월 5일(제9-52호)

ISBN: 978-89-8396-239-3(93820)

정가 20,000 원